カント全集

1

前批判期論集 I

岩 波 書 店

Beckerによる肖像画(1768年頃)

総目次

凡例

一、本書、カント全集1巻『前批判期論集Ⅰ』には、次のAからGまでの七つの著作・論文を発表年次順に収める。

A＝活力測定考 *Gedanken von der wahren Schätzung der lebendigen Kräfte*, 1747.

B＝地球自転論 *Untersuchung der Frage, ob die Erde in ihrer Umdrehung um die Achse einige Veränderung erlitten habe*, 1754.

C＝地球老化論 *Die Frage, ob die Erde veralte, physikalisch erwogen*, 1754.

D＝火について *Meditationum quarundam de igne succincta delineatio*, 1755.

E＝地震原因論 *Von den Ursachen der Erderschütterungen*, 1756.

F＝地震の歴史と博物誌 *Geschichte und Naturbeschreibung der merkwürdigsten Vorfälle des Erdbebens*, 1756.

G＝地震再考 *Fortgesetzte Betrachtung der seit einiger Zeit wahrgenommenen Erderschütterungen*, 1756.

二、翻訳にあたっては、いずれも次のアカデミー版カント全集(以下A版と略称)第一巻所収の本文を底本とした。

A版 *Kant's gesammelte Schriften*. Herausgegeben von der Königlich Preußischen Akademie der Wissenschaften, Band I, Berlin 1902.

また、左の全集・著作集・論集各版の本文をも適宜参照し、A版との主な異動については巻末の校訂注に注記した。なお、本巻本文に対応する各版の頁数を欄外に示した。

カッシーラー版カント著作集(C版) *Immanuel Kants Werke.* Herausgegeben von Ernst Cassirer. Band I, 1912.＝論文Aから論文Gまで

フォアレンダー版カント全集(V版) *Immanuel Kant: Sämtliche Werke.* Herausgegeben von Karl Vorländer. Band VII, 2. Abteilung (Philosophische Bibliothek, Band 49), 2. Aufl. 1907.＝論文Aから論文Gまで(ただし、ラテン語論文Dは独訳のみ)

ツェーベ編、哲学文庫版(Z版) Immanuel Kant, *Geographische und andere naturwissenschaftliche Schriften.* Herausgegeben von Jürgen Zehbe (Philosophische Bibliothek, Band 298), 1985.＝論文B、C、E、F、Gを収める哲学文庫の新版。

＊ テクストは哲学文庫の旧版(前掲V版)を再録したものだが、序説、注に独立の価値があるほか、目下の利用にも便であるため、独立の版(Z版)として扱った。

ヴァイシェーデル編、ズーアカンプ文庫版一二巻本カント著作集(W版) *Immanuel Kant: Werkausgabe in zwölf Bänden.* Herausgegeben von Wilhelm Weischedel. Band I (Suhrkamp Taschenbuch Wissenschaft 186), 1960.＝論文A

ブライダート編、リスボン地震論集(B版) *Die Erschütterung der vollkommenen Welt. Die Wirkung der Erdbebens von Lissabon im Spiegel europäischer Zeitgenossen.* Herausgegeben von Wolfgang Breidert,

Darmstadt 1994. = 論文E、F、Gとともに、カント以外の著者の諸論文をも収めるリスボン地震論集。

＊　テクストはアカデミー版を再録したものだが、序説、注に独立の価値があるほか、目下の利用にも便であるため、カントの全集・著作集に属さないにもかかわらず、独立の版(B版)として扱った。

三、本文中の（　）はカントによる挿入であり、〔　〕は訳者による補足である。また(原注)は、カント自身の付した脚注であり、論文ごとの括弧つきのアラビア数字は訳注を、＊印は校訂注を表わしている。

四、原注は段落の後に挿入し、訳注および校訂注は巻末にまとめた。

五、カントの原文の隔字体(ゲシュペルト)の部分は傍点(、)を付し、ボールド体による部分は太字で示した。

六、巻末には、人名および主要な事項を収録する索引を付した。

活力測定考

大橋容一郎訳

Gedanken
von der
wahren Schätzung der lebendigen Kräfte
und
Beurtheilung der Beweise,
deren sich
Herr von Leibnitz und andere Mechaniker
in dieser Streitsache
bedient haben,
nebst einigen vorhergehenden Betrachtungen,
welche
die Kraft der Körper überhaupt
betreffen,
durch
Immanuel Kant.
(1747)

活力の真の測定に関する考察ならびに証明の評価，
それらはライプニッツ氏および他の力学者たちが
この論争において用いている，
付論として，物体の力一般に関する二，三の先行する考察，
イマヌエル・カント述

ケーニヒスベルク
マルティン・エーベルハルト・ドルン印刷
1746年*

A版 第1巻 1-181頁
C版 第1巻 1-187頁
V版 第7巻 1-215頁
W版 第1巻 7-218頁

目次

貴顕の家門にして、学識深遠かつ識見高尚なる閣下、

医学博士にしてケーニヒスベルク大学第二正教授、ならびに王室侍医、

ヨーハン・クリストフ・ボーリウス閣下[1]、

特段の御厚慮を私どもに賜る御後見人に。

貴顕の家門にして、
学識深遠かつ識見高尚なる博士閣下、
特段の御厚慮を賜る御後見人！

A5 C3 V3 W13

本書のごとき拙論から最大の利点を引き出していただくには、閣下に献呈申し上げる以上の途はございません。閣下が私にお示し下されている特段の御厚慮の徴しから、私は、今回の挙がさらに私の感謝の証左として閣下に御受納いただけるものと愚考致している次第であります。本小論の内実につきましては、私が確信を抱きうるほどのものを具備しているわけではございません。閣下の御名前で論文を飾らせていただくことは光栄でありますが、それをもって閣下に謹呈するにふさわしいものとはなしえていないのであります。多くの不完全な思索はそれ自体不正確なものであり、あるいはまた筆者の浅学のゆえに価値を全く喪失しておるやもしれず、本書が閣下に献呈するに値しないものであることは、私のまことに重々承知しているところでありますが、私が非才をもって閣下に奉呈しうるのは、かくのごときものにすぎません。とは申しながら、閣下の御厚意に報いんと最善を心掛けたものであり、御高納いただけますならば幸甚に存じます。拙著におきまして私は、ひとえに閣下に対する深甚の謝意を申し述べることに意義を認めているからでございます。今後とも一再ならず、閣下に賜っている恩義に思いを致す機会もあろうかと存じますが、今時の機会は、私の閣下に対する長きにわたる尊敬の念を広く巷間に知らしめる最良の

C4 V4

A6

一つであると愚考する次第であります。

貴顕の家門にして、

学識深遠かつ識見高尚なる博士閣下、

特段の御厚慮を賜る御後見人

貴顕なる閣下

恐懼謹言

ケーニヒスベルク

一七四七年[2]四月二二日

イマヌエル・カント

緒　言

もっとも肝要なのは、家畜のように、行くべきところに行かず、連れて行かれるままに先導する群に従って行くことをしないということである。

セネカ「幸福な生活について」第一章[3]

I

私は本書をゆだねる世人の判断をなんとしても高く評価しているものであって、先人に反対するという不遜をおかしてもそれが悪事と見なされることはあるまいと考えている。そうした企てを極度に恐れていた時代もあったが、思うにそうした時代は今や過ぎ去り、人間悟性はすでに幸いにも、無知や感服によってがんじがらめにされることはない。今日ではニュートン[4]やライプニッツ[5]のような人々の声望も、真理の発見に妨げになるようなものであれば、あえて重視するには及ばないし、また悟性が進んでゆく途以外のいかなる説得にも従う必要はないのである。

II

私の企てがライプニッツ、ヴォルフ[6]、ヘルマン[7]、ベルヌーイ[8]、ビュルフィンガー[9]などの諸氏の見解をしりぞけ、

A7
C5
V5
W15

私自身の考え方をそれらよりすぐれていると見なすとしても、だからといって彼らよりも劣っている人々を裁判官の座に据えようとするものではない。なぜなら、彼らの判定は私の見解をしりぞけることはあっても、私の意図するところまでを非難はしないだろうからである。こうした人々に贈りうる最大の賛辞は、彼ら自身の見解も例外とはせずに、あらゆる見解を、面と向かって遠慮なく非難できるということである。このような節操は、状況は異なるものの、古代のある偉人において称賛に値するものだった。ティモレオン[10]はシラクサ[11]の自由に功績があったにもかかわらず、あるとき法廷に召喚された。裁判官たちは告発者たちの不遜に憤激した。しかしティモレオンはこの出来事についてまったくちがった見方をした。彼によれば、母国が完全に自由であるのを見ることに心からの満足を覚える者にとっては、そうした行動を不愉快に感じることはありえない。彼は、自分たちの自由を彼を攻撃することにまで利用した者たちをかばったのである。古代の人々はこの態度に賛辞を惜しまなかった。

人間悟性の自由のために偉人たちが傾けた大きな努力を思えば、結果が彼らにも同じようには気に入らないのではないかと案じる必要など、そもそもあるだろうか。

Ⅲ

私はこの節操と公正さとを自分の有利のために使うつもりである。とはいっても、そうした節操と公正さが期待できるのは、業績や卓越した学識の証が顕著な場合に限られるだろう。そうでないほとんどの場合には、あいかわらず大家たちの先入見と名望とがおそるべき権力を発揮する。これらの方々は学術についての審判者と見なされようとし、まことに手際よく、ある書物についてそれを読みもせずに判断を下すようである。非難にさらすには、彼らにその書物の書名を示すだけでよい。著者が無名で、独自性や業績がない場合には、その書物は時代を腐敗させてしまう無価値なものとされる。ましてや著者が大それたことを考えて有名人たちを非難し、学問を改善して彼独自の思想を世界に喧伝したりすればますますそうである。学問の法廷の場で数が頼みだというのならば、私の立場はまったく絶望的な状態だというべきである。しかしながら、こうした危険に私は動揺したりはしない。そういう輩はいわゆるパルナッソス山の麓に住む者[12]にすぎず、何の所有権も投票権も持ってはいないからである。

W17　V7

Ⅳ

A9
C7

先入見というものは人間にとって都合のよいものであり、安逸とナルシシズムという、人間であるかぎりおいそれとは脱ぎ捨てられない二つの性情を助長する。先入見にとらわれている者は、見くびることも貶める(おとし)こともできないような人を、誰にもまさり手の届かない高みにあると持ち上げる。その人を特別視するあまり、他のすべての人々はまったく同じように見えてしまい、他の人々のあいだになお厳然としてある差異にまったく気がつかなくなってしまう。そうでなければこの差異のおかげで、自分がなお凡庸なままでいる者たちにさえしばしば引けを取ることに気づくという、苦々しい目を見ることになるはずなのだが。

このように、うぬぼれが人間の心を操っているかぎり、先入見も残るのであり、決してなくなりはしないだろう。

Ⅴ

私は本論を進めるにあたり、どれほど高名な人の見解でも、私の悟性で誤りだとわかるものについては、躊躇することなく率直に却下するだろう。こうした無遠慮さによって、私はさだめし嫌われ者になることだろう。世間がよく思い込みがちなのは、二、三の点で大学者よりも正しい認識を持っていると思い込んでいる者は、自尊心でもはるかに彼をしのいでいるだろうということである。だがあえて述べさせていただければ、こうした口実はまったく当てにならないものであり、実際にこの場合もでたらめである。

人間の悟性の完全性には、人体の構造ほどの均整や相似性は見られない。人体ではあれこれの肢節の大きさから全体の大きさを推論することができるが、悟性の能力では話はまったくちがってくる。学問はある種不規則な身体であって均整や同型性を持たない。矮小な学者がいくつかの部分では、その学問の全範囲では自分をはるかにしのいでいる他の学者の知見に優る、ということはよくある。だが人間のうぬぼれはどう見ても、こうした差異に気づかないほどには、そして二、三の真理の洞察を卓抜な認識の大きな総体と同一視してしまうほどには肥大しないものである。少なくともこの点で私が非難されるとすれば、それは思うにお門違いということになろう。

V 8　W18

VI

世間というものは、一流の学者ともなれば間違いをおかしてしまう危険は皆無であると考えるほど、お人好しではない。とはいえ、大家がその明敏さをもってしてもまぬがれえなかった間違いを、浅学で無名の著者が回避しているというようなことは、簡単にはわかってもらえない難事である。人間の英知の巨匠が獲得しようとして無駄骨を折った真理が、私の悟性によってはじめて解明された、などと言えば思い上がりもはなはだしい。私はこうした言説を弁明しようとは思わないが、しかしまたともかく一律に排斥しようと思うものでもない。

A10
C 8

Ⅶ

私の自負しているところでは、自分自身の能力に何らかの高貴な信頼を持つということは、ときには役に立つこともある。そうした信頼があってこそ、われわれのいろいろな努力も活気づき、真理の探究を大いに促進するという張り合いも出てくる。自分の考察になお何らかの信頼を置いたり、ライプニッツのような碩学にも過失を認めることができるだろうという自信を持った状態にあるならば、自分の推測を真とするためにあらゆる手段を使うものである。ある大きな企てに何度も試行錯誤を繰り返せば、真理の認識がそこから得られるものは、大通りばかりを歩んでいた場合よりはるかに大きい。

こうしたことに私は根拠を置く。私の進むべき道はすでに示されている。私は私の道を歩み、何ものにも邪魔されることなく進み続けるだろう。

V9
W19

Ⅷ

私に対して与えられるであろう今ひとつの新しい非難に、おそらくは前もって言及しておかねばならない。私にはときおり、自分の言説の正しさを固く信じるあまり、反駁を受けたり自論が誤っていたりする懸念を抱かないような者の語調が見られるかもしれない。実際にそう思うほど私はうぬぼれてはいないし、自分の言説に一片の間違いもないほど几帳面にふるまわねばならないいわれもない。なぜなら人間悟性がいつの時代にもおかしてきた多くの過ちのことを思えば、多少の誤りをおかしても無念ではないからである。私の方式にはあるまったく異なった意

A11
C9

図がある。本書の読者はきっとすでに、活力に関して現今流行している教説によって下調べをしてから、拙論に向かわれることだろう。読者は、ライプニッツが彼の力の測定を広く発表する以前に考えられていた見解を知っており、さらにライプニッツの考えもすでに知っておられるだろう。(13) 読者は一人残らず、二つの派のどちらか一方の結論を支持しており、それもおそらくはライプニッツ派だろう。なぜなら今や全ドイツがそちら側の派として知られているからである。その心構えで読者は本書を読まれることになる。幾何学的証明という形態による活力の擁護は読者の心をすっかり捉えている。読者はそれゆえ私の考えをたんなる懐疑と見なし、せいぜいうまくいったところで、解決に時間のかかるもっともらしい懐疑ではあっても、真理を妨げるような事態にはならないと見なすことになる。これに対して私は全力を傾けて、読者の注意を少しでも長く私の方にとどめておかねばならない。私は、私の証明が保証してくれるものを読者が完全に納得できるように示さなければならず、この確信を私にもたらしてくれる根拠に対して、読者の注意を喚起しなければならない。

私が、私の考えをたんに疑いという名称で発表していれば、そうでなくとも私の考えなど碌なものではないと見なしがちの世人は、歯牙にもかけずやすやすとそれを無視するだろう。なぜなら、ある見解がひとたび証明されたと見なされると、たとえ申し立てられる異議がどれほど本当と思われ、またたやすく解消されえないものだとしても、その見解はきわめて長い間賛同を得てしまうものだからである。

著者というものは往々にしてその読者を、それと気づかないうちに、自分が文章を書いていたときと同じ状態に引き込んでしまう。それゆえ私は、できれば疑っている状態ではなく納得している状態を読者に伝えたかった。そのほうが私にとっても、さらにはおそらく真理にとっても、疑いの状態を伝えるより好ましいと思われるからである。これは些細な技巧ではあるが、大家の声望のために秤が一方に著しく傾いているときに、いくらかでも平衡状態を作り出そうとするためには、軽んじるべきものでもない。

IX

私がなお片付けておきたい面倒の最後のものは、不作法ということで私に帰せられるものである。私は、自分が生意気にも反駁しようとした碩学たちに対して、実際にしたよりももっと丁重に接することもできたのではないだろうか。彼らの言説に下した私の判断を、もっと穏やかな調子で言い表すべきではなかったか。錯誤だとか誤謬だとか、瞞着などと呼ばなくてもよかったのではないか。こんな苛烈な表現は、大家たちに向けられている名声をことさら矮小化しようとするものではないのか。差別のあった時代、それはまた粗野な道徳の時代でもあったが、そうした時代ならば、言説と人格的長所とは切り離して評価しなければならないという答えがなされただろう。しかしながら今日の儀礼が求めている作法はそれとはまったく異なっている。かりに私の表現の仕方が、大家の功績にふさわしい敬意を損なうものだったとしても、いちいち言い訳をする必要はないだろう。とはいえ私はそんなことはしていないと確信しているのだが。きわめて重要な発見と明らかな誤りとが同居しているような場合には、それはその人の誤りというより人間の持つ欠陥というべきである。碩学は誤りをいっさいおかさないものだなどと言えば、それは彼らの人格において人間に過度の栄誉を与えることになるだろう。言説の建造物を構築する大家も、考えられるすべての側面に対して均等に注意を向けることはできない。ある種の考察にとりわけ巻き込まれてしまい、そのために、このことにばかり従事せずに注意を向けていればきっと避けられていたような誤りを、どこか別の方

A 12
C 10

V 11
W 21

面で見逃したとしても不思議ではない。

私は真理についてはもっぱら率直に承認したい。私の考察によって錯誤や誤謬と見なされるような言説を、実際にそうだとすることにやぶさかではない。そもそも私が自分の著作の中で、そうした考えを小心翼々として隠さなければならず、私が思ってもいないのに、そう思っているのだと世間が勝手に思い込みがちなことについて、世人の思うとおりに見せかけなければならないなどという必要はないのである。

そして一般論として見ても、私が大家たちを評するすべての判断にお愛想の物腰を与えたり、表現を適当にやわらげたり、あちこちにうやうやしい言葉をちりばめたりすれば、私は儀礼にもかなっていないことになってしまうだろう。こうしたことに努力を傾ければ言葉の選び方などのためにしばしば窮屈な思いをすることになり、哲学的考察の歩みがまったく脱線してしまう仕儀に至らざるをえない。それゆえ私はこの緒言を、われわれの認識の巨匠たちに対する私の崇敬と尊重の念を公表する機会としたい。そうした気持ちを私は、今回光栄にも私が論敵と名づけているこうした大家たちに抱きつづけるであろうし、私がまずい判断を勝手に下すとしても、それはこの気持ちを少しも損なうものではない。

X

ここで私が取り除こうと努力してきたさまざまな先入見を別にすれば、最後にはなおそれでもある種の正当な先入見というものも残っているのであり、拙論の中に何らか納得できるようなものが見られるとすれば、それはとりわけこの先入見のおかげだろう。今もし、鋭敏さと判断力にかけては定評のある多くの大家たちが、ときにはちがった道、またときには同じ道をたどって、まったく同じ命題を主張するに至ったとすれば、彼らの証明の方が正しいというのが、誰かある見ばえのしない著者の悟性の方が同じ証明でより厳密に明晰さを見て取っていたはずだということよりも、はるかに本当らしい推測である。それゆえ後者の著者がなして然るべきなのは、自分の考察の主題をなるべく明晰かつ平易にし、分解して解析することで、誤った推理へ踏み込んだ場合には直ちに気がつかないわけには行かないようにしておくことである。なぜなら、考察が同じように込み入っていれば、鋭敏さにおいて他にまさっている者の方が先に真理を発見してしまうだろうと予測されるからである。したがって後者の著者は、できるかぎり自分の研究を簡明平易にすべきであり、そうすることによって自分の考察においても、他の者がその者の判断力の程度に応じてもっと込み入った探求で予期するのと同じほど多くの光明と正しさとを、自分の判断力の程度に応じて予期することができるのである。

こうしたことの遵守を私は、以下に順次知られるごとく、自分の企図を遂行するうえでの準則とした。

XI

この緒言を終えるに先立って、活力に関する論争の現状について手短かにではあるが紹介しておこう。

ライプニッツ氏は、活力を世間に初めて公表したのではあるが、活力に気づいたのも同じように初めてだったのかというと、どうも事情はちがうようである。ある見解の始まりというものは一般にいたって簡単なものである。とりわけ二乗による測定という見解のように実に大胆で、驚嘆すべきものがある場合にはそうである。誰しもがごく普通に持っている経験で、打撃や衝突のような現実運動は同じ強さの死圧よりもつねにより大きな力を持ってい

A14 C12　V13　W23

る、ということに気づくことはある。こうした観察はおそらく何らかの思想の種子だったのであり、それがライプニッツ氏の手にかかって実を結ばないでいるはずもなく、その手によってもっとも有名な教説のひとつにまで大きく成長したのだった。

XII

一般的に言って活力という事柄は、いわば、悟性がかつては時代の要請によっても存立するものであり時代に引きずられざるをえないものだった、ということをはっきりさせるために存在しているかのようである。克服された重力の抵抗、移動した物質、押し縮められたばね、運動した質量、運動の合成で生じる速度、これらのものは驚くべきことにすべて一致して、二乗による測定という見かけをもたらしている。証明の鋭敏さと判明性がものを言っていた時代とはちがって、証明の数の多さがそれにあたるという時代もある。今日の活力の弁護人たちにあるのはこれである。彼らの証明のいくつかが説得力を欠くものと見なされると、ますますあちこちから出てくる見せかけの真理がその証明への喝采を強め、ぐらつかないようにしてしまうのである。

XIII

これまでのところで、活力論争のどちら側がどうやら勝ちをおさめそうなのかを言うのは、かなり難しい。ベルヌーイ親子(14)、ライプニッツ氏およびヘルマン氏は、自国の哲学者の先頭に立っており、ヨーロッパの他の学者たちの名声にも圧倒されはしなかった。幾何学という武器を意のままにするこれらの人々だからこそ、もっと無名の弁

A15 C13　V14 W24

護人の手の内にあればおそらく顔を出すこともできなかったような見解を、持ち上げることができたのである。デカルトの一派[15]もライプニッツ氏の一派も、自分たちの見解には、およそ人間の認識が一般になしうるかぎりの全幅の信頼を置いていた。どちらの側でも相手方の先入見ばかりを嘆き、どちらの一派も、相手方が、本当に平静な気持ちで評価するという苦労を引き受けてさえくれれば、自分たちの見解を疑わしく思うことなどありえないだろうと思ってきたのである。

しかしそうこうするうちに、活力の一派が自らを維持する仕方と、デカルトの測定が弁護される仕方とのあいだに、明瞭な相違が生じてきている。すなわち後者が、真偽の決定が簡明で確実な場合だけを引用している一方で、前者は反対に、その証明をできるかぎりどんどん複雑かつおぼろげなものにしてしまい、おそらく白昼の判明さの下ではどのみち敗北してしまうのではないかと思われる戦闘から、いわば闇にまぎれて逃げ出そうとしている。ライプニッツ派の方はさらになお、ほとんどすべての経験を味方につけているが、これはおそらくデカルト派にまさる唯一の点だろう。ポレニ氏[16]、スフラーフェザンデ氏[17]およびヴァン・ミュッセンブルック氏[18]は、正しく使えばおそらくは卓抜したものとなるような成果を生み出すのに力を発揮した。

私はこの緒言の中では、本論で活力という事柄に加えている考察を示しはしない。本書が読まれるという希望は、もっぱら本書の短さという点にかかっている。したがって読者にとっては、本書の全体を知ることは容易であろう。もし私自身の自負をいくらか頼んでよいのであれば、私の見解は、今日ヨーロッパの幾何学者たちの中にある最大の分裂のひとつを調停するという、多少ともやりがいのないわけではない手仕事を行うものだと言えるかもしれない。しかしこのように説得するのは虚栄である。人間の判断が一番あてにならないのは、自分自身の事柄につい

A16
C14

V15　W25

てである。私は、我欲の先入見にばかり耳を貸してしまうほど、自分自身の見解にとらわれているわけではない。ともあれ、こうしてなるようになって行くものではあろうが、確実に予言できるのは、この論争はあっさり片づいてしまうか、でなければ決して止むことがないかのいずれかだということである。

第一章　物体の力一般について

第一節

物体の力一般に関するいくつかの形而上学的概念をまずあらかじめ確定しておけば、活力に関する学説をなんとかして確実で決定的なものにするという、私の持っている意図に寄与することになると思われるので、ここから始めることにしたい。

どんな物体も本質的力を持つ

運動している物体は力を持つとされる。抵抗に勝ち、ばねを押し縮め、質量を移動させる、これらは作用すると言われるものである。およそ感官の教えるところ以上に目を向けなければ、こうした力は物体にまったく外部から伝えられるもので、静止しているときには物体はなんら力を持たないと見なされる。ライプニッツ以前の学者たちはすべて、アリストテレスを唯一の例外として、この見解だった。このアリストテレスのいう不可解なエンテレケイア[1]が、物体の作用の秘密だとされている。スコラ学者たちはみなアリストテレスに従っていたが、総じてこの不可解なものを理解しなかった。おそらく誰かが理解すべきものとも思われていなかったのだろう。人間の理性はライプニッツに多くのものを負うているが、彼が初めて、物体には延長に先立って本質的な力が宿り、さらにはその力は延長にさえも先立ってその物体に属していると教えたのだった。延長以外に、いやむしろ延長に先立っている何ものかが存在する[2]、というのが彼の言葉である。

A17
C15
V16
W26

第二節

物体のこの力をライプニッツは一般に作用力と名づけた

発見者はこの力を作用力[3]という一般的名称で呼んだ。この力は形而上学という学問体系の中で跡づけられて行くもののはずだったが、もう少し詳しく規定することが求められてきた。物体は何らかの運動力を持つとされるが、これは物体がまさに運動を引き起こすものと見なされているからに他ならない。物体が何かを圧すのは、物体が運動しようと努めているのであり、運動が実際に生じたときに初めて、力が行使される。しかしながら、物体に何らかの本質的な運動力[4] (vis motrix) が備わっており、これで運動の原因に関する問題への解答がなされたと言うのであれば、思うにそれはせいぜい、スコラ学者たちが冷暖の原因を探求して、暖力 vis calorifica ないし冷力 vis frigifaciens のようなものに頼っていたのと同じような、術策を弄しているものでしかない。[5]

第三節

その本質的な力は、正しくは作用力 vis activa と名づけるべきである

運動を一種の作用であるとしながら、それに同じ運動力という名を付与するのは正しくない。物体は、無限に小さな抵抗しか受けておらず、したがってほとんどまったく作用していない場合に、もっとも多く運動しているのである。運動とは、実際に作用してはいないがまさに作用しようとしている際の、物体の状態の外的現象でしかないのであり、物体がある対象によって突然に運動を失うならば、それはその物体が静止させられ、作用する瞬間にそうなるのである。それだから、ある

A18
C16
V17
W27

実体の力をまったく作用ではないものによって特定すべきではないし、静止状態で作用している(たとえば机上においてある球がその重さで机を圧している)ような物体について、それが動こうと努めているなどと言うのは、さらにいっそうふさわしくない。なぜなら、そうした物体は動き出してしまえば作用しないことになり、ある物体は作用することで、自分が作用しないような状態になろうと努めているのだ、などと言わねばならなくなってしまうからである。したがって物体の力は、運動力より、作用力と名づけられる方がはるかによいのである。

第四節

運動は作用力一般からどのようにして説明できるか

われわれが運動と名づけているものの起源を、作用力の一般的概念から導出することはきわめて容易である。力が自分以外のものに作用する(つまり他の諸実体の内的状態を変化させる)ように規定されている実体Aは、その努力の最初の瞬間に、Aのすべての力を引き受けるひとつの対象を見出すか、そうした対象を見出さないかのどちらかである。すべての実体に前者の場合が起きるとすれば、われわれはまったく運動というものを見出すことはなく、したがって物体の力を運動から特定することはできないだろう。しかし実体Aがその努力の瞬間に自分の全力を発揮できない場合には、発揮されるのはその実体の力の一部分だけになる。だが残りの部分の力を発動させないままでいることはできない。実体はむしろその全力で作用せざるをえない。さもないと、力がすべて発揮されない場合には、その実体の力はひとつの力とは言えなくなってしまうからである。こうした行使の結果は、世界の同時共存的な状態として見出されることはありえないので、世界の第二の計量であるところの、事物の継起的な系列において見出されるしかない。そうすると、物体はその力を一

V18　W28　C17　A19

度にではなく、徐々に発揮することになる。けれども物体は、次々の瞬間に、一番最初に作用したのと同じ実体に作用することはできない。なぜなら最初の実体は、物体の力の最初の一部分を引き受けるにすぎず、残りの部分を受け取ることはできないからである。それゆえ、Ａは次から次へと別の実体に作用することになる。しかし、第二番目の瞬間に力が作用する実体Ｃは、一番最初に作用した実体Ｂが物体Ａに対していたのとは、まったく異なった位置と状態にあるはずである。もしそうでなければ、物体Ａが最初のときになぜ実体ＣとＢとに一度に作用しなかったのかということに、根拠がなくなってしまうだろう。同様に、物体Ａが次々の瞬間に作用していく諸実体は、物体Ａの最初の位置に対してそれぞれ異なった状態にある。それはすなわち、物体Ａは継起的に作用していくうちに、その位置を変えていくということである。

第五節

物体に運動力以外の力を付与しないと、物体の心への作用に関する学説にどのような困難が生じるか

静止状態にあって作用している物体は何をしているのか、ということがはっきりとわかっていないために、われわれはいつでも、抵抗を除去した場合に生じるだろう運動に戻って考えることになる。物体の内部で生じているために目に見えない事柄について、その外的性質を捉えるには、そうした運動を使えば十分だとされている。ところで一般に運動とは、正しく生起した力がなすところのことであり、またその力の唯一の結果であると見なされている。このちょっとした逸脱から正しい概念に復帰するのはたやすいことなので、そうした間違いは重要なことだとは思われてこなかった。だが実のところこの間違いは、力学や自然論の中ではそうでないとしても、重要なことなのである。というのも、まさしくこの間違いのせいで、形而上学において、物質がどのようにして人間の心の中で、実際に有効な仕方で(すなわち物理的影響によって)諸表象を作り出せるのかということが、考えられにくくなるからである。物質は運動を引き起こす以外には何もしないではないか、と言われる。ここからすれば、すべての物質の力は、せいぜい心をその位置から移動させるという結果をもたらすにすぎないものだろう。だが、たんに運動を引き起こすだけの力が、いったいどのようにして諸表象や諸理念を作り出せるのだろうか。表象や理念などは、事物とはまったく別種のものであり、どのようにしてその片方が他方の源泉たりうるのかということは、納得できない話である。

V20 W30

第六節

物体への心の作用という話から生じてくる困難、また作用力一般という規定によって、どのようにしてこの困難が排除されうるか

同様の困難は、心もまた物質を動かすことができるのかという問いにおいても現れてくる。だが、物質の力を運動ではなく、それ以上は精細に規定できないような、他の実体への作用として考えれば、これら双方の困難を解消し、かつ物理的影響を不判明なものにしないでおくことができる。すると、心が運動を引き起こせるのか、あるいは心には運動力があるのかという問いは、次のように変わることになる。すなわち、心の本質的な力は外部への作用と規定されうるのか、あるいは、心は自分の外部にある別の存在者に作用してそれを変化させることができるのか、と。こうした問いであれば、心は一定の場所にあるというその理由によって、外部に作用できるにちがいないと、きわめて決定的な仕方で答えることができる。というのも、われわれが場所と呼んでいるものの概念を分析してみると、この概念が諸実体相互の作用を意味していることがわかるからである。したがって、予定調和に対

C19 A21

する物理的影響の勝利を完璧なものとしているある鋭敏な著述家を[6]、もっとも悩ませる妨げとなったこのちょっとした概念上の間違いは、注意深く考えてみるだけで容易に解決できるものなのである。

物体の力一般を作用力と名づけるだけで、物質が心を何らかの表象となるように規定できることが簡単にわかる

また同様に、運動を引き起こすことができるだけだと考えられている物質が、心に何らかの表象や像を刻みつけることはいかにして可能なのか、という矛盾命題を理解する仕方も容易なものとなる。なぜなら、動かされる物質は自分と空間的に連関しているすべてのものに、したがって心にも作用するからである。すなわち、心の内的状態が外的状態と関連している限りにおいて、物質は心の内的状態を変化させるのである。ところで、心のすべての内的状態とは、心のすべての諸表象や諸概念の総括に他ならず、この内的状態は、外的なものに関連する限りにおいて、世界の表象状態 status repraesentativus universi と呼ばれるものである。ここから物質は、運動において有している力を用いて、世界を表象している心の状態を変化させている。このようにして、物質が心に表象を刻みつける仕方がわかるのである。

第七節

事物は世界のどこにもないにもかかわらず、現実に存在することがある

広い範囲にわたる事物において話を逸らせないようにするのは難しいことだが、私はふたたび、物体の力について指摘しようとしてきたことに話を戻さねばならない。外的に相互に存在している諸実体のあらゆる結合と関係は、それらの実体の力が互いに及ぼしあう相互作用に基づいているのだから、こうした力の概念からどんな真理が導出されるのかを見てみたい。ある実体は、その外部の別の実体と何らかの結合ないし関係にあるか、あるいはないかのいずれかである。独立した存在者であればすべて、自己のあらゆる規定の完全な源泉を自分の中に含むものであるから、自分を現存させるのに必ずしも他の事物と結合する必要はない。それゆえ、実体が存在していて、しかも他の実体とはまったく外的な関係を持たないということも、また他の実体と現実に結合しているということも、ありうることではある。さて、外的な連結、状態、関係などがなければ、場所というものは成立しないので、ある事物が現実に存在しているにもかかわらず、世界のどこにもない、ということもありうるだろう。この背理的な命題はひとつの帰結、しかも周知の真理からきわめて容易に出てくる帰結であるにもかかわらず、私の知っている限りでは、まだ誰にも指摘されていない。のみならず同じ源泉からは、さらに不可思議であり、悟性が自分の意志に反して認めざるをえないような、別の命題も生じてくるのである。

第八節

ひとつ以上の世界が存在しうるということは、正しく形而上学的な思考においては真である

あるものが全体の一部分であると言えるのは、それが残りの部分と何らかの関係をもっているときであり(なぜなら、さもないと現実の統一と想像上の統一とのあいだに相違がないことになるだろう)、世界は現実に複合的な存在であるのだから、世界中のいかなる事物とも結合していない実体などというものは、思考上ではともかくとしても、世界の一部分であるとは言えないだろう。世界のいかなる事物とも結びつかず、しかも互いに何らかの関係を持っているような存在が多くあるとすると、そこから生じるのはまったく特殊な全体であり、それらの存在は、あるまったく特殊な世界を形成する。してみると哲学の教室で、形而上学的な思考においては唯一の世界以上のものは存在しえないとつね日ごろ教えられてきたのは、正しくなかったということになる。神が何百万もの世界を創造したということは、正しく形而上学的な思考においても、現実に可能である。それだから、そうした世界が現実にも存在しているのかいないのかということは、未決定のままに残される。ここでおちいっている誤りは疑いなく、世界についての説明にきちんと留意しなかったことに起因するものである。なぜなら定義が世界に算入するのは、その他の事物と現実に結合している限り(原注)の事物だが、理論上ではこの制限は忘れられ、存在するあらゆる事物一般について語られるからである。

(原注)　世界とは同時的、継起的で相互に連関しているあらゆる偶然的事物の系列である。Mundus est rerum omnium contingentium simultanearum & successivarum inter se connexarum series.

第九節

諸実体が、自分の外部に作用する力を持たないとすると、延長も空間もありえないであろう

たやすく証明できることだが、諸実体が自分の外部に作用する力を持たないとすると、空間も延長もありえないであろう。なぜならこの力がなければ結合はなく、結合がなければ秩序がなく、秩序がなければ結局は空間もないからである。ただし、諸実体のこの力が外部に作用する際の法則から、空間の次元の多元性が出てくることは、洞察がやや困難な問題である。

私は、ライプニッツ氏が弁神論のある箇所(7)で行っている、一点を通って互いに垂直に引ける直線の数の証明は循環論証ではないかと思うので、延長の三次元性を、数の累乗に見られるものから証明しようと考えてきた。数の最

空間の三次元性の根拠はいまだ未知である

初の三つの累乗はきわめて単純であり、それらを他のべき数には還元できないが、四乗は平方の平方であって、二乗の繰り返しに他ならない。こうした数の性質は私にとって、空間次元の三次元性を説明するのには好都合だが、しかし適用しようとすると確実ではないように思われた。というのも四乗は、われわれが想像力で空間について表象できるあらゆることにおいて不都合なものだからである。幾何学では平方を平方自身と掛け合わせることはできず、立方をその根と掛け合わせることもできない。それゆえ三次元が必然であることは、たとえ三次元以上の次元を設定しても、前にしたことを繰り返す以外のことはできない(数の累乗においてそうであるように)ということによるのではなく、むしろまだ明らかになっていないある別種の必然性に基づいているのである。

第一〇節

空間の三次元は、諸実体の力が互いに作用する法則からくるように思われる

ある事物の性質として生じるすべてのものは、その事物自身の完全な根拠を自分の内に含んでいるものから導出されねばならないので、延長の諸性質、したがってまた延長の三次元も、諸実体が自分たちの結合している事物に関して持っている、力の諸性質に基づいていることになるだろう。ある実体が他の実体と結合する際に作用している力は、その作用の仕方に現れる何らかの法則抜きには考えられない。諸実体が互いに作用しあう法則のあり方は、多くの実体の結合や複合のあり方をも規定しているにちがいないので、諸実体の全集合(すなわち空間)が計測される際の法則、すなわち延長の次元は、諸実体が自分たちの本質的な力によって結合しようとする際の法則によることになるだろう。

三次元は、存在する世界において諸実体が、作用の強さが距離の二乗に反比例するように、互いに作用することによると思われる

こうしたことから、以下のように考えられる。すなわち、諸実体は、われわれもその一部分をなしている存在する世界においては、互いに結合する際に、距離の二乗に反比例して自ら作用を拡張するようなたぐいの力を持っているのである。第二に、こうして生じてくる全体は、その法則のために三次元という性質を持つことになる。第三に、この法則は任意のものであり、神はそのかわりに別の、たとえば三乗に反比例するという法則を選択することもできただろう。そして最後に第四として、別の法則からは別の性質と次元を持った延長が出てくるだろうということである。こうしたあらゆる可能な空間の種類についての学があるとすれば、それは有限な悟性が企図しうる最高の幾何学であろう。われわれは三次元以上の空間を表象することは不可能だと自覚するが、この不可能は思うに、われわれの心もまた距離の二乗に反比例するという法則に従って外部からの印象を受容するのであり、われわれの心の本性そのものがそのように受容するばかりでなく、外部に作用する際にもこの法則に従うようになっていることによるのであろう。

C23 V25　W35　A25

第一一節

多くの世界があるのではないかと推量されるための条件

別の次元の延長が存在しうるのならば、そうしたものを神がどこかに据えたこともまた十分にありうる。なぜなら神の御業は表しうる限りのすべての大きさと多様性とを持つからである。そうした種類の諸空間があったとしても、それらはまったく別種の性質の諸空間と結合することは不可能だろう。したがってそうした諸空間があれば、われわれの世界にはまったく属さず、

V26

独自の諸世界を形成しているにちがいない。先に私は、形而上学的思考においてであれば、より多くの世界がともに存在しうるのではないかと述べたが、ただしこれにはまだ条件があり、この条件が、多くの世界の存在がありうるための唯一の条件となっているように思われる。というのは、三次元のみを受容する唯一の空間の種類しか可能でないとしたら、われわれが存在しているこの世界の外部に置かれる他の世界は、空間的にはわれわれの世界と結合しうるものとなる。なぜなら、それらの空間も同じ種類のものだからである。そうだとすれば、問われることになるのは、神は諸世界の結びつきによってその御業にいっそうの完全性を与えることになるにもかかわらず、なぜひとつの世界を他の諸世界と分離しているのかということである。結合が多ければ多いほど世界における調和と一致も多くなり、反対に空隙や分離は秩序と完全性の法則を損なってしまう。したがって、多くの世界が存在するという見込みはなさそうであり（それ自体としては可能であるとしても）、もしありうるとすれば、それは先に述べたような多くの空間の種類が可能な場合である。

これらの考えは、私が今後に保留しているある考察の構想である。とはいえ、私はそれらを思い浮かぶままに示したのであって、より長い論究によってそれらに確実性を与えようとはしていないことは否定できない。したがって、より成熟した判断によってそれらの弱点が見出されれば、私はただちにまたそれらを放棄する覚悟がある。

第一二節

物体はその力であらゆる方向に運動

最近の哲学は物体の本質的な力についてある種の概念(8)を確定しているが、ただしそれを承認することはできない。この力は、運動しようとする持続的努力と称されている。この概念には、

しようとする、と主張する形而上学者たちもある

冒頭で述べたような誤りの他にも今ひとつの誤りがあるので、それについてここで述べてみたい。もし力が作用への恒常的な努力であるとした場合、この力の努力が外部の事物に関してはまったく不定であると考えようとすると、明白な矛盾におちいる。なぜなら、定義によればこの力は、自分の外部で他の事物に作用するように努力するはずであり、さらに最近の形而上学者たちが認めている定理によれば、この力は現実にそのように作用しているのである。したがって、この力は方向に関してはまったく不定であるというより、むしろあらゆる方向に向いているという方がずっと正しい言い方になるだろう。高名なハンベルガー氏[(9)]の主張によれば、モナドの実体的な力はあらゆる方向に等しく運動する傾向を持っており、それゆえに、天秤のように反圧が等しくなって静止しているのである。

第一三節

この見解に対する第一の反駁

この学説に従えば、運動は相反して設定されている二つの傾向の均衡が失われたときに生じ、相反して設定されている小さな方の力を上回っている分だけ、大きな傾向の方向へと動くことになる。たしかに動かす方の物体と動かされる方の物体がつねに同時に動く場合には、この説明は想像力を満足させてくれる。なぜなら、これは同じ重さの二つの天秤皿の片方に手を添えることで、もう一方の皿を動かす場合と同じことだからである。けれども、衝突によって運動を与えられた物体は、その物体に作用して駆動する力が止んでしまっても、無限に運動しつづける。だが上述の学説に従えば、その物体は運動しつづけることはできず、その物体に作用して駆動する物体が取り除かれたとたんに、突然停止してしまうだろう。なぜなら、物体の力があらゆる方向に向かう傾向は、その物体の実体と不可分であって、ある傾向に対して設定された外的な力が作用することをやめるやいなや、これらの傾向の均衡が瞬時に回復されるはずだからである。

第一四節

この見解に対する第二の反駁

この見解に関しての難点はただひとつではない。事物は汎通的に規定されていなければならないから、諸実体があらゆる方向に発揮する運動への傾向には、何らかの強さの度がなければならない。なぜなら、この傾向は無限ではありえないし、作用への有限的な努力であるのに一定の強度を持たないようなものも不可能だからである。それゆえ強さの度は有限であり、一定であるのだから、そこから次のように考えられるだろう。ある物体Aが、同じ質量の物体B[10]にある力で衝突し、その力は衝突される物体の実体が本質的な力として持っているものの三倍の強さであるとすると、衝突する物体の速度の三分の一だけは、衝突された物体の慣性力[11] vis inertiae によって奪われうる。そして衝突された物体自体は、運動している物体に等しい速度の三分の一以上には達しないだろう。したがって、生じた衝突の後では、衝突した物体Aは[12]2の速度で、他方でBの方は1のみの速度で、同じ方向に動きつづけるはずである。さて、Bは物体Aの行く手にあって、しかも物体Aの運動を妨害しないですむのに必要なだけの速度を得てはいない。にもかかわらずBはその運動を停止することができないので、Aは現実にはAC[原注1]の方向に速度2で、他方Aの行く手を妨害しているBは同じ方向に速度1で動き、しかも双方の運動が妨げられずに進行していくことになるだろう。しかし、BがAによって貫通されると想定しようとい

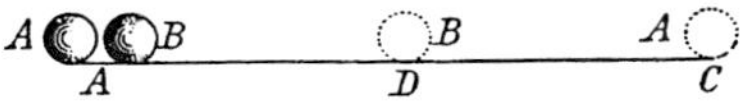

A　B　A　D　B　A　C

第1図

A 27　V 28　C 26　W 38　V 29

うのでなければこれは不可能であり、それは形而上学的には理屈に合わないことである。(原注2)

(原注1)　第1図。

(原注2)　次のように検討すればより明瞭にわかる。物体Aは生じた衝突の後で、Bが線分ACの中点Dをまだ越えていないときに、Cにあることになる。したがってAはBを貫通したのでなければならない。さもないとAがBの前方に達するはずがないからである。

第一五節

運動の二重の区分　こうした形而上学的な準備はそろそろ終わりにしよう。しかしながら、今後の理解に不可欠と思われる、今ひとつの付言を避けることはできない。力学に現れる死圧とその測度に関する諸概念については、読者も承知しておられることとし、またそもそも本稿では、活力と死力の学説に関するすべてを完璧に論述しようとはせず、私にとっては目新しいことと思われ、かつライプニッツ派の力の測度を修正するという私の主目的に役立ついくつかの考えを素描するにとどまる。それゆえ私は、あらゆる運動を二つに大別する。第一の運動は、運動が伝えられた物体の中に含まれており、障碍による抵抗がなければ無限に持続するという性質を持つ。今ひとつの運動は、つねに駆動する力の永続的な作用であって、それを消失させるのに抵抗などは必要とせず、外部の力のみに基づいており、その力が持続しなくなるだけで、ただちに消えてしまう。最初の種類の例は、発射された弾丸ないしすべての投げられた物体であり、第二の種類の例は、手でゆっくりと押された球、あるいは何かに載せられていたり適度な速度で引かれているあらゆる物体の運動である。

A 28　　W39　C 27　　V 30

第一六節

第二の種類の運動は死圧と区別されない*

形而上学の深い考察に手を染めるまでもなく、第一の種類の運動に現れている力が、第二の種類の力と比較してどこか無限なものを持っていることは容易にわかる。なぜなら後者の力は、部分的にはおのずから消失し、また駆動力がなくなればただちに突然おのずと消滅するからである。それだから、この力は瞬間毎に消え去り、またそのたびにふたたび生まれていると見なすことができる。これに対して前者の力は、永続的に作用を行い、自らは不滅である力の内的な源泉である。したがって後者の前者に対する関係は、時間に対する瞬間、ないしは線に対する点のようなものである。それゆえ、ヴォルフ男爵がその『宇宙論』においてすでに指摘しているように[13]、第二の種類の運動は死圧と区別されないものである。

第一七節

第一の種類の運動は速度の二乗に比例する力を前提とする*

そもそも私は、空虚な空間の中で永遠に自ら保持されるような運動について語ろうとしているので、そうした運動の本性を手短かに、形而上学の諸概念によって調べてみよう。ある物体が自由運動をしながら、無限に微細な空間の中で動いているとき、その物体の力は、物体が永遠の内で行うすべての作用の総和によって測ることができる。なぜなら、その総計がこの物体の力すべてと等しくないとすれば、力の強さ全体と等しい総和を得るためには無限の時間以上に長い時間がかかることになるが、それは理屈に合わないことだからである。さて、二つの物体AとBとを比較してみよう。Aは2の速度を、Bは1の速度を持っているとする。すると、Aはその運動の最初から、永遠に、それが通過していく空間の無限小の物質を、Bの二倍の速度で圧すことになる。ただしAはまたこの無限の時間に、Bの二倍の大きさの空間を進んでいる。したがってAが行うことになる作用全体の大きさは、Aがその空間の微小部分に遭遇する際の力と、この微小部分の数との積に比例するのであり、Bの力でもこうしたことは同様である。ところで、空間の微小粒子への両者の作用は両者の速度に比例しており、またそれらの微小部分の数も同様に速度に比例する。その結果、一方の物体のすべての作用は、他方の物体のすべての作用に対して、それらの速度の二乗の度合いの量を持つことになり、それらの持つ力もこの比に相当することになる。(原注)

(原注)　そもそも私は本書においてライプニッツ氏の見解にある異議を唱えようとするものであるから、本節で彼の見解を確証するような証明を提示すれば、自己矛盾をきたすようにも思われるだろう。ただし私は最終章において、ライプニッツ氏の見解はある程度制限されてはじめて、現実に生かせることを示すつもりである。

C29
W41

第一八節

これについての第二の根拠

活力のこうした性質をさらによく把握するには、第一六節に述べられたことを思い起こすとよい。死圧の測度は速度の一乗でしかない。というのも、死圧の力は、力を与える物体自身の内にあるものではなく、外部の力によってなされるものなので、その外部の力に打ち勝つ抵抗は、物体の中で死圧の力が保持しようとする強さという点では、特に何らかの努力を必要とはせず(その力はいかなる意味でも作用する実体の内に根ざしてはいないし、実体の中で自らを保持しようと努力しているわけでもないので)、せいぜい、物

A30

V32

体に位置の変化をもたらす速度を消去しさえすればよいのである。だが活力の場合には話はまったく異なる。実体が自由運動をしながらある一定の速度で動きつづけている際の状態は、まったくその内的な諸規定に基づいているので、同じこの実体は同時に、自らをこの状態に保持しようと努力している。そのために外部の抵抗は、この物体の速度に拮抗するために必要な力以外に、今ひとつの特別な力を、物体内部の力がこの運動の状態を自ら保持しようとして行う努力を打破するために、持たねばならない。そこで、自由運動をしている物体を停止させるのに要する抵抗の全体の強さは、速度の比と、その物体が自らその状態を保持しようと努力している際の力の比との合成比にならなければならない。双方の比は互いに等しいのだから、つまるところ抵抗が必要な力は、動いている物体の速度の二乗に比例することになる。

第一九節

私はたんに形而上学的でしかないような考察によって、何らか決定的で反論しがたいものに到達すると約束はできない。それゆえ私は、数学を応用することでおそらくはより多くの確実さを求めうるところの、次章に向かうことにしよう。われわれの形而上学は他の多くの学問と同様に、実際には真に根本的な認識の発端にいるにすぎず、いつそこを乗り越えていくことになるのかは誰にもわからない。形而上学が着手しているさまざまな事柄の中に形而上学の弱点を見出すことは、難しいことではない。形而上学による証明の最大の強みは、きわめてしばしば先入見だとされる。これに関しては、人間の認識を拡張しようと求めている者たちにありがちな傾向に、最大の責任がある。望まれるべきなのは根本的な哲学たりうることであるのに、彼らは好んで大哲学を得ようとする。哲学者にとってその努力のほとんど唯一の報酬は、苦労の多い研究の果てに、ようやく真に根本的な学知を得て安らぎをおぼえることができるということである。とすれば哲学者に対して、自分が賞賛するものに信頼を置くな、自分の発見の中にある自分では訂正できない不完全さに口をつぐむな、何らかの根本的な学知を得たという自負からくる感興に舞い上がってはならず、認識の真の利得を軽視するな、などと求めることは過大にすぎるだろう。悟性はともすれば賞賛に傾きがちなものであり、それを長く思いとどまらせておくのは、当然ながらはなはだ困難である。とはいえ、何らかの根拠ある認識のためには、広範に魅力あるものはすべて犠牲にするというような抑制を加えることが、やはりあってしかるべきだろう。

第二章　活力に関するライプニッツ派の学説の探究

第二〇節

ビュルフィンガー氏がペテルブルク・アカデミーに寄稿した論文(1)には、真理の探究にあたって私がつねづね用いているひとつの準則が見られる。賢慮を持つ人々が、ともに相手の意図を推察できないでいるかあるいは両方の意図を推察できていて、しかも相反する見解を主張している場合には、たいていの場合、両派にある程度認められているような何らかの中間的命題に注意を向けることが、確率的にも理にかなったものなのである。

第二一節

このように考えることがいつもうまく行くかどうかはわからないが、しかし活力の論争に関してはうまく行くという期待が持てる。運動物体の力の測度に関してほど、何らかの見解で世論が真っ二つに分かれたことはかつてなかった。どう見ても両派は同等に強力で、同等に正当である。もちろん相手の見方が混入しているということもあるが、そうした混入がまったくないなどとは、どんな派についても言えるものではないだろう。したがって私としては、双方の主流が満足しているような見解を取るという、もっとも確実な道を選ぶことにしたい。

A32
C31
V34
W43

第二二節

ライプニッツとデカルトの力の測定

ライプニッツ以前は、世間はデカルトの唯一の命題を信奉していた。それはすなわち、現実に運動しているものをも含む物体一般について、たんなる速度だけを力の測度として認めるものだった。このことに疑いをかけることができるなどとは、誰にも思いもよらぬことだった。ところが、ライプニッツは新しいひとつの法則を公表して、人々の理性を突如としてかき乱し、時とともにこの法則は、学者たちのあいだで悟性の最大の対立を演じさせるような法則のひとつとなったのである。デカルトは運動物体の力を速度そのもので測定したが、ライプニッツ氏は力の測度に物体の速度の二乗をあてた。氏は彼のこの規則を、予想にたがわず、デカルトにもなおいくらかの立場を認めるような条件付きで示しはしなかった。そうではなく、氏はデカルトの法則を絶対的かつ無制限に否定し、そこにただちに自分の法則を代替させたのだった。

第二三節

ライプニッツ派の力の測度の第一の誤り

私がライプニッツ氏の規則に不服を申し立てたいのは、そもそも二つの点についてである。そのうち、ここで扱いたい点は、活力という事柄について重大な結果をもたらすものではないが、しかしこのように重大な命題については、なされかねないどんな小さな非難にも備えられるように、どんなこともゆるがせにはできないのだから、これを無視することはやはりできないのである。

ライプニッツ派の力の測度はつねに以下のような定式で示される。ある物体が現実運動している場合には、その物体の力は速度の二乗に比例する。したがってこの命題によれば、この力の測度の特徴はまさに現実運動ということになる。けれども、ある物体が現実に運動しており、しかもその力が、物体がその初速でたんに圧力によって与えるであろう力よりも大きくない、ということがありうる。これはすでに前章で説明されたことだが、もう一度くり返してみたい。なめらかな平面上できわめてそっと押された球は、手を離した瞬間にもうそれ以上は動かなくなる。したがってそうした運動において物体の力は瞬間ごとに消失するのであり、また新たに圧力を加えるたびにふたたび生じるのである。ゆえに、物体が対象に当たるその瞬間、その力はそれ以前の運動からもたらされるものではない。以前の運動による力はすでにすべてなくなっているのであり、この物体が持っている力は、対象に触れるまさにその瞬間に対象に与える駆動力の力だけである。それゆえ、この物体はまったく動いていなかったのであり、まったくの静止状態で抵抗を押したのだと見なしてもよい。したがってそのような物体は、死圧を与えている物体と異なるものではなく、その力は速度の二乗にではなく、速度そのものに比例している。したがってこのことが、私がライプニッツ派の法則に加える第一の制限である。彼は活力の特徴を現実運動に限るべきではなく、自由運動をも当然つけ加えるべきだった。なぜなら運動が自由でなければ、物体は活力を持つことができないからである。この規定によってライプニッツ派の法則は、他に問題がなければ、次のような定式で示されねばならない。ある物体が現実運動ないし自由運動をしている場合には、それが持つ力は〔速度の〕二乗に……云々。

V36　C33　A34　W45

第二四節

現実運動とは何か　これから行う第二の指摘は、世評かまびすしい論争の源泉を開示するとともに、おそらくはそ

V37

れを収拾する唯一の手段を提示するものである。

活力の新たな測定を擁護する者は、物体がその運動を開始する際には、たんなる速度に比例する力を持っている、という点ではなおもデカルト派と一致している。ただ、その運動が現実のものと見なされうるならば、彼らの言うには、物体は速度の二乗を測度とするのである。

さてそれでは、そもそも現実運動とは何なのかを考えてみよう。というのも、この言葉がデカルト派からの離反の原因だったのであり、しかしまたおそらくは、再一致の原因ともなりうるものだからである。

ある運動が現実のものと言われるのは、その運動が開始の時点だけにあるのではなく、継続するあいだに時間が経過した場合である。運動の開始と、物体が作用している瞬間とのあいだに経過した時間があって、そもそも運動を現実のものと名づけうるのである。

ただし注意すべきは、この時間は(原注)、何らかの規定量のようなものではなく、まったく不定でどのようにでも規定できるものだということである。これはすなわち、現実運動を示すのに必要な時間は、どれほど任意に短くとることにしてもかまわない、ということである。なぜなら、運動をそもそも現実のものとしているのは、時間のあれこれの量ではないのであり、たとえどれほど短かろうが長かろうが、時間そのものなのだからである。

(原注)　ライプニッツ派の力の測度の定式における。

第二五節

それゆえ、運動にかかった時間が活力の真の唯一の特性である。そしてこの時間ということだけが、死力に対す

A35　C34　W46

る活力の特別な測度を維持しているのである。

今、運動の開始から、物体がある対象に当たって作用するまでに経過する時間を、始点をAとする線分ABで表すことにする。(原注) するとその物体はB点では活力を持っているが、始点Aでは持っていない。なぜならA点ではその物体は、自分に妨げとなる抵抗物があっても、それをたんに運動しようという努力によって押すにすぎないからである。さらに以下のような形で推論してみよう。

ライプニッツ派の力の測度の第二の主要な誤り

(原注)　第2図。

第一に、時間ABは、B点において物体に活力が与えられているための規定であり、始点Aは(物体をこの点に置くなら)、死力の根拠となる規定である。

第二に、線分ABで表されたこの規定をもっと短くしたと考えてみると、物体は始点に近づくことになり、容易にわかることだが、これをくり返してゆけば、最後にはその物体はA点そのものにあることになるだろう。ゆえに線分ABという規定は、短縮することで、A点における規定にどんどん近づけられる。もしまったく近づかないというのなら、物体は時間を無限にくり返し短縮しても決してA点に到達しないことになるが、それは不合理だからである。してみると、C点における物体の規定はB点におけるよりも、D点ではC点よりも死力の条件に近くなり、A点ではまったく死力の条件を持つまでに至るのであって、活力の条件はまったく消滅してしまう。

第三に、しかしながら、物体のある性質の原因である何らかの諸規定が、それと拮抗しているような性質の根拠をなす他の諸規定に、徐々に変わっていくとすれば、前者の条件の結果である性質も同

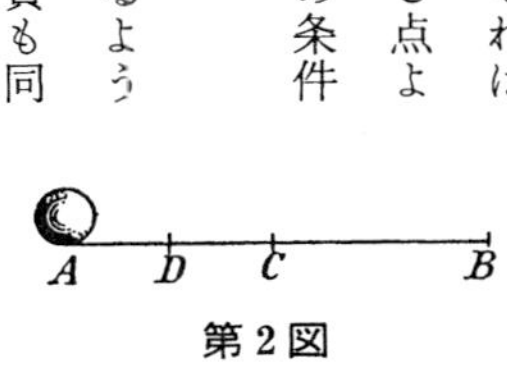

第2図

V39　A36　C35　W47　V38

時に変わり、後者の結果である性質へと徐々に移行するにちがいない。(原注1) さて今、時間ＡＢ(Ｂ点における活力の条件)を短縮したと考えると、その際の活力の条件は、Ｂ点にあったときよりも死力の条件に必然的に近づくことになる。とすれば、Ｃ点における物体も、Ｂ点におけるよりも死力に近い力を実際に持つことになり、Ｄ点ではさらに死力に近い力を持つことになる。ここからして、経過した時間という条件によって活力を持つことになる物体は、どれほど任意に短くしてもよいような時間内では活力を持ちえない。そうではなく、その時間は一定の確実なものでなければならない。もっと短くなってしまえば、物体はもはや活力を持ちえないからである。したがって、ライプニッツの力の測定に関する法則は認められない。なぜならそれは、とりあえずある時間運動した(これは現実に運動したということと同じだが)物体には、その時間がどれほど任意に短かろうが長かろうが、ともかく無差別に活力を認めるものだからである。(原注2)

(原注1)　根拠があれば帰結がある posita ratione ponitur rationatum という規則によって。

(原注2)　この証明の概略は以下のとおりである。運動の開始と、物体の衝突の瞬間とのあいだの時間は、任意にどれほど短くもとられうるのであり、それによって活力の条件が失われるとは考えられないとされる(第二四節)。しかし今や、時間の短縮は以下のような結果をもたらすことがわかった。すなわち、短縮をくり返せば、物体は結局始点にあることになり、そこでは活力は実際に消滅し、反対に死力の条件が現れてくる。してみるとこの時間の縮小は、一方で活力の条件から何かを取り去る根拠とはならないのに、他方では根拠となっており、これは矛盾している。

第二六節

私がここで証明したことは、その広範な有用性がおそらくはまだ十分に知られてはいない連続律からの、(2) きわめて厳密な帰結である。発見者であるライプニッツ氏はこの法則を、デカルトの法則が検証に耐えないことの試金石に用いた。氏の卓越性の最大の証左となるものとして、ほとんど彼ひとりのみが、全力学のなかで最有力な法則を正しく発見し、それを真の姿で示すための手段を提示している、ということをあげておきたい。

連続律による同様のことの証明

ライプニッツ氏がこの原則をデカルトに反対して使用した、そのやり方に注目しさえすれば、ここでどのように応用すればよいかは容易にわかるだろう。氏の証明では、ある物体が運動中の物体に衝突する際に生じている規則は、ある物体が静止している物体に突き当たった際にも同様に生じるのでなければならない。なぜなら、静止とはきわめて微小な運動と異なるものではないからである。等しくない二つの物体が互いに衝突する際にあてはまることは、二つの物体が等しいものである場合にも、やはりあてはまらねばならない。きわめて微小な不等性は相等性と異なるものではないからである。

このようなやり方で私も推論してみよう。ある物体が一定の時間動いた際に生じることは、運動が開始されたばかりの時でも同様にあてはまらなければならない。なぜならきわめて微小な運動の継続は、運動が開始されたばかりと異なるものではなく、それらを同一視してもかまわないからである。ここから帰結するのは、ある時間(任意にどれほど短くてもよい)運動しさえすれば物体はどれも活力を持つというのなら、やっと動き出したばかりの物体も活力を持つはずだということである。なぜなら、やっと動き出したばかりということは、すでにきわめて微小な時間動きつづけているということと、同じことだからである。ここから結論として出てくるのは、ライプニッツ派の力の測定の法則からは、運動の開始時点においても力は活力となるという不合理が生じてくるので、この法則は是認できないということである。

この法則を白日の下にさらしてみれば、悟性がそれに反対することは容易にわかる。ある物体がA点では死力を持っていながら、この点からきわめて微小にしか離れていないところでは、死力より無限に大きな活力を持つはずだ、などということはとても納得しがたい。この思考の飛躍はあまりに唐突であり、一方の規定から他方に移行する道はないのである。

第二七節

運動において経過した時間、したがってまた運動の現実性も、物体が活力を与えられるための真の条件ではない

上述したことから生じる事柄に注意してほしい。経過した時間は、限定せずに持ち出された場合には、活力のいかなる条件にもなりえない。このことはすでに証明した。しかしまた、限定されて一定量となった形で持ち出された場合にも、経過した時間はやはり活力の本来の条件を与えることはできない。このことを以下で証明しよう。

仮に、ある物体が一分後に活力を得るだけの速度を持っており、そしてこの一分間が物体に活力が与えられるための条件なのだ、と証明できたと仮定しよう。そうだとすると、この時間の量を二倍にすれば、先の一分間だけのときに物体に活力を与えていたものも、その物体の中ですべて二倍になるだろう。最初の一分間という量が物体の力にひとつの新しい次元を(per hypothesin 仮定により)付加したのであれば、二分間という量は、最初の一分間が持つ条件を二倍含んでいるのだから、物体の力にもうひとつの次元をさらに付加することになるだろう。運動を自由につづける物体はしたがって、運動の開始時点では一次元の力を持つだけだが、一分間が経過すると二倍の測度の力を持つことになる。さらに二分後にはその力は三倍の測度、三分後には四倍の測度、四分後には五倍の測度等々となる。すなわち、その物体の力はある一定の運動では速度そのもの、あるときは速度の二乗、あるときは三乗、またあるときには四乗を測度として持つことになるが、そのような逸脱を擁護しようとするものは誰ひとりいないだろう。

この推論の正しさは疑うことができない。物体が運動を開始してからある点に達するまでに経過した一定量の時間が、活力の条件を完全に持つのだとしたければ、時間は時間量以外の規定を持たないのだから、二倍量の時間ではその条件も二倍の多さになることは否定できないからである。それゆえ、ひとつの時間が物体の力にひとつの新しい次元を持ち込む十分な根拠であるとすれば、二倍の時間は(帰結はその根拠に比例する rationata sunt in proportione rationum suarum という規則によって)、二つの次元を与えることになるだろう。さらにつけ加えれば、物体が時間の経過とともに、運動開始の瞬間にあった死力の条件から離れていくからこそ、時間が活力の条件となりえたのであり、より短い時間では、一定量の活力が得られるほど十分には死力の条件から離れることができないはずであるから、この時間は一定量を持たねばならないということになる。そして物体は、より大きな時間では運動開始の瞬間から、すなわち死力の条件からどんどん離れていくのであるから、物体の力は、それが長く動けば動くほど、たとえ速度が一定であっても、無限にどんどん多くの測度を獲得するのでなければならない。このようなことは不合理である。

それゆえ第一に、運動の現実性の欠如は、物体の力にたんなる速度という測定を帰する真正の条件ではない。

第二に、運動の現実性一般およびこれに関する経過時間の一般的無規定的考察も、規定された一定量の時間も、

V 42　A 39　W 51　C 39　V 43

ともに活力の十分な根拠とはなりえず、速度の二乗による活力の測定の十分な根拠ともなりえない。

第二八節

数学は活力を証明できない

この考察から二つの重大な帰結を引き出してみたい。

第一には、数学は活力に有利な証明をまったく提示できない、そしてこうして測定される力は、実在していても、すくなくとも数学的考察の範囲の外部にあるはずだということである。一定の速度で動いている物体の力をこの学問で測定する場合には、運動中に経過するどの特定の瞬間にも制約されることはなく、この制約に関してまったく無規定かつ無差別であることは、周知のことである。それゆえ数学が提示する運動物体の力の測定とは、あらゆる運動一般に関わる類のものであって、その際に経過した時間はどれほど任意に短くともかまわないのであり、この点ではなんら制限を設けてはいない。そうした類の測定は運動開始時の物体の運動にもあてはまるが(第二五、二六節)、その際の力は死力であって、たんなる速度をその測度としている。そして活力を死力と同時に同じひとつの測定でとらえることはできないのだから、前者が数学的考察からまったく除外されるということは容易にわかる。

かつまた数学は、物体の運動において速度、質量、あとは必要ならばせいぜい時間以外のものは何も考慮しない。速度は、まったく活力の根拠にはならない。なぜならライプニッツ派の考えでは、物体はたしかに活力を持ってはいるが、運動のすべての瞬間に持つことができるのではなく、運動開始後のある時間には、たとえすでに全速になっていたとしても、まだ活力を持っていないことになる(第二五、二六節)からである。質量は、さらに活力の根拠にはならない。最後に時間も、まったく同様であることをわれわれは証明した。したがってどのような物体の運動であれ、それらのどれをとっても、運動に内在する活力を数学的考量で示すものは何も持っていないのである。そして、運動している物体がなす事柄についての推論はすべて、速度、質量、時間の考察でとらえられる観念から導出されねばならないのだから、正しく行われた推論からは、活力を確定するような結論は生じてこない。その仕事をやり遂げたように見える結論があったとしても、外見を信じてはならない。なぜなら、そうすれば原則が含んでいる以上のものが結論に含まれてしまう、すなわち帰結 rationatum がその根拠 ratio よりも大きいということになってしまうからである。

ここ二世紀の幾何学者たちが、デカルトとライプニッツ氏との論争を数学の教義によって処理しようと多大な努力を払ったあとで、この学問には決定権を認めないなどと私が言い出すのは、まことに奇異なことにも見えるだろう。この学問がデカルトの法則をよしとするか、それともライプニッツ氏の派を擁護するかということは、たしかにしばらく論争の種となってきた。だが、そうした不一致においても、力の測定という論題を正しく解決するには、数学の裁決にゆだねなければならないとする点では、誰もが一致している。推論術の大家たちがそうした逸脱におちいりながら、しかもその道も自分たちの追求している真理を得るには至らないのだということに気づかず、思い至ることさえなかったというのは、なんとも不思議ではある。だが、こうした不思議さはすべて聞き流した方がよいというのももっともだと思われるので、数学の裁決に従ってこれ以上すべきことはないと考える。

数学はその本性上からもデカルトの

上述した考察から引き出される第二の帰結は次のようなものである。数学の諸根拠は活力に有利であるというより、むしろつねにデカルトの法則を確証することになる。これは本節の諸命

法則を確証するものである

題からもすでに明らかにちがいないが、さらにつけ加えるならば、数学上の量、線、平面などは、どれほど小さいものであっても、何らかの大きさがあると見なされる場合と同じ性質を持っている。それゆえに、きわめて微小の数学的量、きわめて微小な平行四辺形、きわめて微小な線上での物体の落下からも、同種のきわめて大きなものと、同じ性質と結果がもたらされうるのでなければならない。今、ある運動がその開始直後に示す線が、開始後はるか後に運動が示す線とまったく同じ規定と性質を持ち、同じ結論を持つのであれば、物体の運動の数学的考察から取り出される力も、運動開始の瞬間からきわめて微小な時間、すなわち無限に小さな時間の中でその物体に与えられる力と、なんら異ならない性質を持つことになるだろう。そして、後者は死力であり、測度としてはたんなる速度を持つのであるから、数学的に測定される運動はどれもすべて、もっぱらただたんなる速度による測定以外にはいかなる測定をも示さないことになるだろう。

第二九節

それゆえ、さらに詳細な検討を加えるまでもなくわかるのは、ライプニッツの支持者たちは事柄の本性とははるかにかけ離れた武器で自分たちを守ろうとしているために、デカルトとの世評かまびすしい論争には敗北するだろうということである。こうした一般的な考察をしたあとで、ライプニッツ派がこの論争事項で主に用いてきたいくつかの証明を取り立てて論証してみよう。

ライプニッツ氏はとりわけ、物体の重力による落下に見られることを通じて、自身の見解に至った。しかしデカルトの法則の不当な適用が彼を誤謬に導いてしまい、おそらくは時とともに、いつか人間理性に忍び込むもっとも

V 46　A 42　W54

ありがちな誤謬となってしまったのである。すなわち氏は、重さ四ポンドの物体を一フィート持ち上げるのと、一ポンドの物体を四フィート持ち上げるのには、同じ力が必要である、[3]という命題を立てたのだった。

第三〇節

ライプニッツ氏にはじめて活力をもたらした命題

氏が当時のあらゆる力学者の賛同を引き合いに出している中で、私の思うには、この命題を氏は、デカルトがてこの原理を説明するのに用いた規則から、推論しているようである。デカルトは、てこに取り付けた錘が、支点からの距離で記述できる無限の微小空間を通過すると仮定した。この距離が互いに物体の重さに反比例するときに、二つの物体は釣り合うことになる。したがって一ポンドの物体を4の高さだけ持ち上げるには、四倍の質量を持つ別の物体を1の高さに持ち上げるのと同じ力しか必要としない、とライプニッツは推論した。容易にわかることだが、デカルトの原則からこの結論が出てくるのは、運動の時間が等しい場合のみである。自動天秤では、錘がその無限の微小空間を通過する時間は、ともに等しいからである。ライプニッツ氏はこの条件を顧慮せずに、時間がともに等しくないような運動をも推論しているのである。

第三一節

力は、物体がその力によって達しうる高さに比例する、というヘルマン氏の証明

ライプニッツ氏の擁護者たちは、時間ということで自分たちになされうる非難に気づいていたように思われる。そこで彼らは、物体が落下によって得る力については、時間の相違はなんら問題にならないというように、自分たちの証明を改変しようとしてきた。

無限のばねAB(原注)があって、AからBまでの落下中に物体に及ぼされる重力を表しているとしよう。さて、ヘルマン氏によれば(4)、重力はその物体に空間の各地点で同じ圧力を与える。この圧力は線分AC、DE、BFなどで表され、総体として長方形AF(5)となる。氏の見解によれば、物体はB点に達したとき、これらの圧力の総計すなわち長方形AFに等しい力を持つ。したがって、D点における力とB点における力の比は、長方形AEと長方形AFとの比に等しいのであり、これは通過した距離ADとABとの比に、したがってD点とB点における速度の二乗の比に等しい。

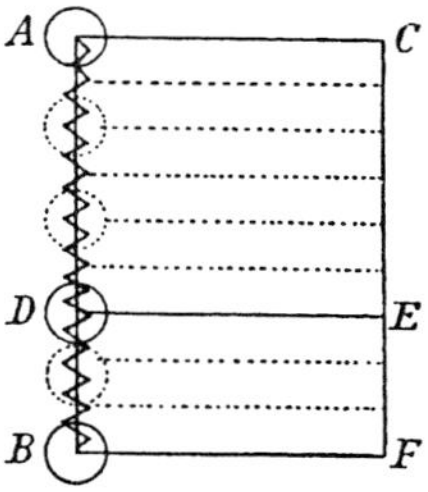

第3図

(原注)　第3図。

ヘルマン氏はこのように、重力が自由落下する物体に及ぼす作用は、落下で進んだ距離に比例する、と主張するに至っている。

これに対してデカルト派が主張するところでは、重力の作用は時間が停滞した運動で進んだ距離にではなく、物体が落下ないし再上昇する時間に比例する。私は以下で、デカルト派の見解を疑いのないものとする証明を行うが、そこからは、ヘルマン氏の見せかけの証明のどこが誤っているのかということも、同時に見通されるであろう。

第三二節

同じように引き伸ばされた五つのばね(原注)A、B、C、D、Eのうちの一つを一秒間押し縮めるのと、同じ一秒間で

ヘルマン氏の事例の反対となる証明

五つすべてを順次押し縮めるのとでは、必要な力は同じである。さて物体MがばねAを押し縮めている時間の秒数を五等分してみる。いまMが、五等分された秒数のすべてを使ってばねAを圧してから離すかわりに、ばねAを最初の五分の一秒間だけ押さえつけ、次の五分の一秒間は、ばねAのかわりに、同じように引き伸ばされた別のばねBに取り替えられると仮定しても、Mが押さえるのに必要とする力は、この交換によってなんらの差異も生じないだろう。なぜなら、ばねAとBとはまったく同等のものなのだから、二番目の五分の一秒間で、つづけてばねAが押さえられようが、あるいはBが押さえられようが、同じことだからである。同様に、Mが三番目の五分の一秒間で、第三のばねCを押し縮めても、同じ時間でつづけて前のばねBを押さえても、同じである。それらのばねはちがうものではないのだから、一方を他方のかわりにしてもかまわない。したがって物体Mが、一つのばねAをまる一秒間押し縮めつづけるのに必要とする力は、五つのばねを同じ秒数内で順次押し縮めていくのに必要とする力と同じである。ばねの数を無限に増やしたとしても、押さえる時間が同じでさえあれば、同様のことが言える。それゆえ、すべてのばねを押し縮める物体の力は、押し縮められるばねの数によって測られるのではなく、押さえつける時間が正しい測度なのである。

(原注)　第4図。

ここで、ヘルマン氏がばねの作用と重力の圧力との間に立てた比較を例に取ると、物体の進んだ距離ではなく、物体の力が重力にどれだけ長く抵抗できたかという時間によって、物体の全作用が測定されるべきだった、ということがわかる。

これがすなわち第一の試みであり、思うに私が上述したこと、つまりデカルトの見

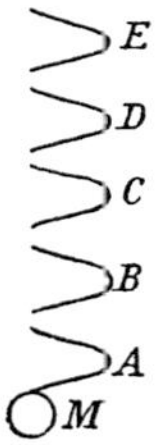

E
D
C
B
A
M

第4図

解の方が数学的証明においてはライプニッツ氏の法則よりまさっている、ということを確証しているのである。

第三三節

同じ命題を主張するデカルト派の誤謬

活力の擁護者たちに対抗してシャトレ侯爵夫人がきわめて雄弁に行っている、デカルト派の論弁を見ると、物体の落下についてのライプニッツ派の推論を無効とするために、夫人もやはり時間の相違を使っている。ただし、活力の新たな測定に反対しているメーラン氏[7]の著書から夫人が引用した箇所[8]からは、メーラン氏も、氏が時間の相違ということから引き出すことができ、また私が前節で示したと考えているものが持つ真の利益には、気がついていないことがわかる。この利益はじつに単純で明白なものであり、氏のような明察の人でありながらなぜこれに気づかなかったのか、まことに不思議と言わざるをえない。

これらの人々はなんとも奇異なことに、重力を物体から奪う力は距離にではなく時間に比例する、という真の自然法則を解明したにもかかわらず、はなはだしい誤りにおちいっている。彼らはライプニッツ派に賛同して、物体は速度が二倍になると四倍の作用を行う、とまで言ってしまった後になってから、つまり私に言わせれば事態をひどく悪くした後になってから、必要に迫られてまことに苦しい口実を編み出し、物体はたしかに四倍の作用を行うが、それは二倍の時間がかかるからこそだというのである。彼らが大まじめに主張するところでは、二つの物体の力は、同一時間における作用によって測定されねばならず、同一でない時間に行ったようなものについてはまったく考慮する必要などない。しかしながらこうした口実に対してはかぎりない明白さが立ちはだかっているのであり、真理の持つ圧力にそれ以上対抗しうるものだったとは思えない。

C45　V50　W58

ここから見て取れるように、ライプニッツ派が勝利したといっても、それはそもそもデカルト派が誤った推論をしたというだけのことであり、デカルト派が論争に敗れるとしても、それは彼らの論点に弱点があってのことではまったくない。デカルト派は、そもそも論点の本性上用いられるような正しい武器を手にしていれば、つねに優勢を占めていたはずなのである。

第三四節

リヒトシャイ氏の疑問は払拭される

私は、重力が与える作用と、上昇時に重力が与える抵抗とは、物体が運動する際に経過する時間に比例することを証明した。しかし私は、この命題に疑念を抱かせるのに十分なほどもっともらしい見かけを持つ、一つの事例があることを思い出した。リヒトシャイ氏(9)が『アクタ・エルディトールム(10)』Acta Eruditorum の中で指摘しているところでは、ある振り子(原注)をD点から支柱Eまで糸が来るように放すと、その振り子はB点からC点まで、より小さな円を描きながらふたたび上昇することになるが、そのとき振り子はB点で得た速度のために、落ち始めた高さDGと同じ高さCFにまでふたたび達することになる。ところで、振り子が落下しながら弧DBを振れる時間は、それがC点まで再上昇する時間よりも長い。それゆえ、振り子に作用している重力は後者より前者の方が長い。ここで次のように考えられるかもしれない。私が先に証明した、重力は時間が大きければ大きいほど作用も大きくなる、ということが真だとすると、物体がB点で持ってい

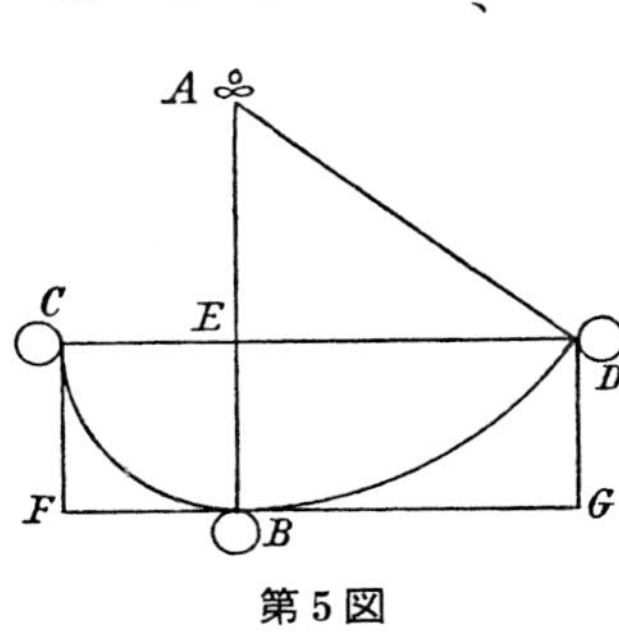

第5図

る速度の方が、B点からC点への運動で重力によってふたたび奪われてしまった状態での速度より大きいことになる。とすればこの速度のために、振り子はC点よりももっと上まで振れることができねばならないはずだが、リヒトシャイ氏の証明したところではそれは誤りなのだ、と。

(原注)　第5図。

だが考えてみれば、糸ABはD点からB点に動く物体に、糸EBないしECがC点からB点への落下でなすよりも強く抵抗し、重力による落下をより妨げている。とすれば容易にわかることだが、D点からB点への降下の各瞬間すべてによって物体に蓄積される力の要素は、重力が反対に物体Cに、C点からB点に降下する各瞬間に持ち込む要素力よりも小さいことになろう。なぜなら、一本の糸に取り付けられた物体がA点を支点とするために、やむなく円弧DBないしCBにそって振れるというのと、この物体が同様の曲面BDとBCとを自由に転がり落ちるというのは、同じことであるのだから、目下問題となっている事例は、そうした二つのつなげられた凹面上で起きているのだと考えてもよい。さて、面DBは別の面CBよりもはるかに水平面に近い傾斜を持っているから、物体は面CBよりも面DBにおいて長く重力の力にさらされる、ただしDB面はそのために、他方のCB面よりも、物体に注入されようとする重力を大きく妨げることになるのである。

私はこうした異論を解決する必要がないのかもしれない。というのもライプニッツ氏の派の人々は、彼の弱点に気づいているように思われるのであり、その異論が使われているのは見かけられないからである。ただ、リヒトシャイ氏によってその論文の査定者に選ばれたライプニッツ氏は、この論文に賞賛を与えており、氏の名声によってリヒトシャイ氏はいくぶん重きをなす者とされているのである。

第三五節

重力による物体の落下という論題から離れる前に、活力の擁護者たちにはいまひとつの事例を解決してもらいたい。ライプニッツ氏とその擁護者たちは従来、時間の考察を欠いてもよいと説得を試みてきたが、重力がある物体に及ぼす力の測定において時間の考察が不可欠であることを、この事例は十分に説明していると思われるのである。

第三六節

重力によって生じる力の測定において、時間が必然的に考慮に入れられるべきことを説明する新たな事例

その事例は以下のようなものである。デカルト派およびライプニッツ派の通常のやり方に従って、(原注)高さabから水平線bcまでの間で、ある物体に与えられる重力の圧力を、無限の数の薄板ばねAB、CD、EF、GHで表すとする。次いで、ある物体mを斜面acの上に置き、別の物体lをa点からb点へと自由落下させる。今、ばねの圧力によって斜面acを下方へと圧され、傾斜落下して最後にはc点に至る物体mの力を、ライプニッツ派ではどのように測定するだろうか。彼らにできることは、物体をa点からc点まで圧すばねの数と、それぞれのばねがその物体をac方向に圧す力との積を、測度とすることだけである。なぜなら、ヘルマン氏の事例(第三一節)で見たように、彼らの学説がそれを求めるからである。さらに同様に彼らは、a点からb点へと自由落下する物体lに見られる力も、その物体が圧されるばねの数とそれぞれのばね

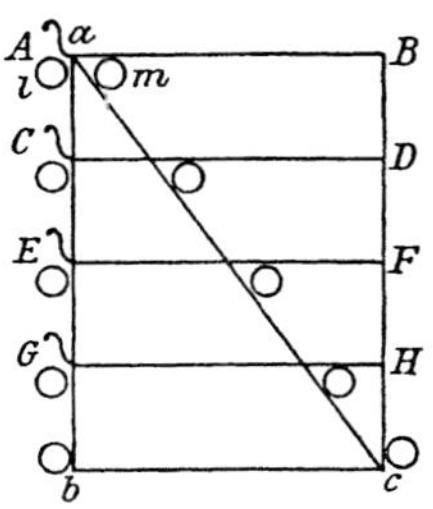

第6図

が物体を押しやる強さとの積から測定するしかない。しかるに斜面ａｃと高さａｂのどちらの方もばねの数は等しいので、物体ｌがｂ点で得た力の真の測度、ないし物体ｍがｃ点で得た力の真の測度としては、それぞれのばねが双方の落下の際に物体に与える力の強さだけが残ることになる。それぞれの薄板ばねが物体ｍを斜面ａｃ方向に押す強さと、これらの薄板ばねが物体ｌを運動方向ａｂに押す強さは、力学の基本原理が教えているとおり、ａｂ対ａｃとなる。したがって、物体ｌが垂直落下の最後にｂ点で持つ力と、物体ｍが傾斜落下して最後にｃ点で持つ力は、ａｃ対ａｂという比になるが、これは不合理である。なぜなら、双方の物体はｂ点あるいはｃ点において同じ速度を持ち、したがって同じ力を持つからである。

C48
V54
W62

(原注)　第6図。

A47

デカルト派はこの異議を、時間を持ち込むことによって回避する。たしかにそれぞれの薄板ばねが斜面ａｃ上で物体ｍに与える力はより少ないが(一部分が斜面の抵抗に使われてしまうから)、そのかわりに、ごく短時間しかばねの圧力を受けない物体ｌに比べると、このばねは物体ｍには、はるかに長時間作用しているのである。

A48

第三七節

重力によって落下する物体の考察が、活力にはなんら有利にならないことを証明してきたが、以下では、活力の擁護者たちがつねづねきわめて高く買っている別種の証明を検討してみることになる。それは、弾性物体の運動に関する理論によって提示されると思われるものである。

A49

第三八節

ライプニッツ氏の力の測定が世にもたらした分裂によって、推論術の大家たちがそうなるとは信じられないことだが、幾何学者たちの中に無分別や逸脱をおかすものが多く現れてきた。このかまびすしい論争という事件のすべてに関して保存された報告は、いつの日にか、人間悟性の歴史の中でもきわめて有用なものとなるだろう。われわれの理性推理の正しさを称揚する者たちのうぬぼれに打ち勝つものとしては、これを顧慮してみる以上のことはない。この惑わしが、幾何学のもっとも明敏な大家にさえ、ほかならぬ判明さと確信を与えてくれるはずの研究で道を誤らせてしまったのである。

ライプニッツ派の諸氏が労をいとうことなく、活力に関する今や確固とした証明なのだと思い込んでいる証明の構造に自ら注意を向けていれば、そうした逸脱が起きることなどはありえなかっただろう。

第三九節

弾性物体の運動から取り出された証明の総体

弾性物体の衝突による運動から活力のために持ち込まれたほとんどすべての証明、ないしその中でもっともそれらしい証明は、以下のようにして生じてきた。衝突が起きた後に弾性物体にある力を、衝突前と比較してみる。質量と速度との積で測定すれば、前者の方が後者より大きいことがわかる。たんなる速度のかわりに速度の二乗を置いたときにのみ、それらは等しくなるのである。このことからライプニッツ派の諸氏は、弾性物体が、その弾性物体の力がたんなる速度に比例するにすぎないとした場合

V55　C49　W63　A50

に生じるよりも大きな運動を、衝突した物体に与えることはありえない、と推論した。なぜなら、たんなる速度の方をとれば、生じた作用の方より原因の方がつねに小さくなってしまうからだ、というのである。

第四〇節

ライプニッツ派は自らの推論を自分自身の力学体系によって否定している

この推論は、それを扱っている人々自身の学説によって完全に否定される。レン(11)、ウォリス(12)、ホイヘンス(13)やその他の人々の力学上の発見をあげるつもりはない。参事官ヴォルフ男爵を私の証人として立てよう。周知のものである氏の力学(14)を見れば、疑いの余地がないような証明が示されているのであり、弾性物体は作用と原因などの相等性という法則に従ったままで、運動を他の物体に伝え、その運動ではたんなる速度以外の力はなんら措定する必要がないのである。さらにつけ加えれば、活力であるとか、その名前とかをたとえ知らなくとも、ばねのような物体が他の同様な物体に衝突する際の力から、誰でも導出できるような運動が生じてくることを認識するには、何の問題もないはずである。たんなる速度で測定された力が何らかの量の運動を他の物体に引き起こすことは十分にできる、と幾何学的に証明しておきながら、その証明の後になってからさらにまた、その力では運動を引き起こすほどには大きくないなどという話を持ち出すのは、奇妙ではないか。これは、一度はまったく厳密に証明できたことを、その反対になるわずかな見込みがあると言って、すべて撤回してしまうことではないか。本書の読者には、先にあげた力学をこれと比較対照してみることだけでもお願いしたい。そうすれば、ばねのような物体に一般に帰せられている結果と運動とを厳密に知るためには、二乗による測定というような概念はなんら必要でないことが、まったく確実に知られるだろう。それゆえ、この道からそれて惑わされることは一切したくない。幾何学的証明で真だとされたものは、永遠に真となるからである。

第四一節

三つの弾性物体の衝突に関するヘルマン氏の事例

一般的に証明してきたことを、個別の場合において行ってみよう。ヘルマン氏は、活力の擁護のために書いた論文[15]の中で以下のように考えている。質量1速度2である物体A(原注)は、まったくなめらかな平面上で、質量3で静止している球Bに衝突すると、Bにはじき返されて同じ速度ではね返り、質量1の球Cにぶつかる。球Aは球Bに1の速度を与え、物体Cにも同じ速度を与えて、それによって自らは静止することになるだろう。ヘルマン氏によれば、力がたんに速度に比例するのならば、Aは衝突前には2の力を持っていたが、衝突後にはBとCの中にあるものと合わせて4の力があることになる、これは不合理のように思われる、とされる。

(原注)　第7図。

2の力を持つ物体Aが、奇跡にもよらず、活力の助けを求めるまでもなく、BとCの中に4の力をどのようにしてもたらしうるのかを考えてみよう。衝突によって作用する物体A(原注1)の弾性力をばねAD、球Bの弾性をばねDBで表してみる。力学の基本原理からわかるところでは、物体Aは球Bに対して、BがAと同じ速度で動くようになるまで、ばねによって圧力と力をずっと与えつづける。同じ速度になったときには、これらの物

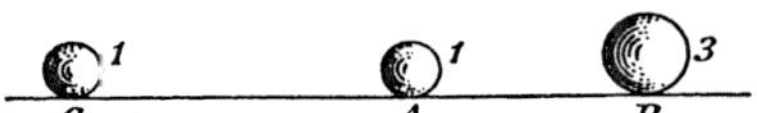

第7図

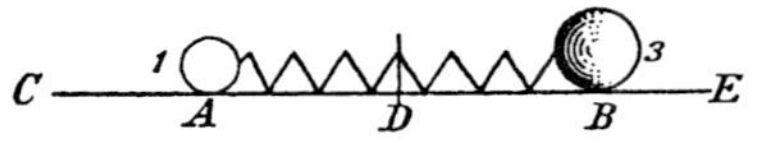

第8図

体の速度とぶつかる前の球Ａの速度との比が、Ａの質量とＡ、Ｂの質量の合計との比になっている。今の事例では、両者は二分の一の速度でＢＥ方向に動くことになる。このときに作用が、速度によって測定される力に比例していることは、誰も否定しないだろう。さてそれでは、物体Ａが球Ｂに作用するばねＡＤとＤＢには何が生じているだろうか。ばねＡＤがＤ点においてばねＤＢに与える力は、ばねＤＢが物体Ｂを圧す力と同じでなければならない。しかるに、球Ｂは自分が受けた作用と同じ強さで抵抗するから、ばねＤＢは、球Ｂに与えるのと同じ程度の力でもう一方のばねから圧されることになるのは明らかである。同じように、球ＡもばねＡＤを、このばねＡＤがＤ点でばねＤＢを圧すのと同じだけの力で、圧縮することになる。なぜなら、ばねＤＢがばねＡＤを圧す力は、ばねＡＤがばねＤＢを圧す力と、すなわち球ＡがこのばねＡＤを圧そうとする力と同じ強さだからである。さて、ばねＤＢが圧される力は、球Ｂの抵抗に、したがってこの球が受けることになる力に等しいが、ばねＡＤの圧縮力もまたそれに等しい。そこで両方のばねが圧される力は、物体Ｂが得ている力、すなわち物体Ｂが3の質量と二分の一の速度で動く際の力に等しくなる。それゆえ、これらの両方のばねがはね返るとすると、ばねＤＢは球Ｂにはね返る前と同じ速度二分の一を与え、ばねＡＤの方は物体Ｂに対して、物体ＡがＢの質量の三分の一であるために、三倍の速度、すなわち1＋1/2の速度を与える。なぜなら、力が等しければ、仮定から、速度は質量に反比例するからである。この結果、球Ｂは、物体Ａの衝突と、その後のばねのはね返りとによって、合わせてＢＥ方向への1の速度を持つことになる。球Ａの方は、衝突後にＡＥ方向に残っていた速度二分の一を、ばねのはね返りがＡＣ方向にもたらす力から引かねばならず、やはり1の速度でＡＣ方向に動きつづけることになる。[原注2] これがまさに、ヘルマン氏をして、デカルトの法則に従っては説明できないと言わしめた事例なのである。

A52　W66　C52 V59

(原注1)　第8図。

(原注2)　ここでは物体Cについては考えに入れない。なぜなら、Cの速度と質量はBの質量ないし速度となんら異なることはなく、CをBのかわりに置いても、ヘルマン氏の場合もなんら問題は生じないからである。

このことから私は以下のように結論する。物体Aは2の速度と2の力で、ヘルマン氏が否認した作用を、完全に行うことができるのであり、その物体が4の力を持っていながら、2の分でなしうることしか行わないなどと主張すれば、原因と結果の等価の法則に違反することになってしまう。

第四二節

ヘルマン氏の推理における誤謬の理由

ヘルマン氏の推論の中にある誤りの核心部分を探してみよう。これはまた同時に、活力のために弾性物体をひとたび持ち出そうとするとき、どこにでも見られる誤りである。推論は以下のようなものだった。物体の力は衝突後も衝突の前と同じはずである。なぜなら、結果はそれを生じるために使われた原因と同じ大きさなのであるから。ここから見ると、彼らは、生じた衝突後の状態と力の大きさを、ぶつかる方の物体が衝突の前から持っていた力の作用と、まったく同一のものだと見なしているようだ。ここが誤りの第一歩となって、先に見たような結果になってしまったのである。そもそもまったくぶつかる方の物体Aが持つ力に由来する運動とは、AとBとが、ばねが圧縮されることにより、ともに二分の一の速度で動きつづけるということにすぎない。ばねの圧縮とは、AがBを押しやる特殊な力の作用ではなく、むしろ両方の物体の慣性力の結果なのである。Bは、同じ強さでばねDBが押し返してくるのでなければ、1＋1/2の力を得ることはで

A52　A51　A53　W67　V60　C53

きないし、ばねＡＤも、圧すこととはね返すこととが等しい状態でばねＢＤに働いているのでなければ、Ｂに力をもたらすことはできないからである。さらには、物体ＡがばねＡＤを介してばねＤＢを圧すというのも、ばねＡＤが同じ強さで圧されているからこそである。このようにして、以前Ａの中だけでは見られなかったまったく新しい二つの力が自然に生じる、というのは不思議なことではない。こうしたことは非弾性物体が他の非弾性物体に作用する場合にも、いつでも実際に生じているのだが、ただしこのときにはばねのような物体の場合とは異なり、生じた新しい力は保存されずに消滅してしまうのである。なぜなら、Ａがｘの力でＢに作用する瞬間に、Ｂはこの力を

非弾性物体が衝突する瞬間には、衝突以前よりも多くの力が発揮される

ＢＥ方向に受け取るだけでなく、同時にｘの強さでＡに反作用を与える。こうして第一に、二つのｘが自然に生じる。球ＡがＢを圧すｘと、反対に球Ｂが押し返すｘである。第二にはさらに、ＡからＢへＢＥ方向に転移する力としてのｘがある。最初の二つの力は、弾性物体の衝突にあてはめるならば、二つのばねを圧すものであり、その後ばねははね返って、それぞれの物体に力を与えることになる。弾性物体とはこのように、衝突の瞬間に自然に生じた力の全体量を保存するようにできている、自然の機械なのである。これがなかったとしたら、物体の衝突Conflictusが世界にもたらす力の一部分は消滅してしまうであろう。

第四三節

ヘルマンの事例を解決するにあたって、この哲学者が証明の根本で気づいていなかったこと、ないしは、活力の立派な擁護者たちがそれを説明せねばならなくなると、否定したくならざるを得ないようなことについて、私はま

W68　A54　V61　C54

ったく言及してこなかった。ヘルマン氏は間違いなく、弾性物体の衝突から生じる運動を、物体のたんなる速度からどうすれば導出できるのか知っていたにちがいない。というのも、もしそうでなければ、質量1の球が三倍の質量の球に2の速度で衝突して4の力を生じさせるということを、アプリオリに知ることは不可能だったはずだからである。この事例は、われわれが提示した解決方法によらなければ、氏自身にも知られなかったはずである。なぜなら周知のように、弾性物体が衝突によって引き起こす運動を力学的に調べるには、まず弾力のない場合を特に調べてから、その後に弾性の作用を付加するのだが、これらはともに、その物体の質量とたんなる速度に比例してなされうるものから決定されるのであるから。これは、対人論証 argumentum ad hominem という推論方式で、ヘルマン氏およびライプニッツ派に対して持ち出すことができる最強のものである。なぜなら、彼らは、弾性物体の衝突から生じる運動の根拠を与えているとして、意見の一致を見ていたあらゆる証明が誤っていたことを認めなければならないか、それとも、せっかく速度の二乗を必要とすると信じた物体が、質量とたんなる速度との積に比例した力でのみ運動を引き起こす、ということを認容しなければならないかの、いずれかになるからである。

第四四節

シャトレ夫人はこの解決に気づいていなかった

シャトレ侯爵夫人とメーラン氏との論争からは、弾性物体が衝突によって世界の中に衝突前よりも大きな運動量をもたらす仕方を、これまで詳細に展開してきたことがむだではなかったということがわかる。なぜならメーラン氏は以下のように述べている。弾性力は自然の真の機械である、云々、よって、弾性物体の衝突の全作用を取り立てて考察しようとし、その際相互の逆向きの方向で生じるものもプラスとして計算する場合には、それによって自然に生じた、つまり衝突によって出てきたと思われる新しい力を、衝突する方の物体が衝突された物体に譲渡していくにすぎない活動性に帰さねばならないことはなく、別の力の源泉に、云々、一言で言えば、弾性の何らかの物理的原因に帰さねばならない。その原因がどんなものであれ、衝突はその作用をたんに解放した、いわば引き金を引いたにすぎないのである、云々。——このようにメーラン氏が述べるのに対して、シャトレ夫人は次のように応答している。すなわち、こうした見解はその創始者が、ここで主張したいことを何らかの証明で根拠づける労をとるまでは、顧慮するに値しないものであろう、と。私はメーラン氏にかわってこの労を引き受ける栄誉を得たものであり、これをもってこの点についてくだくだしく述べてきたことの弁明としたい。

第四五節

二つの非弾性的で相等でない物体の衝突に関するジュリン氏の異論

ライプニッツ派に対して、ジュリン氏[16]およびその他の人々から以下のような異論がなされた。二つの非弾性物体があって、それぞれがその質量に反比例する速度を持つ場合には、衝突後に静止する。この場合、活力の理論によれば、二つの力はどれほど任意に等しくなくとも、互いに平衡を保つことになってしまう。

ベルヌーイ氏によるばねの圧縮との比較による反論

シャトレ夫人の自然論[17]の中にはこの異論への反論が見られるが、引用から見ると、これは著名なベルヌーイ氏[18]が主唱したものであろう。だが気の毒なことに氏は、自分の見解のためにその名にふさわしい武器を見つけだすことができなかった。氏が述べるところでは、非弾性物体が互いにその一部分の圧力によって作用を与えあうのは、両者の間に置かれた一つのばねを圧縮するのと同じことである。そこから氏は、一つのばねR(原注)を仮定し、これが同じ時間で両側に伸び、異なった質量を持つ物体を両側で動かすものとした。氏の証明によれば、このばねによって二つの物体に伝わる速度は、それらの物体の質量に互いに反比例するから、球AとBがそれらの速度で戻ってくるならば、ばねはまた最初の圧縮状態に戻るはずである。ここまではまったく正しいし、デカルト派の理論と完全に一致している。では、氏の推論の跡をたどってみよう。両側に引っ張られるばねの部分の、一部はAの側に、他の一部はBの側に動く。その分岐点は、質量AとBとの逆比でばねを分けている点Rになる。したがって、ばねRのうちRBの部分は質量3の物体Bに作用し、これに対して他の部分RAは質量1の球Aに力を与えることになる。ところで、両方の物体に与えられる力は、それらに圧力を加えるばねの巻き数に比例する。したがって、球AとBとの力は、たとえそれらの速度が質量に反比例していようとも、等しくはない。今、ばねRが完全に伸びきり、次いで二つの物体が、ばねが伸長する際に各物体に与えたのと同じ速度で戻ってくるとすると、容易にわかることだが、ばねの圧縮によって一方の物体は他方の物体を静止させることになるだろう。このとき、それらの物体の力は等しくないのだから、等しくない力をもった物体が互いに静止させあうことがどうして可能なのか、ということが問題になる。氏はこのことを、非弾性物体の衝突に応用しているのである。

(原注)　第9図。

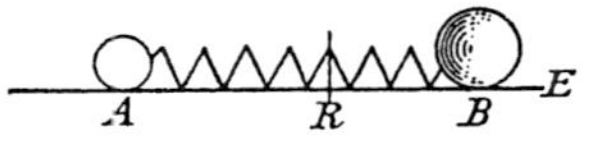

A　R　B　E

第9図

V64　A57　W72　C57 V65　A56

第四六節

ベルヌーイ氏の理論は反駁される

こうした推論には、ベルヌーイ氏の証明にあるいつもながらの鋭い切れ味は認められない。ばねが伸長することによって、物体AとBのどちらにも等しい力が与えられるはずだ、ということは争う余地なく確実である。ばねが球Aに与える力は、他方の球Bを押しやる力と同じ強さだからである。押しやる何らかの抵抗物がなければ、ばねは何の作用もできずに伸びてしまって、球Aになんら力を与えることはできない。したがって、このばねがAに力を及ぼすことができるというなら、他方の側の動く球Bをも同じ程度の力で圧していることになる。それゆえ、球AとBとの力は互いに等しく、ベルヌーイ氏が誤って思い込んだように、ARとRBとの比にはならないのである。

ベルヌーイ氏の推論にそうした誤謬が入り込んだわけは容易にわかる。ライプニッツ派が強調している命題、すなわち、ある物体の力はその物体に作用するばねの巻き数に比例する、(原注)という命題が誤謬の源泉なのである。この点についてはすでに反論を加えてきたのであり、(19) ベルヌーイ氏の事例はわれわれの考えの正しさを確証してくれている。

(原注)　物体AとBとが同じ力を持つのは、ばねRAとRBとがそれらに同じ時間だけ作用し、これらのばねの部分がすべて同じ強さで圧していたからである。

第四七節

ベルヌーイ氏の考えはわれわれの見解を確証するものである

活力の擁護に用いられるはずだった説明が、むしろまったくそれを打破する武器として、みごとに用いられていることに、満足を感じないわけにはいかない。ばねRが、1と3の質量を持つ物体に同じ力を与え(第四六節)、さらには、ライプニッツ派も自ら認めるように、質量1の球の速度が他方の球の速度に対して三対一になる、ということが確実だとすると、そこからは二つの帰結が生じてくるのであり、それらのいずれもが活力に真っ向から対立するからである。第一に、ばねの圧力によって物体にもたらされる力は、その物体を圧しつづけるばねの巻き数にではなく、ばねが作用する時間に比例するのである。第二に、質量1で速度3の物体は、他方の質量が3で速度が1しかない物体よりも、大きな力は持たないということである。

第四八節

世界における一定量の力の恒久的保存による活力の擁護

ここまで見てきたのは、ライプニッツ派の人々がどのようにして、弾性物体の衝突を使って活力を擁護しようとしてきたかということであった。そしてその適用はまったく数学的なものだった。けれども彼らはまた、運動論[20]のこの部分に、彼らの見解の助けとなるような、ひとつの形而上学的根拠を見出すことができると思っている。ライプニッツ氏自身がその主唱者であり、その名声によってすくなからず重視されるものとなっている。

氏は、世界にはつねに一定量の力が保存されている、というデカルトの原則を自発的に容認するが、ただし、その力の量は速度の二乗によってのみ測定されねばならないとする。氏によれば、力の古い測度はこの美しい規則を認めない。古い測度をとれば、自然の力はいつでも減ったり増えたりすることになり、物体の相互の位置も変動してしまうからである。ライプニッツの信じたところによれば、神が、ニュートン氏の考えたように、被造物に与えた運動をひっきりなしに更新することを余儀なくされるなどというのは、神の力と智恵とにふさわしくないものであり、このことがライプニッツをして、そうした困難を除去できるような法則を求めさせたのだった。

第四九節

この異議の第一の解決　これまで証明してきたように、活力はその擁護者たち自身が用いていたやり方、すなわち数学的意味からはどこにも見出せないのであり、それではまったく不可能だという事情を考察したことによって、神の力と智恵自体はもうすでに救われている。この異論に何らか別の仕方で解答しようとしてたとえ敗れることになっても、この防護壁のかげに隠れることはいつでもできる。われわれの主張する運動法則に従えば、必然的に、世界は徐々にその力を使い果たして最後にはまったくの無秩序に至ることになるのだが、このような攻撃では、神の力と智恵とはなんら痛手をこうむらないからである。なぜなら神の力と智恵とが、完全に不可能でありいかにしても生じえないとわかっているような法則を世界に導入するものだ、などと曲解することは、できないことだからである。

第五〇節

だが心配することはない。そうした苦しい口実をむりやり用いるまでもないのである。そうしたものを用いるの

上述の異議への第二の解答　は結び目を切断することであるが、われわれはむしろそれをほどいてみたい。ライプニッツ派の人々が、世界機械を維持するには物体の力を二乗によって測定することがどうしても必要だ、と言うのであれば、こうした小さな要求は認めてやってもよい。私がこれまで証明してきたこと、および本章の終わりまでで証明しようとしていることはすべて、以下を納得してもらうことにつきる。すなわち、抽象的考察においても自然においても、物体の力は、ライプニッツ派のするようなやり方で、数学的に言えば二乗による測定をもたらすものではない。だからといって私は、活力というものを全面的に否定するわけでもない。本論の第三章において、私は、自然には現に、その速度の二乗を測度とするような活力が見出される、ということを示したい。ただし、この活力は従来行ってきたようなやり方では決して発見できないものであり、その種の考察(つまり数学的考察)からは永遠に隠されており、何らかの形而上学的論究や特殊な経験以外によっては知られえない、ということがどうしてもその条件となる。ここではしたがって、活力という事柄自体を否定しているのではなく、もっぱらその認識仕方 modus cognoscendi を否定しているのである。

これによってライプニッツ派とは主要な点では一致しているのであるから、おそらくは結論でも一致を見ることができるであろう。

第五一節

ライプニッツ氏による異議は誤った前提に基づいており、それはすでに長い間にわたって哲学に多くの不都合をもたらしてきた。それはすなわち、現実運動をもしているような物質によるのでなければ、自然にはいかなる運動

同じ量の力の保存というライプニッツ派の推論の源泉

も生じない、だから世界のどこかの部分で消失していく運動は、他の何らかの現実運動によるか、あるいは神の直接の手によってしか回復されえない、ということが自然学の原則となっていることである。この命題は、それに賛同した人々にはいつでもきわめてやっかいなものとなった。彼らはやむをえず、人為的に案出した渦巻きに巻き込まれたり、仮説に仮説を重ねるなどして想像力を疲弊させた。そして、単純かつ十分納得のいく世界構造の見取り図を示して、そこから複雑な自然現象を導出してみせるかわりに、それによって説明されるはずのどんなものよりはるかに奇跡的で理解しがたい、無限に多くの奇妙な運動によって、われわれを混乱させてしまうのである。

この困難を救うにはどうすればよいか

私の知るかぎりでは、ハンベルガー氏がはじめて、こうした弊害を救うための手段を示した。氏の考えは、単純で自然にもかなっている、みごとなものである。氏は（きわめて不完全な見取り図にとどまってはいるが）、それ自体は静止している物質から、物体が現実運動を受けることがありうると述べる[21]。この見解は、対立する見解にともなっている無数の逸脱や、ときには奇跡的とすら思われる事柄を、防止している。たしかにこの考えの根拠は形而上学的であり、したがってまた今日の自然学者の趣味には合わないのだが、自然の作用の第一の源泉というのはまさに形而上学の題材であるにはちがいない。ハンベルガー氏は、自然の認識に至るもっと短くて快適な、新しい道を作りあげようという意図においては成功しなかった。この領野は未開拓なままである。新しい道を作ろうとして、古い道がまだ放棄されないままでいる。想像力の測り知れぬほどおびただしい奔放さと放恣な虚構に身をゆだねて、単純にして納得のいく、それゆえ自然的でもある手段を無視してしまっているのも、あながち驚くべきことではないのだろうか。だがこうしたことはともあれ人間の思考にありがちな病である。この性向からのがれるにはまだ長い時間が必要だろう。人は、錯綜した精巧な考察をよろこぶのであり、悟性はそうしたものに自分の力強さを覚える。人は、卓抜な明敏さと発明力の見本で満ちた自然学を持ってはいるが、それは自然そのものと自然の作用の見取り図とはなっていない。しかし最終的には、自然をありのままに単純に、無数の脇道におちいらずに叙述するような見解の方が、優位を保つことになるだろう。自然の道はただひとつの道である。したがって、最初のうちは無数に多くの脇道を試してみることになっても、いずれは真の道に到達することができるのである。

ライプニッツ派は、ほかならぬハンベルガー氏の見解をとるべきであろう。なぜなら、ライプニッツ派こそが、死圧は、克服できない障碍のために現実運動を生じることで、ふたたび消滅するのでないかぎり、それが与えられた物体中に保存される、と主張しているからである。彼らはしたがって、ある物体が、それを取り囲む液体の一部分で、一方の方向に他方より片寄ろうとする場合には、この液体が抵抗によってその物体の力をふたたび消滅させないような種類のものであれば、その物体は現実運動を保持する、ということもまた否定できない。物体は、それ自体静止している物質から現実運動を受けることがありうる、ということによって、上記のことは納得されねばならないのだが、それこそ私が今主張していることにほかならない。

ライプニッツ氏が行った異議の解決

ライプニッツ氏が、神の智恵の考察によってデカルトの法則に加えようとした攻撃は、どうすれば回避されるのだろうか。物体が静止している物質の作用によっても現実運動を保持することがありうるか、という点にすべての問題はかかっている。私はこの点を根拠とするものである。この世界の第一番目の運動は、運動している物質の力によってもたらされたものではない。さもなければ、それは第一番目の運動ではなくなってしまう。しかしまたそれは、静止状態にある物質の作用によって生じうるということが可能なかぎりでは、神の直接の力ないし何らかの知性によって引き起こされたのでもない。なぜなら神は、世界機械に不都合が生じないかぎりなるべく多くの作用はしないでおきながら、自然をできるだけ活動的で有用なものとしているのだからである。今、それ自体は死んで不動の物質の力によって、運動がまず最初に世界の中にもたらされたのだとすれば、その運動はそうした力によっても保持され、失われたときにはふたたび回復されることになるだろう。したがって、物体が衝突において、以前に持っていた力のいくらかを失ったとしても、世界には何の破綻も生じない、ということを信ずるのにまださらに躊躇しようなどというのは、よほど疑い好きな人なのにちがいない。

第五二節

ライプニッツの法則によれば、小さな弾性物体が大きな弾性物体に衝突する際に、衝突の前後での力は等しい

扱っている主題からはいささか離れてしまったので、ふたたび戻ろう。すでに指摘したとおり、活力の擁護者たちは、考察によってとりわけ以下の点が明らかになったことを自負している。すなわち、物体の力をライプニッツ氏の法則によって測定すれば、弾性物体の衝突において、衝突の前後での力の量はつねに同量である、ということである。この考えは奇妙なことに、活力にかなっているようにも見えるのだが、われわれからすればむしろ、活力を打倒する助けとなるはずのものである。以下のように推論してみよう。小さな弾性物体が大きな弾性物体に衝突する際に、衝突前に比べて衝突後には大きな力が生じる、というような法則は誤りである。ライプニッツの法則はこうした類のものであり、かくして、等々。

W78　C63　V72　A63

第五三節

ライプニッツ派の上記の考察は活力にまったく背反する

W79

この推論の前提の中で証明されねばならないのは、もっぱら大前提である。これを以下のような仕方で証明してみよう。(原注)球Aがそれより大きなBに突き当たる場合、Aが衝突して弾性と呼ばれるばねを圧縮する瞬間に、物体Bが受ける力は、Bの慣性力によってAの中で消滅してしまう力より大きくはなく、反対に質量Bによって、圧縮されたばねの強さでAに伝えられる抵抗のために物体Aが失う力も、球Aが持ち込んだ力より大きくはならない。このことを否定しようとすれば、ある物体に伝えられた作用はその反作用と等しいということも、もはや確実ではなくなってしまう。それゆえ、ばねが圧縮されると、両方の物体の中には、以前には球Aの中だけにしかなかったのと同じ力が蓄えられていることになる。この両側に弾性を持つばねがはね返ると、ばねは双方の物体の側に同じ強さで伸長する。さて明らかに、Aが、AE方向に行われたばねの圧縮の後で、Aの分のばねがはね返るのと同じ大きさの力をまだ持っているのなら、このばねがはね返ると、反対側でばねDBがBに与えるのと同じ大きさの力を、球Aから奪うことができるだろう。したがってもちろん、すべてが終わってみれば、衝突および弾性によって物体AとBとの中に生じている力は、以前にAだけにあった力より大きくはならないはずだろう。だが、こうしたことをいくら想定してもむだである。衝突が起きてばねが圧縮されると、AはBと同じ速度でAE方向に動くが、Aの質量は小さいので、その力も、ばねがはね返る際に生じる力より小さい。なぜなら、このばねは球Bの力と同じ大きさの伸長力を持っているからである。このことから、弾性は、Bに与えるより大きな力を、Aにある力から奪うことはできない、ということがわか

C64
V73

A64
W80

る。というのも、Aはそんなに大きな力を持っていないのであり、したがってそこからは奪いようがないからである。そこで、弾性の作用によってBの中に新たな量の力が生まれ、しかもその分が他の側で減ってしまうなどということもない。それどころか、同じようにしてAの中にも新しい力が生まれる。なぜなら、弾性力は、Aの中で消滅させることができた以上の力ではないのだから、球はそれに対して慣性力で対抗しているだけであり、しかも、ばねが球Aの力以上に持っている、Cの方に戻ろうとする量の力を得るからである。

(原注)　第8図。

こうして明らかなように、小さな弾性体がより大きな弾性体に突き当たるという事例では、衝突後にはそれ以前よりも大きな力が生じているのにちがいないのである。だがライプニッツの力の測度が正しいとすれば、これとは反対のこと、つまり衝突後においてもそれ以前とまったく同じ力しかない、と言わざるをえないだろう。かくしてわれわれは、ライプニッツの法則を拒否するか、それとも本節に示された確実な事柄をすべて見捨てるしかなくなってしまう。

第五四節

大きな弾性物体が小さな弾性物体に衝突する事例をとれば、上述したことはさらに明白になる

今述べてきたことの正しさは、上述の事例を反対にして、大きい質量の球B(原注)が小さい方の球Aに突き当たると仮定すれば、完全に明らかなものになる。なぜなら、この場合には第一に、球BがAに衝突することで失う力は、この衝突でBがAの中に生じさせる(ただし、弾性が現れてくる前までに生じたことだけを考慮してだが)力より、大きくも小さくもない。したがって、弾力が作用する前では、それらの物体の中にある力は増えも減りもしない。さて、その弾力は物体AがCの方に進むのと同じ大きさで伸長するから、その強さは、Bに残っているBC方向への力より小さい。したがって、ばねがはね返ってちょうど全部の力を使ったとしても、そのBに残った力を使い果たすことはない。そこで、衝突で伸長されたばねがはね返るとき、そのばねはたしかに物体Aに新しい力をもたらしはするが、ちょうど球Aに与えたのと同じ分を、Bの中で使い果たすことになる。したがって、一方で増えた分は他方で奪われるということになり、弾力によって力の全体が増えることはない。

(原注)　第8図。

ここからわかるのは、大きな物体が小さな物体に衝突するという事例にかぎって、衝突の際に同じ量の力が保存され、他のあらゆる場合、すなわち一方で弾性によって作られる力が、他方でその弾性によって使い果たされる力より大きい場合には、つねに、衝突後の力の方が衝突前よりも大きくなる、ということであって、これはライプニッツの法則を打破する。なぜなら、ライプニッツの法則では、いかなる可能な事例においても、自然の力の量になんら増減はなく、同一になるとされているからである。

第五五節

大きな物体が小さな物体に衝突する場合には、デカルト派の法則に従い

ライプニッツ派は、できるものなら、大きな弾性物体が小さな弾性物体に突き当たりながら、しかもデカルトの測定に反するような事例を、ひとつでもよいから挙げるべきだろう。そうすれば誰も彼らに異論を申し立てなくなるだろう。唯一そうした事例だけが決定的で例外のない

W81　A65　A65　A64　V75

同一量の力が保存される、ということを計算が確証する

ものとなるだろう。なぜなら、この事例ではつねに衝突後の力の全量が衝突前と必ず同じになるはずであるから。それにもかかわらず、活力の擁護者たちの誰ひとりとして、この種の衝突でデカルト派の法則をあえて攻撃しようとはしなかった。それは、この場合に力学法則がデカルト派の測定にまったく一致するということに、容易に気づかないわけにはいかないからである。ためしに次のように仮定してみよう。物体Bの質量が3でAが1であるとして、Bが4の速度でAに突き当たるものとする。周知の運動学の規則からただちに言えるように、AとBとの質量の差と和の比は、球Bの衝突後と衝突前との速度の比に等しくなる。これによって球Bは2となる。(22) さらに、2B：A＋Bが、衝突後の球Aの速度と衝突前のBにあった速度との比に等しくなる。これによりAの速度は6となる。したがってデカルト派の測定では衝突後の両物体の力を合わせれば12となるが、衝突の前もやはり12であった。これこそが、求められているものである。

C 66
W 82

第五六節

小さな物体が大きな物体によってはじき返される力は、マイナスの値を持つ

何らかの力の量を測りたければ、その作用を注意深く観察しなければならない。その作用と関係してはいるが、測定されるべき力の本来の帰結でないような現象は、前もって除外しておかなくてはならない。

A 66

ある弾性物体が、より大きな質量の弾性物体に衝突すると、運動法則から知られることだが、衝突後に小さな方の物体はある量の力ではね返ってくる。また上述の数節からわかったように、小さな方の物体が大きな方の物体からはじき返される力は、発動された弾性の力から、双方の球の弾力が作用する以前に物体Aが持

V 76

っている、球BとともにAE方向に進もうとする力を引いた残りに等しい。そこで(これもすでに証明したことだが)、弾性が物体Aの中でAD方向への力と出会い、その弾性が球Bの中にもたらすのと同じ量の力を、Aから消失させることができたとすると、――そのかぎりでは、双方の物体を合わせても、前に原因としてAだけの中にあったのとまったく同じ量の力しか含んでいないのであり、二つの物体の状態は、Aが衝突の前に持っていた力の適正な作用と見なされる。なぜなら作用はつねに原因より大きくも小さくもないからである。だがさらに、次のことも知られる。弾力が、Aの中にAE方向へ向かうものとして残っていたすべての力を消失させたとすると、その弾力は両物体AとBとに、球Aの真正な完全な作用が生じさせた力につけ加えて、新しい力をもたらしたことになる。したがってこのAの作用は、双方の球の運動から次のように引き出すことができる。物体Aから、それが衝突後にはね返ってくる力を引き、さらに球Bが得たのと同じ分の力も引くのである。こうすれば容易にわかることだが、小さな弾性球が大きな弾性球に衝突してはじき返される力は、否定的なものであってマイナスの符号を持つ。たとえば、球Aが2の速度でその三倍の質量のBに衝突したとする。衝突後にAは1の速度ではね返り、球Bにも同じく1の速度を与える。今、衝突後にAがはね返った力を球Bの力に加えれば、Aが行った作用の全量が出るというわけにはいかない。そうではなくて、物体AからはAがはね返った力が差し引かれ、さらにBの中にある力も、同様にそこから引かれることになる。残りは2となるが、これこそが球Aの力によって行われた完全な作用である。それゆえ、質量が2で速度が1の球は、質量が1で速度が2の別の球と同じ力を持つのである。

W84

第五七節

シャトレ夫人はこれに関して不都合な揶揄を述べている

したがって、明察のシャトレ侯爵夫人がメーラン氏に対して行った揶揄は、不都合なものだった。今挙げてきたような考察に関して、夫人は次のように氏に答えている。あなたが実験中に、マイナスの符号を持ちながら五〇ないし一〇〇の力ではね返す物体などというものに出くわす、ということは容易ではないと思われます、と。私も同様に思う。だが、メーラン氏がこういうやり方で真理を見つけだすことに携わっているのではないかと懸念するなら、ひどい見当違いとなるだろう。そもそも、マイナスの符号を持っている力が現実の力ではない、という点が問題なわけではないのだが、夫人はこの点にこだわっているように思われる。メーラン氏の言いたかったことも間違いなくそうした点ではない。この力は、実際には現実の力なのであり、試してみようとすれば、現実の作用を生じさせるだろう。これによって示されるのはたんに、この力は、球Bの力の内でその力に等しい一部分と同様に、球Aの完全な作用に算入されることはできず、むしろAの中などにはなくて、反対にBから引かれるものであり、その後で残った力こそがようやく、そもそも衝突前の力の完全な作用を示している、ということにすぎない。量というものをそのように見なすということは、ゼロより小さいものを加えるということであり、そこでマイナスの符号が必要になるのである。

C68

A68
V78

第五八節

さて、読者は推測されるだろう。非弾性物体の衝突に関する運動の理論からも何らかの証明がもたらされ、ライプニッツ派の測定の賛同者はそれを使って、活力を擁護するのではないだろうか、と。だがそれはむなしい期待である。ライプニッツ派の諸氏は、その種の運動が彼らの見解にはまるで有利にならないことを知ったので、自分たちの論究からはまったく閉め出そうとしているのである。これは、真理の認識を企てている者たちが一般におちいりやすい病である。彼らは、自分たちの頭の中にある命題に反するように見えるものには、いわば目を閉ざしてしまう。どんなに小さな逃げ道、熱のない逃げ口上であっても、自分たちが思い込んだ見解の妨げになる困難を取り除けるなら、十分結構なものとなってしまうのである。こうした点について、いくらかでも自分を抑えようとしていれば、哲学における多くの欠陥はなくてすんだであろうに。自分が提示している見解の確証のために、悟性が示すあらゆる根拠を手元に集めようとしているのであれば、自分の気に入っている見解に関していつも行うのと同じだけの注意と努力をかたむけて、およそ生じるあらゆる種類の証明によって、その反対をも根拠づけようと努力すべきであろう。そうした反論にとってごくわずかにしか有利にならないように見えるものをもすべて無視せずに、できるかぎりその反論の擁護のために使うべきであろう。そのように悟性の均衡を取れば、確実だとされたはずの見解がしばしば退けられるであろうし、真理は、それが最終的に現れたあかつきには、それだけますます大きな確信の光に照らされていることになるだろう。

ライプニッツ派は非弾性物体の衝突による活力の論究を忌避している

第五九節

活力の擁護者たちにはすでに何度も申し上げてきたことだが、活力が実在するかどうかについては、非弾性物体

非弾性物体の衝突は、活力という点では、弾性物体の衝突より決定的である

の衝突における運動の方が、弾性物体の運動よりもはるかにうまく確認できる。なぜなら、後者では弾力がつねにいっしょになるために無限の錯雑さが生じてしまうが、これに対して前者では、運動は作用と反作用とによってのみ決定されるからである。この考えが活力の全体系をくつがえすものでさえなかったら、その明白さゆえにうたがいなく、ライプニッツ派もこの考えに納得したことだろう。

第六〇節

非弾性物体の衝突からなされる異議、という点に関するライプニッツ派の逃げ道

それゆえ彼らは、やむなくひとつの例外に逃げ道を取らざるを得なかったのだが、その逃げ道はおそらく、前例のないほどひどいものである。彼らが主張するところでは、非弾性物体の衝突に際してはつねに、物体の一部分を圧すのに使われるために、力の一部分が失われる、それゆえ、ある非弾性物体の力の半分は、同じ質量で静止している別の非弾性物体に衝突する際に、その物体の一部分を圧すのに使われてなくなってしまう、というのである。

第六一節

この誤った考えの根源

この考えの弱点はひとつだけではない。そのいくつかを考察してみよう。

一見するだけでも、この誤謬の源泉を見て取ることは難しくはない。経験上でも、また自然学の原理からも知られるように、衝突によってもその形態をほとんどないしまったく変えない剛体は、つねに弾性的であり、その反対に、非弾性物体の部分は、衝突でへこんだり圧されたりするようにできている。これらの性質は、自然では通例いっしょになっているものだが、数学的考察ではなんら結びつけて考える必要はない。

活力の賛同者たちはこの点で混乱している。非弾性物体は自然において、衝突するとその部分がへこんだり圧されたりするような構造を持っているのだから、そうした物体の運動を純数学的に考察して現れる規則も、やはりそのような性質がなくては成立しない、と思い込んだのである。これが、第六〇節に見られる困難の根源であり、なんら根拠のないものであることは、以下に知られるとおりである。

第六二節

ライプニッツ派の例外に対する第一の回答

数学では、ある物体の弾力とは、突き当たってくる他の物体をそれと同じ量の力ではじき返す性質のことをいう。したがって非弾性物体とはこの性質を持たないもののことである。

こうした性質が自然に現れる仕方は、数学の関心事ではない。弾性が、形態の変化やその変化からの突然の回復によるのか、あるいは隠されたエンテレケイア、隠された質[23] qualitas occulta によるのか、それとも何らかの原因がその源泉となっているがそれがわからないでいるというのか、こうしたことは数学では未規定のままにおかれている。力学の中で、弾性は物体の一部分が圧されてからはね返ることによる、という記述がされている場合、数学者たちがこの説明を用いるなら、彼らは自分たちの意図とは関係のない、本来は自然学の題材であるものに介入してしまっているのだと言える。

したがって、数学における非弾性物体の考察は、その物体が、衝突してくる物体をはじき返すだけの力を持っていない、という前提以上のものを置かないし、これこそが、非弾性物体の運動の全主要部分の基盤をなす規定なのであるから、衝突する物体の一部分の押圧がほかならぬこの法則に適合するからこそこれらの運動の規則が成立しているのだ、などと主張するのは不合理である。こうした法則を引き出す元になる原則には、一部分の押圧などという手がかりはまったく見られない。そうした法則をつくっているどの概念も、こうした制約に関しては無規定のままなのであり、非弾性物体には、衝突で形態が変わらないものも、圧縮によって一部分がへこむものも、どちらも問題なく数え入れることができる。こうした法則を構成する際には、押圧などという制約にはなんら目を向けずに、この法則によって運動の諸規則を作っている、ないしは押圧ということを含まないような概念を基礎としているのだから、いまさら、法則がこのようにできているのは実際に押圧があるからだ、などと責任を転嫁するのは、まことにおかしな話である。

W88　A71

第六三節

第二の回答。なぜなら物体はまったくの剛体であっても、非弾性的といえるのであるから

すでに述べたように、非弾性物体の運動を数学的に考察する際には、その物体を完全に剛体とし、衝突においてどの部分もへこんだりしないと見なすことができる。一部分が他の部分より余計にへこむような物体が、必ずしも非弾性物体ではない、ということは自然にはよくある例であり、また、ある物体の一部分は衝突によって、他の部分にくらべるとまったくといってよいほどへこまないのに、簡単にへこむ他の部分よりも弾性が少ない、ということもよくある。木製の球を舗道の石の上に落としてみると、その球は、詰め物がされてずっと簡単にへこみやすい球よりも、高くはね返りはしないけ

C72
V82

れども、後者よりもはるかに剛体だということができる。ここからわかるように、自然においても物体が非弾性的であるというのは、その一部分がへこむからではなく、へこんだのとまったく同じ量の力で元に戻ることがないことにもっぱらよっている。したがって、衝突に際して、その部分は無限小にしかへこまないのに、しかもこの無限小の圧縮からさえ元に戻らないようにできている物体、ないしは、元に戻るとしても、圧縮された速度にはまったく及ばないような物体を想定してもよい。小事が大事を表すものだとすれば、たとえば木製の球はこれにあたるだろう。上述したような物体は、完全に剛体だろうとされる(原注)にもかかわらず、非弾性的なのである。したがって、それを非弾性物体の衝突の法則から除外することはできないだろうが、それでもこうした物体の部分はへこんだりしないのである。この場合には、ライプニッツ派の諸氏のいう例外はどうすれば成立するのだろうか。

(原注)　なぜなら、無限小にしかへこまないような物体は、間違いなく完全に剛体と呼んでよいからである。

第六四節

第三の回答。一部分がへこむということは、非弾性物体の衝突で力の一部が消失することの理由にはならない

ライプニッツ派の人々に対して、非弾性物体はつねにその一部分がへこむという彼らの前提を認めたとしても、われわれはなんら困りはしない。ある物体が、他の可動的な物体に衝突してその一部分をへこませる場合に、それは、両者の間に衝突で圧縮するばねがあるとして、衝突する物体がこのばねに与える作用に等しい。この考えは、平明で納得できるものであるだけでなく、活力の大守護神であるベルヌーイ氏(24)によっても、同様の事例で用いられているものであるから、自由に使うことができるのである。

今、ある球A(原注)が他の球Bの方に向かって動き、突き当たってばねRを圧すとする。ばねを圧縮するために使われる小量の力はすべて物体Bの質量の中に持ち込まれ、累積されて、やがては上述の物体Bの中にすべての力が持ち込まれてしまう。なぜなら物体Aはなんらの力も消失せず、ばねの方も、物体Bに突っぱっているかぎりは、どの部分もへこまないからである。ところで、ばねが球Bに突っぱるときの力は、この球が急に脇によけたとすると、ばねがBの方に伸長するときの力に等しい。すなわちその力とは、Aが反対側からばねを圧す力であり、物体Aがばねの圧縮に使い果たした力である。さて明らかに、ばねがBの方向へ伸長しようとする力と、球Bの慣性力が抵抗する力は、同じ球の中に入り込むにちがいない。それゆえBは、AがばねRを圧縮することでAから消失するところに、BE方向に動くすべての力を受けることになる。

W90　V84

(原注)　第9図。

その応用は簡単にできる。ばねRは非弾性球AおよびBの、衝突によってへこむ部分に相当する。それゆえ物体Aは、Bに衝突する際にその部分の両側を圧すことになるが、この押圧によってAが消失する力は物体Bに移行し、衝突後にBを動かすことになる。したがってライプニッツ派が誤って設定しているような大きな部分の力はもちろんのこと、いかなる部分の力も失われはしない。

C74　A73

第六五節

非弾性物体の衝突という事柄に関してライプニッツ派が持ち出そうとした、上述の困難に含まれるあらゆる間違いや矛盾点を捜し出すことには、いささか疲れてきた。以下に挙げるひとつの点だけで、ライプニッツ派を誤りとするには十分だろう。

第四の回答。ライプニッツ派の例外では一定でなければならないはずの、非弾性物体の固さと衝突の力の量との比について

われわれの反対者たちに何でも他のことは認めるとしても、以下のような要求の無謀さは許しがたい。それは、非弾性物体の衝突に際して、部分を圧すことによって使い果たされる力は、多くも少なくもなく、まさに彼らがそのつどの測定で必要だとわかるだけの大きさだ、というものである。これは無茶な話で、とうてい理解しがたい。すなわち、ある物体が、一部分がへこむことによって、同じ質量の物体への衝突ではちょうど半分、三倍の質量の物体への衝突では四分の三、等々の力を失うということを、なんらの証明もなしにむりやり信じさせようとし、なぜそれより多くも少なくもなくちょうどそれだけの量になるのか、という理由はなんら示せないのである。なぜなら、仮に非弾性物体という概念が、どうしても押圧によっていくらかの力を消失することを求めるものだとしても、弾性がないことによって多くも少なくもないちょうどそれだけの力が使い果たされねばならない、ということがどこから結論されるのかはわからないからである。ライプニッツ派も否定はできないだろうが、非弾性物体の物質の剛性が突き当たってくる物体の力にくらべて小さければ小さいほど、部分への押圧によって使い果たされる力は大きくなり、両方の物体が固ければ固いほど、失われる力は少ない。というのも、両物体が完全に剛体だとすれば、力はまったく消失されないだろうからである。したがって、衝突の際に突き当たってくる物体の力のちょうど半分が使い果たされて消失する、と言えるためには、二つの同じ非弾性物体の固さが特定の比になっていることが求められるのである。この比がなければ、衝突する物体を柔らかくしたり固くしたりすることで、結果は大きくも小さくもなってしまう。ところで非弾性物体の運動規則では、ライプニッツ派はそれに例外を求めてはいるものの、剛性の度や、ましてその衝突の強さに対する比などはまったく無規定であるのだから、この規則からは、一部分がへこむかどうか、それによって力が使い果たされるかどうか、どれだけの力が失われるのか、などということはまったくわからないのであり、とりわけ、ある球が同じ重さの別の球に衝突してちょうどその力の半分を失う、ということがわかるような理由などはまったく出てこない。これが出てくるためには、それらの物体の固さと衝突の力との間に、何らか厳密に定められた関係がなければならないからである。非弾性物体の衝突の法則を導出するための原則の中には、一定の力の消費の根拠となるような規定は現れてこないのだから、こうした規則がなぜそうであって他ではないのかという原因を、一部分のへこみに求めることはできないのだが、そのつどの事例についてライプニッツ派は、自分たちに都合がよいと思われる大きさの力を勝手に作っているのである。

われわれの推論の適用

非弾性物体の衝突のあらゆる法則が与える打撃を避けるための、活力の擁護者たちの言い逃れは、今やさまざまな仕方によって無力なものとされたのだから、この同じ法則をわれわれに必ずや有利になることのために使用することにも、なんら支障はないだろう。それはすなわち、活力を、それが不法な仕方で侵入してきた数学の領域の外へ排除することである。

第六六節

非弾性物体の衝突は活力をまったく無化する

だが、非弾性物体の運動が活力をいかに無化するかについて、ここでくだくだしく述べるのはむだなことだろう。どのような事例を取り上げても、例外も困難もまったくなしに、このことはあてはまる。たとえば、非弾性物体Aが、静止している同じ重さの同様な物体Bに衝突すると、両物体は衝突後に、衝突前の二分の一の速度で動く。そこで、ライプニッツ派の測定法によると、それぞれの物体には衝突後に四分の一の力があり、合わせると二分の一の力になる一方で、衝突前には1の力が自然にあった。したがって半分の力が、それに見合った作用をしないままで失われた、ないしはそれだけの力が使い果たされるはずの抵抗にも出会うことなしに失われた、ということになるが、このようなことが、おかしうる最大の不合理であることは、われわれの反対者も認めているとおりである。

第六七節

一般的証明。物体の衝突はつねに活力とは相容れないものである

物体の衝突によって活力というものを反論してきたわけだが、本節を終える前にひとつの一般的考察をつけ加えておきたい。それは、このようなやり方で活力に反対していつでも言いうることを、すべてまとめたものである。次のように言えるだろう。たとえライプニッツ派の人々に彼らの力の測定を自由に使わせるとしても、それを物体の衝突から証明しようとするのは、事柄の本性に反するものであり、またたとえ、二乗による測定ということが真実で疑いようのないものであっても、事柄の本性はもっぱらたんなる速度による測度しか示さない、ないしは示しえない、と。思うに、彼らが物体の衝突から示しえたはずだとしていることは、たとえ多くの他の事例ではいつでも明らかに主張どおりになったとしても、不可能なものなのである。

第六八節

私の証明は以下のようなものである。

この証明の詳論

衝突による物体の運動ということがわれわれの当面の最終目的に利用できるとすれば、動いた物体が衝突によって他の物体にもたらす力を作用と見なし、この作用によって、それを生じるのに使われた原因の量を測るのでなければならない、という点ではみな一致している。これはつまり、原因の大きさはその帰結として現れる作用に求めねばならない、ということである。それゆえおのずと以下のようになる。すなわち、衝突された方の物体の中で、実際に他の物体が突き当たることで直接にもたらされた作用である力だけを、とくに注意して選ばなければならない。さもないと、求めた測度がすべてでたらめで役に立たなくなってしまう。だが明らかに、衝突する物体が衝突された物体の中に作用をもたらした瞬間の直後では、衝突された物体のなかにある力はすべて、まぎれもなく衝突の作用である。そこで、突き当たる方の物体が作り出すのに使った力の測度としては、この衝突の作用をどうしても使わねばならず、他のものを使ってはならない。ある物体が他の物体の衝突によって動きだす場合に、衝突によって力がもたらされた瞬間の直後では、すなわち、衝突してきた物体の接触からまだ有限の距離は離れていない時点では、衝突された物体はたしかに衝突してきた物体が与えることのできるすべての力を持ってはいるが、時間というものが認められないので、まだ現実運動にはなっておらず、現実運動をしようという努力のみを、したがってたんなる速度を測度とするような死力を持っているにすぎない。そこで、衝突する物体の中にあった力は、もう一方の物体の中に力を引き起こすために使い果たされる。たとえどんな仮説を立てて、衝突する物体

の方に、速度の二乗どころか、三乗、四乗、さらには何乗でも好きなだけの測度を持つような、何らかの力を設定 C78
しようとも勝手ではあるが、そうしたものは認められないのであり、この力はたんなる速度によってしか正確に測定できないものである。

というわけで、たんなる速度のみによって測定される別の力が産出されるのに、二乗による測定を必要とする力が使われると見なそうとするのは、原因と結果の相等の法則にまったく反する不合理となるだろう。速度の二乗は A77
たんなる速度より無限に大きくなるものであり、それはちょうど、二乗という面積がすべて一本の線、しかも有限な線分を産出するのに使われる、と言おうとするのと同じことになろう。それゆえ明らかに、弾性物体の法則も非弾性物体の法則も同じようにすべて、たんなる速度による測定という証明を与えるだけであり、またそうした諸法則は、見かけ上は活力の方に傾きそうな事例を考え出すのにどれほど発明の才を尽くそうとも、そもそも活力とい V89
うことにはまったく反しているものなのである。

第六九節

前節で問題としたことはすべて、力の伝達の瞬間の直後に衝突された方の物体に見られる、衝突された方の物体の力を、突き当たる方の物体の力の測度とする、という点に関わっていた。これは、衝突してきた物体の接触が今まさになくなったが、運動が現実に生じるまでには至っていない時点であって、私が論敵と呼ぶ栄誉をえた諸氏は、疑いなくこの点にもっとも反発を感じられることだろう。そこで以下のようにあらかじめ予防線を張っておければさいわいだと考える。

証明の継続。物体の衝突では、衝突された物体の初速以外のものを考慮する必要はない

衝突した物体から離れる前の瞬間に、衝突された物体が持っている力は、すでに現実に動きだして衝突した物体を離れてしまってからの力に等しいか、それとも等しくないかのどちらかである。前者であれば、私の設けた制限はまったく不要であり、衝突された物体の力は、運動のどの瞬間をとってもよい。とはいえ、どこをとってもその力は、運動が現実になる以前に持っていた力に等しいのだから、たんなる速度に比例するものであることがわかるのだが。(原注) もし等しくないというのであれば、その場合には確実に次のように言えるだろう。すなわち、すでに衝突した物体から離れた後で、衝突された物体の中にある力は、接触していたときの力より大きい。だがそうだとすれば、私が言いたいのは、まさにそれだからこそ、衝突の力を測定するのには使えない、ということである。なぜなら衝突の後で、まだ突き当たった物体に接触しているときより、それからすでに離れてしまったときの方が、衝突された物体の中にある力が1多いとすると、物体が相互に作用できるのは接触している場合にかぎられるのだから、この新しい力も突き当たった物体の作用というわけではなく、そう言えるのは、もっぱら最初の方の力だけなのだからである。それゆえ、新しい力をもたらすのに使われた力を測るには、突き当たった方の物体を使うのがきわめて当然のことなのである。

V90　A78　C79　W96

(原注)　なぜなら、衝突された物体の運動がまだ現実のものになっていないかぎり(つまり、衝突した物体からまだ離れていないかぎり)、その力は、ライプニッツ派の認容するとおりまだ死力だからである。

A77

第七〇節

物体の衝突が従来のデカルトの法則に与えたかもしれない困難は、さいわいにも克服された。今や私は、ライ

A78

プニッツ氏の一派はこのことからはもはや何も編み出すことはできない、とあえて言えるのではないかと思う。他の面についても同様に誇ることができるように、努力を重ねていこう。

W97

第七一節

運動の合成による活力の擁護について

活力の擁護者たちが、物体の運動の合成からの援用によって、自分たちの測定を補強している事例を検討してみよう。良からぬことというのは、いつでもあいまいで錯綜した事例を盾にとって、そのうしろに隠れてしまうという特徴を持っているものだが、活力派もやはり、運動の合成を考察する際におちいりがちな混乱を利用しようとしている。活力にとってこれまで唯一の頼みの綱だった、このあいまいさの覆いを取り去ってみよう。この種の証明にこれまでもっとも貢献してきたのはビュルフィンガー氏であるから、氏の理論をまず検討してみることにしたい。

A79 V91 C80

氏の論文は、ペテルブルク・アカデミー紀要 Commentarii Petropolitanae の最初の巻に掲載されている。(25) 氏の全理論の基礎にある命題は、以下のとおりである。(原注) 物体Aが同時に二つの運動を与えられており、その一方をAB方向に速度AB、他方をこれに垂直に交わる方向に速度ACとすると、物体Aは、両辺を個々に動くのと同じ時間で、この直角平行四辺形の対角線上を動く。平行四辺形の両辺方向への力は相互に対立するものでなく、したがって一方が他方を打ち消すこともないので、物体がそれらの力に逆らわずに対角線上を動く場合には、物体の持つ力は両辺方向への力の和に等しくなるだろう。だがデカルトの測定ではこ

W98

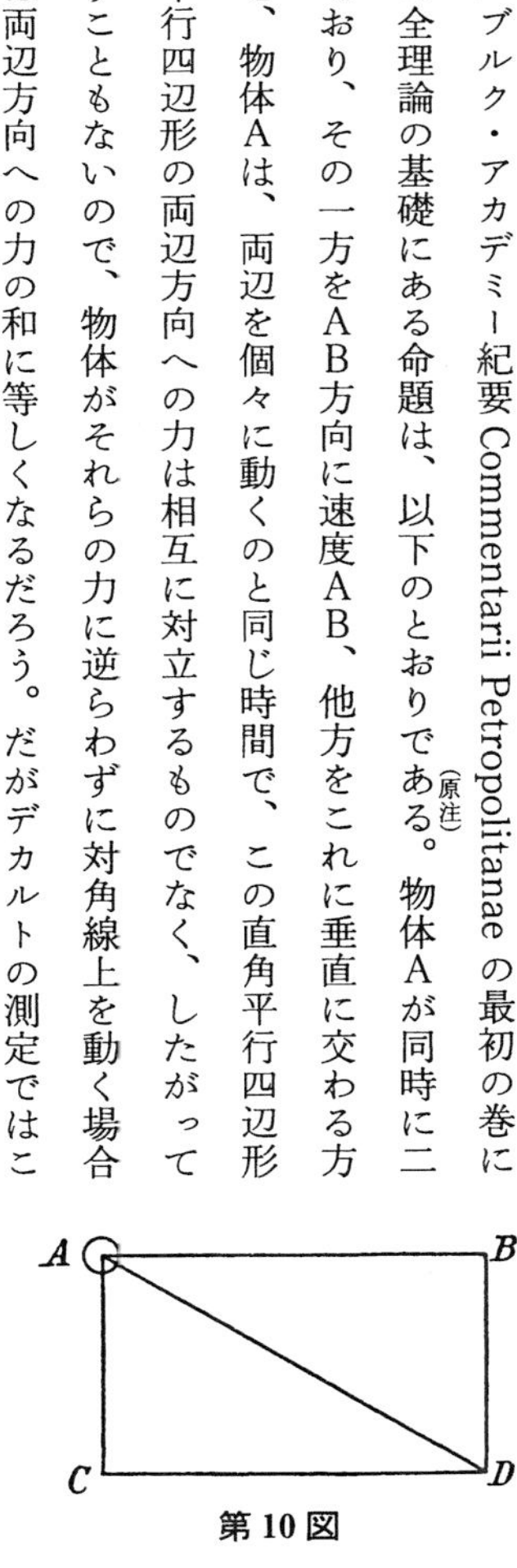

第10図

のようにはならない。なぜなら、対角線ADは両辺ABおよびACの和よりはつねに小さいからである。さらに、他にどのような測定をしようとも、物体がADの速度で持つ力は、速度ABでの力と速度ACでの力との合計に等しくはならず、唯一等しくなるのは、それらの力が速度の二乗によって算定される場合だけにかぎられる。ここからビュルフィンガー氏は、現実運動している物体の力は、その物体の速度の二乗によってのみ測定されうる、と結論したのである。

（原注）第10図。

第七二節

ビュルフィンガーの証明はいかなる意味で正しいのか

ビュルフィンガー氏は、まったく誤った証明をしているというわけではない。氏の推論は基本においては完全に正しいのだが、その適用の方はそもそも間違っており、性急な判断に傾いていると思われる。

物体の辺AC方向（原注）への運動を一般的に、つまり面CDに垂直に交わるように物体が動こうとすると見なせば、他方の辺ABでの側面運動は、辺ACでの側面運動に対してなんら対立するものではない。これは面CDに平行に働くので、物体を面CDに引き寄せたり、そこから引き離したりはしないからである。まったく同様に、側面運動ACも、他の辺ABでの運動に対して、物体がこの運動で面BDに与えようとする作用という点では、なんら対立するものではない。なぜならACの運動も面BDに同じように平行に働くからである。ここから何が得られるだろうか。それは、物体が、これら両方の側面運動に逆らうことなく対角線上を動くならば、面CDおよびBDに対して、それぞれの辺上に分離された運動が及ぼす作用をひとまとめにして与える、ということである。したがって物体が対角線上を動く場合には、CとBDの両面に対して、両辺方向への力の合計に等しい力を持つのである。ただし、ここでの等しさは、今挙げられたような条件の下でのみ、あてはまるものである。

(原注)　第10図。

第七三節

ビュルフィンガー氏は論点を誤解している

証明の本性からして必要とされたはずであるにもかかわらず、ビュルフィンガー氏はこの条件を遵守しなかった。彼はただちに結論して、したがって物体が対角線上を動く場合には両辺の力の合計に等しい力を持つ、というのである。

このように制限をつけずに持ち込まれた命題は、当然のことながら、ビュルフィンガーの証明の推論とははるかに異なった意味を持つことになる。すなわち、ある速度を持つ物体がある力を持つと言われる際に念頭に置かれているのは、その物体が直線方向の運動で、対象に垂直に衝突して与えるはずの力のことである。したがって、ある物体の力というものを、このようにきわめて限定して用いる場合には、力の量についても同様に限定された意味で考えなければならない。さもないと、物体は直線方向の運動で、衝突する対象のある特定の位置において、傾いて力を与えることができる、ということにもなる。ビュルフィンガー氏はこの点への注意を怠ったために、論点無知の誤謬 fallacia ignorationis elenchi の罪に問われたわけである。氏は論点の意味を見失ってしまい、物体が対角線上の運動で、運動方向に対して垂直に位置する対象に衝突する際の力は、その物体が分離された側面運動によっ

V93　C82　V94　A81　W100

て対応する面に衝突する力の合計に等しい、ということを証明すべきだったのに、そのかわりに、物体はたしかにそれだけの力の総計を与えはするが、それは側面ＣＤおよびＢＤに対してのみであって、その運動[26]に垂直におかれた対角面に対してはそうではない、ということを証明したのだった。

第七四節

この証明は、争われている肝心な核心部分に関してまちがっている

それゆえ、私は以下のことを証明して見せさえすればよい。それはすなわち、対角線ＡＤ上を動く物体がＡＤの直線方向に持つ力は、両辺の力の合計にはならないということである。このためには、それぞれの辺での運動を、数学者が一般に行うように、合成されたものと見なせばよい[原注]。すると、辺ＡＢでの運動は運動ＡＦおよびＡＨから、辺ＡＣでの運動は反対に運動ＡＥおよびＡＧから合成される。ところで運動ＡＦとＡＥとは向きが正反対でかつ大きさが等しいことから、ともに消失する。そこで残る運動は速度ＡＨおよび速度ＡＧのもののみとなり、物体はこの速度で対角線の方向に動くことになる。すなわち、両辺での運動がすべて対角線の方向に向けられるのではなく、その一部がこの方向に向くにすぎない。さらに、運動ＡＦおよびＡＥは、物体が対角線上の運動で垂直に衝突する面ＢＨとは平行だから、どちらの運動もこの面にぶつかることはありえない。先のことと このことから、物体が、その運動に対してＡＤに垂直に置かれた対象に衝突する力は、辺ＡＣおよびＡＢでの力の合計にはならないことがわかるのである。

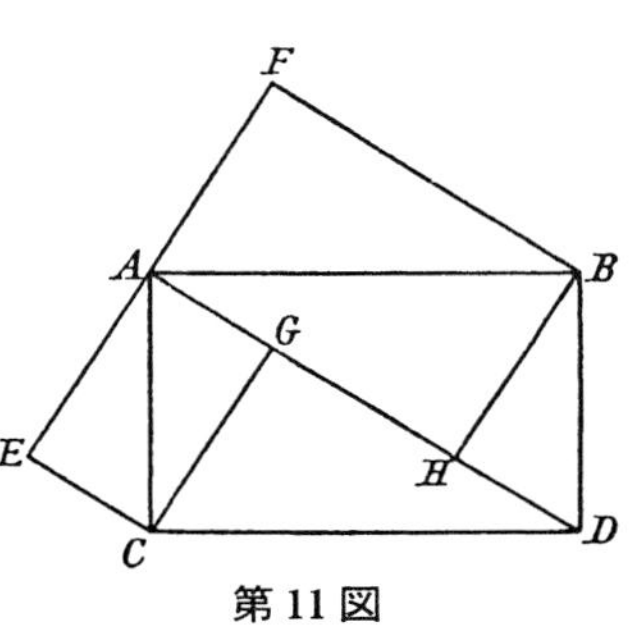

第11図

V95　C83

(原注)　第11図。

第七五節

上述の結論

これですべて片づいた。今や以下のことがわかるからである。対角線上を運動する物体がそれに垂直に置かれたものに与える力は、その物体がそれぞれの側面運動でそれらにやはり垂直に置かれた面に及ぼす力の総計とはならない。ここから必然的に出てくるのは、対角線上の運動での力の方が、両辺での力の合計より小さいということである。したがって、ある物体の力はその速度の二乗によっては測定できないことになる。なぜなら、この測定法では上述の力の相等ということが出てこなければならないはずなのに、実際にはそれが出てこないからである。

第七六節

ビュルフィンガーの事例からは活力自体が否定される

問題は以上にはとどまらない。ビュルフィンガー氏の結論の前でひるむことなく、むしろこれをとらえて、デカルトの法則を証明してみよう。正しいことというのは、反対者の武器でさえも自分の防具にしてしまわずにはおかない、という特性をかならず持っているものであり、小論もこの点を誇ってよいということは、すでにわれわれが何度も見てきたところである。(原注) ABでの側面運動は、上に証明されたとおり、対角線方向には速度AH以外の速度を持たず、物体は分離された運動としては面BHにこの速度で垂直に当たることになる。さらにもう一方のACでの側面運動も、対角線方向にはAGの速度しか持たず、物体はこの速度で面ＣＧに垂直に衝突することになるだろう。これら二つの運動ＡＨおよびＡＧがもたらす力から、対角線上のすべての力が合成されることになるので、それら二つの運動の中にない力は対角線上の力の中にも存在しない。さもないと、加えられる数を合わせたよりも合計が多くなることになる。したがって速度ＡＤでの力は、速度ＡＨでの力プラス速度ＡＧでの力に等しくなるはずであり、問題は、前の二つの力の合計が後の力と等しくなるためには、ＡＨ、ＡＧ、ＡＤの何乗をとらねばならないかということになる。さて算術の初等基礎から明らかなように、この力を、線ＡＨ、ＡＧ、ＡＤのべき数を一乗より大きくとって算定しようとすると、そうして測定された物体の速度ＡＤでの力は、速度ＡＨおよびＡＧでの力の合計より大きくなるだろう。しかしまたたんなる速度という関数よりも(ビュルフィンガー氏の表現を使えば)小さな関数をとろうとすれば、分力の総計の方が、そこから生じた速度ＡＤで示された力よりも大きくなってしまう。これに対して、すべての力がたんなる速度によって測定されれば、それらは等しくなることがわかる。それゆえ、力は速度ＡＨ、ＡＧ、ＡＤに比例すると見なすか、それがいやなら、合成体 Aggregat は各合成物 Aggregandi の合計よりも小さいないしは大きい、ということを認めねばならないだろう。

A83　W102　V97　A82

(原注)　第11図。

第七七節

別種の同様な異議

同様のことは、別のやり方で示すこともできる。ビュルフィンガー氏にならって、次のように想定してみよう。速度ｂａ＝ＡＢおよび速度ｃａ＝ＡＣを持つ二つの等しい球が、衝突によっ

A83
C85

て物体に分力(原注)ＡＢおよびＡＣを与え、またこの二つの同時に生じた動力によって、対角線方向への運動と力が引き起こされたとする。しかし同じことだが、これらの球はＣ点およびＢ点から動き出して、速度ＣＤ＝ｂａおよびＢＤ＝ｃａで、Ｄ点において物体ａに衝突したのだ、と想定してみよう。物体ａがＤ点でそれらの球から受け取る力が、Ａ点で受け取ることができた力と等しいことは否定しがたい。場所がちがってもその他の条件はみな等しいのだから、なんの相違も生じないからである。そこで、問われることになるのは、Ｄ点で同時に生じた二つの衝突ＢＤおよびＣＤから、球ａは**垂直平面ＦＥに対して**どのような力を受け取ることになるか、ということである。答えはこうなる。球Ｂは運動ＢＤによって物体ａに、平面ＦＥへの作用に関しては、速度ＢＥのみを与える。また速度ＣＤを持った球Ｃの衝突から、同じ物体Ａ(27)は、Ｄ点において平面ＦＥに作用しうるものとしては、速度ＣＦのみを受け取ることになる。なぜなら、球ａがこの二つの衝突からその他に受け取る別の二つの運動ＢｇおよびＣｈは、平面ＦＥに平行に働くので、この平面にはぶつかることがなく、むしろ互いに向きが反対で大きさが等しいことから、打ち消しあうことになるからである。したがって両方の分力ＢＤおよびＣＤ、ないしは同じ大きさになるが、ＡＣおよびＡＢは、物体が対角線上の運動で垂直にぶつかる平面〔ＦＥ〕に関しては、速度ＢＥおよびＣＦでの力の合計に等しい力だけを、この物体に与えることになる。それゆえ**第一**に、それは力の全体ではなく、**第二**に、前節で明らかになったようにここでも明白であるが、合成のもとになった分力に対するこの合力の比は、速度ＣＦおよびＢＥに対する速度ＡＤの比であり、それらの速度の二乗の比ではありえないのである。

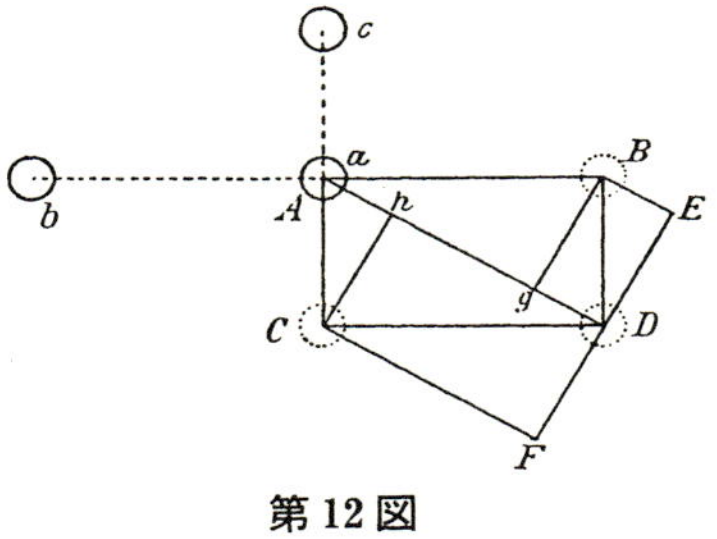

第12図

（原注）第12図。

第七八節

対角線上での直行する力は各辺への力の合計とは等しくない

以上の考察からわかることは、もしも対角線上の運動で平行四辺形の各辺方向に与えられた力の和が対角線方向への力になると前提したならば[28]、それらの力は速度の二乗で測定しなければならないだろう、ということである。けれども同時にわかったことは、この前提は誤ったものなのであり、物体が斜行運動で自分の力を使い果たすまでに発揮する作用は、その物体が垂直の衝突によって伝えるものよりもはるかに大きいということである。

この考察は一見したところでは矛盾命題のようである。なぜならこれによれば、物体は、何らかの特別に対置された平面に対しては、自分が持っていると想定されていたよりも大きな力を与えうることになるが、物体が持っている力は、打破できない障壁に垂直に衝突して使う大きさだとされているからである。

この難点の形而上学的解決については今は触れないでおくこととしよう。それによってたとえどのようなことがもたらされようとも、数学は何らかの判定を下すのであり、数学の判断は疑う余地のないものだからである。

第七九節

ライプニッツ派の力の測定では、斜

運動の分割から明らかなように、ある物体が多くの平面に斜めの方向から次々に突き当たると[29]した場合、そのすべての入射角のサイン Sinus angulorum incidentiae の二乗の和が、運動

A 83　A 84 C 86 W 104　V 99　A 85　W 105

行運動で発揮される力の合計は対角線上の力に等しいが、デカルト派の測定においては、しばしば前者は後者より無限倍の大きさになる

の初速を表す完全サイン[30] Sinus totus の二乗の和に等しくなったときに、その物体は運動をまったくしなくなる。ここまではすべての力学者が一致しており、デカルト派も例外ではない。だがライプニッツ派ではここからとくに以下の結論が導かれる。すなわち、二乗による測定を認めた場合には、斜行方向に与えられた力の合計が、その物体の直行運動の力に等しくなった時点で、その物体は運動をまったくしなくなる。それに対してデカルト派の測定では、これとはまったく異なった結果になる。すなわち、斜行方向に何度もくり返し衝突し、運動をまったく使い果たすまでにその物体が発揮する力の和は、この派によれば、物体の直行運動に存する唯一の分割不可能な力よりも、はるかに大きなものとなるのである。したがって、分割可能な運動で発揮された力の合計が、分割不可能な力の全体と等しくなった時点でも、物体はその運動をすべて失ったわけではない。これは、物体が、多くの斜面に対しては、直行方向に垂直に衝突する面よりはるかに大きな力を伝えられるからであり、しかも(衝突の斜角がすべての斜面に対して同じ角度だと仮定すると)、ある物体が対置された斜面に衝突してその力を使い果たすのに必要な力の量と、直行方向での衝突で失われる力の量との比は、完全サインと入射角のサインとの比となる。そこでたとえば、完全サインと入射角のサインとの比が2:1であれば、力も前者が後者の二倍、8:1であれば八倍となり、比が無限小[31]であれば、前者の力も、垂直方向で物体のすべての運動を使い果たさせるのに十分な障壁の力の、無限倍の大きさになる。したがって、ライプニッツ派の測定をとればある障壁が物体からすべての力を奪うとされる場合でも、デカルトの測定では、その方向ではほとんど無限小の力しかなくならないことになる。すなわち、二乗による測定では、運動した物体の力の損失は、その物体が打ち勝ったすべての抵抗物の力全体が有限ならば、やはり有限であり、たとえその物体がどれほど強い斜度で抵抗物を圧倒していこうとも、同じことである。これに反して、速度に比例した測定では、ある物体が発揮した作用の全体が有限でありつつも、その物体がこれらすべての抵抗物に打ち勝つ際の角度が無限小でありさえすれば、物体の力の損失は無限小になるということがありうるのである。

これは驚くべき相違である。自然の中にはどこかでこれに関する作用が見られるにちがいなく、できればそれを探求してみることは、骨折りがいのあることでもあろう。なぜならその結果によって、ある物体の直角平行四辺形の対角線上での力が、分力の和に等しいかどうかが決定できるというだけではなく、ライプニッツ氏の測定とデカルトの測定のどちらが正しいかも決定できることになるからである。一方の問題は他方と不可分の関係にあるのである。

第八〇節

活力は新たなひとつの事例で反駁される

ある中心のまわりの円周を物体が運動し、重力によってその中心に引かれている(惑星の運動はそうしたものであるが)、という事例を求めてみる。

地球のまわりの円周上を動くのに十分な遠心力を持っているような、ひとつの物体を想定してみよう。さらに、重力以外には、その運動を減少させるどんな抵抗物もないとしよう。すると確実なのは、第一に、その運動の速度は有限であり、第二に、したがって同じ量の速度で同じ線上を、減少することなく無限に動きつづけるだろうということである。この二つの定理を基礎として置く。これらは、ライプニッツ派とデカルト派の両派によって承認されているからである。さらに基礎とする第三のものとして、重力は、物体に内在する力と重力の圧す力とが互いに拮抗しているならば、自由運動をするある物体の中に、ある有限な時間で有限な力を運び入れる、あるいはその中で使い果たす、ということを置く。さて、与えられた中心のまわりを円運動すると想定された物体は、重力の押圧をつねに受けており、したがって定理三により、すべての無限小の重力の押圧の和によって、ある有限な時間で有限な力をこうむるのであり、それによって、回転の中心へと引き寄せられることになる。ところでその物体はそれが固有に持つ力によって、自分がこうむるすべての圧力に対して平衡を保ち、つねに中心から同じ距離を保っている。したがってその物体は、重力の抵抗に打ち勝って、有限時間ごとに有限の力を発揮しているのである。だが、第七九節で見られたように、ある物体が斜行方向で、合計すると有限量の力になるような数の抵抗物に打ち勝つ場合には、この物体はそこで同時に(ライプニッツ派の測定に従うならば)、自分に内在している力からある有限な量の損失をこうむらねばならないだろう。それゆえこの想定された物体は、円運動のある有限な時間ごとに、重力を抑止するためにある有限な力を失い、やがてある一定の時間内にすべての力と速度を失うことになる。なぜならその物体が回転するのに持っている速度は有限なものでしかないからである。定理一。

だとすればありうることは、その物体が無限な速度を持っている場合を別にすれば、この物体はまったく円運動をしないとするか、さもなければ、以下のことを認めねばならないかのどちらかとなる。すなわち、物体はすべての斜行作用の合計によって、直行する衝突が持つより無限に多くのことをここではなしうるのであり、これを認めないライプニッツ派の測度は誤っているということである。

第八一節

ここに示された考えはきわめて実り豊かなものなので、それに関する細かな難点はすべて脇に置いて、これをできるだけ簡明にしてみよう。

証明。円運動をする物体は、重力に逆らって、ちょうど斜面に突き当たるのと同様な作用を及ぼす

第一に、はっきりと理解しておかねばならないのは、円運動をする運動物体が重力との均衡を保つために使う力は、斜めの作用を与え、それは、前節で実際に行ったように、物体が斜面に衝突するのと同様である、ということである。

これを最終目的として、数学でも通常、円を無限に多くの辺を持つ多角形と見なすことから(原注)、円運動をする物体の通る無限に小さな弧を、同じ大きさの無限に小さな直線と考えてみよう。今、無限に小さな線abを通過した物体は、重力がそれになんら抵抗しなければ、この直線方向への運動をつづけ、次の無限に小さな部分時間で点dに達するだろう。けれども重力の抵抗のためにその物体はこの方向を保つことができず、やむなく無限に小さな線beを描くことになる。この重力の抵抗は力の分解によって per resolutionem virium、物体に、点cにおいてbdの延長線に下した垂線acで表される、側面運動acを与える。したがって物体はb点において重力の抵抗により、その物体が角度abcで突き当たった場合に平面cdから受け取るのと等しい抵抗を受ける。なぜなら、この平面が物体に与える抵抗は、ここでは同様に短い垂線acで表されるからである。したがって、円運動をする物体が、自分を下方に引き寄

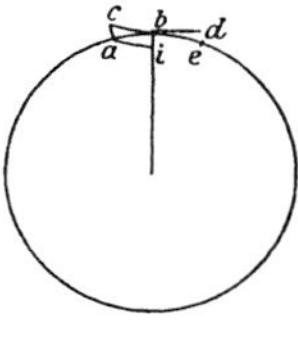

第13a図

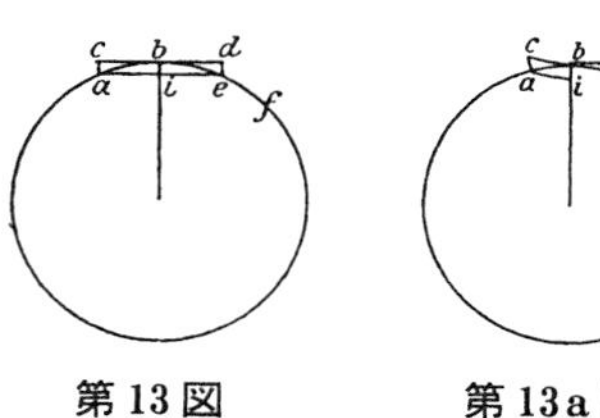

第13図

せる重力に逆らって発揮する力は、その物体の斜面への衝突とまったく類似したものであり、それと同様の仕方で測定できる。証明終わり。

（原注）　第13図。*

第八二節

第八〇節における証明の三番目に取り上げた原則については、第二に、なおいくらかの補足が必要である。すくなくとも、上述のような反対者たちと事を構える際には、明白な真理に関しても用心するに越したことはない。活力論争から十分に立証されたのは、ある種の見解に関しては、ありのままの真理の力より党派性の方がはるかに強力で好感を持たれるということであり、人間悟性の恣意は、明白な真理をもなお疑ったり判断を控えたりするようにもなるものだ、ということだったからである。

円運動をする物体は、各有限時間ごとに、重力の抵抗に逆らって有限な力の作用を及ぼす

重力が自由運動する物体に、そのつどのきまった有限時間内に有限な作用を与える、という命題については、第三二節を参照してもらえばよいだろう。けれどもこの命題は活力の擁護者たちに反対者を持っているわけだから、そうした者たちは彼ら自身の武器によって鎮圧した方がよい。円運動で有限時間内に弧afを通るとされる物体は、有限な距離afの中でつねにさらされている重力というばねの、すべての圧力を受けることになる。ところでライプニッツ派が認めるところでは、ある物体に完全に圧力を与えて重力を作り出す物質というばねが一定の有限な空間内にあって、このばねが物体に有限な力を与える、したがって、等々。

W110

第八三節

結論

それゆえに、分割された運動で発揮される力が、直角平行四辺形の両辺の二乗に比例すると算定されてしまうと、物体の円運動の周知の法則やその物体が与える向心力とさえも両立しなくなってしまう。したがってそのつどの合成運動における分力は、ライプニッツ派の測定が求めるような、速度の二乗に比例するものではなく、そこから、二乗による測定はまったくの誤りであるという、一般的な結論がもたらされる。なぜなら、力学の初歩の基礎理論からわかるように、どんな運動でも合成されたものと見なすことができるからである。

第八四節

デカルト派の測定はこの困難をいかに除去するか

A90

ライプニッツ派の力の測定がおちいらざるをえない、今見てきたような困難を、デカルト派のそれがいかに見事に除去しているかについて、注解しておく必要がある。

数学では周知のように、無限小の弧abの対抗サイン(32) Sinus versus b i に平行でこれと等しい小線分ac(原注)は、二次の無限小となり、無限小の線分abよりもさらに無限に小さい。さてacは、物体が円運動のあらゆるところで重力の圧力に逆らって作用する際の角度のサインであり、abはその角度の完全サインをなす、物体の絶対運動の無限小の部分である。ところですでに証明した第七九節からわかるように、ある物体が斜行運動で、入射角のサインが完全サインに比べて例外なく無限に小さくなるようにある抵抗物に作用する場合には、抵抗によって失われる力は、デカルト派の測定では、克服された全抵抗の力の合計に比べて無限に小さなものとなる。

C92
V106

W111

したがって、その物体が重力のあらゆる抑制をすべて合算して無限に大きな力に打ち勝ってはじめて、その物体は円運動で重力の圧力によって有限の力を失うことになる。しかしすべての重力圧の合計は、有限な時間では有限な力にしかならない(第八〇節、定理三)から、無限の時間後でなければ無限の力にはならない。それゆえその物体が、重力によって引き寄せられるある中心のまわりを円運動している場合に、重力の抵抗によって有限の力を失うのは無限の時間後となり、それぞれの有限の時間内で失う力は無限に小さいのである。これに反してライプニッツ派の測定では、同様な状況での力の損失は、それぞれの有限時間で有限量となってしまう(第八〇節)。このように、デカルト派の測定では、この事例では困難におちいることはないが、すでに見たように、ライプニッツ派はつねに困難にさらされるのである。

(原注)　第13図。*

第八五節

活力がここでさらされる今ひとつの新たな矛盾

いま活力に向けられた異議によって、二乗による力の測定には奇妙な矛盾があることも同時に明らかになる。なぜなら、だれでも以下の点では一致しているからである。すなわち、自乗された速度の長方形Rectangulumによって測定される力は、たんなる速度による測度で表される力よりも無限に大きな力となり、前者は後者に比べて、線に対する面の関係を持つ。ところがここで示されているのはその正反対であって、すでに見てきた事例のように両種の力がまったく同じ状況で作用するとしても、ライプニッツ派のそれはデカルト派のものより無限に少なくしか作用できず、後者に比べれば無限小の抵抗によって使

A 91　V 107
C 93

い果たされてしまうことになるのであって、これ以上の矛盾は考えられようもない。

第八六節

合成運動に存する力の量が単純運動のそれと等しいという一般原則を打破してしまえば、活力の擁護者たちがこの原理に基づいて立ててきた、多くの事例をも同時に打破することになる。

四つの等しいばねの緊張力についてのベルヌーイの事例の反駁

ヴォルフ氏がその力学に引用している[33]ベルヌーイの事例[34]は、それらの中でももっとも有力なもののひとつである。氏は、圧すのにすべて同じ力を要する四つのばねを想定した。さらに、ある物体が2の速度を持ち、サインがちょうど1となる30度の角度[35]で最初のばねに突き当たり、残りの運動で、同じくサインが1となる角度で第二、第三のばねにも当たり、最後に第四のばねには垂直に当たるとした。この物体はこれらのばねをどれも圧すことになるから、2の速度で4の力を与えることになる。すなわちその物体は4の力を持っていたのであり、そうでなければ力を与えることなどできないからである。するとこの物体の力は速度2に比例するのではなく、その二乗に比例するということになる。

私は、速度2の物体はどんな状況でも4の力を発揮することなどできない、とは主張したくはない。とはいえ、それが可能なのは斜行衝突の際にかぎられるのであって、すでに十分に証明したように、物体の力は直行衝突ではつねに2に比例するだけだが、斜行運動ではつねに垂直運動よりはるかに大きな力が発揮されるのである。しかし物体の力は、誰でも垂直衝突の際に見られる力で測る。したがって、どんな反対者でもそろってそれこそが真の力の測度だとするような、この種のあいまいさを持たない作用においては、デカルトの方が活力論者に対して優位に立っているのである。

第八七節

最後に運動の合成に基づく今ひとつの事例があり、それはわれわれの反対者にとってアキレスの腱と呼べるようなものである。

ヘルマンの事例に対するメーラン氏の反論

その事例とは以下のようなものである。質量1で速度2を持つ物体Aが、60度の角度で、それぞれが質量2を持つ二つの物体BおよびBに、一度に衝突するとする。この場合、衝突した物体Aは衝突後に停止し、物体BおよびBはそれぞれ1の速度で動くことから、両方を合わせると4の力があることになる。

メーラン氏が的確に気づいていたように、特定の状況にのみ制限された特殊な事例が新たな力の測定を証明し、その測定が正しければどんな状況にも無差別にあてはまるにちがいないなどとするのは、なんとも奇妙で矛盾している。ライプニッツ派は大胆にもつねに以下のことを要求する。すなわち、任意のどのような仕方であれ、ある物体が4の力を発揮するならば、その物体はちょうどそれだけの力を、垂直方向にも発揮するはずだというのである。だがこの事例では明らかに、動かされるはずの要素の個数や、衝突してくる物体に対するそれら要素の位置にすべてがかかっており、これらの諸条件が変化すれば事態はまったく変わってしまう。したがって、こうした状況である力を発揮したのだから、その物体は(端的にあらゆる制限を顧慮することなく)それだけの力を持っているにちがいなく、そのつもりになれば垂直な作用においても発揮させられるなどと推論するのは、大きな誤りだということになる。

メーラン氏の主張(36)は、シャトレ夫人が自然論(37)の中で行った異議に対して回答する中で、ヘルマンの事例(38)に反対したものであったが、私はここではその主旨を述べるだけとしたい。とはいえ、力の合成と分割に関してわれわれがこれまで示してきたことを介した方が、すべての事態はずっと容易に納得できるものとして片がつき、大部分はすでにそうすることで片づいていると思われるので、小論の読者には、ここでは簡単に気になる点を挙げるにとどめて、それ以上の詳論は避けたいと思う。

第八八節

メーラン氏は、デカルトの擁護者たちの中で唯一、ライプニッツ派が新しい力の測定を基づかせようとした原理の選択について、いくらかの考察を行っている。とは言っても、彼が行ったのは唯一の事例についてだけであり、それは前節で挙げられたものである。この種の研究は、外見を見るだけではさして重要とは見えないが、実際にはきわめて大きな有用性を持つもので、ちょうど技術で何らかの技法が考案されるようなものである。

メーラン氏のこの方法の有用性　われわれは何らかの方法を持たねばならず、この方法に従うことで、何らかの見解が構築される原則を一般的に検討し、この原則をそこから引き出される結果と比較することを通じて、大前提の性質がそこから結論される理論に関して必要なものをすべて含んでいるかどうかが、個々の事例においても検査できるのである。その際には、結論の性質にともなう諸条件を精密に調べ、証明を構築するにあたっては、結論の中にある特殊な諸条件に限定されているような原則を選んだということに注意を払う必要がある。そうでないと思われる場合には、次のように考えてもかまわない。すなわち、誤りがどこにあるのかまだ発見できず、またたとえどこにも誤りが見つからないとしても、この推論は上述の点に欠陥があるので、なんらの証明にもならない、と。したがって、たとえば私は、弾性物体の運動の一般的検討から、それらの衝突によって生じる現象では、デカルト派のものとは異なる新たな力の測定を立証できないと結論したが、これは私が、そうした現象はすべて、力学者たちによって、質量と速度との積および弾性という典拠だけによって解決された、ということを念頭に置いていたからであり、これについては、ライプニッツ派にいくらでも証拠を示すことができる。それらの証拠はすべて、大幾何学者たちを主唱者とし、ライプニッツ派自身が何度も賛同して確証したことが知られているものである。そこで私は、たんに速度を測度として測定された力からでは、やはり速度による測定以外についての証明は与えられない、と結論した。当時私はまだ、弾性物体の衝突に関するライプニッツ派の推論のどこに、そもそも誤りを求めてよいのかわからなかったのだが、上述したような仕方から、たとえどこに隠れていようとも、どこかにその誤りがあるにちがいないと考えるに至り、あらゆる注意を払ってその誤りを探索した結果、いくつもの箇所でそれを見出したと思っている。

この方法が本論文すべての本源である

一言で言えば、本論文のすべてはまったくこの方法の産物だと考えられうる。率直に言って、今では弱点が完全にわかっていると思われる活力に関する証明も、当初は実に幾何学的な証明のように見えて、どれほど小さな誤りもあろうとは思えず、ライプニッツ氏の測定がなされた際の諸条件の一般的検討によって私の考察がまったく新たな進展を得なければ、おそらくはどれひとつとして誤りに思い至ることもなかったろう。私が知ったのは、運動の現実性がこの力の測度の条件であり、そもそもこの現実性が、運動物体の力を運動しようとしている物体の力と同様に測定できない原因となっている、ということだった。だがこの条件の本性を検討して容易にわかったのは、この現実性という条件は死力の条件と同種のものと見なすことができ、量的なもので区別されるだけなので、現実性という条件から出てくる結論は死力の条件から出てくる結論とまったく異なった種類のものではありえないだろうし、さらにまた、一方の結論の原因である条件が他方の条件と混同されかねないほどに類似しているのであれば、一方の結論が他方と無限に異なっているはずはない、ということである。それゆえ私は、幾何学的な確実性にまったく劣らない確実性をもって、運動の現実性は、現実運動の状態にある物体の力がその物体の速度の二乗に比例せねばならないのに、無限に短くしか持続しない運動において、あるいは同じことだが、物体のたんなる運動への傾向においては速度を測度とする、と結論するのには、なんら十分な根拠にならないということを洞察した。ここから私の下した結論は、数学が、二乗による測定の根拠として運動の現実性をあげ、それ以外にはいかなる根拠もないとするなら、その推論はきわめて偏向しているにちがいないということである。あらゆるライプニッツ派の証明に関するこの根拠に基づいた不信感を盾としながら、私はこの測定の擁護者たちの推論を論駁して、それらの中に誤りがあるにちがいないということを知るにとどまらず、どこに誤りがあるかをも知ろうとしたのである。私の企図はまったく的はずれなものではなかったと、自負している次第である。

第八九節

こうした考え方をするようにつねに精進していれば、哲学上の多くの誤謬は回避できただろうし、少なくとも

この方法の欠陥がひとつの原因となって、ある種の明白な誤謬がきわめて長い間隠蔽されていた

もっとずっと早いうちに、そうした誤謬から脱出する手段となっただろう。あえて言えば、人間の悟性に対する、ときには何世紀ものあいだ続く誤謬の暴制は、とりわけこの方法の欠陥、ないしはそれと同系の欠陥に由来するのであって、今後こうした厄災を予防しようというなら、他の何をおいてもこの考え方にいそしまなければならない。このことを証明してみよう。

われわれが、どこかにきわめて明白な欠陥がひそんでいる推論を用いて、何らかの見解を証明したと信じており、しかもそれ以降は、その証明にひそむ欠陥がまず露呈されなければ、すなわち、この証明に何らかの欠陥があると言える前に、証明をゆがませている欠陥が何であるのかを前もって知っているのでなければ、その証明の無効に気づく手段がなかったとする。これ以外の他の方法というものがなかった場合には、思うにその誤謬はきわめて長いあいだ露呈されないままとなり、欺瞞が明らかになるまでに何度となく欺くことだろう。ある証明中に現れる命題や推論が完全だと思われ、きわめて周知の真理であるような外見を持っていれば、悟性はそれに賛同してしまい、面倒で長い手間をかけてまでその証明中に欠陥をさがすことなどはしない、ということを仮定してみよう。なぜならこの場合に証明は、幾何学的な厳密さと正確さを持つ証明と同じくらいに、悟性に確信を与えるものであり、推論にひそんでいる欠陥は気づかれないために、証明中にまったく欠陥がない場合と同じように、賛同を減少させてしまうようには働かないからである。こうしてみると、悟性は、証明というものにはまったく賛同しないとするか、または欠陥らしいものを見出せない、ないしはたとえ欠陥がひそんでいたとしてもそれに気づかないならば、そうした証明には賛同せねばならないかのどちらかとなる。その際、悟性はとくに努力をはらってまで、欠陥を探そうとはしないだろう、なぜならそうする根拠はないのだから。したがってその欠陥は何らかの偶然が幸いして発見されるだけであり、そのような偶然は何年も、ときには何百年も巡ってはこないのだから、ふつうは長い間隠れたままになっていてからようやく発見されることになろう。これがおよそもっともありがちな誤謬の源泉なのであり、人間の悟性には恥ずかしいことだが、そうしたことが長年にわたってくり返されたあげく、その後のちょっとした考察によって発見されてしまうのである。なぜなら、証明のどこかにひそむ欠陥は、一見したところでは周知の真理とそっくりに見えることから、その証明は完全に厳密なものと見なされ、そこに欠陥があるとは思われないし、探そうともされず、見つかったとしても偶然でしかないのであるから。上述のことから、この困難を防止し、おかしてしまった誤謬を容易に発見するための秘訣をどこに求めたらよいかということは、かんたんに推測できる。われわれがしなければならないのは、何らかの仕方ででききあがった証明が、その推論に関しても十分で完全な原則を持っているかどうかということを、前提から察知し推測できるような技術を持つということである。こうすることでわれわれは、たとえ証明中にまったく欠陥が見られなくとも、そこには何らかの欠陥があるにちがいないと推測できるようになり、そうすれば、推定する十分な理由もあるのだから、欠陥を探そうという気にもなるだろう。このことはしたがって、以上の動機がなければ、ついつい賛同してしまいたくなるという危険な気分に対する防波堤となるだろう。こうした気分は、疑念や不信を持つ理由がないことから、悟性のあらゆる活動を問題の探求から逸脱させてしまいかねないのである。この方法は第二五、四〇、六二、六五、六八節で役立ったものであり、今後も大いに役立つだろう。

そうした誤謬の長期化を防ぐためには、どのような手段が取られねばならないか

第九〇節

この方法をさらに明瞭に説明し、その適用の規則を示すことは、少なからぬ有用な考察となるだろうが、この種の探求は、本論文がそもそもまったく依拠しているところの、数学が管轄しているものではない。それでもなおわれわれは、活力を擁護するために運動の合成から借用された推論を反駁することで、その有用性をこころみに示してみよう。

死圧の合成において、たとえば結び目を斜行方向に引っ張っているような錘があって、その方向に直角が含まれている場合には、その初速は直角平行四辺形の各辺となる線分としても表され、これによって生じる圧力は対角線で示される。ここでもたしかに、対角線の二乗は各辺の二乗の和に等しくはなるが、それだからといって、各分力に対する合成力が、初速を表す各線分の二乗に比例するということにはならない。むしろ世人が一致して認めるとおり、上述の事情にもかかわらず、この場合に力はたんに速度に比例するだけなのである。現実運動の合成を、数学で表されるように想定して、これと比べてみるとよい。平行四辺形の各辺と対角線をなす線分は、その方向に向かう速度にほかならず、それはちょうど死力の合成の場合と同じ状態である。各辺に対する対角線の関係も死圧の場合と同じだし、角もまたそうである。したがって、現実運動の合成の数学的表象に含まれる諸規定は、同じ数学で死圧の合成を表象する諸規定と、なんら異なるものではない。そして後者からは速度の二乗による力の測定は出てこないのだから、それはまた前者からも結果として出てくることはない。なぜなら、それらは基本概念を同じくしており、したがって同一の帰結となるからである。あるいは次のように異議が唱えられるかもしれない。すなわち、一方は現実運動の合成であり、他方はたんなる死圧の合成だと前提されているのだから、両者のあいだには明らかな差異があるではないかと。しかしこうした前提は無意味でむだなものである。それは定理をなす基本概念の考えには入っていない。というのも数学では運動の現実性ということは表されないからである。考察の題材になる線分は、たんに速度の関係の表象でしかない。したがって、運動の現実性という限定は、ここでは死んだ無力の概念でしかなく、ついでの折に考えられはしても、数学的考察においては何もそこから表されはしない。それゆえに、運動の合成のこの種の考察からは、活力に有利になるものは何ひとつ推論されえないのであり、出てくるのは不純なものが混入した哲学的帰結であって、これは当面の問題とはならない。このようにして、推奨されるわれわれの方法の助けを借りて今や理解されたのは、運動の合成による活力の数学的証明は誤っており、欠陥に満ちている、それがどのような欠陥なのかはまだわからないが、たしかにそこに欠陥があるということについては、根拠のある推測ないしはむしろある種の確信が持たれる、ということである。それゆえ、その欠陥をまじめに探し求める努力を惜しんではならない。私はこの欠陥を発見し、直前の諸節の中で示したと考えており、読者はその苦労をまぬがれているのである。

第九一節

最後にまた、われわれの方法は、ビュルフィンガー氏が、これまでわれわれが異議を唱えてきた彼の推論を、論敵が氏になしうる非難から守るために用いていた、あらゆる屁理屈や煩雑な区分という結び目を断ち切る刃となる。[39]この障碍を断ち切ることができれば、われわれにとって得るものは大きい。さもないとこれをほどくのは、きわめてやっかいなことになると思われるからである。

メーラン氏の異議を免れようとするビュルフィンガー氏の区分は、この方法によって片づけられる

ビュルフィンガー氏は、自分の証明が正しければ、それは同時に死圧の合成についてもまったく同様に証明しなければならない、という異議が出てくるだろうということを、十分に承知していた。しかし氏は、複雑な形而上学的区分の立て方を承知しており、これを防壁とすることで、この方面の守りを固めたのである。氏によれば、死力の作用は強度と作用した距離の積で測定されねばならず、それは後者の線分の二乗で表される。したがってデカルト派に対しては、作用は死力の合成においても等しいことを示せはするが、とはいえそこからではまだ、力もそれゆえに等しくなければならない、という結論は出てこない。さらに彼によれば、同じ時間内に生じる運動においてのみ、活動作用は力に比例するが、死圧は力に比例しない。形而上学的探求というものは、数学上の論争では奇妙な働きをするものである。数学に熟達している者には、こうした屁理屈は理解できないものに思われ、たとえそれを解決することができないとしても、そうした屁理屈で迷わされてしまうなどということは、まったくないといってよい。数学に熟達した者は幾何学という手引きに従って進み、他のいっさいの方法を疑ってかかる。幾何学者たちは、ビュルフィンガー氏の言い訳に対しても同じようにふるまった。私の知るかぎりでは、氏とこの武器で渡りあったものは誰もいない。思慮分別をもってそうした無駄骨をひかえたのである。なぜなら、形而上学的探求というものは、とりわけ複雑で錯綜したものでは、あらゆる方面に無数の隠れ家がつねにあって、論敵の一方がそこに逃げ込んでしまうと、他方の者が追いかけていくことも、そこから引きずり出すこともできない、という状態を容認するものだからである。われわれがビュルフィンガー氏の推論をはじめから、氏自身の認める、数学だけが判定を下す側面から攻

V 117
C 102
W122

撃したのは、きわめて適切なことだった。とはいえ、すでに見てきたように、先の区分がどれほど不透明な闇の幕のかげに隠れてしまったとしても、われわれはこの方法を使って、それをもすでに克服しているのである。

われわれの方法はビュルフィンガー氏の区分を予防する

ここでとりわけ問題となるのは、活力のために、現実運動の合成における対角線と両辺の線分の比から取ってこられた数学的証明が、ビュルフィンガー氏の区分によって有効なものとなりうるのか、それとも、あらゆる手立てにもかかわらず、この数学的証明ではなんら新しい方法の防壁には役立たないのか、ということである。これこそがそもそもの論点なのであって、なぜなら、ビュルフィンガー氏の理論構築が形而上学的原則にのみ基づいており、運動の合成に関する数学的諸概念に支えられていないとすると、本章の意図からして、その理論構築の探求に深入りしなければ、われわれにできることはもはやないからである。だが、現実運動の合成における対角線の速度と両辺の速度との比は、死圧の合成における同じ比を導出したのとまったく同一の根拠から証明される。したがって、たとえ合成された現実運動に、死圧に見られるのと同じ性質や規定しか見出せないとしても、その比は正しい。なぜならこの比は、合成される死圧に前提されねばならない以外のものを加える必要もなく、十分に証明されるからである。それゆえ、現実運動における対角線の速度の比からは、合成された力は死圧と異なる本性や測定法を持つものだという結論は出てこない。合成された力を証明するには、死圧で使われる以外の根拠が必要ではないとすれば、合成された力の本性は死圧のものとなんら変わることなく、それらの比もまったく等しくなるからである。そこで、ビュルフィンガー氏がこの点から、力が速度ではなくその二乗に比例すると結論するために上述のことを用いようとしたのは、むだなことなのである。

それゆえ、この哲学者が用いている形而上学的な探求からは、哲学的検討をさらにつづけていけば、おそらく活力に有利ないくつかの根拠を引き出せるものを示せるかもしれないが、しかし、われわれが述べている数学的証明を掲げておく役には立たない。なぜなら、数学的証明はそもそもその本性からして、そこから引き出したい規則のために必要とされるものなどは、なんら規定しないものだからである。

第九二節

ライプニッツ氏の特殊な合成の事例

これまで活力の擁護者たちに対して、そのさまざまな種類の証明が正しいものではないことを示してきたわけだが、ここでいよいよ、私は活力の生みの親であるライプニッツ氏自身が主唱し、氏の明敏さの特性をも備えている証明[40]を取り上げよう。この証明は、カタラン師[41]の異議[42]を解消する機会を使って、氏が『アクタ・エルディトールム』[原注]に初めて公表したものである。ライプニッツ氏は後に、自らの力の測定を解説しようとするときには、つねにこの証明を好んで持ち出した。そこで、これを活力の主たる支柱と見なして、その撤去に努めねばならないだろう。

(原注)『アクタ・エルディトールム』一六九〇年。

4の質量を持つ球A[原注]が、高さ1AEを1とする傾斜した曲面上を、1Aから落下して2Aに達し、さらに水平面EC上を、落下によって得た速度1で動いていくものとする。さらに、Aのすべての力は、同じ質量1の球Bに伝えられ、A自体はその後3Aで停止するものとする。このとき、質量1の球Bが、質量4で速度1である球Aからどれだけの速度を受け取れば、それによってBの力は、Aが持っていた力と等しくなるのだろうか。デカルト派は、その速度は4でなければならないとする。すなわち、物体Bは4の速度で水平面を1Bから2Bへと走り、その後は傾斜した曲面2B3Bに出会って、これを上がっていき、自らに内在する速度によって、垂直の高さが3BCで16となる点3Bに到達するのである。さらに、傾いて置かれた自動秤3A3Bを想定し、支点をFとすると、一方の腕F3Bは秤の他方の腕3AFの四倍より少し長くなるが、それでも釣り合いがとれているものとする。さて物体Bが点3Bに到達して、秤の腕に乗ったとすると、明らかに、腕F3Bが他方の腕3AFに対する比は、3Aにおける物体の質量が球3Bの質量に対する比よりもいくらか大きくなるから、均衡は失われ、物体Bは3Bから4Bへと下がり、同時に球Aの方は3Aから4Aに上がることになる。ところで高さ4A3Aは、高さ3BCの約四分の一であるから、4となる。かくして物体Bは、このようにして球Aを約4の高さに持ち上げることになるのである。いま、かんたんな機械仕掛けでできることだが、球Aが4Aから1Aに戻っていき、その落下から得た力で一定の力学的作用を発揮して、その後にふたたび点1Aから曲面1A2Aを下りてきて、すべてが以前の状態に戻るようにする。このとき球Bの方は、平面2B4Bの気づかないほどわずかな傾斜によって、ふたたび点1Bに戻ることができ、以前と同様にそのすべての力を伝えて、すべてがもう一度行われるようになる。ライプニッツ氏は以下のように推論をつづける。それゆえ、デカルトの力の測定に従うならば、物体はその力をうまく使えば、いつまで

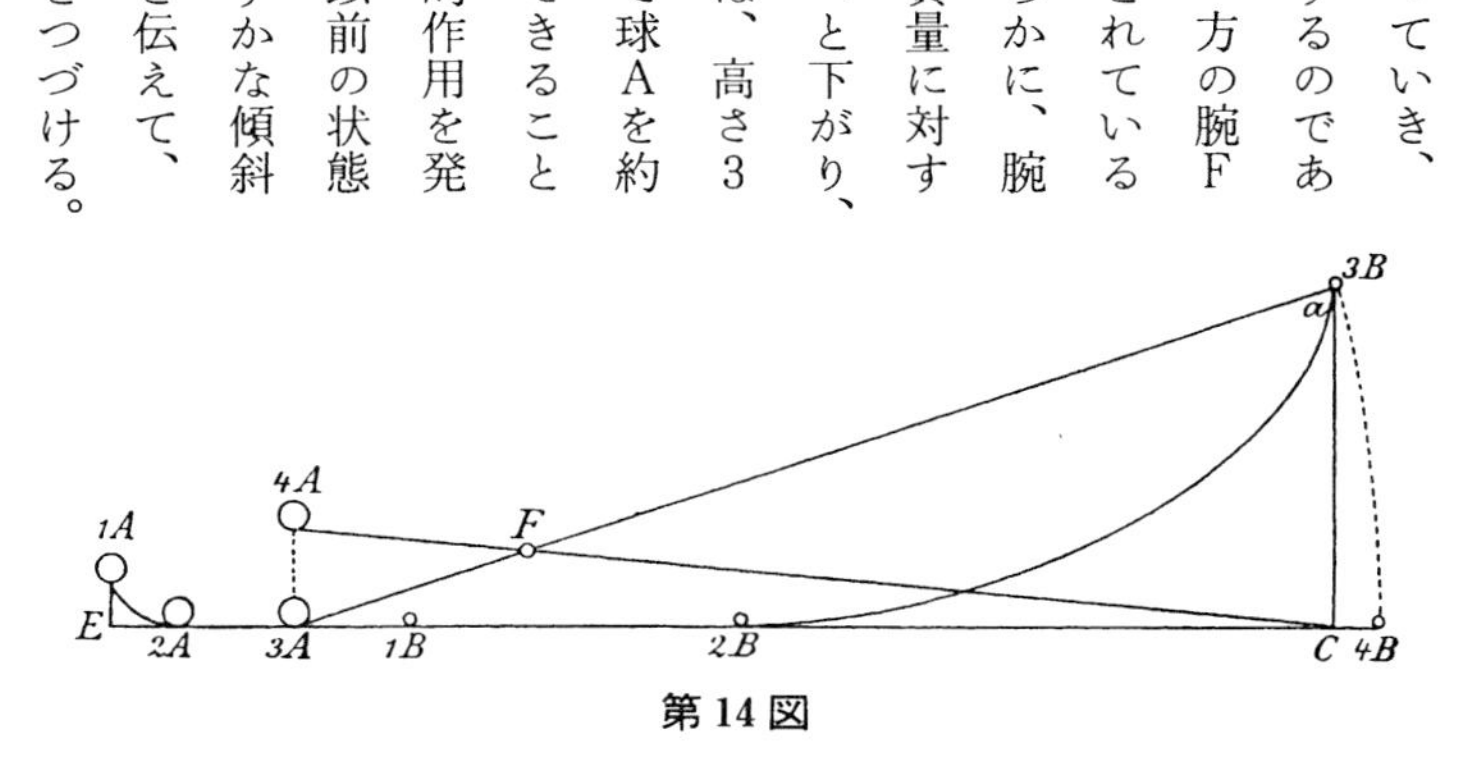

第14図

も無限にどんどん作用を発揮しつづけて、機械を動かし、ばねを圧し、抵抗物を乗り越えていくことができ、その力を消耗することなしに、休むことなくその力を発揮しつづけることになる。これはすなわち、作用がその原因よりも大きなものになるということであり、あらゆる力学者が不合理だとしている永久運動が、可能になるということだ、と。

（原注）第14図。

第九三節

この証明の誤謬推論である点

ライプニッツ派の人々は、自分たちの測定を防衛する根拠については、早まった論証をしてきたわけだが、この証明は活力のあらゆる擁護のなかでも、本当らしく見えるために、早まって正しいと思い込んでもやむを得ない唯一のものだろう。創意と外見上の強さという点で、これに比肩しうるようなものは、ベルヌーイ氏、ヘルマン氏、ヴォルフ氏も、なんら示しはしなかった。ライプニッツ氏のような偉人となると、たとえそれが誤っているとしても、誤りをもたらした考え方さえ賞賛すべきものとならざるをえないのである。この証明に対しては、ウェルギリウスでヘクトール[43]が自賛しているのと同じ言葉を言いたい。

……ペルガモンを〔おまえたちの〕右手で守り通せるものであったら、
〔私の〕この右手でも守れたであろうに。

ウェルギリウス『アエネーイス』[44]

この証明に関する私の判断をかんたんにまとめておこう。ライプニッツ氏によれば、球Aが自動秤によって高さ

4の4A3Aに上げられた後に、球Bに伝えられる作用という力学的な力を発揮して4Aから曲面上の1Aに戻るとされ、たしかにそれらしくも見えるのではあるが、しかし氏は、そのように言うべきではなかったろう。ここで発揮された力学的な力とは、以下に見るように、この機械仕掛けでは、たしかにBに伝えられた力を媒介として引き起こされた後続状態ではあるが、Bの力の作用ではない。これら二つの語意の混同はきわめて細心に避けなければならない。なぜなら、これこそが誤謬推論の中心部分であり、ライプニッツの証明に際立っている本当らしさは、すべてこの点に基づいているからである。これらの力学的な結果がすべて、物体Aから他の物体Bに伝えられた力の正当な作用でないとしたら、その機械仕掛けの後続状態には先行状態より多くのものが含まれていると言ったところで、その考えの矛盾しているように見える点はすべて一挙に消滅してしまう。そして作用にはその原因以上のものが含まれているわけではないことになり、永久運動自体もこの場合にはなんら不合理なものではなくなる。なぜなら、そこで生じた運動は力の真の作用ではなく、力はそもそも作用を引き起こすことを促しただけであるから、たとえ作用が力より大きくなったとしても、それで力学の原則に抵触することはないからである。

第九四節

Aが機械の仕組みによって受け取る力は、物体Bの力で生じた作用ではない

球Aのすべての力を伝えられた物体Bは、曲面2B3Bを上がっていく際に、その力をまったく使い果たしてしまう。点3BではBの作用はすべて完了しており、自分に与えられた力もすべて使い果たされている。そこで秤の腕に乗っているとしても、3Aにおける物体を持ち上げるというような以前の力はすでになく、その作用は新たな重力だけができることであり、Bが

V123　W127　C106

球Aから受け取った力は、これにはなんら関与してはいないのである。このためさらに、球Aが4Aまで持ち上げられるとすれば、それは球3Bの優勢な力がそのような仕方で全作用を発揮したということであり、物体Bが4Aから1Aに戻るまでに受け取る力は、てこの仕事とはまったく異なる、それよりずっと大きいひとつの新しい原因の作用、すなわち物体が自由落下の際に受け取る重力の圧力の仕事なのである。したがって、物体Aが、点1Aにふたたび到達するまでに発揮する力学的な作用を行う力は、たしかに球Bの力によって引き起こされて、何らかの力学的な原因に委託されたものではあっても、Bの力自体がそれを引き起こす原因となっているのではない。

第九五節

このことは確証される

ライプニッツ派の人々が、自然に生じる後続状態の中に、つねに先行状態に含まれるのと同じ大きさの力しか認めないのであれば、彼ら自身の証明に向けられる異議からだけでも、どのようにして逃れられるのか知りたいものである。いま、球Bを3Bの自動秤の上に置き、Bがそこで秤の腕を押し下げて、物体Aを3Aから4Aに持ち上げるとすると、これが自然の先行状態となり、その後に4Aからふたたび下りてくることでAが受け取る力が、先行状態によって引き起こされた後続状態となる。しかし、ここでは先行状態に含まれる力よりも、後続状態に含まれる力の方がずっと大きい。なぜなら、3Aにおける物体の3Bにおける物体に対する優勢さは、それぞれに固有の重さに比べれば比較にならないほど小さいので、物体が3Aから持ち上げられる際の速度は、それが4Aから1Aへの再度の自由落下によって受け取る速度よりも、はるかに小さいものとなりうるからである。というのも、後者では重力の圧力が減衰せずに蓄積されるのに対して、前者では、後者に比べるとその圧力は比較にならないほど小さいものにすぎないからである。したがって、自然の中における力の後続状態は、争う余地なく、それを引き起こした先行状態の力より大きいのである。

第九六節

このことは連続律からも証明される

ここで何にもまして重要なのは、Bが速度4で持つ力が、ライプニッツ派の人々がデカルトの法則を不合理としようとする際に前提せざるをえないように、機械仕掛けの中で際立った作用を生み出した原因である、とは思い込まないことである。なぜなら、もしそうだとしたら、その原因をわずかに減らせば、作用の方もごくわずかに小さくなるだろう。しかし機械仕掛けでは、これとはまったく異なる結果が示されるのである。1Bにおける物体が4よりいくらか小さい速度を持つとしよう。するとBは曲面2Baを、秤の腕の長さ3AFが他方の腕の長さの、ちょうど四分の一になるとされる点aまでしか上がらないので、物体Bの重さはてこを動かすことはなく、3Aにある物体をその位置から押し進めることもまったくない。ということは、Bの力の量が、どれほどわずかで問題にならないくらいでもよいのだが、わずかに小さいとすると、3Aにある物体は、それだけでもう何の力も得ることができなくなる。また反対に、Bにわずかな力がつけ加えられれば、3Aにある物体は、最初に持っていた力を取り戻すだけでなく、さらにずっと多くの力を得ることになる。3Bにおける物体の力が機械のなかで引き起こされた状態をもたらした真の原因であるとすれば、こうした飛躍が生じるはずはない、というのは明らかなことである。

第九七節

先行状態における充足理由の全体量

この機械でのてこの仕組みと、物体の釣り合いに関するその幾何学的諸条件とを考慮し、さらに、高さ3B4Bの高さ1AEに対する比が、物体Bの質量に対するAの質量の比を上回っている(高さ3B4Bは高さ1AEに対して16対1であるが、Aの質量はBに比べて4対1にすぎない)ということもつけ加えるならば、Aの中に力を引き起こした諸条件の全体量がわかる。さらにまた、幾何学的諸条件の有利な仕組みに基づいてさらに効果を増すものとなっている、重力の圧力もこれに加えることにすれば、すべての充足理由をまとめて持っていることになり、Aの中に生じる力の量が完全にわかることになるだろう。ここからただひとつ物体Bの力だけを取り出しても、それはあまりに小さすぎて、Aにもたらされる力の根拠を明らかにすることができないことは、なんら不思議ではない。ここで物体Bがなすすべてのことは、重力の抑止を克服すると同時に、その速度に、したがってまたその質量に比してより大きな量の高さという、あるひとつの様相を獲得することなのである。

それゆえ、物体Bの力は、Aの中に生じる力の真の作用原因ではないのであるから、これに関しては、結果はつねにその充足理由の力に等しい effectus quilibet aequipollet viribus causae plenae、という力学の大原則は妥当しないのである。そしてこうすればいつでも、上の大原則にまったく抵触することなく、永久運動を生じさせることができるのである。

第九八節

ライプニッツの議論になおも隠れている唯一の困難

したがって、ライプニッツ氏がその議論でわれわれに反対しうる点は、およそ以下のことに尽きる。すなわち、たとえ任意のどのような仕方によるにせよ、ある力がそれより大きな別の力を生じさせるということは、それがまったく不可能だと立証できないとしても、やはりきわめて変則的で不自然なことになる、というものである。この点についてはライプニッツ氏自身が次のように扱っている。またもし、原因が回復されなかったり、作用と互換できないという結果になるとすれば、それが自然の法則や事物の諸原理にきわめて反するものだということは、容易に見て取ることができる。その行き着くところは、作用が増加することなく減少しつづけ、事物の本性自体もどんどんと弱体化しつづけて完全性を低下させ、奇跡が起きないかぎり、ふたたび増大して失ったものを取り戻すことはない、ということである。これは自然学の領域において、創造者の叡知と永続性に明らかに反するものである、と。[原注45]このように控えめな言い方になっているのは、事物の本性上、抑制が必要だということを氏が知っていたからであろう。もし氏の明敏さがそうした弱点に気づいていなければ、氏はその幾何学的強権と数学のあらゆる権能とを、雷のように論敵に投げつけながら対峙したことだろうということは、疑いを入れない。しかし氏は、やむなく神の叡知に助けを求めざるをえなかったのであり、それは幾何学が氏に有力な武器を提供できないということの、ひとつの証左なのである。

助けが必要なほどの紛糾が生じないかぎり、神を介入させてはならない。

ホラティウス『詩論』[46]

(原注)『アクタ・エルディトールム』一六九一年、四四二頁。

以下に回答される

しかし、その小さな防壁も堅固なものではない。ここでは、数学によって認識される力の測定が問題となっているのだから、神の叡知にとって十分満足のいくものでないことに不思議はないのである。数学というのはあらゆる認識の手段から取り出された学問なのであり、それだけでは品格や礼節の規則とは両立せず、完璧に自然に適用させたければ、形而上学の理論と合わせて考慮されねばならない。真理のうちに見られる調和は、一枚の絵画における一致のようなものである。一部分をとくに取り出してみても、品格や美や巧緻さはなくなってしまい、それらを見たければ、すべてを同時に見るしかない。デカルト派の測定は自然の意図に反しているので、自然の真の力の測度ではないのだが、だからといって、それが数学の真の正当な力の測度であることが妨げられるわけではない。物体の性質や物体の力などの数学的概念は、自然の中に見られる諸概念とはまったく異なっているのだから、デカルト派の測定が数学的諸概念と矛盾しないということがわかっただけで、十分なのである。とはいえ、自然の真の力の測度を決定しようとするのなら、形而上学の諸法則を数学の諸規則と結合させなければならない。そうすることで間隙が補填され、神の叡知が意図するところも、さらに充足されることになるだろう。

第九九節

パパン氏の異議

活力の敵対者の中でもっとも評判の悪い者のひとりであるパパン氏[47]は、きわめて拙劣にデカルトの見解をライプニッツ氏の証明根拠に対立させた。彼は戦場を敵方にあけわたして退却し、自分を保護してくれる地点を確保しようと、道なき道を走ったのである。氏はライプニッツ氏に対して、物体Aがそのすべての力を物体Bに伝えるとすると、デカルト派の測定では永久運動が生じてしまうということを認め、まことにご丁寧にも、そうした運動が不合理なものであることも認めてしまう。すなわち、物体Aのすべての力の物体Bへの伝達ということによって、デカルトではどのようにして永久運動が主張されうることになるのかを、ライプニッツはきわめて明瞭に証明し、そこからデカルト派に対してその不合理性を論証したと考えているのである。私は永久運動が不合理であることを認めると同時に、先に設定された伝達からなされるこの著名な方の証明も、正当なものであることを認めるものである、と。このようにして問題をゆがめてしまってから、氏は、自分の議論とまったく偶然に一致した部分である敵方の前提は認められないので、この結び目をライプニッツ氏にほどいてくれるよう挑戦する、ということで言い逃れをしようとする。以下の言葉は氏の見解をうかがわせている。しかし私は、物体Aから物体Bへのすべての力の伝達という彼の前提の可能性をはっきりと否定するものであって、等々。(原注)(48)

(原注)『アクタ・エルディトールム』一六九一年、九頁。

第一〇〇節

ライプニッツ氏はただちに敵方を武装解除し、いかなる言い逃れの余地も残さないようにしてしまった。氏が示したのは、自分の証明の本質的な点は力の現実の伝達にあるのではなく、Aに存する力にかわりうる力がBに認められれば、それで十分であるということだった。これらはすべて、先に示したアクタ・エルディトールムに収載されている論文を見れば、証明されていることである。けれども私は、ライプニッツ氏の軽微な過失を挙げないですませることはできない。この過失は、公開討論の場ならば、敵方に勝利を手中に収めさせることになるようなものだった。問題なのは、氏自身も注意しているように、それは本来は主要問題に属するものではなく、議論の付随的な説明のために容認されたものなのだが、しかしいったん認められると、付随条件の方は維持されても、証明の主眼点はまったく逆転されてしまう、ということである。

ライプニッツ氏の過失

そこで、状況は次のようになっている。パパン氏は彼の論敵による異議の中で、ある物体がそのすべての力を他の物体に伝えるということは不可能だ、ということだけが異例であると信じ込み、これを与えようとしてライプニッツ氏が想定したすべての手段に疑いの嫌疑をかけようとした。そこでパパン氏はライプニッツ氏に対し、質量4の物体1A(原注)が、支点Cからの距離がCBの四分の一である点1Aにおいて、完全に剛体であるてこ1ACBに一撃を与えれば、質量1の物体Bにそのすべての力を伝えることができる、ということに強く反論した。なぜなら、ライプニッツ氏が、われわれの取り上げた力学的落下で主張していたことは、この方向に沿ったものだったからである。だが、この解決をとらえてそこから活力に反対の結論を出せば持つことができたであろう主張の利点に、パパン氏は気づいていなかった。そのため、せっかくこの点を取り上げながら、根拠が薄弱だったために、論敵が自説に固執するのに力を貸しただけとなってしまった。そこでライプニッツは、自分の手段が正しいことに固執し、これを使えば、ある物体が他の物体に一撃でそのすべての力を移すことが言えると信じた。彼はパパンが導入した、この議論が見かけだけだとする根拠をありがたく頂いたあげく、それを無効なものと見なすための難点を取り除いてしまったのである。ライプニッツは本心から次

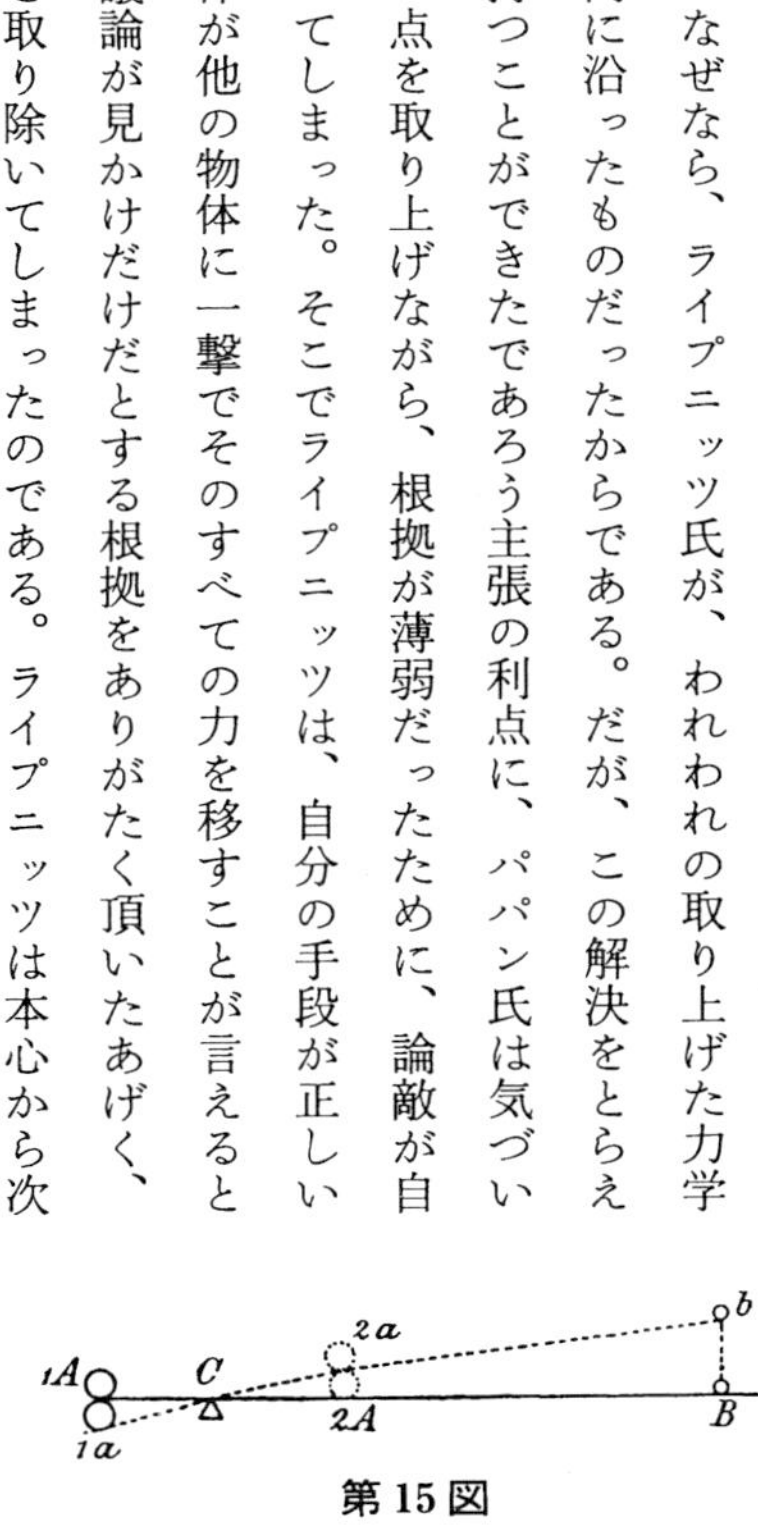

第15図

のように述べているのだと思われる。私がフィレンツェに滞在中、ある友人に、より大きな物体からそのすべての力等々を、静止しているより小さな物体に移行させることが可能だとする今ひとつの証明を与えたが、それは著名なパパン氏が私の説の補強のために見事に考案したものと同様なものであり、そのことに対しては氏および、氏の真摯さに対して感謝を捧げるものである[49]、と。ここでわれわれは、ライプニッツがこの命題を主張することに固執するあまり、自説をひどくねじ曲げてしまったのであり、むしろ論敵に譲歩すべきだったということを見ていきたい。そうしていればライプニッツは、付随的な点では負けたとしても(この失点はしかしなんら彼の損失とはならない)、主眼点では勝ちをおさめただろう。パパン氏は次のように議論することができ、またすべきであった。そうすれば論敵の自白に基づいてこれを捕えることができただろう。

(原注)　第15図。

質量4の物体が、てこへの一撃で、質量1の物体に速度4を伝えられることの証明

質量4の物体1Aが、点1Aにおいて1の速度でてこに衝撃を与えると、明らかにその物体1Aは、てこの支点から同じ距離だけ離れ質量も等しい他の物体2Aに、この衝撃によってすべての力と速度とを伝えるだろう。ところで、物体2Aがはねとばされる速度は、てこがこの物体をはねとばす際に、無限小の距離2A2aを通過する運動に連続したものなのだから、この無限小の運動の速度は、はねとばされる物体2Aの速度に等しく、したがって物体1Aがてこに与える衝撃の速度に等しいことになる。それゆえ、この球1Aはてこに突き当たってそれを無限小の距離1A1a押し下げ、てこは物体1Aが突き当たったのと同じ速度で動かされるだろう。さて、物体2Aのかわりに、質量がAの四分の一、支点Cからの距離がAの四倍であるような球Bを考えると、物体Aがてこを1Aから1aに押し下げようとするとき、物体Bは物体Aに対してどれほどの抵抗を与えるかを見てみよう。周知のように慣性力 vis inertiae、すなわちある物体がその慣性の力で他の物体の運動を妨害する抵抗は、その物体の質量に比例する。ところで、質量四分の一で支点から四倍離れたものは、質量が1で支点からその四分の一離れたものと、同量と見なされうる。したがって、物体Bが点Bにおいて、てこに与える物体1Aの衝撃に抵抗する大きさは、物体2A＝1Aが点2Aにおいて抵抗する大きさと、ちょうど同じものになるはずである。すると、物体1Aは、球2Aのかわりに球Bがてこの上にある場合でも、やはりてことともに無限小の距離1A1aを同時に動くだろうし、その速度も前の場合と同じ、つまり点1Aに突き当たる速度と同じだということになる。しかし、物体1Aがてこを1Aから1aに押し下げるときには、同時にBにある他の端が点Bからbへと持ち上げられる。その無限小の距離Bbは、1A1aの四倍である。したがって物体Bは、このてこの衝撃から、物体1Aが突き当たる際の速度にくらべて、その四倍の速度を得ることになるだろう。

同じことは別の仕方でも証明される

このことは別の仕方でも明らかになる。あらゆる剛体は弾性的、つまり衝突するとへこむがまたはね返ってもとに戻るものだと考えられる。そこで、強固なてこ1ACBにもそうした弾力を認めてもよいだろう。したがって、物体1Aは1の速度でてこに突き当たり、そのすべての力でばね1ACを圧し、1A1aの距離だけ押さえつけるわけである。その押圧のあいだを通じて、このばねが物体1Aに抵抗して消費する速度のモーメントは、てこの延長された腕のばねC2Aが、同じ押圧で距離2A2aだけはね上がる際の、速度のモーメントに等しい。それゆえ、この直線をBまで延長すると、ばねCBがはね上がり、てこ1aCBが直線1aCbの形に復帰する際の速度のモーメントは、このてこが点2Aではね上がるモーメントの大きさの四倍になる(なぜなら、点Bが同時にはね上がる距離bBは、2A2aの四倍の大きさだからである)。ただし、点Bは支点Cからの距離が四倍であるために、ばねCBの剛性はばねC2Aの剛性の四分の一と弱くなっている。そのために点Bにおける抵抗は、点2Aにおける抵抗の四分の一に小さくなると見なさねばならず、その結果、ばねCBが質量四分の一の物体Bに与える速度のモーメントは4となり、これに対してばねC2Aが四倍の質量の物体2Aに与えうるモーメントは1となる。さて、ばねCBが作用する時間は、ばねC2Aがはね上がる時間と等しく、また二つの物体2AとBが、同じ時間作用する二つのばねC2AとCBから得る速度は、これらのばねが二つの物体に与える速度のモーメントに比例し、物体Bでは物体2Aの四倍の大きさになる。ところで、物体2AがばねC2Aに突き上げられて得る速度は、物体1Aが点1Aに突き当たる速度に等しいから、物体1Aがてこに与えるこの衝撃によって物体Bが得る速度は、物体1Aが衝撃を与えるときの速度の、四倍の大きさになるわけである。証明終わり。

ここからパパン氏はライプニッツをいかに論難できたか

これら二つの証明から見て取れるように、質量4の物体は一撃によって、質量1の物体に四倍の速度を与えることができる。これは力学の諸原理からして正しいのであり、たとえどんなに熱烈な活力の擁護者といえども、疑うことはできないものである。パパン氏が自説の利点に気づいてさえいれば、これによって論敵をまさに窮地に追い込むことができたろう。論敵に対して氏は以下のように主張すべきだった。質量4の物体が、てこを使うと、中心から四倍の距離にある質量1の物体に、そのすべての力を伝えられる、という点では皆さんは私に同意している。しかし私は、この条件のもとで、前者の物体が後者の物体に4の速度を与えることを証明できる。したがって、質量1で速度4の物体は、質量4で速度1の物体のすべての力を持つことになるが、これこそ論点の核心であり、皆さんが私に対して否定しようとしたものである、と。

第一〇一節

かくして、活力がデカルトの測定法をおびやかしていた攻撃のうちで、もっとも恐るべきものが、なんら得るところなく終わった。今や、活力が自らを維持できる手段を見出せるという希望は、もはや残っていないのである。……彼は力まかせに空を撃ち、その重さに力余って、地にどっと倒れ伏した。それはあたかもエリュマントスやイーダの高地で、洞のある松がしばしば根こそぎに倒れるようだった。

ウェルギリウス『アエネーイス』第五巻(50)

第一〇二節

われわれはライプニッツ派の最有力な諸根拠を論駁した

われわれは活力に関する新説の中でもっとも際立って著名な諸根拠を取り上げて紹介し、この一派がデカルト学派にしばしば加えてきたあらゆる異議や非難に対して、正当な応報権に基づいて返報するよう努力してきた。この件に関して、われわれの側に完全な勝利をもたらしたければ、ライプニッツ氏側で書かれたものをすべて引用せねばならない、などというのは、不当な要求だろう。それはちょうど、自分の仕事を豊かにするためには、レバノンのスギから石垣に生えるヒソップに至るまで(51)、何ひとつゆるがせにしないというようなものと言える。われわれはさらに論敵の領地を侵略して、彼ら

V134　W138

の財産を略奪し、デカルトの一党にさらに数多く、戦勝の盃を与えたり、凱旋門を建てることもできる。だが、本書の読者はそうしたことを多く望んではいないだろう。大きな書物は大きな厄災である、と昔から言われたことが正しいのならば、本書のような書物について、そう言うことができるだろう。なぜなら本書は、同じ事柄、しかもまったく抽象的な事柄に関してのさまざまな擁護以外には、ほとんど何も引用されず、それも、そうした擁護を論駁するという唯一の究極目的のためにだけ、引用されているのだからである。

とはいえ、われわれの論争事の論敵も擁護者も同様にそろって、黙秘するには及ばないとするような今ひとつの証明を、冗長に過ぎないようにとの懸念から、ここで引用するのが正当ではないとしてまったく断念することは、やはりできない。この証明は、その発案者の地位が高いことによってのみ、本論に場所を占める権利を持つものであり、双方の党派から尊重されているかどうかという点からすれば、まったく取るに足りないものである。ライプニッツ派では、この証明が彼らの見解に何か役立つとは思っていなかったし、彼らがどれほどしばしば窮地に陥っても、この証明に逃げ道を求めるだろうとは思われなかったものである。

第一〇三節

ヴォルフ氏の議論

ここで扱う証明を行ったのは、ヴォルフ氏である。氏はこれをあらゆる豪勢な方法で粉飾して、ペテルブルク・アカデミー紀要の第一巻に掲載した[52]。氏の定理に到達するには、その前に、厳密な方法によって精緻に分割され増強された、おびただしい数の定理を通っていくことになるが、それはちょうど、敵の目をあざむき自分たちの弱点を隠すために、多くの部隊に分かれて両翼に広く散開する、軍隊の戦術にたとえることができるだろう。

アカデミーの書物に収載された上述の論文を読むと、誰でも思うだろうが、その中から正しい証明となるものを見つけ出すのはじつに困難である。そこに示される分析癖のおかげで、あらゆるものが拡張され、不明瞭にされているからである。われわれは、氏の企図の特質について、二、三の点を指摘しておこう。

第一〇四節

この議論の主要な原則

パパン氏は次のように主張した。[53] ある物体が何事かをなしたと言えるためには、それは抵抗を克服したり、質料を移動させたり、ばねを圧したり、等々をしていなければならない。これに対してヴォルフ氏は反論しているのだが、その根拠は次のとおりである。もし人間が荷物をある距離の間じゅう担っていたなら、その人が何事かをなし、なし遂げたということは、誰もが認めるだろう。ところで物体も、現実運動の際に持つ力によって、それ自身の質量をある距離の間じゅう担っている。まさにこのことによって、その物体の力は、何事かをなし、働いたことになると。論文の冒頭でヴォルフ氏は、この根拠は放棄し、これとは別に氏の定理を証明すると約束しているが、その言葉は守られなかった。

氏は、無欠の作用結果[54](effectus innocuos 無負荷の結果)とはどういうものか、それはすなわち作用の実行に力を消費しないものだと説明した後に、ひとつの命題を基盤として、まったくそれのみの上に体系を建てている。そこでわれわれは、氏の論文での骨折りが不毛なものであることを示すのに、その命題を取り上げるだけでよい。二つの運動物体が等しくない距離を移動する際に、無欠の作用結果はその距離に比例する。[55] これがわれわれの問題とする命題である。(原注) 氏がこの命題を、どのようにして証明しはじめているか見てみよう。氏は以下のように推論している。距離Aを通じての作用結果がeであれば、それと同じまたは同様の距離Aでも、同じeの作用結果が生じる。したがって距離2Aでは作用結果は2e、距離3Aでは作用結果は3eとなり、つまり作用結果は距離に比例するのである、と。

(原注)　したがって、ヴォルフ氏は物体がなんら抵抗に出会わないような空間、すなわち空虚な空間を運動する場合にも、その空間に何らかの作用結果を認めており、この作用結果を物体の力の測度に使っている。それゆえ氏は、自らの約束を守っていないのである。

それゆえ、氏の証明は、以下のような前提に基づくことになる。すなわち、物体が等しい距離を移動するなら、それが及ぼす無欠の作用結果もまた等しい。これこそが、やがて氏の論全体に蔓延してしまう、まどわしと誤謬の中心となるものに他ならない。同じ物体が及ぼす作用結果が等しいというためには、距離が等しいだけでは十分ではないのであり、その距離を動く物体の速度をも、さらに考慮に入れなければならないのである。物体の速度が等しくなければ、たとえ距離がどれほど等しくても、無欠の作用結果は異なってしまう。このことを理解するには、第一七節で行ったように、その物体が通過する空間を、完全な空虚ではなく、無限に希薄であるために無限小の抵抗を持つ物質で満たされていると考えねばならない。こう考えることではじめて、真の作用結果とその確実な基体とが得られるのであり、これを除けば、ヴォルフ氏の議論のように無欠の作用結果のままになってしまう。したがって、一方の物体が、他方の同様な物体と同じ距離を進む際には、両者はともに同じ量の物質を動かすが、それだからといってつねに同じ作用結果を与えるというわけではない。なぜなら、一方の物体が、他方の二倍の速度でその空間を通過するなら、その空間のすべての微小部分もまた、その物体の作用結果によって、他方の物体が1の速度で通過する空間の部分にくらべると、二倍の速度を得ることになるからである。それゆえ、両方の物体の質量と通過距離が同じだとしても、最初の物体のほうがより大きな作用結果を与えることになるのである。

第一〇五節

ヴォルフ氏の覚え書きの今ひとつの主たる根拠

かくして、ヴォルフ氏のすべての推論の原則は明らかにまちがっており、作用と運動の諸概念からきわめて明瞭かつ確実に証明できることに矛盾している。そしていったん過ちに踏みこめば、そこから出てくる結果もやはり誤謬の連鎖でしかない。ヴォルフ氏は先の原則から今ひとつの原則を導出し、この原則が、氏の体系に、読者を仰天させ驚倒させる大規模な推論のすべてを、事実上提供することになった。その原則とは、等速運動において距離は速度と時間の積に比例するから、無欠の作用結果は質量、時間、速度の積に比例する、というものである。ここからさらに氏は次の定理を立てている。同じ作用結果をもたらす作用は速度に比例する。[56] この定理の証明にはひとつの誤謬推論があり、それは上述したものよりもさらにやっかいな誤謬と言えよう。

反駁を行う

氏は次のように証明を行う。二つの同じ物体が異なった時間で等しい作用結果を行うなら、それらの速度は、等しい作用結果がなされた時間に反比例している。すなわち、その作用結果を半分の時間で行う物体は、二倍の速度を持ち、反対に、その作用結果に1の時間全体を要する物体は、1の速度しか持たない。そこから、他方に比べて半分の時間でその作用結果をもたらす作用は、誰もが認めるとおり、二倍の大きさの作用であるのだから、作用 Actiones はこの場合には、時間に反比例し、すなわち速度に比例

V137　W142　A116 C119　V138

する、と結論される。[57] 氏はここからさらに進んで、二つの異なった物体が、同じ時間で等しい作用結果を与える場合を検討する。氏は、この場合にはそれらの速度は質量に反比例するだろうと述べ、さらに次のように推論する。前の場合には時間の比だったものがここでは質量の比になるが、速度の比は等しいままである。したがって質量が異なって時間が等しいというのも、質量が等しくて時間が異なるというのも、同じことになる、等々。この推論はとんでもないもので、数学の論文にあってはならない議論である。最初の方の場合は、異なった時間で等しい作用結果をもたらすような、二つの同じ物体の作用は、時間に反比例するというものだったが、注意してほしいのだが、ここではたんに、より小さな時間で作用結果をもたらす作用は、まさにその小ささゆえに、より大きな時間がかかる他方の作用よりも、それだけ大きなものなのだからそうなる、と言いたかっただけなのである。つまりこの推論は、作用結果を遂行する時間の小ささは、つねにそれだけ作用の大きさを表すのだから、という根拠に基づいている。ところがこの第二の場合のように、時間が等しくないのではなく、質量が等しくなくて、時間の方は等しいのだとすると、たやすくわかるように、質量が異なる場合の結果は、時間が異なる場合の結果とはちがってくる。なぜなら、第一の場合では、より短時間で作用結果をもたらす物体は、まさにかかる時間が小さいから、それだけ大きな作用を行っているのだが、第二の場合では、より小さな質量の物体が等しい時間で同じ作用結果をもたらすといっても、その物体の質量が小さいから大きな作用をもたらすわけではない。そんなことを言うのはまったくの不合理だろう。なぜなら、質量が小さいということは、作用もそれだけ小さくなるということの真の本質的な根拠であり、もしある物体が、そのように質量が小さいにもかかわらず、同じ時間で他の物体と等しい作用結果を与えているというのなら、そこから出てくる結論は、質量が小さいために作用が不足する分を、速度の大きさで補完することで、他の物体の作用と同じだけのことをなしたのだ、ということである。すなわち、質量が等しくなくて、しかも時間と作用結果とが等しいというのなら、物体の作用がその質量に反比例するなどとは言えない。ただし、時間が等しくなくて質量が等しいという場合であれば、時間と作用とに関してこの反比例は成立するのである。したがって、質量が等しくなくて時間が等しいというのと、時間が等しくなくて質量が等しいというのとは、同じことだとは言えないのである。

かくして、ヴォルフ氏の論文における主要定理を基礎づけている証明は無効であり、役に立たない。したがって活力はそこに、自分を育んでくれるはずのいかなる土地も、見つけることはできないのである。

ひとつの著作の中には、しばしばいくつかのわずかな間違いがあるものだが、それはそんなに広く蔓延して、主題の妥当性をまったく損なってしまうということはない。しかしながら、ここで見てきた間違いでは、諸命題が方法的に一本の綱に頼っているために、ちょっとした誤謬で全体系が放り出され、使いものにならなくなってしまうのである。

第一〇六節

われわれはまだ動力学を持ってはいない

ヴォルフ氏はその論文において、動力学[58]の第一の基礎づけを与えようと試みた。その試みは失敗に終わった。そのため、われわれは今のところ、その上に正しく建物を構築できるような、動力学の諸原理をまだ持っていない。活力の真の測定を与えるとしている本書は、この欠陥を補填しなければならないだろう。第三章ではこの点に関してひとつの試みを行いたい。とはいえ、この種の考究に

W144　C121　A118　V140

もっとも通じているうちのひとりが不成功に終わったのであれば、成功の見込みは果たしてあるのだろうか。

第一〇七節

ミュッセンブルック氏の議論

ライプニッツ派のもっとも高名な人々が力の測定に用いた諸根拠に対する反論を、上述した事例で終わらせようとしていた矢先に、ゴットシェット教授[59]が翻訳した、ペートルス・ヴァン・ミュッセンブルック氏の『自然学原論』[60]を入手した。これは一七四七年の復活祭に公刊された書である。この有力者は、今日の自然研究者のなかで最大の人物であり、その見解は、他の学者連中が学説に持つ関心にくらべて、偏見や党派性が少ない。この著名な哲学者は、ライプニッツ氏の測定をまず数学的に考究し、さらにきわめて巧みに考えられた実験を行って、その両方からこの測定が正しいことを確証した。氏が行った後者の方法は本章には関わらないが、前者の方は本章に属する問題である。この論文の意図を見ると、高名な著者がそこでデカルトの測定に対して述べた難点を検討し、できればそれを、われわれが擁護しようとしているものから引き離したいという気がしてくる。しかしながら、これは本書の紙幅を越えるものとなるのではないか、あるいはまた、率直に言えば、ここに見られる圧倒的な力量の差が、越えがたい障碍になるのではないだろうか。

氏が数学的検討の結果、ライプニッツの法則を証明したと考えた、その根拠がどんなものだったのかを見てみたい[原注1][61]。ある何らかの外的原因があって、これが圧された物体と同時に動くものとしよう。たとえば、ばねBCが支柱ASに固定されていて、これが物体Fを圧しやるとし、物体が静止しているときには、ばねがこれに1の速度を与えるものとする。だがもしこの物体が、すでに1の速度を持っているとすると、その物体に二倍の速度を与えるには、二倍のばねが必要となるだろう。なぜなら、そこでも一つのばねが伸びるだけだとしたら、物体は、すでにばねが伸びるのと同じ速度で動いているのだから、ばねの伸びには関係なく、その圧力を受けないだろう。しかし、二つめのばね[原注2]DBがつけ加えられると、これによって、ばねBCが取り付けられている点Bは、物体を、それが遠ざかる速度で追いかけることになる。こうすれば、物体Fは最初と同様にばねBCに対して静止していることになるから、このばねが伸びれば速度1を与えられることになる。同様に[原注3]、すでに2の速度を持っている物体Fに第三の速度を与えるには、三つのばねED、DB、BCが必要になる。すでに一〇〇の速度を持つ物体に、新たに1の速度を与えるには、一〇一個のばねが必要とされ、以下同様である。したがって、ある物体に一定の速度を与えるのに必要なばねの数は、その物体のすべての速度が分割されている度数に等しい。すなわち、ある物体に1の速度を与えるようなばねのすべての力は、物体がこの度数の速度を持っているとするなら、その際の物体のすべての速度に等しくなる。いま、三角形[原注4]ABCがあって、その直角をはさむ一辺ABが等分されており、線分DE、FG、HIなどの比が、線分AD、AF、AHの比に等しいとすれば、線分DEでもって、物体に最初の速度ADを与えるばねを表すことができる。その二倍の大きさの線分FGは、二番目の速度DFをもたらす二倍のばねを示している。線分HIは、三番目の速度FHを生じさせる三

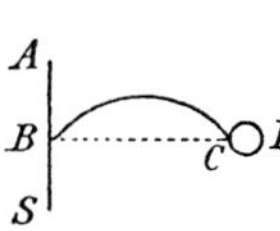

第16図

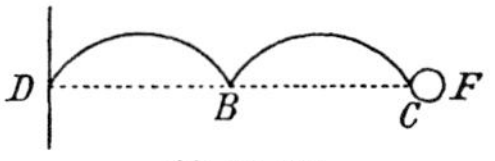

第17図

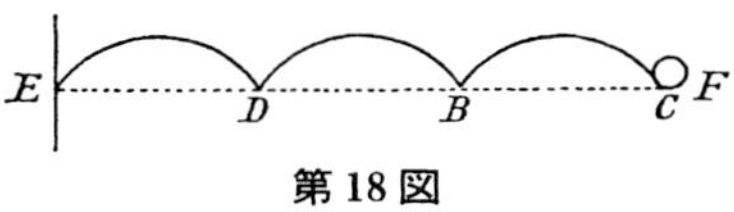

第18図

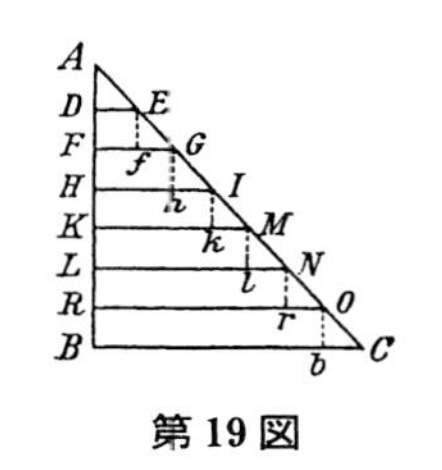

第19図

倍の大きさのばねを意味しており、等々。これらの線分DE、FGなどが無限に接近したとしてみよう。すると、カヴァレリウス[62]が測量法に導入した無限小の方法によれば、それらは三角形ABCの全面積を表すことになる。したがって、ある物体に速度ABを生じさせるすべてのばねの総和は、面積ABCに比例し、つまりは速度ABの平方に比例することになる。これらのばねは、物体に先の速度をともにもたらした力を表しており、ある物体に作用する力の数は、その物体にもたらされた力に比例する。そこで、ある物体の力は、その物体が持つ速度の平方に比例する、というのである。

(原注1)　第16図。
(原注2)　第17図。
(原注3)　第18図。
(原注4)　第19図。

第一〇八節

この議論の考究　デカルト派の人はこの証明に対して、以下のように反論するだろうと思われる。ある物体にもたらされた力を、何らかのばねの総和で測ろうというのなら、力を物体に実際に及ぼしたばねだけを扱わねばならない。物体に力を及ぼさなかったばねを、そのばねに対応する力を物体に与えたものと見なすこともできない。この命題は、力学のもっとも明白な命題のひとつであり、ライプニッツ派の誰ひとりとして疑問視しなかったものである。ミュッセンブルック氏自身が、氏の証明の最後でこれを認めている。なぜな

V143　A120　A119 A118　A120 C123　W147

ら、氏の言によれば、**ある物体に作用する**力の数の比は、この物体の中に生じた力の比に等しいからである。しかしながら、すでに1の速度で現実に動いている物体Fが、二つのばねDB、BCの伸びによって第二の速度を得たとすると、この二つのばねのうち、BCだけが作用したのであり、ばねDBはその伸長力によって物体に何ももたらさない。なぜなら、ばねDBは1の速度で伸長するが、物体Fもすでに1の速度で動いているからである。したがって、物体Fはこのばねの圧力からは逃れており、このばねがいくら伸びても物体にはとどかず、その伸長力を物体にもたらすことはできない。このばねにできることは、ばねBCが取り付けられている支点Bを、物体Fが動くのと同じ速度で追いかけて、ばねBCが物体に対して静止しているようにし、ばねBCがそのすべての1の力を物体に与えるようにすることだけである。このばねDBは、したがって、このような仕方で物体Fにおいて最初の力につけ加えられる力の、作用因ではなく、たんなるその機会原因なのであり、これに対してばねBCだけがこの力の作用因なのである。さらに、この物体がすでに2の速度を持っているとすると、三つの等しいばねED、DB、BCのうちで、ばねBCだけがその力と第三の速度を物体に与えているのであり、以下どこまでも同様である。したがってばねDE(原注)が、物体Fに力を与え、第一の速度ADをそれに生じさせた最初のばねだとすると、これと等しいばねfGが物体に第二の速度を与えてその力を物体に伝え、さらにばねhIが第三の速度を与え、等々となる。それゆえ、ばねの総和DE+fG+hI+kM+lN+rO+bC=BCは、物体Fにその静止状態以降に与えられ、速度ABをそれに生じさせた、力の全量を表すことになる。ところでBCはABに比例し、BCは力であり、ABは速度なのであるから、力は速度に比例するのであり、速度の平方に比例するのではない。

(原注)　第19図。

V144　A121　C124　W148

第一〇九節

デカルト派の力の測度を確証する新たな事例

いまや、デカルト派の法則を主張するのに対立しうるような困難は、すべて克服された。しかしこれをもってまだ十分とするには足りない。勢力を持ち、偏見すら持っているような見解は、どこまでも追いかけて、どんな暗がりに隠れていても狩り出してしまわねばならない。そうした見解は多頭の怪物のようなもので、いくら切ってもまた新しい頭が生えてくるのである。

どれほど手傷を負ってもそれは手強く、百の頭のどれを打ち落としても、そのあとに二つの頭が生えてくるほど、その首は強かった。

オウィディウス『メタモルフォーゼ』(63)

本書を非難して、ライプニッツの力の測定を過度に、必要以上の根拠を持って反論していると言われるなら、それは私にとってまことに光栄なことであり、この点で欠けていることがあるとされるなら、それは私には残念なことだと思われる。

傾いた自動天秤(原注)ACBを考え、その一方の腕CBは他方の腕ACの四倍の大きさだが、四倍の方の腕の端を押している物体Bは、他方の物体Aの四分の一だとしてみよう。するとこの天秤は、はじめに置いた形のままで静止し、互いにまったく平衡を保っているだろう。いま物体Aに小さな錘eを加えてみると、物体Bは弧Bbを通って持ち上がり、物体Aは逆に弧Aaを通って下がってくるが、この運動において物体Bは、物体Aにくらべて四倍の速度を持つこと

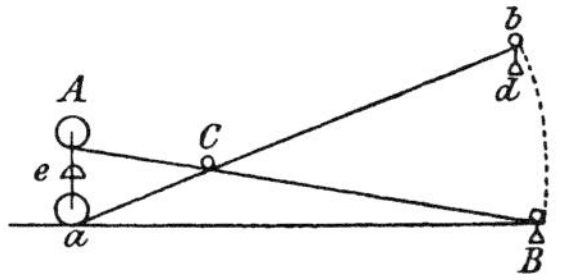

第20図

V 145　A 122　C 125　W149

になるだろう。その錘eを取り除き、今度はそれに対して四分の一の小さな錘dを、秤の腕Cbの端の物体bにぶらさげてみよう。すると、bは弧bBを通って下に押され、aの方は弧aAを通って持ち上がるだろう。ところでbはBと同じものだから、これによっても最初の場合と同じだけの速度を得ることになり、それはAと同じaが、やはり最初の場合と同じ速度を得ることになるのと同様である。ただしここでは、運動の方向が逆になっているという点のみがちがっている。さて、取り付けられた錘eが行う作用は、物体AおよびBがともに持つ力となり、四分の一の小さな錘dがなす作用も、同様にb＝Bおよびa＝Aがともに得る力だと考えられる。したがって明らかに、これらの錘eとdは同じ大きさの作用を発揮し、同じ大きさの力を与えねばならず、それゆえまた同じ大きさの力を持っていたことになる。しかるに、これらの錘eとdが作用する速度(すなわち、それらの初速同様、錘の圧力の累積で得た終速も)は、錘の質量に反比例している。したがって、速度がその質量に反比例している二つの物体が、等しい大きさの力を持っているのであり、これによっても二乗による測定は打倒されるのである。

(原注)　第20図。

第一一〇節

ライプニッツの疑問の結節点

デカルト派が新しい力の測度の擁護者たちに突きつけた反論のなかで、ジュリン氏の示した事例[64]ほど信頼できるものはなく、これによって簡単明瞭に、速度の倍加はつねに力の倍加を生じさせるだけだということがわかる。ライプニッツ氏は、『アクタ・エルディトールム』(原注)に収載された力学の小論文[65]で、とりわけこのことを否定した。次に氏が述べるところを見てみよう。したがって異なる物体、ないしは速度の異なる物体を比較しようとする際には、以下のことは当然容易にわかることである。すなわち物体Aが1の量でBがその二倍であり、しかも速度は両者とも等しいとすると、力も前者では一倍、後者ではその二倍となる。なぜなら、どんなものであれ端的に言って、前者では一回しか起こらないことが、後者では二回起きるわけだからである。これは、Bの中に、Aと等量で等速の物体が二倍あるということであり、それ以上のことではない。だが、物体AとCとが等しく、しかも速度はAが1なのに対してCがその二倍になっている場合には、端的にAにあるもののすべてがCでは二倍になっている、などとは言えないのである、等々。この結節点をジュリン氏は、じつに簡単な事例で解いてしまった。

（原注）『アクタ・エルディトールム』一六九五年、一五五頁。

ジュリン氏の解決

氏が想定したのは、たとえば[原注]小舟ABのような運動平面だった。これはBC方向に速度1で動き、この運動で球Eをいっしょに運んでいく。したがってこの球は、速度1および力1を持つ。さらに氏は、この平面上にひとつのばねRを想定した。これが支点Dから弾かれて、先の球Eに、さらに1の速度および1の力とを与える。したがってこの球は合わせて2の速度と、それにともなって2の力とを受けることになる。それゆえ、速度の倍加は力の倍加以上のものをもたらすことはなく、ライプニッツ派が誤って主張しているように、力が四倍になるわけではない。

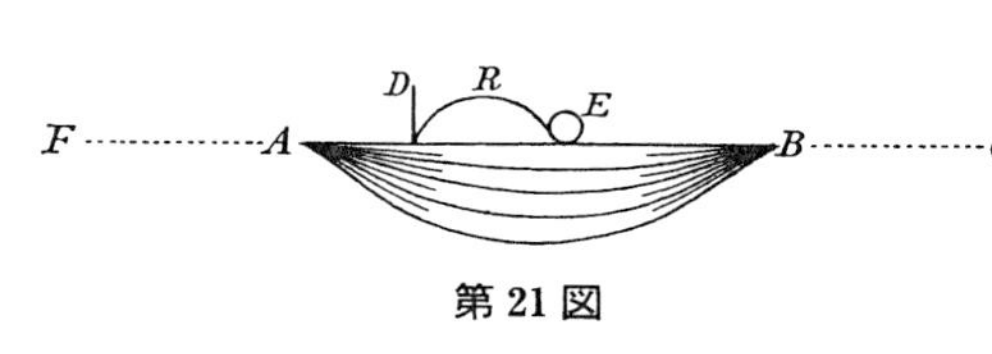

第21図

（原注）第21図。

この証明はきわめて明白で、いかなる言い逃れもできない。なぜなら、平面の運動は、それ自身と等しい1の速度と、１の力とを、その物体に与えるにすぎない。しかし、ばねＲは、平面と球とに共通な運動を同時にしているのだから、自らの伸長力以外の作用は持たない。そこでこのばねは、上述の物体に対して、１の速度と、したがってまた１の力とを与えられるにすぎない。したがって、この問題設定の中に出てくるのは、どこをどう見ようとも、２の力の原因以上のものではないが、しかもその物体には現実に２の速度があるのである。

第一一一節

ジュリンの議論に対するシャトレ夫人の異議

シャトレ侯爵夫人は、このジュリン氏の議論に異議を唱えたのだが、その仕方は、一度選んでしまった見解に対する執着によって欠陥も美化されて見えたのでなければ、夫人の聡明さをもってすれば当然気づいてしかるべき薄弱なものだった。

夫人の異議は以下のようなものである。小舟ＡＢは不動の平面ではないのだから、ばねＲが支点Ｄに取り付けられていれば、このばねは小舟に何らかの力を与えることになる。そこで、小舟の質量のうちに、ライプニッツ派の測定では物体Ｅの中に見出せない、２の力がふたたび見出されるだろう、というのである。

第一一二節

この抗弁の中には、いわゆる論点無知の誤謬と呼ばれる虚偽がある。これは、論敵の議論を攻撃する際に、相手が証明の核心とした部分ではなく、たまたまの副次的事態を取り扱うものである。この副次的事態は、夫人の見解にとって有利なように思えるものだが、ジュリンの証明に必然的について回るものではない。このつまずきの石を

V 148　A 124 W152　C 127

取り去るのはたやすいことである。すなわち、小舟ABをそうした力で動かされるものとしてもまったく構わないが、ばねが支点Dに突っ張っても、AF方向にわずかでも小舟を戻すことなどできはしない。極論すれば、小舟は無限大の質量を持つと考えてよい。こうすると小舟は、ばねRの有限な力によって無限小だけ戻される、つまりまったく戻されないことになる。したがって、物体がこのばねから力を得るというのは、まったく不動の支点に取り付けられたばねがはねて、そのすべての力を得るというのと、同じことなのである。

第一一三節

ジュリンの議論に対するリヒター氏の異議

新しい力の測度の顕揚に寄与した一連の人々の中でも、少なからず重要な位置を占めているリヒター氏は[66]、ジュリン氏の議論に対して、これよりはいくらかまともな異議を提出している。[(原注)(67)]

(原注)『アクタ・エルディトールム』一七三五年、五一一頁。

氏によれば、同じ力であっても、異なったものに関係すれば、等しいものではなくなる。ばねRは球Eに対して、小舟と同じ方向に同じ速度で動くものに関しては、1の力を与えるが、小舟の外にあって現に静止しているものに関しては、そのばねは球に対して、1ではなく3の力を与えたのである。

リヒター氏の見解では、物体Eは静止した対象に関しては、2の力を得たことになるが、それがどこから得られたのか、知りたいものである。それは空虚な抽象概念や無意味な思考からできてくるはずもなく、何らかの働いている原因ないしは力によって、引き起こされたはずのものにちがいない。だが、すべてのものが外物に対して絶対的に静止していて、小舟が1の速度で動きはじめたとすると、これによって物体Eには1の絶対的な力が生じる。

それ以降、もはや小舟は物体にはなんら作用しない。なぜなら、小舟は物体に関しては静止しているからである。ただし、ばねの伸張力の方は発揮されはじめる。こちらは、ちょうど1の力をもたらすのに必要なだけのことをするのであり、それ以上を求めてもむだである。したがって、その物体には、2の力と算定される以上の絶対的な作用は与えられていない。今もし、静止物体に対して、すなわち絶対的な意味で、ある物体に4の力が生じたとして、しかも2以上の絶対的作用が与えられていなかったとすると、残りの2の作用は原因もなく偶然に生じたか、無から出てきたことになってしまう。

これほど明白なものごとに少しでも疑惑があるというなら、そうした疑惑をすべて払いのけるには、ジュリン氏の事例を以下のように改良すればよい。すなわち、すべてのものが静止していて、物体Eがまずばねから1の速度を伝えられ、その際に小舟はまだ静止しているとすると、これによって物体Eに得られた力は、絶対的な力である。次に、小舟が1の速度で動きはじめたとすると、その前には小舟はすべてのものに対して静止していたのだから、これもまたひとつの絶対運動である。したがって、小舟は、物体Eをも含めて、自らのすべての質量にさらに1の力を与えることになる。この1の力を作った原因そのものは、絶対運動をしながら作用しているわけだから、1以上になることはありえない。したがって、こうして全部合わせてみても、物体Eには2以上の力は生じない。

リヒター氏はなおも、弾性物体の衝突から取ってきた別の逃げ道を使って、困難から抜け出そうとしている。しかし氏の弁明は、弾性物体の衝突後には、衝突前と同じ力があるはずだという、ライプニッツ派の共通仮説に基づいている。われわれはこの前提を反駁してしまったのだから、ここでリヒター氏に応酬する必要はないだろう。

A126　V150　C129　W154

第一一三[a]節　本章のいくつかの所論に関する補遺と解説

I　第二五節の解説

第二五節のより明確な説明　この節の定理は、われわれの当面の考察にとってもっとも重要な原則であるから、いま少し明確な形で説明してみたい。

現実運動の特性は、その運動が有限な時間のあいだ継続することである。ただしこの継続、すなわち運動の開始から経過した時間は、無規定なので、任意にとってよい。そこで、線分AB(原注)が運動のあいだに経過した時間を表すとすると、物体はB点において現実運動を行っており、さらにその半分のC点でも、四分の一のD点でも、さらにはこの時間内のどれほど微小な部分でもすべてそうであって、時間量が無規定だということから、この時間はどれほど無限に小さくとることもできる。そこで、この時間を無限小と考えた場合でも、運動の現実性という概念には何のさしさわりもないことになる。しかし、運動の継続時間が無限に小さければ、それは無と見なされざるをえず、物体はまだ始点にあって、たんに運動しようと努力しているにすぎないことになる。すると、ライプニッツの法則が要求するように、どんな現実運動をしている物体の力も二乗を測度とする、ということが無制限に真だとすると、たんに運動しようと努力しているにすぎない場合の力もそうだということになる。だがこれは、彼ら自身が否定するはずのことである。

(原注)　第2図。

W155　C130 V151　A127　A126

有限時間という無規定の概念が、無限小の時間をも含むというのはどこからくるのか

一見するとライプニッツの法則は、有限に経過した時間という制限があるために、無限小の時間のあいだ継続する運動には適用できないように、十分に注意が払われているように見える。有限な時間という概念は、無限小の時間という概念とはまったく異なった類のものを意味しているからである。それゆえこの制限によって、見たところでは、有限の時間という条件下でのみ認められるものは、無限小の時間にはまったく適用できないように思われる。有限な時間ということで前提されているのが、時間が規定されており、その量も決定されているということであり、あれこれの性質もそれを条件として導出されているというのであれば、正しいともいえるだろう。しかし、有限な時間を要求しておきながら、その量の大小は任意であるとしてしまうなら、無限小の時間もその類に含まれてしまう。ライプニッツ派の人々がこれに気づかなかったはずはない。なぜなら彼らは、彼らの始祖がそれを根拠として連続律を作ったことを知っているにちがいないからである。すなわち、ＡがＢよりも大きいが、どれほどの大きさかは不定である場合には、この条件下で真となるような法則に抵触することなしに、ＡはＢに等しいと言うこともできる。また、ＡがＢに突き当たる際に、Ｂもまた動くが、その運動は不定であると想定するならば、その条件下で確定されることを放棄することなしに、Ｂが静止していると想定することもできる。その他の事例でも同様である。

ライプニッツの測定は有限な速度という条件下でも妥当しない

最後にまた、ライプニッツの測定はたしかに有限な時間という条件下では真ではないが、有限な速度という前提をとれば真である（とはいえ、これでは氏の理論には背反するのだが）、と言われるなら、有限な速度も有限な時間と同様に線分ＡＢ[原注]で表されるということを考えてもらいたい。そうすれば、先のことと同様に、彼らの法則が有限な速度で妥当するなら、無限小の速度でも妥当しなければならない、ということが証明されるだろうが、彼ら自身がそうしたことは否定せざるをえないのである。

(原注) 第2図。

II 第三一節から第三六節までについての補遺

われわれの論敵は、以下のことを、誰でも知っているきわめて明白なことのひとつと見なしている。すなわち、ある物体が、その運動がまったく止まるまでばねを圧すとき、ばねのすべての力をこの物体は持っているのであり、ばねが圧されているあいだの時間はどうでもよい、というものである。ヨーハン〔ジャン〕・ベルヌーイ氏は、圧されているばねの数だけでは満足できずに押圧の時間をも問題にしようとする人々を、コップに入った水の量を量るのに、目の前のコップの実際の量、つまりコップの容積だけでは満足できずに、コップがいっぱいになるまでの時間をも知らねばならないというようなもので、不合理であると見なしている。氏は確信を持って、次のように不満げにつけ加える。(原注) それだから、トウシン草に節を探すものではない、と。[68] シャトレ侯爵夫人も同様にひやかしの警句を用意しているが、彼らはともに誤っているのであり、あえて言ってよければ、この誤りのなかに確信が見られる分だけ、彼らの名声を大きく損なっているのである。

(原注) 『アクタ・エルディトールム』一七三五年、二一〇頁。

重力の抵抗の際に、時間を必然的に考

ばねA、B、C、D、Eのどれもが、物体Mのたった一回の押圧に抵抗し、それによってすべての働きを失って、その後は物体Mがいくらその作用にさらされようとしても、ばねの方はも

慮に入れねばならないというのはどこからくるのか

はやなんらの作用も行わないとした場合には、この物体がそれらのばねを1の時間圧そうがその四倍の時間圧そうが、ばねには同じ力しか与えられない、なぜなら、ひとたび押圧してしまえば、その後の時間は無意味に費やされるだけだからである。このことは私自身も認める。これとは反対に、物体の力が押圧においてばねの働きにまさってはいるが、その働きを一度に失わせはしないという場合には、ばねから、それに反作用する物体に対して、つねに新しい力が与えられ続けることになる。なぜなら、最初の瞬間に物体の中で消費された1の力の原因である、ばねの働きは第二の瞬間にも同じ強さで働き、さらには第三の瞬間でもそうであり、ずっと無限にそうなるからである。こうした条件下では、物体がこのばねの押圧に打ち勝つのにかかる時間が短いか長いかは一様ではなくなる。というのも、長い時間かかれば、その物体は短い時間よりも多くの圧力に耐えることになるからである。そして重力という圧力はこの種のものである。重力というばねはどれも、あらゆる瞬間に等しい働きをし、物体は最初の瞬間にはその押圧を克服できたとしても、だからといって、その後のあらゆる瞬間にもそうなるというわけではない。第二の瞬間にも、物体は前の瞬間と同じだけの力を必要とし、以降もそうである。したがって、重力を持つ物質の各部分が行う押圧に抵抗するために、ある物体が消費する力は、たんに重力の圧力の強さに比例するのではなく、その強さと時間との積に比例するのである。

活力に反対する今ひとつの証明

行われた作用の測度はばねの数ではなく、時間であるという命題に、蛇足にはなるが、今ひとつの証明を、以下のようにつけ加えてみよう。斜めに投げ上げられた物体は、放物運動をすることになるが、この物体がある高さから落下して戻ってくるときには、同じ高さから垂直に落下して最後に持つ速度や力よりも、はるかに大きな速度と力を持って、ずっと早く落下しなければならないだろう。その物体は曲線を描くので、落下が終わるまでには、垂直に落下する場合にくらべて、より大きな距離を通過するからである。そのより大きな距離の中では、必然的にその物体は、短い直線よりも多くの重力のばねの影響を受けることになる。なぜなら、重力が押圧する物質は、あらゆるところに等しく分布しているからである。したがって、ライプニッツの命題によれば、物体は、垂直落下よりも放物落下で、より大きな力と速度とを得なければならないことになるのだが、これは不合理である。

活力に関するシャトレ侯爵夫人とメーラン氏との間の論争の考察

メーラン氏は、物体の力を、克服されなかった抵抗、圧されなかったばね、動かなかった物質によって測定する、という考えに至ったが、それはシャトレ夫人の表現を借りれば、物体が行わなかったものによって測定するということだった。夫人には、この考えは実に奇妙なものに見えたようで、それをからかうには、引用するだけで十分だと思ったようである。しかしながら、著名な人物であるメーラン氏は、自説に一つの制限を加えており、重要なのはまさにこの点なのである。それはすなわち、物体がその力を保持するか、またはくり返し獲得する、という仮定の下では、これらのばねは圧されることになるだろう、というものである。しかし論敵の夫人は、この仮定がどうしても認めがたく無根拠なものと思われたようで、そのためにさらに激しい異議を申し立てた。私は以下で、この卓越したメーラン氏の考えがどれほど確実で間違いのないものかを示すと同時に、先に引用したジュリン氏の所説を別にすれば、この件に関して、メーラン氏の考えほど決定的で根本的なものは容易に見出せない、ということも示したい。

シャトレ夫人に対する、メーラン氏の測定法の擁護

物体が何らかの抵抗を克服する際に失う力、すなわち力の損失を見れば、克服された抵抗全体の力がどれくらいのものだったのかを、もっとも確実に知ることができる。というのも、物体は、この抵抗や障碍を克服できるためには、それらに相当する力を消費しなければならず、物体の中で消耗し消滅した力は、それを生じさせた障碍の力と同じ強さであり、こうして行われた作用とも同じ大きさだからである。

さて今、ある物体が５の速度で、水平線から垂直に上昇すると想定し、その物体が達する距離ないし高さを、いつものように三角形(原注)ＡＢＣで表してみよう。ここで線分ＡＢは経過時間、ＢＣは物体がその高さに上昇する速度を表すものとする。等しい線分ＡＤ、ＤＦ、ＦＨ等々は全時間の諸部分を表し、したがって全面積の諸部分となる小三角形は、どれもＡＤＥと等しい大きさで、全距離の諸部分、あるいはまた時間ＡＢの間に物体を圧すすべてのばねの数を表している。そこでこの物体は、上昇を始めた最初の区分時間ＢＫの間に、面積ＫＬＢＣの中の九個のばねを圧すことになる。もしこれらのばねの抑止によっても物体の力が消滅しなかったり、または力の損失がつねにどこかから補塡されていれば、物体はさらにばねＬｌＣ*を圧しただろうが、それをするだけの力は、他のばねを圧したためになくなってしまったので、この物体がばねＬｌＣをさらに圧すことはできない。したがって、ばねＬｌＣは、九個のばねが、抵抗となって抑えることでこの物体から消費させた力の測度となる。さて、その力を失ってからも、物体は消費した後に残った力で上昇しつづけ、次の区分時間ＫＨでは、面積ＨＩＫＬにあたる七つのばねを圧す。ここでも新たにわかるのは、物体がこれら七

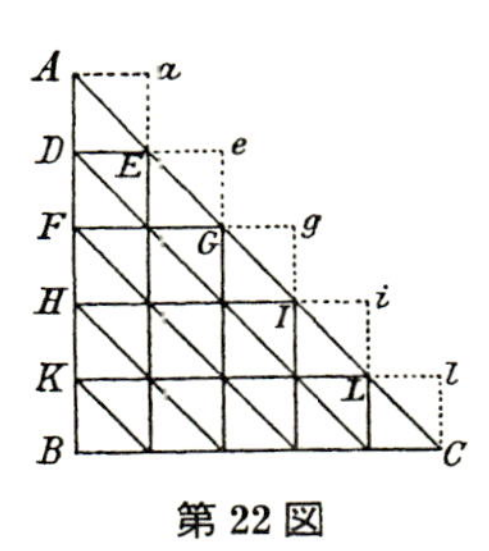

第22図

つのばねを圧した後にも、その力がまだ全部残っていたなら、この物体はその同じ瞬間にばねＩｉＬをも圧し、それを克服しただろうということである。けれども、それはできていないのだから、物体は残りの七つのばねを圧したために力を失ってしまい、補塡がなければばねＩｉＬを克服することができなくなってしまったのである。そこで、このばねＩｉＬは、七つのばねの抵抗が物体から奪った力の損失量を示す。これとまったく同様にして、ばねＧｇＩは、重力の抑圧による第三の区分時間ＦＨでの、物体の力の損失を示すものとなり、以下同様である。このように、自由に上昇する物体が、重力の障碍を克服するためにこうむる損失は、圧されなかったばねＬｌＣ、ＩｉＬ、ＧｇＩ、ＥｅＧ、ＡａＥの総和によって示されるのであり、したがってまた、物体を抑止してきた障碍自体の量、あるいはまたその力も、この総和に比例することになる。そして、圧されなかったばねは時間ないし速度に比例するのだから、物体の力もこれと同様である。証明終わり。

(原注)　第22図。

ここからさらに明らかになるのは、メーラン氏が、物体が障碍を克服してさらになおその力をすべて保持しているという、運動の第一法則に矛盾しているような仮説を想定したのは、どうして正当だったのかということである。というのも、障碍はもちろん自分に見合った分の力を物体から奪うわけだが、しかしそれでも机上の想定としてなら、この損失をどこかから補塡して、物体を損失なしのままにするとも考えられるし、そうすれば、このように力が減少していない物体は、障碍によって力が消費されてなくなったままでいる場合にくらべて、どれだけ大きなことができるかがわかるだろう。こうすることで、抵抗が実際に物体から奪った力の全量を得ることができるだろう。なぜなら、物体から力がまったく失われないためには、どれだけの量の力を加えればよいのかがわかるからである。

私はここでさらに、侯爵夫人が論敵を攻撃する仕方に関して、指摘しておかないわけにはいかない。夫人にしてみれば、手厳しい一撃を与えるには、氏の推論を奇妙で不合理なものだと一蹴する以上の方法はありえなかったのだろう。まともに紹介すれば、読者はそれなりに注意して検討したくなり、どんな根拠にもあちこちの側面から介入できるという気にさせてしまうことになる。しかし夫人のように、論敵の見解を奇妙な装いで登場させれば、それはただちに読者の弱点をついて、それをもっと詳しく検討しようという気をそいでしまう。評価や熟慮を支配するこころの能力はものぐさで穏やかな性質を持っており、安んじていられる場があれば満足で、面倒な考慮をしないでよいと言われれば、喜んでそこにとどまるものである。それゆえ、二つの見解の一方をあやしげなものと見下し、それ以上努力して研究する必要などないと言ってくれる意見があれば、たやすくそれに同調してしまうのである。かの哲学女史も、その論敵がまともな根拠を持ち出せず、嘲笑がその身にふりかかるのを感じたときに、彼に対して笑いながら真理を伝える[69] ridendo dicere verum という着想があれば、もっと公正だとされ、またよりよい結果を得ることもできたろう。私がここで行った指摘は、他のどのような女性に対して言った場合にも、不作法なふるまいであり、いわゆる小姑的な、細部にこだわるような類の挙動と思われるかもしれない。だが、その理解力と学識において、ここで取り上げている女性は、他のすべての女性や、大多数の男性にも優越しているが、それと同時に、大多数の女性が持つ、お世辞とそれに基づく賞賛という本来の特権を喪失してもいるのである。

メーラン氏の選択は、以下のことからも適切なものだったと言える。すなわち、氏の方法で、使われた力の測度とされたばねは、そのどれもが等しいばかりでなく、押圧される時間においてもまた等しい。したがって、力が等しいと言うためには距離も相等でなければならないとするライプニッツ派の人々をも、時間に関する相等性を要求するデカルト派の人々をも、ともに満足させるからである。

Ⅲ　第四五、四六、四七節についての補遺

ばねがある物体を突き動かすことができるのは、その一方の端が支点に固定されており、他方の端がその伸長力で物体を衝くのと同じ強さの力で、突っ張っているからであって、これは何よりも確実で反論しがたいものだと思われる。そこで、ベルヌーイ氏の事例は、物体Bの他にはなんら支点がないのだから、そのばねは物体Aに与えるのと同じ張力を物体Bにも与えねばならないだろう。なぜなら、もし物体Bがばねの伸長に抵抗して、それを圧縮させたままでおくのでなければ、ばねは物体Aをまったく突き動かせないからである。それゆえ、物体Bは不動の支点ではないので、ばねが物体Aにもたらすすべての力を同時に受けることになる。世間一般ではこう考えられているのに、ヨーハン・ベルヌーイ氏はその反対のことを、それがどれほど明瞭なのかはわからないが、ともかく明瞭であるとし、それに最強の信頼をおいた。氏によれば、きわめて手強い論敵が、たとえ懐疑論者であるとしても、このまったく明白な論証にどうして反対できるのかはわからないのであり、さらにつづけて氏は、太陽が地平線にのぼるのを見たら朝になったのだと認めるようにさせる、などということまでするのは、われわれの手に余るものだと述べている(70)。このような偉人の人格に生じた人間理性の突発事を、無関心で見過ごすのではなく、自分たちがもっとも確信していることでも賢明に疑いをかけ、そういうところでも誤りにおちいる危険がないわけではないということを、つねに考えるよすがとしたいものである。そうして、悟性は、少なくとも状況や証明、反論などを十分に検討して正確に知る時間をとるまでは、いずれにも傾かない平衡を保つべきなのである。

われわれが取り上げた論文の中で、ベルヌーイ氏は、同じ数のばねの押圧によって、より短い時間で同じ力が物体に与えられるのはどうしてなのかを示している。これについては、われわれの当面の問題に関しては、すでに十分に答えたわけだが、ここでさらに、われわれの企図には関わらないが、それでも独自の効用があると思われる、一つの考察を付加しておきたい。氏は以下のように述べている。球Fは、四つのばねa、b、c、dが第23図のように一列に並んでいても、あるいは第24図のように二つに分けて並べても、さらに第25図のように四つに分けても、これらのばねからつねに等しい力を受けることになる、と。

ベルヌーイ氏が、ある物体に多くのばねのすべての力を持ちこむと誤解してしまった、その仕方の確認

ここでは以下のような留保に注意したい。この考え方は、連結されたばねa、b、c、d[原注1]が、これらのばねが分離していてそれぞれ単独にはね返るのにくらべて、物体により大きな速度を与えはしない、という場合にかぎって正しいのである。なぜなら、もしもより大きな速度を与えるとすると、ベルヌーイ氏の指定通りにして、連結したばねを並べておいたもの[原注2]が、これらのばねを一列につないだ場合と等しい速度を物体に与えるようにしようと思っても、それはうまくいかないだろう。第23図における一列のばねが、完全に伸びきってしまうまでに、物体に10の速度を与えるとし、それぞれのばね、例えばばねaは、それだけで、物体を突き動かさないとすれば、8の速度ではね返るものだとしよう。すると明らかに、第25図の方法では、四つのばねは、物体に8の速度しか与えることはできない。なぜならその物体は、いったん8の速度を受けてしまえば、ばねが自由にはね返って物体を突

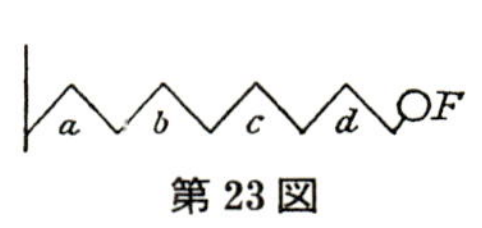

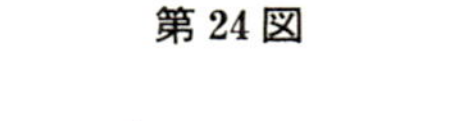

第23図

第24図

第25図

き動かす速度に等しくなってしまい、それ以降は、ばねは物体に何も及ぼすことができないからである。しかしながら、この物体Fが第25図の四つのばねに突き当たって、それらを再度圧すというのであれば、明らかに、第23図や第24図と同様に、この物体は10全部の力を必要とする。ところでこの第25図は、任意の物体の弾性力を示しているのだから、完全な弾性物体がある速度で不動の支点に突き当たり、しかもはね返される速度が衝突する速度よりもずっと小さくなりうる、ということは明らかである。そこでしかし、これら四つのばねが、そのはね返す物体に全部の力を与えるようにしたければ、物体Fの質量にさらに一〇分の二を付加しなければならない。そうすれば、四つのばねは、速度では与えられなかった分を、質量によって補塡することになるからである。

（原注1）　第24図。*
（原注2）　第25図。*

IV　第一〇五節についての解説

ヴォルフの証明における欠陥の詳細な提示

私は一三七頁で、ヴォルフ男爵の議論のなかに異様な欠陥があることを示そうとしたが、それを十分明瞭には説明しなかった。それは一見したところ、等比は互いに置き換えられるという規則から、数学的に十分に推論を引き出せるもののように見える。しかし実のところ、その推論は、この規則とはなんら関係がない。これに先立つ事情は、二つの運動物体が等しいものであれば、同じ作用をもたらす時間は、速度に反比例するというものだった。そしてこれに、証明の第二段として、同じ作用をもたらす、等しくない物体の質量は、速度に反比例する、がつづいている。ここからヴォルフ氏は、（氏の議論を適切に分解

A134　A135 C139　V162　W166 A136

するとこのようになるわけだが〕双方の場合において時間と質量の比はいずれも速度の比に等しいから、時間と質量とは互いに相等だと結論づけている。これは認められるのだが、しかし、それらが相等だとされる際の次のような条件を忘れてはならない。それはすなわち、同じ作用をもたらすが相等でない物体の質量は、相等の物体(注意せよ)がまったく同じ作用をもたらす時間に比例する、ということである。明らかにそこでの比例には、この制限が必要なのである。しかしながら、ヴォルフ氏の推論では次のようになっていた。すなわち、これらの物体の質量は、まさにこれらの相等でない物体が等しい作用をもたらす時間に比例する、と。これは、上述した比例を明らかに歪曲したものである。

もし著者ヴォルフ氏が、一方から導出しようとした二つの命題を、相互に比較してみようと考えていれば、それらが互いに導出できるどころではなく、まったく矛盾していることが明白に見て取れたことだろう。すなわち、第一の命題では、相等の物体が同じ作用結果をもたらす作用は、速度に比例する。ここから氏は、証明の第二段の結果である今ひとつの命題を導こうとする。すなわち、相等でない物体が同じ作用結果をもたらす作用は、速度に比例するが、その速度は質量に反比例するというものである。

いま、第一の命題に応じて、二つの等しい物体AとBをとり、物体Bは物体Aの二倍の速度だとする。するとこの規則により、物体Bが、物体Aと同じ作用結果を生じる際の作用は、物体Aの作用の二倍になる。なぜなら、物体Bは速度が速いために、二分の一の時間で同じ作用結果を生じるからである。しかし第二の命題によれば、物体Bを半分の質量だとした場合に、速度は前と同じままだとしても、その作用は以前と同じだけの大きさになるだろう。物体Bが、速度は同じでも前のものの半分の質量だとすると、質量が二倍であったのと同じだけの所定の作用

A 137　V 163　C 140　W 167

結果を、同じ時間では行うことができず、そのためにはもっと多くの時間を必要とする、というのは明らかなことである。したがって、同じ作用結果をもたらすのにかかる時間が大きくなればなるほど、作用は小さくなるだろうから、物体Bは、速度がそのままで質量が二倍であるときよりも、その作用は必然的に小さいものでなければならないが、これは第二の結果に矛盾してしまうのである。

たとえ氏が基礎とした、作用 Actiones は相等でなくともその作用結果 Effectus は相等でありうる、という命題を認めた場合でも、こうした矛盾はすべてヴォルフの証明の中に見出されうる。このような命題は、いまだかつて誰も主張しようなどと思わなかったものであり、どれほど厳密に考慮しても、矛盾にしかなりえない。なぜなら、作用というのは相関的な言葉であり、ある事物が根拠となって、別の事物の中に生じた作用ないし作用結果を表している。したがって、作用結果と作用とはまったく同じものであり、意味が異なるとすれば、根拠となっている事物に関連させるか、それともそうした事物を考えないか、ということでしかない。してみると、作用というものは、それ自身に等しくないことがある、などということにすらなってしまうだろう。さらに、作用という名前がついているのは、それが何らかの作用結果を生じるからにすぎないので、この作用の中に、それ自身と等しくない作用結果を生じるような部分があるとすれば、その部分については、作用という名前を与えることはできないだろう。同じ作用結果を生じる時間が等しくないとしても、そこで生じる作用は相等であり、このことからは、時間が等しくても、作用結果とそれに対応した作用は相等ではないだろう、ということしか出てこないのである。

簡単に言えば、その高名で賞賛されている鋭利さがその名を持つあらゆるものから見て取れる著者が、この論文中で、氏にはまったくそぐわないこれほど明瞭な錯誤を引き起こしたのには、まったく特殊な原因があったにちが

C 141　W 168　V 164

いない、ということがただちにわかるのである。想像に難くないのは、当時は全ドイツの栄誉と見なされていたライプニッツ氏の栄誉を、なんとか救いたいという立派な心がけで、上述のような努力が行われ、こうして光が当てられなければ、その創始者にはさほどのものには思われなかった証明を、はるかに立派な形で示すことになったのだろう。だが事態はそもそもまったく絶望的なものであり、これを擁護しようとすれば誤謬におちいらざるをえなかった。それでもなお、この企図は魅惑的なものであり、それを醒めた目で考究してみようということにはならなかったのである。まさにこのことを私は、著名なヘルマン氏やベルヌーイ氏等々の過失についても言いたい。その一部分はすでに述べ、他の一部分はこれから述べることになるが、彼らの著作の中にこのような過失は、上述で非難されたこと以外には、ほとんどまったく見出されないのである。ここで問題となったヴォルフ氏の栄誉は、したがって安泰のままである。私は氏の擁護論を、氏の名を冠したものではないかのように、勝手に取り扱っている。氏はこれに対して、古代の哲人がもっとさし迫った折に発したように、私に呼びかけることができる。すなわち、おまえが傷つけられるのはアナクサルコスの外皮だけだ[71]、と。

A 138

第三章　自然の真の力の測度として活力の新たな測定を提示する

第一一四節(1)

数学において誤りとされた法則が、自然の中に見られるのはどうしてか

こうしてわれわれは、二乗による力の測定が数学によれば誤りと見なされること、また、数学によれば以前の、デカルト派の力の測度以外は認められないこと、を詳細に示してきた。しかし、そう言いながらもわれわれは、前章のいろいろな箇所で、二乗による測定を自然の中に導入できるのではないかという希望を、読者に与えてきたのであり、今や、その約束を果たさなければならない時がきた。こうした企ては、本書の読者の多くには奇異に思われるだろう。なぜなら、この企てでは、数学も欺けないものではなく、数学によって下された判決に対して、さらに控訴しようとしているように思われるからである。しかし実際に、そんなことをするわけではない。もしも数学がその法則をあらゆる物体の総体に宣告するものだとしたら、自然の物体もその中に含まれることになり、いくら例外を期待してもむだだろう。けれども、数学というのは数学的物体の概念を公理によって確定するものであり、この公理が数学的物体の前提となることを要求する。その数学的物体とは、自然の物体が必然的に備えているある種の性質を認めず、それを除外している。それゆえ、数学でいう物体とは、自然の物体とはまったく異なったものであり、そのために、自然の物体

A139
C142
V165
W169

A140
C143
V166

では通らないようなことも、数学的物体では真となりうるのである。

第一一五節

数学的物体と自然の物体との相違、および双方に通じる諸法則

これから見てみたいのは、自然の物体には該当するが数学的物体には認められず、それによって、前者を後者とはまったく異なった種類のものにしているような性質とは、何であるのかということである。数学的物体が、まったくその運動の外的原因によってもたらされたのではない力を持っているということは、数学では認められない。すなわち数学では、物体にその外部からもたらされた力以外の力は認められず、したがって、この力は物体の運動の原因の中に、つねに厳密に、同じそのままの量で見出される。このことは力学の根本法則であり、これを前提すれば、デカルト派以外の測定は生じるはずがないのである。けれども自然の物体には、これから示すように、まったく別の性質がある。自然の物体には、外部からの運動の原因によって引き起こされた力を、自ら自分のなかで増大させる能力がある。そこで、こうした物体の中では、力は、運動の外的原因によって生じさせられた度合いだけでなく、さらに大きな度合いになることがある。それゆえ、そうした力はデカルト派の力を測定するところの測度では測ることができず、別の測定も必要になるのである。われわれは自然の物体のこのような性質を、そうした重大な問題を扱うのに求められる十分な精確さと徹底性をもって、論じてみたい。

第一一六節

速度とは力に関する概念ではない

第三節で見たように、速度とは、それ自体に力という概念を含んではいない。速度は運動のひとつの規定であって、それも、物体が自らの力を発揮しておらず、力を使っていないときの、物体の状態の規定だからである。速度とはそもそも、物体が静止しており、無限小の速度しか持っていないときの、その物体の力の数である。つまりそれは、物体が無限小の速度でいるときにその物体が持つ力を、単位としたときの数なのである。このことは、(第一〇〇節における)ジュリン氏の卓抜な事例が教える分節化の方法で、すなわち、氏が速度を二つの等しい部分からなるとしたのと同様な仕方で、速度を無限小の部分において考察すれば、きわめて明白なものとなるのである。

第一一七節

状態を保持しようとする努力がないところには、力は存しない

力という概念を本来規定するものが何であるのかを正確に知ろうとすると、次のような仕方で進まねばならない。力は、それを打ち砕き、物体の中から排除しようとする障碍によって、正しく測定される。このことから明らかなのは、障碍が排除すべき状態を保持しようとする努力が物体にないとしたら、そのような物体は何の力も持たないということである。なぜなら、こうしたことがなければ、障碍が排除せねばならないものは、ゼロになってしまうからである。

内張性とは何か

運動とは力の外的現象であるが、この運動を保持しようとする努力は活動の基礎となっているものであり、速度が示しているのは、力をすべて出すにはどれだけ多くの努力が必要かということである。この努力をわれわれは内張性(2)と名づけよう。こうすると、力は速度と内張性との積となる。

この概念の説明

この内張性の概念を、さらに明白に示せるような例をあげるために、四つのばねa、b、c、d(原注)を想定しよう。それぞれのばねが単独で伸びはじめる速度を1とすると、四つのばねが連結されたばね全体adが自由に伸びるときの初速は4であり、ここからは、その四倍のばねが一つの物体を押圧する際の初速は、一つのばねが作用する際の初速の四倍になるという結論が出るようにも思われる。しかしながら、この四倍のばねでは、内張性は一つのばねの場合の四分の一となってしまう。なぜなら、この四つのつながったばねの一つが不動の支点を圧す量の力が、四倍のばねでは、その四倍の力の量で圧すからである。これは、一つのばねが他の三つとつながっている今の場合では、そのばねの支点は動的な支点であり、それゆえ、この四倍のばねの剛性、ないしは同じことだがその内張性には、速度を伝えるものが欠けているからである。したがって、四倍のばねが一つの物体に与える初速は、このばねが自由に伸びる場合には一つのばねの初速の四倍になるにもかかわらず、ここでは一つのばねが持ちうる初速以上にはならない、という結果になる。そしてこのことは、内張性の概念をはっきりさせ、力の測定に際して内張性をどうしても考慮せねばならないということを示すのに役立つのである。

(原注)　第23図。

第一一八節

内張性を点とすれば、力は線、ないしは速度のようなものである

ある物体の力が、速度はどうであっても、一瞬でも運動の状態を保持しようと努力しているのであれば、この努力ないし内張性は、どんな速度であっても、等しいものとなる。したがって、そのような物体のすべての力は、まったく速度にのみ比例する。なぜなら、それらの因数の一方はつねに等しいのだから、力の量を表す積は、第二の因数に比例することになるからである。

A142　V169

第一一九節

内張性が有限、すなわち線分だとすると、力は平方形のようなものである

そうした運動では、どの瞬間にも物体から消滅していく力を外部からつねに補填する必要があり、物体がこうして持続的な運動を行おうとするなら、そこでの力は、もっぱらつねに外部から駆動する作用にすぎないことになる。だがここからさらに明らかになるのは、物体の力がそれとは反対のもので、与えられた速度で運動を一様かつ不断に、外部からの助力なしに自ら保持するための、十分な努力を自分の中に持っているのだとすれば、この力はまったく異なる種類のものとなり、無限に完全なものとなるにちがいない、ということである。

C146　W173

なぜなら、そうした内張性はどんな速度でも等しく無限小であり、まったく速度の度数によってのみ倍加されるのだから、前の場合とは逆に、内張性はつねに速度に比例し、速度数を掛けなければならず、そこから得られた結果が真の力の測度となるのである。それは、内張性が無限小であるような有限な速度は、この内張性が無限小の速

A143

度の際になすものを単位とした力を与えるからである。したがってもしも物体が、このような速度と力をつねに保持する完全な努力ができるように、その速度と力とを自分自身の中で十分に作るのでなければならないのだとしたら、その物体の内張性は、この力ないし速度に比例していなければならない。そしてここからはまた、まったく新しい力が出てくる。この力は、速度に比例する力と、やはり速度に比例する内張性との積であり、したがってこの積は、速度の二乗にも等しいものである。そこで容易に理解されるのは、物体が無限小の内張性と有限の速度において持つ力は、この速度を示す線分のようなものであり、内張性は点のようなものだったが、今や内張性が線分と同じようなものとなることから、そこから生じた力は、最初の線分が移動して作られた平面のようなものとなり、当該の線分は互いに比例しているのだから、力はその二乗に比例する、ということである。

この際気をつけたいのは、ここでは質量の相違はまったく除外されて、どれも等しいと考えられていることであり、第二には、上述の運動では、空間は空虚なものと見なされている、ということである。

第一二〇節

運動を自由に継続的に保持するだけの内的な努力を、自分の中に持っている物体は、速度の二乗に比例する力を持つ

したがって、自らの運動が十分に自分自身に基づいており、自らの内的努力によって自分の運動を自由に、継続的にかつ減衰することなく、無限に自己自身で保持することが十分にできる物体は、その速度の二乗を測度とする力を持っている、ないしは、上述したところから名づけようとすれば、活力を持っているのである。反対に、その力が保持される基盤が自らの内にはなく、外的原因があることにのみ頼っている場合には、その力はたんなる速度に比例しており、それはすなわち、死力なのである。

第一二二節

物体はその内的な駆動性によって、外部から与えられたものを無限に高め、まったく異なる性質のものにする

さてわれわれは、ある物体の力が何らかの外的原因によってはじめて生じるときに、それがどのようなものであるのかについて検討してみたい。その際この力は、間違いなくその外的原因があることに基づいているのだから、この原因が駆動を引き起こすのでなければ、その同じ瞬間に、物体の中には存在しないだろう。したがって、外的原因があることに基づいているその同じ瞬間の力は、外的原因がなくなってしまえば、一瞬のうちに消滅してしまうようなものだろう。物体が自分の中に引き起こされたこの力を、その瞬間以降に自分自身で作り出していくことができるかどうか、そしてそこからどんなものができてくるのかについて、今のところ問わないとすれば、そういうことになる。それゆえ、この瞬間、力の内張性は無限小であり、そのために、外的な駆動にのみ基づいている力は、たんなる速度に比例し、死力である。だがその後、同じ物体が、自らの内的な力でこの与えられた速度を作り出し、自らの努力によって自由で継続的な運動を保持するようになったとすれば、この力はもはや死力ではなく、二乗を測度とし、前者を線分とすると平面として算定されるような活力なのである。ここから明らかになるのは、物体は、自分に与えられた速度を、自ら自由に継続する場合には、外部の機械的原因によって受け取った力を、自らの内で無限に増大させ、まったく異なった性質のものに高めるということである。それゆえ、第一一五節に書かれたことが、ここで証明されたのであり、活力はまったく数学の管轄外に置かれることになる。

物体は活力を外部から獲得することはできない

さらに、活力は、外的な原因からは、たとえそれがどれほど任意に大きなものであっても、物体の中にもたらされることはありえない、ということもここから見て取れる。なぜなら、力が外部からの原因に依存しているかぎり、この力は、すでに証明したように、たんなる速度にしか比例しないが、物体の自然力という内的源泉によれば、力は、二乗による測度という規定を与えられねばならないからである。

第一二二節

死力と活力との間には無限に中間段階が存する

われわれが証明したところでは、ある物体がその運動の原因を十分かつ完全に自らの内においているために、この力が物体において不変であり、自由かつ恒常的に保持されることがその力の性質から可能なのであれば、この物体は活力を持っている、しかし物体が自らその力を作り出したのではまったくなくて、外部に依存しているのであれば、それは活力にくらべると無限に小さな死力でしかない。ここからは同時に次のような結論も出てくる。すなわち、同じ物体が、ある程度は自らその力を作り出してはいるが、しかし完全にではないというのであれば、その力はいくらか活力に近いものとなり、死力とは多少異なったものとなる。そして、完全な死力と完全な活力という、これら二つの両極端の間には、死力から活力までを結ぶ無限に多くの中間段階があることになる。

活力は運動の開始以降、有限な時間の中でのみ生じる

さらに連続律によってここから出てくるのは、開始の瞬間には死力を持っていた物体が、その後になって、前者が平面をなす線分であるのに対して平面の関係にある活力を獲得したとする

V 172　W176　C 149　V 173

と、活力を得たのは有限な時間後になる、ということである。なぜなら、物体が開始の瞬間から有限時間後になって活力を獲得したのではなく、開始の瞬間から無限に微小な時間で直ちに得ていたのだと考えるならば、その物体は開始の瞬間にすでにその活力を持っていたのだ、と言っていることになるからである。というのも、連続律および数学も証明しているように、物体が運動の開始の瞬間にあるということと、その瞬間から無限に微小な時間後にあるということとは、同じことだからである。だが運動の開始時点にある力は死力でしかないのだから、この力を活力であると言いながら、同時にまた、活力は外的原因の作用後に有限な時間が経過してからはじめて見出されるなどと主張すれば、矛盾におちいらざるをえないのである。

このことの説明　物体の自然力は、外部から受け取った圧力を自らの中で保持し、継続する努力によって、以前には点でしかなかった内張性を、自分の中に累積させ、それを、速度と同じ比例関係にあって外部から惹起された力に比例する、線分のようなものにまでする。力はこうして、先には線分にしか比されなかったところの、外部から得た力を累積し、いまや平面に比すべきものになる。この平面の一辺は外部から得た速度と力を表し、他の一辺は、物体自身の内部から生じ、前者の速度に比例する内張性を表しているのである。

第一一三節

活性化とは何か　物体の力がまだ活力化してはいないが、それへと向かっている状態を、私は、力の生気化、ないしは活性化と名づける。(3)

力が、開始時点と、力がすでにまったく活力化した時点という、二つの時点のあいだにあって、活力に高まろう

力の生気化の間に内張性はどのような状態にあるか

としている中間的な時期には、物体はまだ自らの力と速度とを、十分に自分の中で作り出してはいない。すると、本書の読者はおそらく次のように問われるのではないか。この中間的な時期に、物体が、与えられた速度を自由にかつ一様に保持しつづけるのはどのようにしてなのか、このときには物体はまだ、その力と運動とを十分に自分の中で作り出してはおらず、それを自分では保持できないのではないかと。これに対する答えは以下のとおりである。たしかに、この中間的な時期に、力が内的な努力でさらに高められるのではないとすると、この力の性質によって、そこから自由で減少しない運動が了解されるというわけにはいかないだろう。けれども、自らを保持する力の努力が、このように不完全なものなのかどうかは、ここでは問題にしない。問題なのはただ、運動を減少させず不断に保持できるまでには生起していないような力の内張性が、少なくとも、完全に活性化するのに必要な時間のあいだは、運動を保持できるのか、ということである。そしてこのことは、可能であるばかりでなく、実際にもそうなっているというのが、以下のことからも明らかである。すなわち、この中間的な時期のあいだずっと、どの瞬間にも内張性の新しい部分が物体の中で生じており、この部分が与えられた速度を無限小の区分時間だけ保持するのであり、したがって、中間的な時期の全体を通じて物体の中で生じたこの内張性のすべての部分は、第一八節との照合ではっきりとわかるように、すべての時間のどの瞬間においても、同じ速度を保持しているのである。

もしも活性化が完全になる前で中断してしまったら、

だが次のように想定してみよう。活性化が完全なものとなる前の中間的な時期において、物体が内張性の部分を急にもはや累積できなくなり、力が完全に活力化することを止めてしまったとしたら、そのときには何が起きるだろうか。明らかに、物体は、活性化の時間ですでに得て

そのとき運動はどうなるのか

いた内張性に比例するだけの分の速度は、自分の中で持っており、その後も自由運動をずっと保持するだろう。だが現にあるよりも大きな内張性が、完全な活性化のために要する、残りの分の速度は突然に消失してしまい、なくなってしまうにちがいない。なぜなら、現にある内張性は、この速度の一部分だけを自分の中で作り出せるにすぎず、与えられた速度をどの瞬間にも保持してくれる内張性の新たな部分は、もうそれ以上どの瞬間にも生じてこないので、残りの速度は自然に消滅してしまわざるをえないからである。

このとき力はどうなっているのか？

そこで、自由運動をする物体が、そのすべての速度によって完全に活性化するより前に、抵抗にぶつかって力を使ったとすると、この物体が発揮した力は、その分の速度の二乗に比例する。物体の得た内張性はこの分の速度に比例し、それに応じたものとなる。したがって、物体が得た力は、与えられた時間の中で活力化できたものであり、これも物体が得た内張性の二乗となる。残りの分の速度では、物体は活動せず、または作用してもたんなる速度を測度とするだけで、それは他の力にくらべれば無に等しい、微々たるものである。

A148　W179

第一二四節

力の新たな測定

これによって、自由運動をしながらその速度を減少させることなく無限に保持している物体は、活力を持っている、すなわち、速度の二乗を測度とするような力を持っている。

このことの条件

ただし、この法則にはやはり以下のような条件がある。

一、物体は、抵抗のない空間において、その運動を一様、自由かつ継続的に保持するための原因

C152　V176

を、自ら持たねばならない。

二、すでに証明したことからわかるように、物体はこの力を外的原因に依拠するのではなく、この力は、外部の刺激によって、物体内部の自然力から、おのずから生じるものとする。

三、この力は物体の中で有限の時間内に作られるものとする。

第一二五節

この法則が、新たな力の測定の主要な根拠であり、これに関して私は以下のように述べたい。すなわち、取り扱ってきた大家たちに比較すれば貧弱な私の判断でも、権威をもって語ることが許されるのであれば、私はこれをデカルトおよびライプニッツの測定にかわるものとし、真の動力学の基礎としたい、と。それとともに、私は次のように納得していないわけではない。すなわち、諸国の哲学者たちの分裂と不一致をもたらしたのは目標の取り違えであって、私のこの法則がおそらくはその目標を決定するのである。活力は、数学からは追放されたが、その後に自然の中に受け入れられている。ライプニッツとデカルトの両碩学のどちらに対しても、その誤謬に罪があるとすることはできないだろう。またさらに、たとえ自然の中ではライプニッツの法則が見られるといっても、それはデカルトの測定があったからこそ出てきた、後のものである。鋭い頭脳の持ち主たちの中で、理性がおのずから一致し、彼らがまったく対立しているときでも、彼らの根源性が見失わない真理が見つけだされる、ということは、何らか人間の理性の栄誉を擁護するものと言える。

第一二六節

自由運動があるからこそ活力もある

外部の抵抗がなければ継続的に減少することなく保持される自由運動というものが世界にはある、ということだけが問題なのだとすれば、事態は解決されているので、たしかに自然の中には活力が存在しているのである。自由で継続的な惑星の運動や、自由運動の物体は抵抗の程度に応じて運動を失うだけで、抵抗がなければ恒久的に運動を保持するだろうということを示しているその他の無数の経験も、これを保証しており、自然における活力の存在を主張しているのである。

数学は自由運動を許容しない

さらにまたここから明らかになるのは、厳密に判断すると、数学では、数学的物体に自由運動を許容することはない、ということである。なぜなら、運動を自由で継続的なものにするのに必要なこと、すなわち、外的原因から生じることも起因することもできないような努力と運動とを、物体がその内部から自ら作るということを、数学は許容しないからである。数学が物体の中に認める力は、運動の原因となる物体によってもたらされた力だけなのである。

第一二七節

これらの考察を利用するもっとも簡便な方法

これまでの考察および証明は、むろん事物の本性に応じてではあるが、数学的概念とその明証性に匹敵するものである。しかし、形而上学の外見を持つものにはすべて疑念をもち、推論の基盤とするための経験をどこまでも要求する人々のために、私はある方法を示して、これによって彼らが上述の考察を、もっと納得して用いることができるようにしたい。すなわち、本章の終わりの部分で私は、ある経験から始めて、数学的な精確さでもって、自然の中には現実に速度の二乗を持つような力が見られるのだということを示そうと思う。

こうすることで、第二章のあらゆる証明の結果から、このような方々も、その力が外的な機械的原因の作用ではありえないことを納得されるだろう。なぜなら、その力を、運動を引き起こした原因の作用にすぎないと見なしてしまえば、たんなる速度による測定以外の測定は出てこないからである。このことによって彼らは、物体の内的な自然力からその力が生じてくることができる、という方向に導かれ、私が活力の本性に関して示してきた考察へと、徐々に引き入れられていくことになる。

第一二八節

ベルヌーイ氏はすでにこの概念を所有していた

自由で、物体の内部から連続して出てくる力の持続ということが、力が活性化していること、および、それが二乗を測度とすることが唯一わかるための規準である、ということを述べてきた。きわめて喜ばしいことには、この考えは、われわれが先に引用したヨーハン・ベルヌーイ氏の論文[4]の中に、厳密にそのままの形で見出されるのである。氏はその見解をまったく幾何学者として、形而上学の正当な用語を使うことなしに、しかしまったく明瞭に表現している。氏によれば、活力は何らか実在的で実体的なものであり、自己自身で存在するものであって、それ自身に関して、他のものに依拠することはない。……死力は絶対的な何ものかではなく、それ自身から持続することはない、等々[5]。

この引用は、私の考察にとって少なからず有利になるものである。とはいえ数学に精通している人は、詭弁的な形而上学的差異から来ると思われる推論を不信の目で見て、賞賛するに至らないので、私のものもそのように見られるのではないかという心配があった。しかし、ここでは事態はきわめて明瞭なので、どんなに厳しい幾何学者でも、数学的に検討すればおのずとわかってくるだろう。

しかし氏は、確固とした根拠を求めなかった

私がおどろくのは、ベルヌーイ氏が活力の概念をここまで解明していながら、この力を証明する仕方において、なぜあれほど大きな誤りをおかすことがあり得たのか、ということである。活力を、この、実在的かつ実体的であり、それ自身で存在する絶対的なものに関して無規定であるような事例、ないしはここに通じる規定が見当らないような事例の中で見つけられないことくらいは、氏にはたやすく想定できたはずであるのに。なぜなら、氏自身が洞察しているように、これこそが活力の性格の特質なのであり、この性格に関して無規定であるようなものは、活力にはならないのであるから。氏は、二つの相等でない物体のあいだに伸長されたばねの事例に活力を見つけられると考えたのだが、そこでは、いわゆる死力となるものではない、上述の識別で特徴づけられるような活力は、なんら見出すことができず、氏の証明の構造の中で出てくるすべての力は、絶対的なものではなく、他のものに依拠しているものでしかない。

こうしたことでまたもや確信させられるのは、第八八、八九、九〇節において称揚され、それを使うことで大きな実りを得た方法に頼らずに、それらしい複雑な証明が賞賛されたという結果に甘んじるのがどれほど危険なことか、ということである。それはすなわち、証明の主題である事物に必然的に付随している概念を前もって検討し、さらにその後で、証明の諸条件がこの概念を確定しようとするのにふさわしい規定を含むものかどうかを考究して

V 180　W183　C 155　A 151

みることが、どれほど不可避的に必要なものか、ということでもある。

第一二九節

活力の本性は偶然的である

われわれが証明したところでは、自然の中に自由運動があるという前提があってはじめて、自然の中に活力が存在できる。ところで、物体の本質的な幾何学的性質からは、自由で不変な運動を行うのに必要な能力を知らしめるべき論拠は、これに関して前節で行ったところからは何も見出せなかった。したがって、活力というものは何らかの必然的な性質としては認められず、むしろ仮説的で偶然的な性質だということになる。ライプニッツ氏自身もこのことは認めており、とりわけ『弁神論』の中で告白しているし[6]、またダニエル・ベルヌーイ氏*も、活力を立証するのに使うべきだと氏が考えている定式によって、これを確証している[7]。すなわち氏は、dv＝pdt という基本方程式を前提せねばならないとしているのだが、そこで dv は速度の要素、p はその速度を生じさせる圧力、dt は圧力が無限小の速度をもたらすのにかかる時間の要素を、それぞれ表している。氏によれば、これは仮説的ではあるが、想定しなければならないものである。ライプニッツ氏と異なる判断をすることに良心のとがめを感じる他の活力の擁護者たちも、同じようなことを唱えた。それでもなお彼らは、幾何学的に必然的な事例の中に活力を求め、そこで見つけだせるだろうと思っていたのだが、これはきわめて不思議なこととといえよう。

ライプニッツ派もこのことを認めていた

それでもなおライプニッツ派は幾何学的に必然的な真理の中に活力を求めている

ヘルマン氏は同様の仕方で試みたのだが[8]、活力の偶然性ということで誤りをおかしはしなかった。ただし、ライ

この素材におけるヘルマン氏の奇妙な過失

プニッツの考え方への偏愛と、それによって目的を達成できるという思い込みのせいで、注目すべき誤った結論に導かれたのだった。二つの量aとbをともに扱い、それらを関連させて考察せねばならないというとき、だからといって、それらを掛け合わせなければならない、などという結論に達する者が、そう簡単に見つかることはないだろうと思う。けれども、その筆致から間違いなく、推論の大家であるヘルマン氏はこのようにしてしまった。氏が言うところでは、「落下する際に力の新たな要素を受け取る物体は、すでにある速度を持っているのだから、この速度も合わせて考察せねばならない。したがってすでに持っている速度uと、物体の質量Mに、さらに速度の要素、ないしは同じことになるが重力gと時間との積、すなわち gdt とを合算せねばならない。ゆえに、dV つまり活力の要素は、gMudt*、すなわちここに現れた量の積に等しい」のである。

第一三〇節

経験は継時的な生気化を確証する

われわれの理論体系から導かれるのは、自由で一様に運動する物体が、その運動の開始ではまだ最大の力を持たず、すでにある時間運動した後の方が力は大きくなる、ということである。これを確証するような経験は、誰でも持っているのではないかと思われる。私自身に関して言えば、ひとつの銃をまったく同じように装填し、その他の状況も厳密に同一のものとして、目標から数歩離れて発射したときの方が、わずか二、三ツォル(9)の距離から発射したときよりも、はるかに深く木に撃ち込まれた。私よりもよい機会を持って同じ実験をする人があれば、これに関してさらに厳密でよりよく測定された試料を得ることになろう。いずれにしても、一様に自由運動をする物体の内張性は、その物体の中で増大し、ある時間がたった後にようやく、ここで証明した定理に見合うような、きちんとした量となる、ということは、経験によっても教えられるのである。

第一三一節

さて今や、新しい力の測定の基礎が置かれたのだから、この測定に特に関係し、また同時に新たな動力学の足場をなすような諸法則を示すことに、努力を傾けてみよう。

私は、力の活性化ないし生気化がそれに従って生じるようないくつかの法則を持っているが、本論文はなにしろ、力のこれほど新しく予期されない性質について、はじめての輪郭作りを目指すものなので、私としては、次のように懸念するのもやむをえない。すなわち、とりわけ主要点についての確信を得たいと望んでいる本書の読者は、付随的なことにあまり立ち入った研究をしすぎると、不満を持たれるかもしれない。ひとたび主要点が十分確実なものとなり、経験によって確証されていれば、後で付随的なことにかかずらう時間は、いくらでもあるからである。

こうしたことから私は、われわれの力の測定に関係する諸法則の中でも、もっとも一般的かつ考察に値するもの、またそれがないと力の本性が理解できなくなるものに限って、できるかぎり明瞭に解明してみたい。

第一三二節

以下の注解は、まったく知られていない動力学のある法則を示すものであり、力の測定において少なからぬ意義を持つものである。

W186　C158　A154 V183

力の生気化ということは、どんな速度でも妥当するというものではない

われわれが学んだところでは、静止状態で作用する物体は死圧を発揮するだけだが、これは活力とはまったく性質を異にし、たんなる速度を測度とするにすぎない。これについてはデカルト派の関係者も、ライプニッツ派と同様に一致している。ところで、速度が無限小である物体は、そもそもまったく動いていないのであり、したがって静止状態での力を持つ。ゆえにそれは、たんなる速度を測度とすることになる。

そこで、活力の性質を持つような運動を規定しようとする際には、速度の任意の大小に関わることなくして、つまり速度を規定しないでおいて、あらゆる運動にこれをあてはめて規定してはならない。そんなことをすれば、どれほど無限小の速度でも同じ法則が真であることになり、物体も無限小の速度で活力を持ちうることになるが、それはたった今誤りだとされたのだった。

そこで、速度は規定されねばならない

それゆえ、二乗による測度という法則は、速度を考慮せずにあらゆる運動にあてはめてはならず、速度を勘定に入れるのでなければならない。したがってある程度のわずかな速度では、それと結びついた力はまだ活力化しておらず、速度がある程度の大きさになってはじめて、力も活性化することができるのであって、それ以下の無限小に至るまでのどんなわずかな程度でも、それは生じないだろう。

それゆえ、いかなる速度の差異にも関係なく自由運動が可能なわけでもない

さらに、完全な力の生気化が自由で継続的な運動を保持する原因であるのだから、この運動の保持も、どんな速度でも無制限に可能だというわけではなく、ここでもやはり速度は規定されていなければならない。すなわち、物体が継続的で、不変かつ自由な運動を行えるためには、速度はある一定の程度に達していなければならない。それ以下のどんな小さな程度の

W187　C159　V184　A155

速度でもそれは不可能であり、無限小の速度になればそうした性質はまったく失われてしまい、運動は瞬間的にしか持続しなくなってしまう。

したがって、自由で減少しない運動の継続の規則は、普遍的にではなく、ある一定の速度に関してのみあてはまるのであって、それ以下のどんな小さな程度の運動もおのずと消耗して消え去り、無限小の程度では運動は一瞬しか持続せず、外部からつねに補塡することが必要になる。それゆえ、ニュートンの規則を以下のようなその無規定的な意味で、自然の事物に適用することはできない。すなわち、どんな物体でも、外的原因によって状態の変化を強制されなければ、その静止状態ないしは等速直線運動をつづける。(10)

第一三三節

経験がこれを確証する　経験は上述の注解を確証してくれる。なぜなら、無限小の速度でも活力化するのであれば、有限の力の生気化との比例で考えると、それは無限小の時間で活力化することになるだろう(第一二二節)。そこで、今二つの物体があって、その重力による圧力を及ぼしているだけならば、それらの速度に比例する力を持つだけなのに、ほとんどわからないくらいの高さから落とされた場合にも、それらの力は、ただちに速度の二乗に比例せねばならないことになる。こんなことは、連続律にも経験にも背反している。なぜなら、すでに検討してきたことだが、ある物体がその重量でガラスを割ることがなければ、それをガラスからほんのわずかに離して落とした場合でも、その力ではやはりガラスは割れないからである。そして、互いに等しい重さの二物体は、天秤皿のわずか上から両方を落とした場合でも、やはり平衡を保つはずである。しかし、もし先のことが起きるのだとすれば、そこでは異常な結果が生じなければならないだろう。

抵抗媒体の中での運動への適用

したがってこの規則は、物体が自由に運動している媒体空間の、抵抗に関する規則を規定する際に、考慮に入れられねばならない。なぜなら、速度がきわめて小さなものになりはじめると、媒体空間はもはや以前ほどには、運動を減衰するようには働かなくなり、その一部分はひとりでに消失してしまうからである。

第一三四節

生気化と自由運動とはどんなに大きな速度でも無限に可能であるか

われわれがそのただ中にある課題は、抽象力学[11]がこれまで認めることのできなかった類のものである。

われわれの投げかけた問題は、速度が任意にどれほど小さくとも、どんな速度の場合でも、物体は力の完全な生気化に達するものか、そしてその運動を不変のまま自由に継続できるものかどうか、ということだった。今調べてみたいのは、たとえどれほど大きな速度であっても、運動を無限に行うことができるのかどうか、ということである。これは、物体が与えられた運動を自由に継続し、減少せずに保持すること、すなわち力の完全な生気化に達することが、物体に与えられる速度がどれほど任意に大きくとも、可能なのかどうかということである。

生気化とそれに基づいた減少しない自由な運動の継続とは、物体の内的な自然力の結果であるのだから、そのためにつねに前提されねばならないのは、自然力がこうした生気化を生み出し、それが必要な程度の内張性におのず

W189　V186　C161

から達することを可能にしている、ということである。それゆえ、無限に大きな活力が行うことはすべて、唯一この自然力の量と本性とにかかっていることになる。けれども、現実には自然量が無限だということはなく、このことは形而上学によって間違いのないものだと確証されている。したがって、上に言われるどのような物体の自然力も、何らかの有限量でなければならない。それゆえ、その作用の能力も有限なものに限られているのであり、つねに増大する速度において活力を自ら産出するとはいっても、それはある一定の有限な限界に達するまでしかない、と言える。これはすなわち、物体は、どんな速度でも、それによって力を無限に自らの内で活力化することや、その結果として、自由運動において力を無限で減少せずに持続するなどということはできず、この物体の能力は、いつでもある一定の速度までにしかあてはまらないということであり、したがってそれを越えた大きな速度になってしまうと、物体の能力は、自分に見合う活性化を実現したり、それだけの力を自ら作り出したりするまでには至らないのである。

第一三五節

ここから自由運動に関して何が結果するか

ここからわかることは、速度の程度が決まれば、それ以上の速度で外的原因に駆動される物体は、その速度に逆らわず、外部からの駆動が続いているあいだはこの運動の速度を持つことになるのだろうが、その駆動が止んでしまうやいなや、規定された以上の程度の速度はおのずと失われ、残った分だけで自由で減少しない運動を継続することになるだろう。その残った分とは、物体が自分の自然力の程度に応じて自ら活力化できるものということになる。

A 157
W190
V 187

この点に関する物体の能力はそれぞれ異なる

さらにここからは、以下のこともありうることであり、また実際そうなのだと思われる。すなわち、自然の物体がさまざまな多様性を持つからには、その自然力もさまざまな物体にさまざまな量で異なっているだろうから、ある種の物体がある速度を自由に継続することができるとしても、他の物体の自然力ではそこまでには至らないということである。

総括

したがって、二つの限界というものがあり、ある物体の力の生気化が成立しうる速度の量は、これらの限界の内部に限られ、それ以下でもそれ以上でも、生気化と自由運動はもはや保持できなくなってしまう。

第一三六節

活力の一部分は作用なしに消失する

第一二一節で学んだことによれば、活力になった物体の力は、その物体にすべての運動を与えた力学的な原因よりもはるかに大きなものとなるのだった。そこで、ジュリン氏の方法(第一一〇節)の教えるところでは、運動の外的原因が物体に2の力で作用しただけにもかかわらず、その物体は2の速度によって4の力を持つことになる。今ここで説明したいのは、物体が持つ力よりずっと小さな力の障碍が、それにもかかわらず物体のすべての運動を奪うことがどうしてできるのかということ、したがってまた、活力は、以前の場合には、その一部分がおのずから生じていたのに、第二の場合では、自分よりはるかに小さな障碍を乗り越えるのに自分を使い果たすことがありうる、ということである。

証明

このことを証明するためには、ジュリン氏の事例(第一一〇節)に立ち戻ればよい。すなわち、小舟ABが速度1でC点からB点へと動いている。さらに設定することとしては、球Eが同じCBの方向に動いているが、これは活力を持った自由運動で、速度は2である。するとこの球は、ばねで表されている1の力の障碍Rに、1の速度でのみぶつかることになる。もう一つ分の速度にあたるものは、この障碍に関しては動いたことにならない。なぜなら、この障碍もまったく同じ運動で同じ方向に同様に動いており、物体はこの障碍に対しては1の運動を残しているだけだからである。しかし、1の速度では力も1だけであり、球は1の力で障碍に衝突することになるが、障碍もまた同様に1の力を持っているのだから、これによって球は自分の1の速度と力を失うことになるだろう。その結果、物体には1の絶対運動だけが、したがって1の力だけが残ることになるが、これもまた別の1の障碍があれば、なくなってしまうようなものである。そこで、活力があると考えられる物体が速度2で力4を持っていたとしても、それぞれが1の力を持つ二つの障碍によって静止させられてしまう。このようにして、物体の中の2の力は、外的原因によって消去されたり奪われたりせずに、ひとりでに消失したのにちがいない。

第一三七節

したがって、物体がその活力の一部分を、作用なしに失ってしまうという状態が生じるのは、二つ以上の障碍が、そのつど運動物体のすべての速度にではなく、その一部分にだけ対抗するようにして、次々に抵抗を与える場合であって、このことは前節の解決から知られるとおりである。

われわれの活力の概念によるこの命題の解説

このことが活力に関するわれわれの諸概念と一致するということは、以下のようにして無理なく理解される。ある物体の速度をその度数で分割してみると、活力はその一部の度数にのみ、他の度数とは関係なく該当しているために、物体が残りの度数ではなくまったくその度数でのみ作用している際に、活力は物体に適用され、この度数の二乗に比例することになる。しかし物体がその全速度を分割することなく同時に作用させる場合には、その総力は速度の二乗に比例し、それだけの速度に見合った力の部分も、この速度と全速との相乗 Rectangulum に比例して、先の事例にくらべるとはるかに大きな量となる。というのも、たとえば全速度が2からなり、それが物体に別々に分割されて与えられているとすると、速度がまだ1であるときには、活力も1の大きさでしかない。しかし続いて第二の速度が加わると、その物体の中では、第二の速度だけに比例する1の力が生じるだけではなく、自然力によって、速度が増大するのと同じ比で内張性が増大され、その結果、活力は全速度の四倍となる。だが速度が別々のものだったら、力の総計は二倍にとどまったろう。すなわち、それぞれの度数の速度は、結合して作用すればそれぞれ2の力を発揮することができるが、別々に作用するときには、それぞれが1の作用しか発揮しないのである。したがって、活力を持ち、すなわち2の速度と4の力とを持っている物体が、その全速度を同時にではなく、一度数ずつ徐々に使うとすれば、2の力だけが発揮され、物体が全速度で持っていたところの残りの2の力は、自然力がその力を保持するのを止めてしまうと、おのずから自然に消失してしまうのであり、これはちょうど、この力が作り出される際に、自然力によっておのずから自然に作られるということと同様である。

第一三八節

成果

この多大の努力を要した注釈は、重要な成果をもたらしてくれる。

一、活力の完全な作用は、活力を持って向かってくる物体の全速度に対して、障碍が同時に対抗して、すべての速度を一気に受け止める場合にのみ、認められる。

二、反対に、障碍が速度の一部分だけに抵抗し、その全速度の分割された度数を徐々に受け止めるにすぎない場合には、大部分の活力は障碍によって消失されるのではなく、おのずからなくなってしまうのである。したがって、この徐々に受け止める仕方ですべての運動を消費する障碍が、すべての力をも奪ってしまったのだと思い込むのは、誤りである。運動物体の全速度に対して、障碍が受け止める速度が小さければ小さいほど、この消失はつねに大きなものになる。たとえば、活力を持った物体の速度が三つの同じ度数に分割されていて、障碍が一度に抵抗できるのはその一つだけだとすると、たとえ物体がそれぞれの速度の度数に対して活力を持っているとしても、それぞれの度数の力は1であるから、これら三つの度数に順次打ち勝っていく障碍の力も、やはり3となる。しかしこの物体の全活力は3の二乗で9である。そこで、このようにして6の力、すなわち全体の三分の二の力が、外的な抵抗によらずにおのずから自然に消滅してしまうのである。これとは反対に、上述の全速度の三分の一ではなく、二分の一を一気に受け止め、全運動を三つの度数でなく二つの度数で消費するような障碍を想定すると、活力がここで、この障碍が消費する以外に受ける消失は2、すなわち全体の二分の一となり、前の場合よりも少なくなる。同様にして、障碍が一気に抵抗する度数が、全速度の八分の一であれば、物体はすべての力の八分の七を消費してしまうのであり、その原因は障碍には求められない。以下も同様である。

三、障碍が瞬間ごとに抵抗する速度が無限小でしかないとすると、克服された障碍の中にはもはや活力の痕跡はまったく認められず、それぞれの度数の速度はたんに与えられた速度に比例して働くだけとなる。各度数の速度の総計は全速度に等しいので、物体の力の作用のすべても、それが活性化しているにもかかわらず、たんなる速度に比例するだけであり、活力の全部の量が、それに見合ったなんらの作用も発揮することなく、おのずからまったく消滅してしまうことになる。すなわち、活力とはそもそも、速度を表す線分の移動でできた平面のようなものであるから、この線分という二次元の要素はおのずから順次消滅するのであって、作用の中では、平面を作り出し、たんなる速度に比例するような線分にすぎない以上の、なんらの力の痕跡も残さないのである。

四、したがって、たとえ物体が現に活力を持っていたとしても、障碍に抵抗する速度のモーメントが有限量でなかったとしたら、行われた作用の中にも、克服された障碍にも、活力の痕跡を見出すことはできない。さらにその際でも重要な条件がある。すなわち、その場合の速度の量は、いくらでも任意に小さくてよいわけではない。なぜなら、第一三二節からわかるように、物体が活力を持ちうるように運動するためには一定量の速度が必要なのであり、障碍が持つ抵抗のモーメントがそれに比べてあまりに小さい場合には、その抵抗の中には活力の作用はなんら認められないからである。

この注釈のもっとも重要な有用性については、とりわけ本章の終わりの部分で述べたい。この注釈はそこにおいて、活力を証明する最良の経験を明らかにし、確証するのに役立つことになるだろう。

第一三九節

重力を克服する物体という現象は、活力を証明はしない

重力の圧力モーメントは無限小の速度でのみ生じる。そこで、前節の第三項によってきわめて明白なように、重力の抵抗に打ち勝つことに運動を費やしている物体は、たんにその速度に比例する作用を重力に対して発揮するだけである。とはいっても、力自体はその物体の速度の二

A162
W196

V192

C166

いものの、それに相反するものでもない

乗に比例するのであって、これはまったく経験も示してくれるとおりであり、また前章においても、詳細にさまざまな仕方で見てきたとおりでもある。

さてここにひとつの経験があり、これはまったくデカルトの法則しか認めないように思われ、実際にも、デカルトの測定以外のいかなる測定の特性も見出せない。だがそれにもかかわらず、二乗による測定をより精確に検討して、その正しい意味がとらえられれば、この測定に矛盾せず、二乗による測定にも余地があることになる。

したがって、重力の障碍に打ち勝って垂直に上昇している物体が行う作用は、たしかに反論の余地なくライプニッツの測定には反しているとはいっても、われわれの活力はその測定を、たしかに証明こそしなかったが、それを否定したというわけでもないのである。この点にさらに厳密に注目してみれば、われわれの測定にさらにいくらかの光が当てられているのがわかるだろう。というのも、物体が、自らの自由運動および活力の基礎にもなる、その内的な努力ないし内張性を自分自身で作り出せないとしたら、物体に存する運動を自由に継続することはできず、その自由運動を、外部の抵抗運動によってだんだんと奪い取られるまで、維持することができなくなるだろうからである。

第一四〇節

これに基づいた実験

これまで証明されたことから、同時に次のような周知のからくりの原因も知ることができる。それは、ほとんど制止できないほどの力を、ごくわずかな障碍で無効にしてしまうものである。

すなわち、抑止してしまいたい力が活力によるものである場合、それに一気に抵抗して即座に壊れてしまうような障碍をおくことはしない。なぜなら、そのためにはしばしば途方もなく大きな障碍が必要になるからである。そうではなく、むしろその力を小さな度数の速度に分割して、順次これを受け止めて消費するようにするのである。そうすればごくわずかな抵抗をおくだけで、巨大な力を無効にすることになるだろう。これはちょうど、城壁の破壊槌が直接あたれば、城壁は粉砕されてしまうところを、羊毛の袋によってその衝突を無効にするのに等しい。

第一四一節

やわらかな物体は、その全力では作用しない

さらに明らかなのは、やわらかくて、ぶつかると簡単にへこんでしまう物体は、衝突の際にそのすべての力を使ってしまうことなどなく、むしろ、同じ力と質量であっても、剛性が大きなものではきわめて大きくなるはずのところを、ほんのわずかな作用しか発揮しないのである。思うにそれには他の諸原因も加わっており、上述の原因とは別に、力の減衰に寄与し、あるいはむしろ力が減衰したように見せかけているのだろう。とはいえ、われわれの示した原因こそが何よりも主たる原因であり、力の真の減衰の原因ではある。

第一四二節

問われる問題、物体の作用はその質

これから考究したいのは、活力を持つが質量が無限小と見なされる物体は、いったいどのように作用するか、というものである。これによって次のことが知られるだろう。それはすなわち、

量に関わらず、物体の活力に比例しうるか

同じ状況で、二つの物体の力がともに活力化している際に、たとえその同じ状況の中で一方の物体の質量をどれほど小さくしても、どちらの物体もその活力に比例した作用を発揮できるのか、それとも、それぞれの物体はある程度以上の質量を持たねばならず、質量がそれより小さければ、行う作用はその物体の活力に比例しえないのではないか、というものである。

有限な質量の物体が活力を持つという場合には、たとえどれほど任意に小さくても、その物体のどの部分もやはり活力を持っているにちがいないし、その部分が他とは分離して動いた場合でも、やはり活力を持つだろうということは、おそらく間違いない。だがここに問題がある。そのように小さな部分、あるいはそう考えてよければ無限小の部分が、もっと大きな物体が活力に比例して作用するのと同じ状況に置かれたとしても、やはり同様にその活力に比例した作用を、自然の中で自ら行うことができるだろうか。以下に見るように、実はそうしたことは起こりえない。すなわち、活力を持つ物体でも、われわれが証明しようと思っている規則の規準よりもその質量が小さい場合には、自分の活力に比例するだけの作用を自然の中で行うことはできない。その質量が小さければ小さいほど、この比例にはそぐわなくなり、質量が無限小になれば、たとえ活力を持っていても、その物体はまったくたんなる速度に比例して作用するだけとなる。だが、同じ速度と活力とを持っている物体でも、ある程度の質量があれば、同じ状況下でも、その速度の二乗と質量との相乗に見合った作用を行うことになるだろう。

第一四三節

解答　重要なのは唯一、次の点である。すなわち、ある力によって打ち勝たれてしまうはずの自然の障碍は、その接点のところでいきなり有限な度数の抵抗を示すのではなく、最初は無限小の抵抗であり、その後引き続いて、運動の力が無限小の距離を通過してはじめて、それが出会う抵抗も有限になっていく、ということである。このことを私は、真の自然理論の一致ということにならって、前提としたい。ただしそれを確証するさまざまな根拠をここでいちいち引き合いに出すことはさし控えておく。そこで、ニュートンの学派の者たちは機会あるごとに、物体はまだ接触していなくても他の物体に作用する、と述べているのである。これに従うことで、無限小の質量を持つ小物体がそうした自然の障碍に与える作用と、その物体の質量がある程度の有限な量を持つ場合に与える作用とのあいだには、特別な相違が見てとれる。ただし、質量が異なる二つの物体の力のあいだにつねにある、すでに周知の差異は問わないものとし、われわれの活力の概念から出てくる差異のみを考慮するものとしてであるが。

さて、すでに知られているように、物体は、活力を持っていても、重力の圧力という障碍を克服するのにそれが使われる場合には、その物体の作用はたんなる速度に比例するに過ぎず、活力の標徴となる内張性は、すべて作用することなしに消滅してしまう。しかし、重力の反圧は、無限小の牽引力によって物体の質量の深奥部にまで、すなわち運動物体の無限小の部分にまで直接に作用するから、この物体の状態は、活力を持ってはいても無限小の質量でどんな自然の障碍にもぶつかっていくような、小物体の状態と同じものとなる。なぜなら、ここでその小物体は、先に記したように、重力と同様に無限小の牽引力で直接に向かってくる抵抗を、つねに受け止めており、そのために、そうした無限小の質量はやはり同様にして活力をおのずから消費してしまい、どんな自然の障碍にも、その速度に比例して作用するだけになるからである。

しかしこうしたことは、無限小の物体にのみ生じることであり、これに対して有限で一定の質量を持つ物体は、

W200　C170　A165 V196

同様の障碍にも、活力に見合った作用を行うことができるわけで、これは、障碍はその抵抗を外部からのみ行い、重力のように深奥部には作用しないという想定からも、まったく明らかなことである。したがって、そうした無限小の質量が、障碍による継続的な無限小の抵抗によって、そのすべての速度を失ってしまっても、有限な物体自身は無限小のものを失うだけで、つまりは何も失わないのであり、この物体の力は有限の度数の抵抗に対してのみ使われるのに、無限小の抵抗ではそこまでには至らない。それゆえ、この物体は、第一三八節第四項で見たように、活力をそれに比例した作用へ振り向けている物体がそうでなければならないような状態に、達することになる。

第一四四節

ある物体がその活力に比例した作用を行えるには、質量が一定のものでなければならず、それ以下の小さな質量ではこのことは行えない

そこで、有限な力を持つが無限小の質量で動いている物体の作用は、自然の中では決して速度の二乗に比例するのではなく、たんに速度に比例するだけである。そこから、すでにわれわれが何度も実施してわかっているはずの方法に従って、次のことが帰結する。すなわち、物体は活力を持つのだから、所定の状態にあれば、(原注)質量がどれほど任意に小さくともその物体の作用は活力に比例する、とはつねに無条件に言えるものではないということである。そう言えるためには一定の量の質量が必要なのであり、それ以下の質量では、自然の障碍がどんなものであっても、こうした障碍に対する物体の作用は、その物体の活力に比例することはできない。質量がこの一定の規準より少ない量になればなるほど、作用も活力との比例関係から遊離していくのであって、質量が規準以上の量であればこうした遊離が生じないことは、すでに自明なことである。

（原注）　他のより大きな質量の物体が同じ速度で、その活力をすべて使うような場合。

第一四五節

ここから以下のような諸注記が生じる。

一、物質の小部分でも、それが大きな質量としっかり結びついている場合には、単独でそれだけが分離して行うのとはまったく異なる巨大な作用を、活力によって発揮することができる。

結論

二、この相違は、しかしながら必然的なものではなく、以上の自然の偶然の性質に基づくものである。それはすなわち、自然のあらゆる障碍は、衝突してくる物体に有限の抵抗を与えるより以前に、連続律によって、すでに遠くから無限小の度をもって始まっているということ、およびこれとは関係なく、自然はその他の作用をすでに許容していないということである。

三、力が活力化しており速度も等しい二つの物体の作用は状態が同じならそれらの質量に比例する、ということは無差別に真であるわけではない。なぜなら、一方の質量が先述した規則の規準よりも小さければ、その作用も速度の二乗という測度からは遊離したものとなり、質量のみに比例するとされる場合よりもずっと小さなものになるからである。

四、物体はその形が変化することで、質量に変化がなくとも、上述の状態で、力はその速度の二乗に比例しながら、作用は速度に比例するということもできる。したがって、活力を持つ物体がきわめて小さな作用しか行えないということになるが、こうしたことが起きるのは質量、速度、活力、ないしは障碍の性質には何の変化も生じていなくても、たんにまったく形が変化したことによる。たとえば、活力を持つ黄金の球は、同じ速度と力を持つ黄金の物体だが、あらかじめ薄く広く圧延されている黄金の板が、同じ障碍にぶつかるのに比べると、はるかに大きな作用をもたらす。なぜなら、板の場合には力はまったく変化していないが、形が変化しているために、板の最小の諸部分が障碍にあたる際に、ちょうどそれぞれの部分が別々に分かれて衝突するようなかたちになり、その結果、今しがた証明したように、それらの諸部分は活力によって、その活力に比例して作用するのではなく、その作用はたんなる速度を測度としたものに近似するか、それに等しいものとなるからである。これと反対に、その質量が硬い球の形で障碍に衝突すれば、きわめて小さな面積でぶつかることになり、抵抗の無限小のモーメントは、そのような小面積でぶつかればこの質量の運動を消費することはできない。そのために活力は損失を受けず、この障碍の有限量の抵抗に対して一気に使われることになる。同様に明らかなのは、最初の方の板の形であれば、障碍のずっと大きな平面に当たることになり、その結果、同じ質量であってもきわめて巨大な抵抗を、障碍のすべての点に存する無限小の牽引力から受けることになり、それらの牽引力によって容易に消費されてしまって、前者の仕方では生じなかったことだが、活力をまったく失ってしまうか、そうでなくとも大きな損失をこうむることになってしまう。

第一四六節

流体は速度の二乗に比例して作用する

とはいえ、ここで証明された法則から出てくるもっとも重要な帰結は、その法則からまったく自然に出てくるものであって、それはすなわち、流体は衝突によってその速度の二乗に比例して作用する（原注）、ということである。もっとも、ここで作用がその活力に比例するはずであれば、それは速度の二乗ではなく、三乗に比例するのでなければならないことになり、これはわれわれの活力の理論には相反しないが、ジュリン氏がすでにきちんと指摘していたように[12]、ライプニッツ氏の活力を否定するものとなる。

（原注）　マリオット氏[13]が実験で示したように。

どうして上記からこのようなことになるのか　というのも、流体は無限小といってよい微細な部分に分かれており、それらがまとまっても凝縮した固体にはならず、それぞれが順次個別に他の部分とは分かれて作用するものである。そのために、これらの小部分は、すでに指摘したように、無限小の小物体がどんなものにせよ自然の障碍にぶつかる際につねに受けるような、活力の損失を受けることになり、その力は速度の二乗に比例しているにもかかわらず、たんなる速度に比例してしか作用しないのである。

リヒター氏は、ジュリン氏によるこの打撃をそらすのに、多大のむなしい努力を払った[14]。氏の行ったことが無駄骨だったのは、力はその作用と同じに比例するしかない、という規則に氏が縛られていたからである。

媒体空間の抵抗について　最後にまた、ここから誰でも容易に理解できるのは、自由運動と活力を持つ物体が、流体の媒体空間の中では、どうしてその速度の二乗に比例した抵抗を受けるだけで、それによってわれわれのいう活力に損失が生じないのか、ということである。だがこれはライプニッツの測定には相反するもので、それによればこの抵抗は速度の三乗に比例せねばならないのである。

第一四七節

これまでわれわれが述べてきた規則を確証するような経験は無数にある。そうした経験は厳密に測定されてはい

W204　A169　C174　V201

経験によって確証される

ないが、誤ってはいないし、大方の賛同という点では一致している。

もしわれわれの規則を認容しないとした場合には、以下のように見なさねばならなくなる。すなわち、きわめて小さい物体でも、速度が質量の平方根に反比例する、あるいはデカルトの規則でいえば、速度が質量自体に反比例するとすれば、同様の状態でより大きな質量が衝突の際になすのと同じ大きさの作用をすることになるだろう、と。だが経験はこれに矛盾している。なぜなら、誰でも一致して認めるだろうが、綿毛や日光に浮かぶ塵埃に、いくら求められるかぎりの大きな速度を認めてやったところで、それが自由運動によって砲弾のような作用をもたらすことはないだろうし、いくら大きな速度の自由運動でぶつけたところで、それらのどれかが硬い物塊を破壊したり壁を貫通したりできるなどとは、誰も推測しないだろうと思われるからである。こうしたことはすべて、本格的に準備された実験で検証したり確証したりはできないが、それほど大がかりなことではない似たような事例において、無数の経験があるのであって、前述の結果を疑う者はない。

ところでしかし、先の小物体が前述した速度を備えていれば、デカルトの測度か、ライプニッツの測度か、あるいはわれわれの測度かのいずれにしても、必然的により大きな物体と同じ力を持たねばならない、ということも否定できない。したがって、これを説明しようとすれば、小物体はその力の割合から見なされるよりもずっと小さな作用をなすのでなければならず、その活力の大部分は作用することなく無効になってしまう、ということ以外に手段はないのであって、これについてはわれわれが第一四三、一四四、一四五節で証明したとおりなのである。

第一四八節

弾性物体の運動はわれわれの測定ではなくライプニッツの測定を否定する

デカルト派の測定以外には、どんな測定でもなんら手がかりが見出せないような、したがってわれわれの力の測定には背反するように思われる経験のひとつが、衝突の際の弾性物体の運動である。これについては前章で詳細に取り扱い、まったく誤りのない実験によって真であることが確かめられている。実際にも、この経験はライプニッツ氏の二乗の測定を、それと分かちがたく結びついている前提によって否定している。その前提とは、力が消費されて生じる作用はつねにその力と等しい、というものである。われわれはこの法則には従わなくてよいという確実な利点を持っており、これによってその打撃をこうむらないですむのである。

すでに前述したことからわかるのは、活力はどこか外部から、衝突のような外的原因によって物体の中に持ち込まれたのではないということである。ここから推察されるのは、衝突された物体の活力を衝突した物体の作用と見なすのではなく、後者を前者で計量しないということである。だが、ここでさらに出会ったように見える困難をすべて真に解決するのが、以下の要件である。

第一四九節

証明

力学を理解している者であれば誰でも、弾性物体はそのすべての速度で他の物体に一気に作用するのではなく、その物体に順次およぼす無限小の速度の継続的な累積によって作用する、ということを知っているはずである。これについて特別な原因に立ち入る必要はなく、私の言うことに一致して賛同してもらえれば、またこの前提なしには運動法則は説明できないということを誰もが認めてくれれば、それで十分である。これについての真の原因はおよそ次のようなものだろう。すなわち、弾性はばねの本性に従って、そのばねを圧すのに十分なだけの量の速度に反発するものである。したがって、すべての無限小の押圧を受ける際に、そのばねは、衝突してきた物体の速度の無限小の量だけをつねに受けるのであり、瞬間ごとに、全速度に対してではなく、無限小の量の速度に対してだけ反発する。そしてその無限小の量を自分の中に受け入れ、継続的に累積することで、全速度を、押圧される物体の中にこうして伝えることになる。

上述したことに従ってここから帰結してくるのは、以下のことである。すなわち、衝突する物体はこの場合、その速度の個々の無限小の度で順次作用するだけなので、その速度にたんに比例するだけの作用を行い、活力を損失することなく自分の中に持っていることができるのである。

第一五〇節

ライプニッツ氏の好んだ法則は、世界内での力の一定量の不変な保存というものであるが、これもまた、ここで厳密に検証する必要があると思われる題材である。以下のことがすぐさま明らかになる。すなわち、これまでの諸考察が何らか根拠のあるものだとすれば、ライプニッツ氏の法則は、通例受け取られているような意味では成立できない。それでは、この点においてわれわれの測定が何を導入するのか、周知の氏の法則に大きな賞賛をもたらした普遍的調和と秩序という規則を、われわれの測定がどのようにして満足させられるのか。これについて私は多少の概要を示す用意はあるのだが、われわれの企図の本題からしても、また、こうした未開で前人未踏の題材に、読者諸氏の注意力がきっと倦まれたこととも思われ、私もすでにあまりにも惑わし過ぎたかともおそれているので、それをしないでおく方が適当だろうと考える。

第一五一節

われわれは今や経験の国にいる。しかしこの国に居を定めるには、先住権を口実としてわれわれをこの領域から追い払おうとする者たちの要求を、まず確実に根絶しておかねばならない。われわれがこれまで、そのために行ってきた努力は、もし著名なミュッセンブルック氏を創始者とすることから説得力や明敏さを備えた実験と力学的証明とを見過ごしてしまい、それに対してわれわれの引き受けた活力説を擁護しなかったとしたら、不完全なものになってしまうだろう。氏はライプニッツ派の意味での活力を、その実験と力学的証明で擁護しようとしたのであり、それゆえこれを検証することはわれわれの義務である。

より厳密に検討を加えればわかることだが、氏は期待していた成果を得ることができず、むしろデカルトの力の測度を確証してしまっている。このことは、われわれが折にふれて指摘した以下のことを、再度確認するものである。すなわち、力の源泉を外的原因の中にのみ見出そうとしているあいだは、二乗を測度とするような力の痕跡は見つからない、また真の活力は、外部から持ち込まれて物体の中にあるのではなく、外的な牽引力を受けて、物体の中で内的な自然力によって生じる努力の結果である、さらにしたがって、外的に作用する力学的原因という測度だけを想定し、受け取る方の物体の力の測度をそれによって規定しようとする者は誰でも、判断をまちがえなければ、デカルトの測定以外のものには出会わないだろう。

第一五二節

ミュッセンブルックによる活力の力学的証明

ミュッセンブルック氏の証明[15]は以下のようなものである。

中空の円筒があり、これにひとつのばねが固定してあるとする。* この円筒からは、いくつかの穴が開けられた一本の棒が突き出ており、その棒は固い金属板の穴を通っている。今、鋼のばねをこの金属板の方に押圧して圧縮し、棒が金属板の穴から長く突き出るようにしたとき、棒の突き出ている方の穴にピンを通すことで、ばねを圧縮したままにしておくことができる。最後に、その円筒を振り子のように二本のひもで何かの機械にでも吊り下げる。それからピンを引き抜けば、ばねははじけて円筒に一定の速度を与え、この速度は円筒が持ち上がった高さでわかる。この速度を10としておこう。ここで、円筒の中に必要なだけの錘を入れてその重さを前のものの二倍にし、同じようにばねを圧縮する。それから再度このばねをはじけさせると、円筒が達した高さから、速度が7.07だったことがわかる。このことからミュッセンブルック氏は以下のように論じる。

ばねは二度とも同じように圧縮されており、したがってどちらの場合にも同じ力を持っている。また、どちらの場合にもばねはそのすべての力を使ったのだから、どちらも円筒に同じ力を与えている。したがって、質量1で速度10の物体が持つ力は、他方の質量が2で速度が7.07の物体の力と同じでなければならない。だがそれが可能

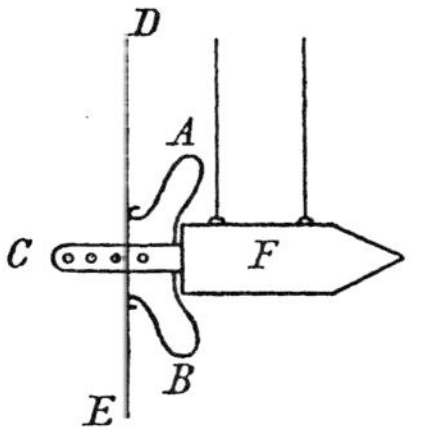

第26図

になるためには、力を質量と速度の二乗との相乗によって計量する以外にない。なぜなら、速度の他のどんな関数からもこの等式は与えられず、ただ10という数の二乗と7.07の二乗は質量1と2との逆比に近似quam proximeしており、それらと反対側の質量との積は等しくなるのである。

こうして氏は、力は速度を測度とするのではなく、速度の二乗によって測定されるという結論に達するのである。

V 206

第一五三節

この議論に対して私見をあまりに長々しく述べるべきではないだろう。そこで私は、はね返るばねの圧力モーメントは、ライプニッツ派も認めるように死力でしかないこと、したがってこのモーメントも、それによって物体に与えられた力のモーメントも、たんに速度によってのみ測定されねばならないこと、したがってまた、これらのモーメントの総和である力の全体もこれによって測定されねばならないこと、などという、これに関して語りうる根拠ある異議については、何も言及しないでおくことにする。しかし私は、幾何学的に自明で誰もが知っている力学的な方法を使い、同時にいくらか詳細に解明したいと考える。それは、この問題がもっと手短かに理解できるほど容易なものではないからではなく、力の測定の論争の中で、従来、ばねの作用に関して生じていたあらゆる混乱を、一気に処理してしまいたいからである。

A 174
C 179

第一五四節

ミュッセンブルック氏の述べるところでは、ばねはどちらの場合でも同じように圧縮されているから、どちらも

W210

同じ力を持ち、いずれの場合も円筒にそのすべての力を与えるから、ばねがはじけたときにも、どちらも同じ力を円筒に与える。これが証明の基盤になっているが、同時にまた誤りの基盤にもなっている。とはいえ、こうしたことはミュッセンブルック氏個人の問題というよりは、ライプニッツの力の測定の擁護者すべてにあてはまるものなのである。

同じように圧縮されたばねでも、より大きな物体には、小さな物体の場合よりも大きな力を与える

ばねのすべての力という場合、それはばねの圧縮の内張性に他ならないものと理解できるが、この力はまた、ばねが作用を与える物体が、ばねの圧力のモーメントから受ける力に等しい。これについてはたしかに、ばねが作用を与える物体が大きいか小さいかには関係なく、その力は等しいといえるだろう。だが、そのばねが物体を一定時間圧しつづけることで与える力を考えてみれば、明らかに、こうして物体の中に与えられた力の量は、それだけの押圧が物体の中で累積された時間の量によるのであり、この時間が長ければ長いほど、同じように圧縮されたばねがその時間内で物体に与えた力も大きくなるのである。ところで、ばねが物体を圧しつづけてすっかり伸びきるまでにかかる時間は、いくらでも任意に長くすることができる。すなわち、圧される方の物体の質量を途方もなく巨大にしてみればよい。したがって、ばねに圧される質量を大きくしたり小さくしたりすることで、同じばねが同じように圧縮されていても、それがはじけて与える力を任意に大きくも小さくも変えられるのである。ここから明らかになるのは、ばねがはじけてその圧しつづける物体にすべての力を与える、という表現がいかに自然に反しているかということである。なぜなら、ばねが物体に与える力は結果として、ばねの力だけでなく、同時にぶつかられる物体の性質にも、したがってどれだけ長くあるいは短くばねに圧されているのか、その質量が大きいのか小さいのか、ということにもかかっているのであり、ばねの力とは、それだけを他とは別に見るかぎりでは、ばねの伸長のモーメントのことなのである。

第一五五節

ミュッセンブルック氏の困難の解決

今や、ミュッセンブルック氏の証明の中にある混乱を防止するのは容易なことである。二倍の重さの円筒は、他方の質量が1のものに比べると、ばねが伸長する圧力をより長く受けることになる。ばねは同じ圧縮力でも、後者の円筒の方を早く突き放し、ばねが伸長し終えるまでの時間も後者の方が短いことになる。だが、各瞬間にばねが円筒を圧す力のモーメントはともに等しいので(なぜなら速度のモーメントは質量に反比例するから)、重い方の円筒はばねの衝撃から、軽い円筒よりも大きな力を受けることになる。したがって、この力が両方とも等しいという結果になるような測定は間違っているのであり、その力を速度の二乗によって測定することはできないのである。

V 208

第一五六節

円筒の速度の二乗が質量に反比例するのはどうしてか

同じばねから得た円筒の速度が、ちょうどその速度の二乗が質量に反比例するようになっている(そもそもこの反比例ということにライプニッツ氏の擁護者たちは引っかかったのである)のは、いったいどうしてなのかという原因を知りたければ、デカルトの測度以外の助けを借りることもなく、さほどの困難もなしにはっきりさせることができる。

C 181
W212

というのも、力学の初歩的原理によって以下のことが知られるからである。すなわち、等加速度運動 motus uniformiter acceleratus においては、得られた速度の二乗は移動距離に比例する。したがって、ともに等加速度運動と見なされる二つの物体の速度のモーメントが等しくない場合には、その運動で得た速度の二乗は、距離とこのモーメントの積に比例することになる。けれどもミュッセンブルックの実験では、同じように圧縮されたばねがそれぞれの円筒に等加速度運動を与え、ばねがその最大の伸長点に伸びきるまでに、その加速度運動で進む距離は等しいことになる。したがって、ここで伝えられた速度の二乗は、ばねの押圧がそれぞれの円筒に与えた速度のモーメントに比例し、円筒の質量に反比例することになる。

第一五七節

今や、速度の二乗によって測定される力が自然の中に実在することを、反論しがたいように証明する実験および経験を示すときがきた。本拙論を読むために多大の労力を費やされた親愛なる読者諸氏に対しては、勝利の確信でこれに報いることになるだろう。

活力を証明する実験　私が問題とするのは、活力に関する論争の性格を十分に心得ている人のみである。したがって、物体がやわらかい物質に衝突してつけた痕を測定することで、その物体の力を査定しようという、リチオールス氏、[16] スフラーフェザンデ氏、[17] ポレニ氏、[18] ミュッセンブルック氏などの有名な実験については、読者はこれらを熟知しているものとする。ごく手短かに言及するなら、同じ大きさで同じ質量の球が、異なる高さからやわらかな物質、たとえば獣脂に自由落下すると、そこにできたくぼみは球が落下した高さに比例し、すなわちその球の速度の二乗に比例していた。さらに、同じ大きさだが、質量がちがう球を、その質量に反比例する高さから落下させた場合には、やわらかい物質にできたくぼみは等しいことがわかった。この実験が正当であることに対しては、デカルト派もなんら異議を唱えなかったが、そこから出てくる結論が論争の的になった。

ライプニッツ派はこれを次のように論じており、それはまったく正しいものである。すなわち、貫入してくる物体の力に対抗するやわらかな物質の障碍は、その物質の各部分の連結したものに他ならず、そのために物体が貫入する際に行うのは、唯一、その各部分を引き離すことだけである。ところでその連結はやわらかな物質のどこでも一様なのだから、抵抗の量、すなわち、物体が障碍を破ろうとして加える力の量は、引き離された諸部分の総和、すなわち作られたくぼみの大きさに比例するのでなければならない。しかし、前述の実験から、このくぼみの大きさは貫入してくる物体の二乗に比例するのだから、これらの物体の力もその速度の二乗に比例することになる。

第一五八節

デカルト派の異議

デカルトの擁護者たちは、これに対してなんら有力な異議を持ち出せなかった。しかし、彼らはかねてから、活力ということが、ライプニッツ派も引き合いに出していた数学によって否認されるだろうという強い確信を持っており、幾何学が認めないことを確定するような実験は、まちがっているにちがいないと信じて疑わなかったので、この困難をできるだけうまく乗りきってしまおうと考えた。われわれはすでに上述したところで必要な注記は示しておいたので、ここでは、先の実験を無効にするためにデカルト派が持ち出した逃げ道が、どんなものだったのかだけを見ることにしよう。

デカルト派の異議によれば、ライプニッツ派はここでもまた、くぼみが作られる時間のことを考慮しなかった。このやわらかな物質という障碍に打ち勝つのには、重力を克服するのにそうであったのと同様に、時間というものがまさに結節点なのである。そこで作られるくぼみは、同じ時間でできたものではないだろう。要するに、デカルト派の確信では、重力の障碍を克服する際に時間を持ち出して異議を唱えたのはうまくいったのだから(実際にその通りでもあったのだが)、これを再度持ち出してきて、活力に反対するのに使っても、まったく同様の成果を得られるだろうというのであった。

第一五九節

なされる反駁

ライプニッツ派がこの提訴を、あっさりと片づけてしまったことを、私はよく知っている。底面積の異なる二つの円錐体をやわらかな物質の上に落下させる際には、くぼみの作られる時間は必然的に等しくなるが、それでも結果は前の場合と同様の状況だったのである。しかし私は、これでよしとするのではなく、デカルト派が言い立てている困難を根本から廃棄したいのである。

重力の作用においては時間が考慮される

そのためには、物体が克服せねばならない重力の圧力が持つ抵抗が、どうして距離にではなく時間に比例するのか、という原因を検討してみるだけでよい。その理由は以下の通りである。すなわち、物体が重力のばねに打ち勝つ際には、それによって重力の働きを消滅させているのではなく、たんに重力と平衡を保つだけで、重力はその抵抗の努力を減少させることなく保持して、物体が重力にさらされているかぎり、つねに同じ度で作用しつづけているのである。物体が重力というどのばねにも打ち勝つことで、同時にいわばそれらのばねを破壊して力を消滅させようとする場合には、それぞれのばねは同じ力を持っているのだから、物体が受ける抵抗は疑いなく、破壊されたばねの総和に等しいことになり、時間は任意なものとなる。しかしそれぞれのばねは、物体に打ち破られたとしても、なおその圧力を保持しており、物体が重力の下にあるかぎり、それに圧力を与えつづけている。したがって、一個のばねが行う作用は、単独で不可分の圧力として生じているのではなく、互いに関連した一連の圧力をなし、それは、物体がその圧力の下にある時間が長ければ長いほど、大きくなるのである。たとえば、物体の運動が遅くなっているような空間の部分では、運動がより速い部分よりも、各点に物体がとどまっている区分時間は長くなり、したがって、そこで物体はそれぞれのばねから、同じ圧力を、運動が速い場所よりも、より長い系列で受けることになるのである。

やわらかい物質ではこれとはまったく異なることになる

しかしながら、やわらかい物塊がちぎれていく場合はこれとはまったく異なることになる。そのやわらかい物塊のどの部分も等しい力で凝集していることから、これを引きちぎる物体からも等しい度の力を奪うが、それによって物塊はばらばらになり、物体がこの物塊にとどまる時間がどれほど任意に大きくなったとしても、以降はもはや抵抗しなくなってしまうのである。なぜならここでは、ばねがその抵抗とちょうど同じだけの作用で同時に破壊されるわけだから、そもそも破壊できない重力のばねのようには、それ以降も作用しつづけることができないからである。それゆえに、やわらかい物塊が貫入してくる物体に及ぼす抵抗は、その物体が破壊したばねの総和、すなわち物体が作ったくぼみに等しいものとなり、ここでは時間はなんら問題とはならないのである。

第一六〇節

ライプニッツ派が、デカルト派のこの重大な過失についてきわめて満足して勝ち誇ったのも無理はない。ライプニッツ派はさまざまな過失を指摘されて面目を失っていたわけだが、この偶然による仕返しで、論敵であるデカルト派も同じような目にあわされたことになる。ライプニッツ派は、ないはずのところにも活力があると思い込んでいたわけだが、それに何の支障があるのか。デカルト派の方は、よほど目がくらんでいたのでなければ、誰も見過ごすはずがないようなところで、あるはずのところに活力を見つけられなかったのである。

第一六一節

したがって、上述した実験は、自然の中に速度の二乗を測度とする力が存在していることを証明しているが、ただ、われわれの先の考察からは、どういう条件ではそれが生じないか、またそれが生じる唯一の条件はどんなものかが説明されたのである。われわれが指示したようにこれらすべてのことを利用すれば、活力についての十分な確実性だけでなく、活力の本性についても、従来にはなかったしあり得たはずもなかったような、たんにより正しいだけでなくより完全な概念を手に入れることになる。先の実験の特殊な性質にはいくらか変わった特徴があるので、これには特別な注意を与えることができる。しかし、きわめて広範な論究で読者諸氏の集中力も疲れ果てており、もう終わりにしてほしいと思っておられることだろうから、これについて立ち入る余地はない。

ただし、あとひとつのことだけについてはどうしても触れないわけにはいかない。それは先述の法則に、多大の光をもたらしてくれるからである。われわれの示した実験では、速度の二乗によって測定されるような力があることが証明された。したがって、第一三八節第四項に基づいて、障碍のどの部分が持つ抵抗の速度も、この実験では有限量となる。なぜなら、それらの速度が、重力の圧力のように無限小の量でのみ起こりうるというのなら、それらの速度に打ち勝つことからは、重力の場合(第一三九節)と同様に、二乗によって測定される力は見出されなかったろうと思われるからである。したがってわれわれが証明したいのは、やわらかい物質の諸部分の抵抗 Renisus は、重力のように無限小の速度ではなく、有限量の速度で生じるということである。

第一六二節

やわらかい物質の抵抗のモーメントは有限な速度で生じる

球状の物体がやわらかい物質につける円筒形のくぼみを、無限小の厚みをもった小円板が重なったものと考えると、それぞれの円板は押しのけられた物質の部分を表している。したがって、円板が全部集まれば、貫入してくる物体からそのすべての速度を奪うのだから、それぞれの小円板は、その物体の速度の無限小の部分を奪うことになる。しかしながら、そうした小円板の重量は、球の質量に比べれば無限小であるから、その抵抗によって物体から運動の無限小の部分を奪うことができるためには、小円板の抵抗の速度も有限量でなければならない。したがって、やわらかい物質の各部分は、押し入ってくる物体に対して、有限量の速度をともなった努力によって抵抗するのである。証明終わり。

第一六三節

かくしてわれわれは作業を完了した。この企図の論述が適切であったとすれば，所期の要件に比してずいぶん大がかりなものとなった。とりわけ主要点については，反駁しがたい確実性を望みうるものと自負しているしだいである。こうした利点を誇るからには，本論を終えるにあたって，私の債権者たちと，学識と発明についての精算を済ませておかねばならない。デカルト派が鋭利な努力を傾けた後だったために，二乗による測定の誤謬を数学によって回避することは，困難ではなかったし，ライプニッツ派が明敏な準備を整えていてくれたために，それが自然の中にあることを見過ごすこともほとんど起こりえなかった。両極端についての知識があったために，両者から見て真理として定まる点を規定するのにも困難はなかった。これを見出すのには，卓越した明敏さなどは必要なく，党派性をあまりもたず，少し気分の平静を保っていられさえすれば，苦難はただちに取り除かれたのである。ライプニッツ氏の仕事に誤りを散見することができたとはいえ，この点に関しては私はなおもこの偉人の債務者である。なぜなら，この不滅の発案者に負うており，この迷宮からの出口を示す唯一の手段であった，連続律という優れた法則を導きの糸とするのでなければ，私は何もなすことはできなかったろうからである。要約するなら，問題は私の有利を示す最良の結果とはなったが，私に残されている栄誉の配当はわずかなものであるので，栄誉心が，それを私に与えるのを惜しむほど卑屈になるべきものでもないであろう。

終わり

地球自転論

大橋容一郎訳

Untersuchung der Frage,
ob
die Erde in ihrer Umdrehung um die Achse,
wodurch sie
die Abwechselung des Tages und der Nacht hervorbringt,
einige Veränderung seit den ersten Zeiten
ihres Ursprungs erlitten habe
und
woraus man sich ihrer versichern könne,
welche
von der Königl. Akademie der Wissenschaften zu Berlin
zum Preise
für das jetztlaufende Jahr aufgegeben worden.
(1754)

地球は，昼夜の交代を引き起こすその自転において，
地球の創成初期以来いくらかの変化を受けてきたか，
ならびにそれはどこから確証されうるかという問題の研究，
この問題はベルリン王立科学アカデミーにより
懸賞として本年度の課題とされた.[1]

A版 第1巻 183-191頁
C版 第1巻 189-196頁
Z版 3-9頁

王立科学アカデミーが今年の課題で懸賞を争っている諸論文に対して下す決定は、まもなく公示されるはずである。私はこの論題に関して考察を行ってきたが、もっぱらその自然学的側面のみを考察してきたので、それについての私の考えを簡略に概説してみたい。この論題はその本性上、自然学的側面では、懸賞を獲得しうるほどの論文に必要な完全性の程度に達することができないことがわかったからである。

アカデミーの課題は次のとおりである。**地球は、昼夜の交替を引き起こすその自転において、地球の創成初期以来いくらかの変化を受けてきたか、その原因は何であり、それはどこから確証されうるか**。この問題は歴史的に追究することができる。すなわちはるかな時をへだてた古代の記念碑を、それらに記された一年の大きさおよび、一年の始まりが四季を通じて変動するのを防止するために用いられねばならない閏日（うるうび）について調べ、今日決まっている一年の長さと比較することで、古代における一年の長さに、今日よりどれだけ多くの、ないしは少ない日数や時間数が含まれていたかを見ればよい。前者であれば自転の速度は減少しており、後者であれば今日までに増加してきたことになる。私は私の論題の中で、歴史という補助手段によって光明を得ようとは思わない。こうした古記録はあまりにも曖昧なものであり、それが現代の問題に関して告知することはあまりにも信頼しがたく、それらを自然の諸根拠と一致させようとして考案される諸理論は、おそらくはほとんど虚構くさいものでしかないだろう。それゆえ私は、直接に自然に依拠しようと思う。自然の連関は結果を明白に示すことで、歴史から得られた所見を正しい方向に導くきっかけを与えてくれるのである。

地球は地軸のまわりをたえまなく自由運動で回転している。かつて地球の形成と同時に与えられて以来、この自由運動は、それを遅滞させたり加速させたりする何らかの障害や外的原因がなければ不変のままであり、同じ速度と同じ方向で無限に持続していくものだろう。私が立証しようとするのは、その外的原因が実際に存在しており、しかもそれが地球の運動を徐々に減速させ、計り知れない長期間の間には地球の回転をまったく停止させてしまおうとする、ということである。いずれ生じざるを得ないこの出来事はきわめて重大で驚くべきものであり、地球の終焉という宿命的な時点がはるか先に設定されて、地球の居住能力や人類の存続もおそらくその時間の一〇分の一にすら達しないほどになったとしても、それでもなおこの前途にある運命の確実性と自然が徐々にこの運命に近づきつつあることだけで、驚嘆と研究に値する対象なのである。

もしも天空がある程度の抵抗性の物質で充満しているなら、地球の日々の回転はこの物質のためにたえまない妨害にあい、その速度は徐々に消費されて、ついには停止してしまうに違いない。しかし今やこうした抵抗を気にかける必要はなくなった。ニュートンが納得のいく仕方で、軽い彗星塵にすら妨害のない自由運動を許す天空は、無限小の抵抗を持つ物質で充満しているということを立証しているからである。(2) この推量されることのない障害を除けば、地球の運動に影響を与えうる原因となるものは月と太陽との引力以外にない。この引力は自然の普遍的な駆動装置であって、ニュートンがそこから自然の神秘を疑いえぬほど明白な仕方で展開してみせたものであり、ここに確実な試験を行いうるような信頼に足る根拠を提示しているのである。

もしも地球が流体というものを持たないまったくの固体であったなら、太陽の引力であれ月の引力であれ、地球の自由な自転を変化させるようなことはできない。なぜならそれらは地球を東の部分も西の部分も等しい力で引く

C 193　A 187　Z 5

ことで、一方へも他方へもいかなる傾斜を引き起こすこともなく、その結果として、地球はいかなる外的影響もないかのようにまったく自由に、妨害されることなくその回転を持続するからである。しかしある惑星の質量が相当量の流体要素を含んでいる場合は、月と太陽との引力は一体となってこの流体物質を動かし、その振動の一部を地球に押圧することになるだろう。地球はそうした環境にある。海洋の潮水は少なくとも地表の三分の一を覆っており、先に述べた天体の引力によってたえまなく、しかも自転とはちょうど逆向きの一方向へと運動している。したがって、これが原因となって回転にいくらかの変化がもたらされるのではないかという点は、検討に値する。この作用にもっとも大きな影響を持つ月の引力は、海洋の潮水をたえまなく波立たせ、月の真下で月に向かい合う地点および月とは反対側になる地点に向けてその潮水を流して、水位を上昇させようとする。これらの上昇点は東から西へと移り行くので、大洋に対して、その全容量がこれらの水域へと向かう持続的な潮流を生じさせる。船乗りたちの経験ではるか以前から、この一般的な運動は疑う余地のないものとされている。この運動は、潮水が狭い流路を通って流れねばならないために速度を増加する海峡や湾の中で、もっともはっきりと認められる。さてこの潮流は地球の回転とちょうど逆向きなのであるから、その潮流が地球の回転を、できるかぎり、たえまなく弱め減速しようとしている、と明確に見なすのももっともなことである。

たしかに、この運動の緩慢さと地球の速さとを、潮水量の僅少さと地球の大きさとを、そして潮水量の軽さと地球の重さとを比較対照すれば、そうした作用は無に等しいとも見なされうるだろう。だがこれに対して、この衝動がたえまなく、昔から持続しかつ永続的なものであること、地球の回転は自由運動であって、どんなにわずかな量でもそこから奪われてしまえば、代替物のないかぎり失われたままになってしまうこと、反対に減速させる原因はいつまでも同じ力で働き続けるということ、これらを考慮に入れるなら、たとえわずかではあってもたえず蓄積されることで、ついには最大量をも使い尽くしてしまうに違いない、そのわずかな作用を無に等しいと断言するのは、哲学者にはまったくあるまじき偏見ということになろう。

東から西へと向かう海洋の不断の運動が、地球の自転に逆らって行う作用の大きさをなんとか計量できるものとして、大洋がアメリカ大陸の東海岸にぶつかる力のみを計算すればよいだろう。その際、ぶつかられる範囲を両極にまで延長し、欠けてしまうところはアフリカの突端部とアジアの東部沿岸によって十二分に補塡させることにする。上述の海洋の運動は赤道直下で毎秒一フィートとし、両極方向へはちょうど緯度圏の運動と同程度に減少するものとする。最後に、潮水の攻撃にさらされる大陸の面の高さは、鉛直深度で見積もって一〇〇トワーズ(フランスの六フィートのルーテ)[3]と推定される。そこで、海洋が運動によってその障壁面を押す力は、底辺が一方の極から他方の極までにわたって今想定されている面全体、高さが一二四分の一フィートの、潮水の重量に等しいことがわかる。容積が一一〇万立方トワーズのこの潮水に対して、地球の容積はその一二三〇億倍になる。そしてこれだけの潮水の重量が地球の運動につねに逆らって押すのだから、この妨害によって地球の運動がまったく停止してしまうのにどれほどの時間がかかることになるのかは、簡単にわかる。満ちてくる海洋の速度が最後まで一定で、地球という塊がその潮水の物質と同じ密度を持つと仮定すると、そのためには二〇〇万年を要することになるだろう。[4]これを基準とすると、普通の短い期間では、問題の減少は大した値にはならない。たとえば二〇〇〇年の時間では、減衰の大きさはそれ以前にくらべて、一年が八時間半短くなった程度であり、自転はそれと同じだけ遅くなったのである。

さて、たしかに運動が減衰するとはいっても、そこには大きな制約がある。一、今仮定したように地球全体の密度が潮水の比重に等しい、ということはない。二、満ちてくる海洋の速度は、外洋では毎秒一フィートよりはるかに小さいように見える。だがこれらと反対に、そうした欠損は以下の点によって十二分に補塡される。一、赤道直下の一点の速度を持つ前進運動で算入されていた地球の力は自転だけだが、これはきわめて小さなものでしかなく、それよりも、回転している球の表面に与えられる妨害も、中心からの距離に応じてこの利得を持つので、双方の原因をまとめれば、潮水の攻撃による減衰は約二分の五増加する。二、だがもっとも重要なのは、運動している海洋の作用がたんに、海底に隆起する凹凸、大陸、島や岩礁に対して起こるだけではなく、海底全体に対して加えられるということで、たしかにそれぞれの点においては先の計算での鉛直方向の攻撃にくらべてはるかに小さい値ではあるが、その反対に、作用が生じる範域の大きさとしては、前述の面の八分の一〇〇万倍にもなり、補塡されるものは途方もなく過大になるはずである。

これによってさらに疑いえなくなるのは、西から東へ[5]と向かう大洋の恒常的な運動は、現実的なかなりの力として、つねに地球の自転をいくらかは減衰させるように働いているということであり、長期間のうちにはその結果がまちがいなく認められねばならない、ということであろう。そうだとすれば、この仮説を支持するには、当然歴史の証言が引用されなければならないだろう。しかしながら、私は真実だと推測されるような出来事の痕跡をひとつも見つけることができず、したがってこの欠陥をできれば補完するという功績は、別の人間に譲ると申し述べねばならない。

地球が休むことなく一歩一歩回転の停止状態に近づいていくとすると、この変化の期間が完了するのは、地球の表面が月に対して相対的に静止する時、すなわち、月が地球のまわりを回るのと同じ周期で地球が自転し、したがって月にいつでも同じ面を向けることになる時であろう。地球にとって、こうした状態をもたらす原因となるのは、地表をごくわずかな深度でのみ覆っている流体物質の運動である。もし地球がその中心部まですべて流動的であるなら、月の引力はきわめて短時間のうちに、地球の自転をこの精算後の状態にしてしまうだろう。このことは同時に、月が地球を公転する際に、地球につねに同じ面を向けるようにされている原因をはっきりと示している。地球に向けられている部分が反対側より重すぎるからだというわけではなく、地球を公転するのと同じ時間で、月が実際に一様に自転するために、いつでも同じ半面を見せることになるのである。ここから確実に結論できるのは、地球が月に作用する引力によって、月の創成当時、月の質量がまだ流動体であったときに、当時はおそらくもっと速度が大きかったろうこの副惑星の自転が、先に引用した仕方で精算後の状態にされてしまったのにちがいない、ということである。そこからさらに、月は、地球がすでに流動体を脱して固体の状態になった後に、地球につけ加えられた後期の天体なのだろう、ということも見て取れる。そうでなければ月の引力は地球を間違いなく短期間のうちに、月がこの地球からこうむったのと同じ運命に導いたことであろう。今述べた注釈は天界の博物誌のひとつの試金石と見なされうるものであって、自然の原初の状態、天体の生成ならびにそれらの体系的連関の原因は、この博物誌の中で、宇宙構造の関連をそれ自体示している標徴から決定されねばならなかったのである。この考察は、地史が局地的に含むものと、大局的ないし無限の規模において同じものであり、今日この地球に関して努力の結果描かれているのと同じように確実に、そうした広い範囲にわたっても理解されることができる。私はこの論題に対して一連の長い考察を加え、それらをひとつの体系にまとめあげた。その体系は、宇宙生成論、ないしは宇宙体系の起源、天体の形成ならびにそれらの運動の原因を、ニュートンの理論に従って物質の普遍的な運動法則から導出する試みという標題で近々公表されるであろう。[6]

地球老化論

大橋容一郎訳

Die Frage,
ob die Erde veralte,
physikalisch erwogen.
(1754)

自然学的に検討して,
地球は老化しているかという問題

A版 第1巻 193-213頁
C版 第1巻 197-217頁
Z版 11-32頁

ある事物が年を経た太古のものといわれるべきか、それともまだ新しいものとされるべきかが知りたければ、それが持続してきた年数で測るのではなく、その年数が、持続するはずの年数に対して持つ割合で測らねばならない。同じ持続でも、ある種の生物については高齢と名づけられるものが、他の生物にとってはそうではない。犬が老いる年数は人間にとって幼児期を越えるものではなく、レバノン山脈のオークやスギは、ボダイジュやモミなら老いて枯れる頃になっても、まだその壮年の強靭さを備えるには至らない。(1) さまざまな被造物の老齢の尺度に、最近あいまいになってきた人類なみのものを適用しようとすると、たいていの場合は失敗する。フォントネルのバラたち(2)が庭師の老齢を推測したように、自分の尺度で判断しようとする風潮はあぶないものである。バラたちの言うには、**わたしたちの庭師はたいへんな老人である**。バラたちの見方では、**彼はつねに存在し、事実上不死であり、決して変化しないのである**。世界という場でその総体の大きな諸部分に見出される永続性を思い、しかもそれがほとんど不滅に近いような場合に、われわれは心を打たれてこう信じたくなる。地球に予定されている持続にとっては五、六千年もの経過も、おそらく人の一生にたとえれば一年間にも満たないものなのだろうと。

実のところ、地球が現在絶頂期にあるのか衰退期にあるのかが把握され、若いのか老いているのかが知られうるための指標は、われわれがそこから推定できる表示の中にはない。地球はたしかに、われわれにその創成の時と揺籃の時期を明かしてくれてはいるが、地球が現在、その持続の両端すなわち創成の時と滅亡の時との、どちらに近いのかはわからないのである。地球は老化し、徐々にその力を減衰して滅亡に近づいており、いまやその老衰期にあるのか、それともなお繁栄している状態であるのか、あるいはおよそ成熟の絶頂にはいまだ達しておらず、地球はおそらくまだ幼児期を抜けきっていないのか、これを算定することはまことに研究に値する題材であろう。

高齢の人々の嘆きのなかに聞き取れるのは、自然が目に見えて年老いてきており、衰えに向かう足取りが感じられるというものである。天候は昔ほど上々ではなくなってきている、と言われる。自然の力は弱まり、美しさや公正さは衰えている。人は昔ほど強壮でも長命でもなくなっている。こうした衰退はたんに地球の自然の状態に認められるばかりでなく、同時に人倫上の性質にまで及ぶとされる。古い徳は消滅し、それにかわって新しい習癖が出現している。偽りや欺瞞がかつての廉直さに取ってかわっている、というのである。このような妄想は反駁するに値しないものでしかなく、思い違いの結果というよりむしろ我欲の結果である。ご立派な老人たちはうぬぼれて自らを頼むあまり、お天道様は自分たちをその絶頂期に生かしてくれるよう配慮しているのだと思い込み、世界は彼らが死んだ後でも、彼らが生まれる前に進行していたのとまったく同様に過ぎていくということには思い至らない。彼らはえてして、自然は彼らとともに老いてゆくのだと思い込みたいのであり、そうすることで、もう終わりに近づいている世を去っても悔いはないと思いたいのである。

こうした想像と同様に根拠がないのが、自然の年齢と持久性とをひとりの人間の一生という尺度で測ろうとすることであるが、とはいえ二、三千年のうちにはおそらく大地の状態にも多少の変化が見られるだろうというような、別の推測をしてみることも当面無意味ではないだろう。ここでフォントネルとともに、昔の樹木は今日ほどは大きくなかった、人間は今日ある以上に長命でも強壮でもなかった、などということに着目してみても十分ではなく、思うにそれではまだ、自然が老いていないと結論づけるには十分とはいえない。それらの諸性質は本質的規定によって定められた制約をもっており、自然のどれほど有利な性質や最盛期の繁栄状態をもってしてもこの制約をおし進めることはできない。どんな土地でもこれに関しては違いはない。肥沃で最良の方位にある土地でも、この点では、やせて不毛な土地より有利だということはない。ただし、信頼すべき古代の報告と現代の精密な観察とを比較してみると、それらの肥沃さにいくらかの違いが認められうるのではないか、地球はあるいは以前には、もっと整備などしなくても人類を扶養するのに事足りていたのではないか、などの点に決着がつくというのであれば、当面の問題に光をあてることになるだろう。それはいわば長い進展の最初の部分をはっきりと示すことであり、それによってわれわれは、地球がその長い年月の経過の中で徐々にどのような状態に近づきつつあるのかを知ることができるようになるだろう。そうした比較はしかしながらきわめて不確実、というよりむしろ不可能である。人間は勤勉さによって地味の豊かさをもっとも多く得るのであり、かつて栄えた国がありながら今ではほとんど無人となった土地について、古い世代の粗放さと後代の者の衰弱とのどちらに荒廃と不毛の主たる罪科があるのかを確証することはほとんどできない。私としてはこういう研究は、双方の諸条件を歴史上の文化遺産に照らして検証することに手腕と関心をもつ方々にゆだねたい。私はもっぱらそれを自然学者として取り扱い、できればこの方面から何らかの根本的な洞察を得たいと思っている。

地球の理論を立てている大方の自然研究者の見解によれば、地球の肥沃さは徐々に衰退しており、ゆっくりとした足取りで、無人で荒廃した状態に近づきつつある、そして自然がまったく老衰し、その力を使い果たして滅亡したことが明らかになるには、ただ時間を必要とするだけだということである。この問題は重大であり、そうした結論に慎重に近づいてゆく努力は骨折りに値するものである。

しかしまずもって、自然の力によって完成にもたらされ、諸要素の力によって変容する物体の老化ということにふさわしかるべき概念を定義しておこう。

ある事物の老化とは、その変化の過程の内に、外部からの強制的な諸原因に基づいた期間のないものをいう。そうではなくて事物を完成にもたらし、その状態に保持しておく諸原因そのものが、気づかれないほどわずかずつの変化によってその事物をふたたび滅亡へと導くのである。ついには衰退し滅亡せねばならないということは、事物が継続して現存していく際の自然の明暗であり、まさに事物が形成されていくための根拠そのものからの帰結である。あらゆる自然物はこの法則に従っており、当初はその自然物の完成のために働いているメカニズムそのものが、いったん完成の頂点に達してしまった後では、それが事物の変化を続行させてしまうために、同じように、徐々に良い状態の条件ではなくなっていき、気づかれないような足取りでついには自然物に衰退をもたらすものとなるのである。自然のこうしたふるまいは動植物界の有機制[3]にはっきりと現れている。樹木を生長させようとするその同じ衝動でさえ、樹木が成長を完結すればそれに死をもたらすものとなる。繊維や導管の類がもうこれ以上伸長できなくなると、栄養液は各部分に同化吸収されつづけることで、導管の内部を詰まらせたり濃縮させたりしはじめ、この液体の抑制作用によって植物はついには枯死してしまうのである。動物や人間を生かし成長させるまさにそのメカニズムが、成長が完結してしまえば、それらについには死をもたらすものとなる。すなわち、それらの生命維持に役立っている体液が諸器官に付着し、器官がそれ以上拡張も容積の増加もできなくなると、管の内部は狭くなり、液体の循環が阻害されて、動物は足腰が萎え、老いて死ぬのである。地球上の良い状態が徐々に衰退してゆくのもこれとまったく同様であって、当初は完成をもたらしてくれた変化の結果の中に、長期間においてしか気づかれないようなかたちで組み込まれているのである。それゆえわれわれは、自然がその創成から終末までに見せてくれるさまざまに変わる情景を一瞥して、その終結部が滅亡に至るような一連の結果を概観してみなければならない。

地球は、混沌から生じた当初には疑いなく流動体であった。地球は球体であるばかりか、とりわけ、自転力によって変わる重力方向に対して地表があらゆる地点で垂直状態をとったことにより、回転楕円体の形状を示しているが、ここからは、地球がひとりでに安定する平衡を求めるような形態を取りうるだけの質量をもっていたということがわかる。地球は液体の状態から固体へと移行したのであり、しかも最初に固まったのは地表で、塊の内部では諸元素がまだなお平衡の法則に従って分離していて、弾性を持った気体元素の混合された粒子が固まった外皮の下面へと送り込まれてその下に広大な空洞ができ、そこに外皮がさまざまに屈曲して沈降し、かくして地表の不整合、大地、山岳、広大な海溝、そして水圏からの陸地の分離がもたらされるきっかけになったのだということについては、否定しがたい痕跡が見られる。われわれは以下のことを示してくれる自然の疑いようのない遺物を持っている。こうした地殻変動は長期にわたってまったく途絶してしまうことはなく、諸元素の分離といわゆる混沌の中で混合されていた気体の分凝固は、この地球の内部がかつてそうであり長きにわたってそうであったような流動塊の大きさに応じて、直ちに終わってしまいはしなかった。造られる空洞は徐々に大きくなり、広大なドームの基盤はくりかえし揺るがされて陥没を受け、それによって深海の底であった一帯が露出したり、また別の一帯が沈降したりしてきたのである。地球の内部がかなり固い状態になり崩落がおさまってからは、この球体の表面はやや落ち着いてきたが、それでも形成が完成したというにはほど遠いものだった。諸元素にはようやくある程度の制限が与えられるようになり、あらゆる混乱を抑止して表層全体の秩序と美とを維持できるようになった。海洋は自ら運び上げた堆積物で陸地の岸辺を高くし、この運搬で自らの海底を深くした。積み上がった砂丘や土手は洪水を防止した。陸地の水分を運び去るはずの河川はまだ自分の河床を持たず平地に氾濫していたが、やがておのずと適当な水路におさまり、水源から海に注ぐまで一定の傾斜をそなえるようになった。自然がこうした秩序ある状態に至り、その状態に確定することで、地表におけるあらゆる要素は平衡状態に達した。肥沃さはあらゆる面での潤沢さをもたらし、地球は新鮮で力の最盛期にあり、あるいはこう言ってよければ、その壮年期にあったのである。

われわれの地球の自然は、年齢を加えてゆく際に、どの部分でも同じ段階に達しているわけではない。ある部分は若く新鮮であり、別の部分は退潮し老化しているようにも見える。ある地方は粗野で形成されているのは半ばにすぎない一方で、別の地方は全盛期を迎えている、また他の地方は最良の時期を過ぎて、すでに徐々にではあるが衰退に近づいているといったふうである。一般に標高の高い土地はかなり古く、混沌からまずはじめに完成に至り、形成も完了するのに対して、標高のより低い土地は若く、完成の段階に達するのは遅い。この順序によって、前者がまずはじめに荒廃にふたたび向かうことになり、後者がその運命をたどるのはだいぶ後になってからということになる。

人間は陸地の標高がかなり高いところに最初に住み着いた。後にようやく平野に降り立ち、人間の増加にくらべてそのままの形成では遅すぎる自然の完成を速めるのに、自ら手を貸さねばならなかった。ナイル川の賜物であるエジプトでは、上流地域に人が住み、人口も稠密だったが、そのころ残り半分の下エジプトはまったくのデルタ地帯で、ナイル川が泥を沈殿させて河口の河床を高くし、定まった流れの岸辺を掘り崩してしまうために、住む者もない泥湿地だった。今では古いテーベ地方は、なみはずれた富裕をもたらしていたかつての際立った肥沃さと隆盛

Z 17　A 200
C 204

をすっかり減じてしまった。これに対して、自然の美は下流の若い地方に移り行き、この地方は、今では高地より肥沃さにまさっているとされている。ライン川の産物である低地ドイツ地方、ニーダーザクセンの平野部、ビスラ〔ウィスワ〕川(4)が多くの支流に分かれて、しばしばそれらの土地を自分の水域の下に覆い隠してしまおうという、いわば恒久的権利に執心しているプロイセンの一部などは、人間が精励してそこから部分的に勝ち取ったものだが、これらの土地は、そこがまだ泥湿地や入江だった当時すでに人が住んでいたそれらの河川の水源の上流域にくらべると、より若く肥沃で、栄えているように思われるのである。

このような自然の変化には解説をつけ加えたほうがよいだろう。陸地が海から解放されて自由になったとき、それらの河川は当初から出来合いの水路や流れの一様な傾斜を持っていたわけではなかった。流れはまだあちこちで氾濫し、水域をなして土地を使えなくしてしまっていた。それから流れは新しくてやわらかな土壌に徐々に水路をうがち、多量に含んで押し流した泥土で、そのもっとも太い流れの両側に自前の岸を造った。この岸は水位が低いときには流路を確保したり制限したりでき、さらに水かさが増した場合には氾濫によって徐々に高くなってゆき、やがて完全に水路ができあがった状態となって、周辺の土地から供給される水をゆるやかな一定の傾斜で海に運んでゆくことができるようになったのである。こうした自然の必然的な展開をはじめに享受した高地地方には、したがって最初に人が住みつき、他方、低地地帯の方はしばらくの間混乱との闘いがあって、その後ようやく完成に達した。それ以来、低地地帯は高地を簒奪することで富み栄えてきたのである。流れは増水すると押し流される泥土を多量に含んでおり、氾濫の際には流出地点のそばにそれを堆積することで流域の土地を高くする。川岸がある程度の高さになれば居住できる乾いた土地が造られるが、そこは高地の地味のよさで施肥されており、高地よりも肥沃になるのである。

地球の形態がこうむるこのような持続的な形成と変成とによって、低地地帯はときには高地では居住できなくなった頃に居住ができるようになる。とはいえこうした交代が生じるのはとりわけ、降水量の不足がひどくて、周期的な洪水がなければ必要な水を確保できず、しかも流れが川岸を自ら高くしてその氾濫を制限してしまうと、人の居住しない荒地が残らざるをえないようないくつかの地方にすぎない。エジプトはこうした変成のわかりやすい例であって、何度も状況が変化してきた。すなわち、ヘロドトス(5)の証言によれば、彼の時代から九〇〇年前には、川がわずか八フィート増水するだけでエジプト全域を水没させていたものが、彼の時代にはそれが一五フィートはなければならず、さらに現在ではすでにそうなるには二四フィートの増水が必要となっている。ここから見て取れるのは、この地帯にはますます脅威となる破滅が近づきつつあるということである。

しかしながら、こうした自然の変化が地表のいくつかの地域のみに関わっているかぎりでは、それは取るに足りない些細なことである。地球の老化という問題は総体的に見られねばならず、最終的には何よりもまず、多くの自然研究者たちがそこにこの老化作用を認め、そこからこの地球の自然の衰退があらかじめ予告されると十分に認めているところの、諸原因が検証されねばならない。

その第一の原因は、海洋の塩分が河川によるものだとする見解から生じている。土中から浸出し雨によって川に入った塩は、河川によって海にもたらされる。そこでは真水がつねに蒸発して塩が残されて蓄積され、かくして現在海洋に含有されている塩のすべてがもたらされることになったというのである。この見解からすぐに引き出されうるのは、塩は成長のもっとも主要な駆動体であり、肥沃さの源泉なのだから、この仮説に従えばその力を徐々に簒奪される地球は、死んで不毛な状態に移行せざるをえないだろうということである。

第二の原因は、土壌を浸食しそれを海洋に運搬する雨および川の働きにある。海洋はそれによってだんだんと埋め立てられていくであろうし、陸地の高いところはつねに削られてゆくことになる。そうだとすれば、海洋はどんどん持ち上げられ、やがて盛り上がってふたたび、かつては海の支配から逃れていた乾いた土地になることを余儀なくされるにちがいない、という懸念が出てくる。

第三の見解は、海が長期の間に大半の岸から目に見えて引いており、かつての海底が大きな地域で乾いた土地に変わったことに気づいている人々の推測である。これらの人々は、海洋の流動体の要素が使い尽くされてしまい、何らかの仕方で固体の状態に変成したのではないかと憂慮したり、または、蒸発によってできる雨がその生じてきた場所にふたたび戻ることを妨げている別の原因があるのではないかと懸念している。

最後の第四の見解は、知覚はできないが至るところで実効性をもっている原理としての何らかの普遍的な宇宙霊を、自然の隠れた駆動体として想定する人々のそれである。不断の創造によってその微小な物質はつねに消費されつづけており、したがって自然はその減少にともなってだんだんと衰弱し、老化して死を迎えるのだというのである。

私はこれらの見解についてまず手短かに検証を行い、しかる後に本当と思われるものを根拠づけてみよう。

第一の見解が正しいとされるかぎりでは、大洋の海域と内海の全海洋とに満ちている塩分は、かつては陸地を覆っている土壌に含まれていたものが雨によってそこから洗い流され、河川によって運び込まれたものであり、今後も同様に流入しつづけるだろうということになる。けれども、地球にとっては幸いにも、またこうした仮定によって簡単な説明で海洋の塩分がわかったと考えている人々への反論ともなるのだが、より厳密な検証によればこの推測は根拠づけられないことがわかる。というのも、地表への一年間の平均降雨量が温帯で観察されるのと同量の高さ一八ツォル[6]であり、すべての河川が雨水によって生じその供給を受け、また、陸地に降る雨量に比較してその三分の二のみが河川によってふたたび海に戻り、三分の一はあるいは蒸発し、あるいは植物の生長に使われる、さらには仮定できる最小限として海洋が地表の半分だけを占めていると前提すれば、上述の見解をもっとも有利な条件で適用することになろうが、たとえ地上のすべての河川が一年間に高さ一フィート分の水量だけしか海に流入させないとしても、海洋の平均深度をおよそ一〇〇尋と仮定すると[7]、それは最短六〇〇年間で満杯になり、しかる後に同じ年月の間蒸発が完全に行われたことになるだろう。この計算によれば、大洋はあらゆる水流や河川の流入によって創造以来すでに一〇回は満杯になったことになり、河川によってもたらされ蒸発後に残された塩分は、通常の仕方で得られるおよそ一〇倍の量にすらなっていてもしかるべきなのである。ここからは、海洋の塩分の度を知るためには、一立方フィートの流水を一〇回蒸発させて残った塩分が、同量の海水を一回蒸発させて残ったものとちょうど同量であるとすればよいと結論づけられるはずなのだが、その結果は真実というにはほど遠く、事情を知らないものを誰ひとり納得させることもできない。というのも、ワレリー[8]の試算によれば、北海の、川が海にほとんど流入していない場所の海水には一〇分の一、ないし時には七分の一、ボスニア湾[9]では、同様に淡水がきわめて希薄なところであるにもかかわらず、四〇分の一の塩分しか含まれていないのである。地球はこうした具合に十分に安泰なのであり、雨と河川とによって塩分と肥沃さとを失うことはない。予想されるのはむしろ、海洋が陸地の塩分を奪うのではなく、むしろそれに自分の塩分を与えるのではないかということである。というのも、蒸発によって粗塩が残されるとはいっても、一部分はそれを逃れて水蒸気とともに陸地に運ばれ、流水にまさっている自らの肥沃さを雨に与えるからである。

これとは別の見解は、はるかに信憑性の程度が高く、首尾一貫している。マンフレッディ[10]はこの点をボローニャ協会の『紀要』の中で学術的に周到に論じており、それを敷衍した論述は『一般自然雑誌[11]』に見られるが、彼は同様の検証によってこのひとつだけを容認する。彼の指摘によれば、ラヴェンナの司教座聖堂の古い床面は、新しいものの下になり瓦礫で覆われているのだが、満潮の時には海面より八ツォル低い位置にあるために、古記録によれば当時は海がこの町のところまで及んでいたこともあり、もしも建築当時に海面が今日より低くなかったというのなら、満潮のたびに水面下に没さねばならなかったはずである。海面の高さがずっと増加しつづけているという見解を確証するために、彼は、今日ではきわめて低くなってしまったヴェネツィアのサンマルコ寺院の床面を引き合いに出す。すなわち、ラグーンが増水すると、サンマルコ広場がときおり浸水するようにサンマルコ寺院も浸水するのだが、建築当時にすでにそのような状態であったとは考えられない。同様に彼が取り上げるのは、サンマルコ市庁舎の周囲におそらくは船人が徒歩で自分の乗り物に行く便宜のために置かれた大理石の台場である。これは今日では、通常の満潮時にも二分の一フィートほど水没してしまうために、もうほとんど役に立たなくなっている。このように引き合いに出された諸標徴から、海面は昔にくらべてはるかに高いところまで達しているにちがいないことが明らかだ、というのである。この見解を説明するにあたって彼は、河川は、増水の際に満たされたり陸地の高いところから雨水が浸食してきたりした泥土を、海へ運んでその底を浅くし、海底が徐々に泥土で埋め立てられていく度合いに応じて、海底も上昇せざるをえないのだと主張する。海洋のこの上昇の度合いを、実際の標徴が提示しているところと一致させるために、彼は、河川が濁って流れているときに運んでいる泥土の量を見積もろうとした。二月末頃にボノニア[12]付近の流水を汲み上げて、土を沈殿させたところ、それは同量の水の一七四分の一であることがわかった。この結果と河川が一年間に海に注ぐ流水の量から、彼は、これが原因となって海洋が徐々に上昇したはずの高さを決定し、三四八年間に五ツォルは上昇したにちがいないとしている。

ヴェネツィアのサンマルコ市庁舎周囲の大理石の台場から引き出された考察、およびその他の観察結果を算定する規準を与えたいという願望から、マンフレッドは、上述した海面の上昇をあえて大きく見て、二三〇年間に一フィートと決定した。なぜなら、彼が主張しているところでは、河川はその水を濁らせている微細な泥土の他にも、多くの砂や石などをも海へと運び入れているからである。とすれば、ライン川に関して同様の考察を行い、一万年以内に地上の居住可能な地域は流出してしまい、海がすべてを覆い尽くして、そこからわずかに荒野が顔をのぞかせるにすぎないようになると地球の運命を予言したハルトゼッカー[13]より慎重に見立てたとしても、この調子でいけば地球にとって不幸な事態はかなり早い足取りでやってくることにもなろうし、没落の度合いもたとえば二千年間というようなかなり短い期間で算定できることにもなろう。

その他の点では基本的に正しいこの見解[14]がかかえている真の欠陥は、その大ざっぱさにある。雨水と河川が土壌を削り海へ運んでいくというのはそのとおりだが、著者の推測のように高い度合いでそれがなされているだろうというのは見当違いもはなはだしい。彼は勝手に、河川が一年中その時期のように濁っていると仮定しているが、この時期は、山地からの融雪が激流となって全力で土壌に作用し、土壌自体もまったく湿っていて、それまでの冬の寒さのためにぼろぼろでやわらかくなり、きわめて流出しやすくなっているのである。彼がこうした慎重さを河川の区別に関して、すなわち、山地に生じた河川は注がれる激流の力によって奪い取った泥土を、平地に生じた河川よりも多く含んでいるということに関して、持ってしかるべき注意深さに結びつけたならば、彼の算定値ははるかに減少し、観察された変化の説明を根拠づける算定はおそらく断念したことであろう。最後にここでなお、海洋は、いかなる死物をも好まない[15]とされているまさにその運動によって、すなわち流動性の度合いが異なるあらゆる物質を岸辺へと運びつづけることによって、泥土を海底に堆積させることなくただちに陸地の際に沈積させ、それによって陸地を増大させるのだということを考慮するならば、海という入れ物が埋まってしまうのではないかという危惧は、高地から奪われた土はつねに海岸べりの新しい土地に受け継がれるのだという、根拠のある希望へとすっかり変わることになる。というのも実際に、たとえば紅海という名の土地では、ヴェネツィアの内海と同様、海は先端部分から徐々に引いており、乾いた土地がネプチューンの領地[16]にどんどん新しく広がっているのである。もしも先に述べた自然研究者たちの推測に根拠があるとすれば、そのかわりに水域が岸辺を越えてどんどん広がり、乾いた土地は濡れたもので覆われてしまうはずであるのに。

そこでアドリア海沿岸地帯の沈降の原因については(つねにそうであったわけではないということが本当に正しいのであれば)、私はむしろ他に比較してイタリアに固有の土地の性質にゆだねたいと思う。知られているところでは、この土地は沈降する傾きがあり、また特に南イタリアで暴威をふるう地震は、北イタリアでもその力を放出して広範囲の地域に広がるばかりか、さらには海中を進んでつながっている地下の空洞にまで及ぶのである[17]。今、地下の擾乱の振動がその空洞の基盤を動かすことがあるとし、かつすでに何度も動いたことがあるとすれば、何度もの激しい衝撃によって地表がいくらか沈降し、海面に対して低くなったということもありうるのではなかろうか。

第三の見解は、地上で乾いた土地が増加し水域が減少していることを破滅の予兆と見なすものだが、これも前のものとまったく同じように観察による外面的な根拠に基づいており、しかもそれを説明する原因はさらに信憑性の薄いものである。とはいえ確かに、海洋は一方で陸地を徐々に乾燥させているときにも、そのかわりに別の地帯に入り込みそこを占領するので、全体として見れば損失をこうむってはいないように思われるかもしれないが、より仔細に吟味してみると、海洋がなくなって露出したところの方が、海洋が広がったところよりもはるかに多い。とりわけ海は低地地帯を見捨てて高い海岸を浸食しているが、それは後者がとくに海の攻撃にさらされているのに対して、前者は傾斜がゆるやかなために効果を得られないからである。こうしたことだけでも、海面は一般にどんどん上昇してはいないということの証左にはなりうるだろう。なぜなら、陸地は海底に向かってごくわずかの傾斜で下っているのだから、岸辺に立てば差は歴然と感知されるだろうからである。もしも水面が一〇フィートも上昇していれば陸地は広大に水没しているだろう。事情はむしろまったく逆であって、海がかつて積み上げ、しかも疑いなくそれを乗り越えていた土手に今日ではもはや届かないというなら、それは海がそれ以降に沈降したことを示しているのである。たとえばプロイセンの二つの砂州(18)、オランダとイギリスの海岸砂丘などはかつて海が押し上げたものだが、それを乗り越えるほどの高さにまではもはや届かなくなったので、今では海への防護壁に使われているものに他ならない。

しかしながら、これらの現象に十分な妥当性を与えるために、流動的要素の実際の消滅ないし固体的状態への変成であるとか、雨水の地中への消失とか、不断の運動によって増大しつづける海底の沈降などを頼りとすべきものだろうか。最初の方の根拠は、たとえまともな自然科学にあまり矛盾していないように見えるとしても、何らかの

A 208　Z 26
C 212

目立った変化にはほとんど関わりをもってはいないだろう。なぜなら、たとえばブールハーフェ[19]の実験で赤色の粉末の形態をとる水銀や、ヘールズ[20]があらゆる植物の産物の中でとくに酒石にその固体状態を見出した空気のように、その本質を失うことなくときに固体の状態になる他の流動体と同様に、水も疑いなく同様の状態になるからである。その一部分は植物が形成されるときに流動性を失うようで、そのために、どれほど完全に乾燥させた木材の粉末にも、化学的に分析するとつねに水分が認められるのである。ここから、ありえないことではないように思われるのは、土中の水分の一部が植物の形成のために使われており、もはや海に戻ることはないということである。とはいえ少なくともこうした衰退は目立つほどのものとはなりえないだろう。第二の根拠も同様に、絶対的な悟性のもとでは否定されがたいものではある。たしかに、土壌が吸収した雨水は、それが透過できないので傾斜の方向に出口を求めて水源を潤すようにならざるをえない、何らかのより密度の濃い層に行き当たるまで、深く地中に入って行く。しかしながら水はつねにそこからすべての地層を通って岩盤にまで降りて行き、そこで岩の割れ目などを伝って流れ、二、三回の地震があると噴出して土地を水浸しにしてしまうほどの地中の水を集めているのである。[原注]こうした海水の減損はおそらく取るに足りないものではなく、もっと正確に考量するに値するかもしれない。第三の根拠のみはたしかにもっとも多くかつ疑う余地なく、海面が低下したことに関与しているように思われる。海がその海底を深く沈降させればさせるほど、海面の高さは低下せざるをえない。だがこうしたことでは、地球の衰退に向かうことにはほとんどならず、心配するようなものではない。

（原注）パリ・アカデミー紀要、物理論文集、シュタインヴェール訳第二巻二四六頁を参照。[21]

では、これまで提示されてきた諸見解について行われた検証の結果はどのようなものであろうか。われわれは最初の三つの見解をまとめて判定してきた。土壌は雨や河川による流出で塩分を失うことはない。肥沃な土地が流水によって取り返しのつかない損失として海に流され、最終的には海がそれでいっぱいになり、そのために海水が人の居住している土地をのみこんでしまうなどということはない。水は実際には高地を掘削することに従事しているのである。そこで行われているのは、掘削された土が陸地の岸辺に再度堆積されるということにすぎず、さらに植物の維持や成育のためには海から蒸発する水分が消費され、それによってかなりの部分が流動状態を脱し、土壌は減損による損失をこうむらずにおかれるだろう。最後に、大洋の海水の実際の減少という推測は、その公算が大きくはあっても、いまだ根拠があいまいで信頼するに足るものではない。それゆえ地球の形態の変化に関して、確実に計量できる唯一の原因として残されたのは次のもののみである。すなわち、雨や河川は、土壌を浸食しつづけて高地から低地へと流出させることで、高地を徐々に平らにならしていくのであり、その点では、地球の形態から凹凸をなくすものだと考えられる。この作用は確実で信ずべきものである。高い傾斜地に物質があるかぎり、土壌は雨水に浸食され流出させられるといった変化を間断なく受けつづけるのであり、この作用がようやくなくなるのは、流出したやわらかな地層が岩盤を同じ高さにしてしまい、もはや変化が生じなくなったときであろう。こうした変化は、たんに肥沃な地層が岩石層の下敷きになり埋もれてしまうからだけではなく、むしろ峡谷や高地に有用な土地の部分ができるという点で、身近に迫る破滅の憂慮すべき原因となる。現在の陸地の様子を吟味すると、高い地帯が深い方に向かって規則正しく続いていることに気がついて賛嘆を覚えるものである。地面は広い範囲でゆるやかに傾斜して、深い谷底に位置する一筋の流れの方に向かい、その流れは範囲に応じて一様に続く斜度で、その水を飲み尽くす海にまで至る。陸地が雨水の過剰をまぬがれているこのように整然とした状態は、傾斜が大きすぎて豊かさに役立つはずの水を早く排水しすぎることもなく、斜度が少なすぎて害になるほど水を滞留させたり蓄えたりもしないような、傾斜の大きさの程度に基づいている。けれどもこの好都合な規定は、ずっと続く雨の働きによって浸食をこうむることになる。すなわち、雨は高いところを低くし、その際引きはがした物質を低地に運んでゆくことによって、地上の形態を、地表の凹凸が消滅してしまうときに持つであろうような様子に徐々に近づけてゆくだろうし、また、雨が土壌にもたらした水の排水路がないために、蓄積した水が土壌の内部をどろどろにしてしまい、居住できる状態ではまったくなくなってしまうだろう。すでに指摘したように、地球の老化の完了ということは、たとえそれが長期にわたってほとんど気づかれえないものだとしても、それでも哲学的な考察が根拠づけ、問うに値する主題であるが、そこでは些細なことがもはや些細でもつまらぬことでもない。この些細なことがたえまなく積もり積もることによって、重大な変化がだんだんと招来されてくるのであり、破滅が完了するのは時間の問題だということになるのである。その際、こうした変化への足取りがまったく気づかれないようなものだとは言えない。高地が低くなりつづければ、湖や河川を維持している低地への水の流入もだんだんと減少してくる。湖や河川の大きさが減少していれば、そうした変化が生じていることの証左となるだろう。実際に、すべての湖には、以前の方が広かったというしるしが見られる。プロイセンの高地(22)はまったくの湖の地である。隣接している大きな平地に気づきさえすれば、それらのどれでも見分けることは容易である。これらの平地は水面と同じ高さにあるので、かつては湖に属していたものが、湖水が徐々に減少して、水がずっと引いた後にだんだんと乾いて出来てきたものであることは疑う余地がない。一例をあげると、たしかな証拠によればドラウゼン湖(23)はかつてプロイセン・ホラント市(24)にまで達しており、そこでは船の航行もできたのだが、今日ではそこから一マイル(25)も後退してしまっていて、かつての湖床がほとんど水面と同じ高さの大きな平地となり、かつての小高い岸が両側に続いているのが、はっきりと認められる。こうした漸次的な変化はいわば進行しつつある状況の一部分であるが、その最終部分は始源からほぼ無限に遠くへだたり、おそらくは決して到達されない。なぜなら、われわれの住む地球が示しているところでは、それ以前に突然の運命が招来して幸福な状態の継続を断ち切ってしまうのであって、気づかれない程度の変化を通じて老化し、いわば自然死を迎えるだけの時間的猶予はないということを予告しているからである。

さて、地球の老化に関して提示されたさまざまな見解のうちで、第四のものへの判定がまだ残っている。つねに実効性のある力が存しており、それがある意味で自然の生命をなしており、目には見えないものでありつつ自然の三界[(26)]すべての創成とその有機制とに作用しているのだが、この力が徐々に使い尽くされ、それが原因となって自然の老化が起きているのではないか、というものである。こういう判断のなかでも何らかの普遍的な宇宙霊を想定する人々が考えているのは、非物質的な力、宇宙霊魂、ないしは可塑的本性、放恣な想像力の産物などではなく、むしろ、自然の形成において能動原理となり、真のプロテウス[(27)]としてどんな姿かたちをも取ることができるような、微細かつ至るところで作用している物質である。そのように考えることとは、健全な自然科学や観察の見方とさほど対立するものではない、よく考えられがちのことではある。自然が植物界の中では、もっとも強壮的で精気的な部分をある種の油精にゆだねているということを考慮してみよう。その粘性のために揮発性は抑えられているが、蒸散や化学的方法でそれを除去しても目立つほどの重量の減少は生じないにもかかわらず、除去の後に残ったものは死んだ塊にすぎない。化学者たちが呼んでいるこの指導精気[(28)] Spiritus Rector、個々の植物に固有な相異点を与えているこの第五の本質が、どこでも同じように同一の養分、すなわち純粋な水と空気からいかにたやすく創り出されているかを考慮してみよう。空気中の至るところに拡散しており、大多数の塩類における能動原理、硫黄の本質的部分、火の可燃性の最重要部分をなし、その引力と斥力とが、空気の弾性を抑えて生成のきっかけとなる力をもつ電気にはっきりと認められる、この天成の揮発酸を、この自然のプロテウスを検討してみると、どこでも効力を発揮する微細な物質、いわゆる宇宙霊がおそらくあるのだろうと考えたくなるが、しかしそれとともに、たえまない創造によってこの物質はおそらく、自然形成の破壊によって還付される以上にどんどん消費されているのではないか、自然はおそらくこの物質を消費することで、自分の力を何らかの形で失いつづけているのではないか、という懸念も出てくるのである。

昔の人々が持っていた、壮大なものへの希求、立派なものだとして彼らを発奮させ、夢中になって称揚させた名誉心や美徳や自由愛への執着、こうしたものを今日の穏健で冷淡な性格と比較してみるとき、私は、道徳にも学術にも持ち込まれている変化によって、今日の時代に幸福な成功がもたらされるだろうと考える一方で、次のように推測したくもなってしまう。すなわち、こうしたことは、人間の本性に生気を与え、その激しさゆえに善美な働きより放埒さにおいて生産的であったような熱情が、おそらく冷えてきている標徴ではないか。だがこれに対して、統治の仕方や教導や実例などが、心の状態や道徳にはきわめて大きな影響力をもっているという点を考量するとき、私は、そうした多義的な標徴が実際の自然の変化の証左となっているのかどうか、疑わしいように思う。

私は、大胆な自然研究者の意欲的な精神が求めるような仕方で決定するのではなく、むしろ題材の性質からおのずと生じるような仕方で検証を重ねながら、提示された地球の老化という問題について論じてきた。こうした変化ということに見合う概念を、さらに正確に規定してみようとしたわけである。他にもまだ、突然の天変地異で地球に滅亡をもたらしうるような、別の原因もありうるだろう。しばらく前からどんな異常な運命を言うのにも手軽に持ち出されている彗星のことを考えるまでもなく、地球自身の内部には火山界があり、発火燃焼している物質が大量に蓄えられているようである。それは地表の最上部の下におそらく急増しつつあり、火炎物が堆積して最上部のドームの基盤を浸食している。ほぼ定まっているそのドームの倒壊が生じれば、燃焼物が地表に流れ出て、火の中での滅亡をもたらすことになるかもしれない。とはいえそのような厄災は、建物がどのように老朽化するかを検討するのに地震や火災をも考察に含めてしまうのと同様であり、地球の老化というような問題とはほとんど関係のないものである。

火について

松山壽一訳

MEDITATIONUM QUARUNDAM
DE IGNE
SUCCINCTA DELINEATIO,

QUAM
SPECIMINIS CAUSA
AMPLISSIMAE FACULTATI PHILOSOPHICAE,
UT EXAMINI BENEVOLE ADMITTATUR,
HUMILLIME OFFERT
IMMANUEL KANT, REG. BOR.
SCIENTIARUM PHIL. CULTOR.
REGIOMONTI DIE 17 APRILIS ANNO 1755.

懇切なる審問に付されるよう最も著名なる哲学部に
プロイセンはケーニヒスベルクの哲学候補者イマヌエル・カントが
試論として恭しく提出した
火についての若干の考察の素描
ケーニヒスベルク，1755年4月17日

A版 第1巻 369-384頁
C版 第1巻 371-388頁

目次

企ての理由

膨大な素材を用いて大冊となすべきほどの主題を、わずかな紙幅によって解き明かすなどということは、本試論で私の意図するところではない。最も著名なる哲学部の懇切なる審問にいわば乱雑に私がここに提出するささやかな考察は、理論のいわば輪郭にほかならず、これら輪郭は、時間に余裕さえあれば、もっと豊かな論考を育む耕地を私に提供するであろうものである。仮説的恣意的証明に気ままにふけるということはありがちなことだが、私は至るところでこれを注意深く避け、実験と幾何学という導きの糸[1]にできるかぎり誠実に従った。それらなしには、自然の迷宮からの抜け道はほとんど見出せないからである。火の力は物体が希薄化したりその結合が分解した時に最もよく発揮されるのだから、物質の凝集[2]と流動性について先に〔第一章で〕若干論究しておくことは、理にかなっていて不適切とは見なされないであろう。

A 371
C 373

第一章　物体の固体性と流動性について

命題I　物体の流動性は、たいていの自然学者たちがデカルトの見解[3]に従って考えるように、物質がごく滑らか微細でごく緩やかに凝集した部分へと分解するということでは説明できない。

〔証明〕　三角形ＡＢＣは、ごく微細な球状粒子が堆積した円錐の切断面を表す。さて、この堆積体は、いま述べた条件下では、流体では必ず生ずるような表面を全く形成しない。その理由は以下のとおりである。すなわち、粒子ｃ、ｅ、ｇ、ｄ、ｆ、ｉが下にあるａ、ｍ、ｎ、ｈの上に載り、それらによって持ち上げられ、どこでも静止しており、上方にある諸粒子は、下方にある諸粒子を右側や左側に押しやらないかぎり、その場所から動かされず、他方で、上方の粒子がその重さによって押し、粒子ａを右側へ押しやる力ｖａは、両力が合成されて重力ｃｏの半分に等しいだけであろう。そうしてこのことは堆積全体に対しても同様であろうから、平面に静止している堆積は、一番外側にある粒子ａとｚにある力が対置される場合、水平形にではなく円錐形に広がるであろうことは明らかであり、それはちょうど、砂時計中のごく微細な砂粒や粉々に砕かれた何か他の物質によって生ずるのと同じである。

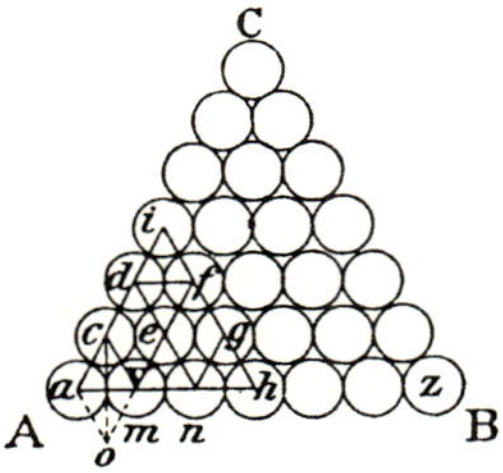

命題Ⅱ　諸粒子がどんなに微細でまたどんなに弱く凝集したものであろうとも、それらの堆積は、静力学[4]の法則を十分に満たさないであろうし、側面に対する高さに比例した圧力を行使しないであろう。それゆえその堆積は、諸粒子がそれらの重さの力を等しくあるゆる方向に伝えうるある弾性的媒質によって互いに圧迫し合わない場合には、流体の原理的性格を欠くであろう。

〔証明〕　というのも、前命題から明らかなように、堆積した諸粒子が互いに圧迫し合い、側面に対する高さに比例した圧力を行使しないので、ある他の物質が、重さの力が公平に分配されうる流体の要素的諸粒子の間に介在し

A 372　C 374

ていなければならないからである。どこかで圧迫されると、同一の力で異なった方向に広がろうとする物質は、等しく弾性的物質と呼ばれる。それゆえ、流体の固体的諸粒子は、直接互いに圧迫し合うのではなく、むしろそれらに混在し、上からどんな力が加わっても、側面に対して同じ量で働くある弾性的物質に対して圧迫するにちがいない。

流体の諸要素間にある弾性的物質が熱素にほかならないということを、間もなく証明するであろう。(5)

命題Ⅲ　固体は、流体と同様、諸粒子の直接的接触によってではなく、弾性的媒質によって凝集される。

〔証明〕　流体は、上で証明したように、ある弾性的媒質によって凝集する。流体から固体化する金属や同種の物体は熱が減れば減るほど圧縮された容積を占め、あらゆる次元で圧縮され、個々の要素の空間は互いにさらに近く接近しながらも尽きることはないから、直接的接触によっては固着されない、すなわち固体の質量さえそれらの粒子に混在するある物質を包含していることは明らかである。その媒質によって固体的粒子は互いに接触しないが、互いに引き合っている、あるいはこう言ってよければ、凝集している。特にこの点で、固体は流体と一致する。

命題Ⅳ　物体の諸要素が互いに接触せずに互いに引き合う、上で述べた媒質によって、固体の諸現象が説明できる。

〔証明〕　固体、特に金属やガラスなどのように流体から固体化された諸物体は、特有の最も目立った性質を有しており、加わった重さで粉砕されずにわずかに引き伸ばされる。しかも次のような仕方で。すなわち、諸粒子が最

A 373　C 375

も接近していても離れていて互いにわずかに遠ざかる場合には重さを支えうるであろうし、また引き伸ばしの度合いが最大の場合にはそれに応じた最大の重さを支えうるであろう、というように。実際のところ、この現象は直接凝集している固い諸粒子では説明できない、と私は断言する。というのも、諸粒子が、第1図のように合一した粒子からなるか、あるいは分離したかぎりで介在する真空を含む第2図のように配置されているか、あるいはまた第3図のようにその表面が接触していて、場a、o、i、eなどで加わる重さが、その平行六面体(6)が他の表面となお凝集している間、平行六面体をばらばらに動かすような、そういう平行六面体からなるか、いずれかであれば、直ちに明らかであろうことは、もし糸に加わった重さが金属糸をそれなりにわずかに長さにおいて引き伸ばすとすれば、第1図において、諸粒子は表面でお互いに接触していないところでは引き裂かれるであろうからであり、そうしてまた外側にある諸粒子a、b、c、dが長さにおける引き伸ばしの際に間隙を埋め、引き裂かれないようにつなぎとめると想定するとしても、糸の厚さはわずかに薄くなり、前に引き伸ばした糸は重さにほとんど抵抗できないからである。諸粒子がその全表面に接触していた第3図の仮定によれば、諸粒子がその表面の若干の部分とだけ接触している場合には、それらは重さによって分離されるであろうということは疑いない。それゆえ、われわれが挙げうるあらゆる場合に、糸は同時に引き裂かれなければ引き伸ばされることはできない。このことは経験に反するのだから、固体の諸要素は直接接触しないで、ある媒質によって一定の距離を隔てて互いに引き合うことは明らかである。

　したがってここで私の仮説に基づいて、この固体の現象を、観察された自然の法則と

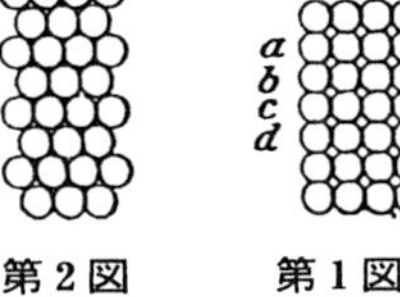

第1図　第2図

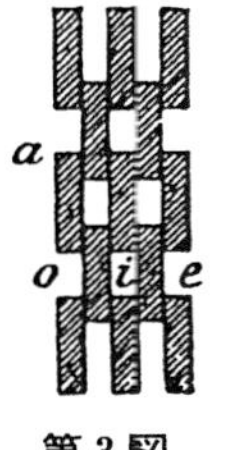

第3図

幾何学の規則に従って説明しよう。というのも、もし流体から固体化する物体がその諸要素の次のような配置をとるとすれば、すなわち第4図が示すように、介在する弾性物質によってそれら諸要素が接触からわずかに離されて、それらが正三角形を常に形成する(諸粒子が最小空間のなかで引き合うとすれば、実際にそのような配置を常にとるであろう)というような配置をとるとすれば、加わる重さがこの諸粒子の体系を方向adに引くなら、第5図が示すように諸粒子の距離acはより大きくなり、距離abとbcを以前と等しく保つにちがいない。というのも要素bは、点dに近づき、aとcの双方となす角を以前の第4図より大きく囲むであろうからである。このようにこれによって(延長する物質の容積が増加しなかったがゆえに)介在する弾性物質の密度が減少しないのであり、したがって、牽引は、粒子aとcの凝集と言ってもよいが、この絆によって全く減少しなかったであろう。粒子bの牽引は、それが要素aとcとを結合するかぎり、粒子の延長もしくは展開aとcに応じて第5図の線adに釣り合って対応し、第4図の角bが小さかったがゆえに、以前より小さかった。それゆえ、なおかつ粒子が引き裂かれないようにする力は、線adとの直接的な比において、すなわち物体が延長した大きさに応じて増大する。

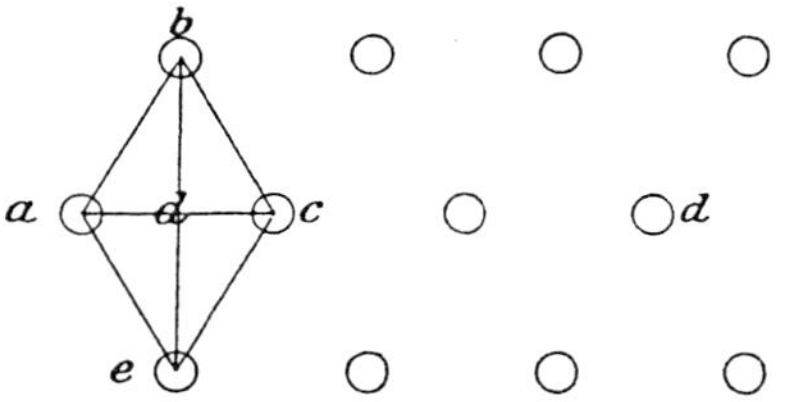

第4図

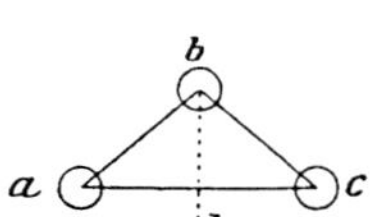

第5図

命題V　弾性的諸物体が諸力に比例した諸空間中に圧縮される法則[7]は、われわれが述べた仮説と完全に一致する。

〔証明〕　諸固体において一般に圧縮と呼ばれるものは、より適切には膨張すなわち延長〔引き伸ばし〕という名で呼ばれるべきである。というのも、固体的物質は圧力によって水ほど多く狭い空間へ圧縮されえないことは自明だからである。それゆえ、弾性物体[8]〔バネ〕fecb(第1図)が壁abのうちfbの位置でしっかりと固定され、壁に対してその位置がixfbとなるように押されるとすると、弾性物体〔バネ〕の外側の縁bcがこのためわずかに引き伸ばされるということ、また、それが引き伸ばされれば引き伸ばされるほど、この場合圧力もますます増加しなければならないということを、私はまず主張する。さらに、弾性物体〔バネ〕がある空間を通って、壁abに近づけられるような諸力は、圧力が中くらいであるかぎり、われわれの原理により、この空間に比例するであろう。

それゆえ、もし弾性物体〔バネ〕がある圧力によって位置2へと押され、空間cs分、壁に近づけられるとすると、切片ecは位置ixへ動かされるであろう。密度によって線isが切片ecに平行に引かれると、if＝so＝cmとなり、xoはxs分引き伸ばされて縁cmより長くなるであろう。他方でもし弾性物体が強く押されてなお位置3すなわちgkfbにまで移動され、ghを同時にecに平行に引くならば、延長khの大きさは延長xsの大きさよりも大きいであろう。それで上で証明したことから、位置3が位置2より強い圧力を要することは明らかである。

さて、諸力が弾性物体〔バネ〕を圧縮する諸空間とどのような比例関係にあるかを探求しなければならない〔第2図〕。位

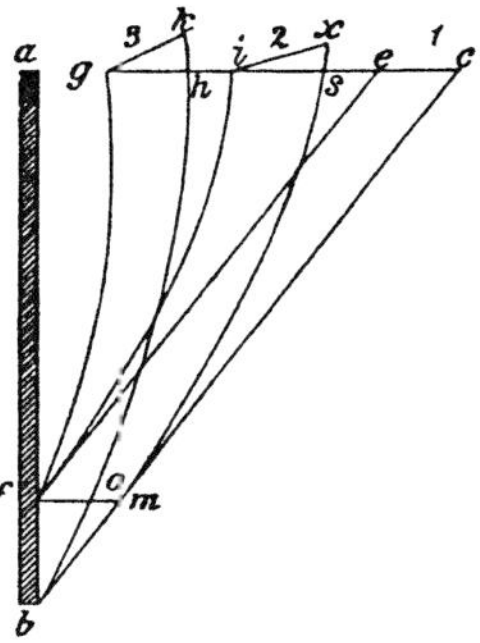

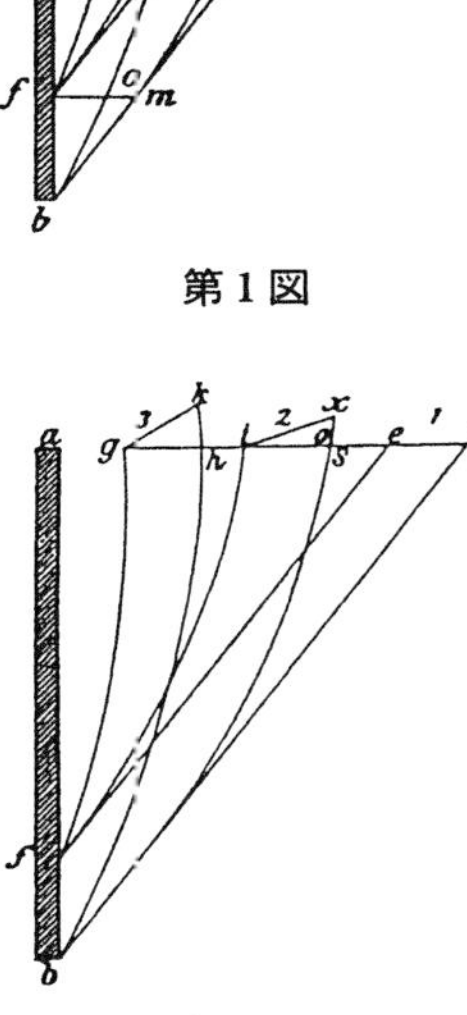

第1図

第2図

置2における縁xbがどれほどわずかに曲げられようと、圧縮が中くらいであるとき直線に保たれうる。これは位置3における線kbも同様である。さらに、第一の位置における弾性物体〔バネ〕の水平切片ecが点iとgを通って連続的に移動すると想定してみよう。このような状態は中度の圧力において最も生じやすいのだから、こう想定しても間違いない。そうすると、弾性物体の切片は第一の場合と同じなのだから、三角形ixsにおいて角xは角cに等しく、かつ角sはその対頂角oに等しい。したがって、三角形scbとixsとは相似である。

同様に、位置3の三角形gkhにおけるすべては三角形hcbに対して同じ比率を有する。それゆえ、論証は以下のとおりである。

$$\mathrm{ix : xs} \qquad = \mathrm{bc : sc}$$

$$\underline{\mathrm{kh : gk}\ (= \mathrm{ix}) = \mathrm{hc : bc}}$$

$$\mathrm{xs : kh} \qquad = \mathrm{sc : hc}$$

このことは次のことを意味している。すなわち弾性物体〔バネ〕の最も外側の縁bcが引き伸ばされる大きさxsとkhは空間の圧縮scとhcに比例する。

われわれの仮定によれば、引き伸ばす諸力の大きさは延長の大きさと比例していなければならないということが命題Ⅳから帰結するから、この場合、弾性物体〔バネ〕を圧縮する諸力は圧縮の諸空間の大きさと比例するであろうということは明らかになる。

われわれのこのような諸々の結論は、ライール(9)が一七〇五年のパリ王立科学アカデミー紀要のなかで観察した弾性物体〔バネ〕の圧縮について報告したことを確実に確証するであろう。事柄を入念に吟味すれば、このことは、これ以外のどんな仮定によっても正確的確に説明することはほとんど不可能である。

総　系

それゆえ、おのおのの物体は、私の考えが正しければ、合一する絆のようなある弾性物質によって結び合わされた固体的諸粒子から成っている。要素的諸粒子にはこのような弾性物質が混合されていて、この物質のおかげで、これら諸粒子はたとえ互いに接触していなくとも互いに引きつけ合い、直接の接触によって生じうるであろう以上に確実に緊密に結び合わされる。なぜなら、諸粒子はたいてい球形であるため、かろうじて一点で接触しているのだから、こうした接触は全表面に見られる凝集よりも際限なく弱かろうからである。確かにこの理屈からすれば、凝集が弱まることなく粒子の位置が変わりうるのであり、同時に次のことも明らかである。すなわち、それら諸粒子を合一させている物質が隙間から部分的に奪われた場合、どのようにしてより近くにある諸要素が接触でき、容積を縮小できるのか、また反対に、物質の大きさもしくは弾性物質そのものが増大するとすれば、どのようにして物体は容積において大きくなり、その諸粒子が凝集を失うことなく互いに遠ざかれるのか、ということも明らかである。以上のことは、火の理論においてきわめて重要である。

C 378

第二章　燃素とその性質、熱と冷について

命題Ⅵ　経験

火があると分かるのは、流体であれ固体であれ、まずは、すべての物体があらゆる方向に希薄化されることにより、次いで、物体の凝集が徐々に弱くなって物体の接合がゆるめられることにより、最後に、物体の諸粒子が分散されて蒸気となることによる。これに対して、冷は物体の容積を小さくし、物体の凝集を強め、やわらかい物体を硬くし、流体を固まらせる。熱は特に硬くて抵抗感のある物体の場合には、摩擦か振動かいずれかによって産み出される。熱はどのような物体においても無限に高くなりえない。物体は熱くなって沸騰しても決して沸点を越えないが、発火して燃焼すると概してそれ以上熱くなる。

熱の諸現象に関する他のきわめて重要な注目すべき諸点について言及することは、私はここでは差し控える。けだし、それらは以下のあちこちに登場するであろうからである。

命題Ⅶ　燃素[10]は（前章〔総系〕に記したとおり）、それの混在しているあらゆる物体の諸要素を結合する弾性物質にほかならない。その波動運動もしくは振動運動が熱と呼ばれる[11]ものである。

〔証明〕　どのような物体も、摩擦されたり揺すぶられたりすると熱くなり、あらゆる方向に均等に希薄化されること（命題Ⅵ）を、経験は明示している。このことは実際、物体の質量に含まれており、刺激されると拡張しようと

する ある弾性物質のあることを証示しており、さらにおのおのの物体は第一章の証明によれば、次のような弾性物質を包含している。それは隙間に入り込み、諸粒子を結びつけようとし、刺激されて波動となりえ、熱のあらゆる現象を示すことができる。それゆえ、弾性物質が熱素[12]と区別できないことは明らかである。

同じことが沸騰現象から証明される。

熱によって溶けた諸物体は、ますます火を加えられて沸騰すると、それ以上高熱になりえず、この状態で大きな弾性的な泡を吹き出すが、この泡は大気の重さに耐えて均等であったであろうし、火が泡を吹き出そうとするかぎり、たえず同じ状態を保つであろう。この泡は弾性的な空気を含まないし、燃素だけが熱で飽和した物体に侵入するのだから、次のような疑問が生ずる。それは、沸騰前も同様に熱が水に侵入、かついくらかの空気の泡のほかになんらかの弾性物質が認められなかったのだから、だとすれば、なぜ火は沸騰した瞬間に突然泡を吹き出すのかという疑問である。しかしながら、われわれが火と呼び、一定量の燃えている流体に以前も今も同様に含まれているこの弾性物質が、諸粒子の牽引によって保持され圧縮されたが、それが少しばかり容積を広げたにせよ、その大きさが波動の力と結びつくことによって諸粒子の牽引によるほど大きくなるのではなく、むしろこの物質の力が弾力のおかげで牽引をしのぐほどに強まるかぎりでのことだということは、容易に見て取れるであろう。そうだから、新たに加わる自由な弾性によっていわば侵入するあらゆる燃素が流動的媒質を貫通することは、あらゆる熱せられた物体の間にあるこの燃素の圧力によって明らかである。以上のように、われわれの命題が真なることを疑わせるようなものは何もない。

命題Ⅷ　熱素は、物体の強い牽引(すなわち粘着)力によってそれぞれの隙間に圧縮されるエーテル[13](すなわち光素)にほかならない。

〔証明〕　というのもまず、ニュートンが屈折と反射の現象から証明したとおり、密な諸物体は光を巨大な強さで引く。この比類なき人物の計算によれば、近接における引力は十億の一万倍重力[14]の誘導にまさる。ところで、光素は弾性的であろうから、巨大な力によってより小さい空間に押し込められうること、すなわち圧縮されうることは、疑うべくもない。物体の諸粒子は至るところで光素に出会うのだから、われわれが諸物体において証明したあの弾性物質がエーテルと区別されないことに異論を唱えるような何か理由があろうか。

次いで、特に光を際立った効力によって屈折させるこの物質は、火を近づけると、より多くの熱を吸収できる物質でもあることが注目されるべきであり、このことから、光を物体と結びつけようとするこの同じ引力が物体と深く結びついている燃素を保持することは明白であろう。というのも、ニュートンやその他の人々[15]の実験によれば、油は力によって比重によるよりはるかに大きく光線を屈折させ、引き寄せ、さらに比重よりもはるかに大きい沸点をもっているからである。たとえばテレビン油などのように。この油は炎を本来養うものであり、この状態で光をあるゆる方向に発散させるから、それによって熱素と光素は全く同じであり、区別されないことが明らかになる。

以上のことはガラスの透明さから証明できるであろう。

自然法則に最もよく対応し、最近有名なオイラー[16]によって新たな仕方で強化された仮説、すなわち光が発光物体の流出ではなく、あまねく拡散したエーテルが及ぼす圧力であるという仮説が適切ならば、またガラスの透明さの起源が考慮されるならば、このエーテルが燃素と相覆うか、むしろ同一であることは、明らかに認められることになるであろう。というのも、ガラスは灰汁すなわち強アルカリ塩と砂利とが火の力によって融合した灰から形成されているからである。さて、灰塩は、長い間強く燃やされると、自分と十分に結合した燃素を抱え、砂利と混ぜられるやいなや、ガラスの全質量にわたってこの火の弾性の源を分散する。また、このような物体が流動状態から固形化されると、通過させられるべき光の通路を——どんな風に曲げられようと——もつなどということはありそうもないのであって、むしろ、ガラスが同じ物質で満たされることがより理にかなっているであろう。したがって、それにもかかわらず光の圧がガラスの質量を通って伝播する以上は、光素がガラスの部分に混じって、その量の一部分となることは明らかである。ところで、燃素がガラスの侮るべからざる部分を形成し、その密な元素の間に広範に分散していることをわれわれは見たので、熱素がエーテルすなわち光の元素と全く同じであることは、疑う余地もなかろう。

C 381

命題IX　熱の度合いを測るということは、すなわち熱のさまざまな度合いが互いに有する比率を数において表現することである。

〔証明〕　パリ王立科学アカデミーの有名な会員アモンタン(17)がこの問題をはじめて解決したが、それは次のようであった。すなわち、火の力は元来諸物体の希薄化において示されるのだから、この希薄化に対抗しようとする凝縮力によって火の量を測ることは適切であろう、というものであった。空気はその熱が多量に減少すると圧力に屈し、容積において減少することが確かに認められるから、それゆえ、その全弾性が熱のみに由来しうると正しく考えられうるであろうから、かの名士がこの仮説に基づいて、熱の度合いをこの熱で拡張した空気の弾力によって測る計画、すなわちこの熱によって果たされて、担われるべき同じ体積をもつ重さによって測る計画を確立した。

注解

ブールハーフェ(18)の報告するところでは、ファーレンハイト(19)は、火で沸騰した流体の特別な性質をはじめて次のように指摘した。すなわち、沸点でこの熱の度合いは大気の圧力が大きくなればなるほど大きくなり、空気圧が減少すればするほど熱の度合いも減少する、と。パリ・アカデミーの報告によれば、ルモニエ(20)は同じことを〔偶然〕次のようにして発見した。すなわち彼は最初にボルドーで、次いでミディ山頂でレオミュール寒暖計を用いたが、そこでは寒暖計は最初の場所より八インチ低かった。これによって、彼は水を沸騰させる熱とその点が氷点からどれくらい高いかということとを探りだそうとしたのだった。むろん、彼はどちらの場所でも同じ氷点を観察したし、ボルドーでは寒暖計が二八インチの高さだったことを確認したが、沸騰のための熱量は、それと比べて沸騰が氷結を超えるその間隔の一八〇分の一五だけ小さいことに気づいた。それゆえ、ここボルドーでのこの沸点の熱は山上でのそれより一二分の一相当分大きいわけだが、その増加分を産み出しているのは、およそ三分の一だけ空気が余計に重いということである。ここから明らかなのは、全大気の重量が沸騰している水から氷点と沸点の間にあるその熱の四分の一の隔たりを奪うということである。したがって、沸騰している水は、空気の圧力がなければより小さい熱の度合いを獲得しうるし、空気の重みが加わればより大きな熱の度合いを獲得しうるのであり、大気の重さは火粒子の波動運動に対抗する重さを産み出す以外何も行わないであろうから、水の元素の牽引そのものがその重さを維持するのに十分でない場合、そこから次のことが推量できるであろう。すなわち、どのようにしてエーテルが沸点での弾力によって水との結合から逃れようとして、そうすることができ、粒子のどのような牽引によって（すなわちこれがないところでは外的な圧力によって）エーテルが抑制されなければならないかということが推量できるであろう。というのも、有名なアモンタンによれば、氷点の熱と沸点の熱はこの圧力の三分の一相当分も違わないし、氷点と沸点との間で異なっている熱の四分の一相当分が全大気の重さに等しい力を要求するので、以下のことが帰結するからである。すなわち、沸騰の全熱が均衡を保つには一二気圧の重さが必要であり、それゆえ水の粒子の牽引そのものが一一気圧の圧力に等しくなる。氷点での元素の牽引から確かに弾性的なエーテルを圧縮する金属の巨大な牽引をもっと明瞭に見通すことができる。

同じ観察をしたスゴンダ[21]の見出したところでは、前述の山では水の希薄化がより大きく、ボルドーではより小さかったが、その比率は全容積について二四分の一から三五分の一であり、したがって計算してみると、大気圧相互の比率は正確に二〇対二八であった。したがってこの有名な場合には、アカデミア・チメント[22]によって実験的に確証された、あらゆる圧縮に対するこの上なく頑強な水の抵抗は見られなかった。

命題X　蒸発もしくは蒸気の本性と原因を、われわれの理論の主張から説明すること。

蒸気の本性

流体表面から引き裂かれ空中に遊泳している湿った諸粒子にほかならない蒸発は、独特で驚くばかりの本性を有している。どの程度であれ、同質的な流体の、接触にもたらされた諸粒子は強く合一し、おのずと一質量に融解する。また、それらはいったん蒸気の希薄さへ解体され、必要な熱の度によって駆り立てられれば駆り立てられるほど、接触や相互の合一から逃れるものである。ニュートンの用語を用いると、それらは互いに強く反発し合う[23]ので、圧縮されるべきそれらにとって十分であり、いやがるそれらを合一にもたらすに十分な力は見出されないであろう。このように、水の蒸気は火の作用をかなり受けると、最も硬い容器さえ破壊し、すべての蒸気はそのおのおのの本性に従ってしばしば驚くべき弾性を示す。

原　因

この現象の原因は、私の知るかぎりでは、自然学者たちによっては十分に確証されなかった。それゆえ、この原因を探求してみよう。

〔証明〕　水の表面から引き剝がされた、顕微鏡でもほとんど識別されない泡の形態となった、きわめて薄い包皮が、水蒸気の元素である。ところで、そのような多くの希薄な泡が熱によって強く刺激された場合に、その接触からそれ相応に遠ざかるのは、どのような原因によるのであろうか。私は直ちに説明するであろう。なぜなら、この理論の主張によれば、水は、〔他の〕全ての物体と全く同様に、引力のおかげで、押された自分の質量内にエーテルの弾性物質を保持するからであり、また、〔以前に〕証明したことから、この引力が接触においてのみならず、一定の距離において規定されていることは明らかだからである。かくして、諸粒子は接近した点で収縮して、付着するであろう。引力が熱の波動から生じる反発力に対して均衡を保つとすれば、引力は実際かなり大きな距離に達するであろうが。第1図においてこの距離は線ｅｆで表されるが、これはきわめて小さいものと見なされねばならず、水の粒子の接近が小粒子ｅｇに比例しているとせよ。さらに、第2図における平行六面体ａｂｃｄが水の粒子だとすれば、その密度ｂａが線ｅｆに等しいほど小さいであろう。命題の前提によれば、水の諸元素の牽引は互いに距離ｂａ＝ｅｆを超えては伸びないのだから、ある粒子が点ａにあるとすれば、それは全密度によってしつらえられたすべての諸元素の引力を感じるであろう。それは流体の本性によって規定されうる程度に応じて、この上なく強く付着するであろう。この水の粒子にｂｈｉｄで表される付加的な水がさらに付け加わるならば、それらは強く付着しないであろう。実際、要素がわずかな空間ａｍ移動すると、それは水の粒子の全体によっては引かれず、部分ａｎｏｃによってのみ引かれるであろう。このようにして、それはわずかな力で〔残りの水と〕合一されるに至るであろう。第2図における平行六面体を第3図における他のはるかに薄いｈｋｒｓへ転形すると、点ｈに近づけられるおのおのの水の粒子は〔第2図におけるよりも〕はるかに弱く引かれ、この包皮に含まれたエーテルはそれ自身この増加した表面から大部分解放されるのだから、熱の振動によってこの位置へ遠ざけられた要素*ｕは、点ｈから、以前の条件のもとで生じざるをえなかったよりもはるかに大きな距離離されるであろうし、包皮が薄ければ薄いほど、その分だけより大きな力で接触を逃れるであろうことは、明らかである。さらに、この形態でそのままそれ自身に任された薄い包皮ｈｋｒｓは直ちに球形に転化するであろうから、またそれは、このようにしてあらゆる方向へと増大させられた密度によって前と同じ近さを保ちつつ、それ自身を他と合一する力を得るであろう。包皮は、それ自身蒸気の特徴を保つはずだとするなら、自身を泡の形態（第4図）に転化することが必要であるが、この泡は比較的小さい直径

第1図

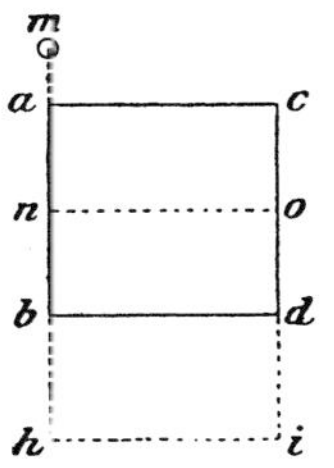

第2図

第3図

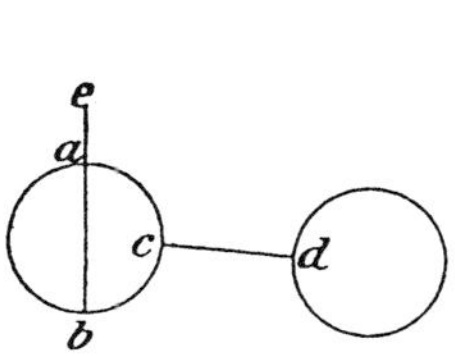

第4図

ａｂからなり、かなり薄いものである。したがって、直径の両端の点ａと点ｂとの距離は距離ｂｅより小さく、この距離では両点は、自分で自由に延長すると、エーテルの斥力が引力に等しくなって、ちょうどこれと同じく静止状態に保たれるであろう。[24] それゆえ、この状態で泡は拡張しようとし、弾性的蒸気の元素になろうとする。他方、同質の二つの泡の間の距離ｃｄは、証明したところから明らかなように、つねに直径ａｂに等しいであろう。

命題XI　空気の本性とその弾性的素因の原因を探求すること。

〔証明〕　空気は水よりほぼ千倍軽い弾性流体であり、その拡張力は熱に比例する。大気の同等の重さの下で氷結の冷たさから沸点に至るこの拡張は、空気が氷点で占める容積のほぼ三分の一である。これらの諸現象は、蒸気によっても獲得できないようなものは何も持っていないが、ただ次のことは例外である。すなわち、たいていの蒸気は、空気が完全な弾性を保っている氷点では固体化するであろうし、拡張力の証拠を何ら示さないということを除いては。これに反し、蒸気の包皮の薄さが、低度の熱で顕著な弾性を空気が発揮しうるであろう原因のうちに含まれていることを考慮するならば、以下のことは明らかである。ここで直ちに類比の力を無分別、軽率に見離すべきではないのであって、むしろ、同じ原理から二種類の事柄を導き出すことによって原理が多くなりすぎるのをわれわれが避けうるかどうかを試みなければならないことは明らかである。ところで、われわれの推測に明りをもたらす現象は以下のとおりである。

油性もしくは塩性の素因に媒介されて隣接した最小粒子が付け加わることによって成長したすべての物体、たとえばすべての植物、酒石、活性石、さらに多くの種類の塩とくに硝石は、ヘールズ[25]が『植物計量学』のなかですばらしい実験によってわれわれに教示しているように、火に強く曝されると、膨大な量の弾性空気を放出する。つまり、このような固体的な物質のうちの相当量がこの空気であることが実証されている。すなわち、以下の物質の全重量のうち、鹿の角なら七分の一、オーク材なら約三分の一、ラインワインの酒石なら三分の一、硝石なら八分の一、動物の酒石あるいは人間の結石なら二分の一以上がそれである。(26)火力によってこれらの諸物体から引き出された空気は、〔物体と結合されている時には〕質量の一部であったにせよ、空気の本性を持たなかったこと、すなわちその密度に比例した弾性を有する流体ではなかったことは自明である。というのも、さもなくば空気は普通程度の熱の力によってさえ、抑制し難い勢いでもっと大きな空間に拡張し、すべての物体の結合を分解するであろうからである。かくして、弾性的ではなかった物体の隙間から追い出された物質は、それが自由になった時だけ弾性を示す。だが、合一していた質量から引き裂かれた時に弾性を示すことが蒸気の本性なのだから、たとえ確言すべきでないにせよ、大いに確実に主張しうることは、空気とは、物体から解放された蒸気にほかならない、つまり物体がきわめて微細なものに還元された後でなら、どんな程度の熱によっても容易に〔物体から〕出てきて強度の弾性をあらわにするような蒸気にほかならない、ということであろう。

実際、私にこの見解を裏書きしてくれるものは少なからずあり、取るに足りなくはない。なぜなら、大量の油また特に酸を自分のうちに含む諸物体からのみ、なぜ空気が燃焼によって追い出されるのであろうか。酸というのは、私がすでに示したとおり、(27)その引力によってエーテルに結びつける最も活動的で最も強い素因ではなかろうか。この素因は(あらゆる物体を結びつけるエーテル物質の真の磁石であるのだから)かの具体的な物体の絆いわば膠(にかわ)ではなかろうか。この酸は、物質とのきわめて緊密な合一からむりやり並外れた力によって追い出される時、この上なく薄い包皮へと分解し分離せざるをえないと考えられないであろうか。そうだとすれば、弾性的な流体がこのようにして構成されるということ、すなわちどれほど小さな熱の度合いでも拡張しうるものであり、どんなに冷たさが増大しても(すなわち決してすべての熱を消滅させないのだから)凝固することなく弾性を奪われることもなく構成されるということを疑うというのはどうしてなのか。したがって、水蒸気がわずかな冷で凝固するという困難さを排除するのはこれによるのであり、またこれこそ、追い出された空気をすべての蒸気とは本性上全く異なった物質だとヘールズが称し、吹聴した原因[28]である。したがってまた、このことは、自然探究者たちに対して、より入念な研究に最もふさわしい仮説を提供する。すなわち、空気は事物のあらゆる本性に従って撒き広げられた酸のきわめて微細な蒸気にほかならず、どんなに小さな熱の度によっても〔すなわちどんなに冷たくしても〕弾性を失わないものではないか、ということである。

確かにこのような観点から容易に見て取れることは、なぜ硝石が強い火で焼かれると膨大な量の弾性空気を発するのかということである。というのも、ごく微細な酸は、より粗雑な諸粒子から分離してきわめて希薄な蒸気に転化すると、それ自身、空気になるからである。同様に容易に見て取れることは、火にこの上なく強固に抵抗する物質が、なぜ最大量の多量な空気を供給・放出するのか、たとえば、なぜラインワインの酒石の方が硝石より多く〔空気を〕発生するのかということである。というのも、これらの物質はその内に閉じ込めた酸を、この上なくゆっくりと最大に抵抗しながら放出するわけだが、この酸はまた、それら物質からきわめて微細な包皮の形態で引き剝がされるのであり、かくして空気と同様に可動的な弾性体を構成しうるからであり、また一方では反対に、蒸気はそれら物質からより大量に引き出されるわけだが、蒸気がまたより密に生じ、増し加わる寒気のなかでもその弾性を示すことができないからである。

気圧計観察とこの仮説との一致

決して説明できないと一般に思われている高い高度での空気の本性も、この仮説から明察される。なぜなら、パリ王立科学アカデミー紀要によれば、空気の圧力が加えられた重さに比例するというマリオット[29]の法則が高所では通用しないということが、マラルディ[30]、カッシーニ[31]などによって発見されたからである。すなわち彼らは、そこでの空気の密度が、より下方での空気の重さと比較してみた場合、この法則によって帰結するはずの密度よりも低い密度であることを見出したのである。ここから次のことが明らかになる。すなわち、高所の空気は同じ種類でありながらより低い圧力を受けた粒子から成るのではなく、むしろ、それ自体として特別に軽い元素から成っているということである。というのも、空気は同じ圧力のもとでは、同じ重さに抵抗するためにより大きな体積を必要とするからである。したがって、もし空気の本性が、高さが異なれば実体として異なるとすれば、同じ種類の元素の中にはそれ以外のものは地球上では見つからないのだから、空気はかけ離れた種類の元素なのではなく、むしろ他の元素、すなわち私の考えでは酸性の液体が、自らを表すための形式をとらねばならないということは明らかである。だとすれば、このような蒸気の諸粒子が(異なった薄さの包皮のために)他より重いこと、また軽い諸粒子が高い位置を占めることは驚くに及ばない。

A383

命題XII　われわれの理論が主張するところから炎の本性を説明すること。

一　本　性

他の種類の火に比して、炎の特殊な本性は以下のとおりである。火とは違って、炎はどんな物体に関しても表面だけを焼くものである。炎の燃料は油とそれに酸であり、酸は弾性的運動によって〔燃焼に〕役立つ、かの最も能動的な原理である。

炎は強烈な光によってきらめき、かつ燃料の欠乏によってしか止まらないような、火の度合いにまで高まった蒸気にほかならない。(32) 他の種類の火と全く異なる炎の特性は次のとおりである。(一) 暖められた何らかの物体に加えられた熱は、伝導されると、自然の普遍法則に従って徐々に減少するが、それに対し、炎は、ごく始めからあらゆる方向に、燃料がなくならなければ、〔それ以外の〕どんな限界にも縛られることのない信じ難い力を得る。(二) 何らかの可燃物質が熱くなって沸騰するまでにできるような火は、燃焼によって作り出されるそれよりはるかに弱い。(三) 炎は光を放つ。金属を除く他の種類の諸物体は強く熱せられても光のないままであるが。

二　原因の探求

ところで、この諸現象の原因は、私が正しければ、以下のとおりである。炎は火の蒸気から成っており、物体の固体的質量は全体が炎へ転換されるのではなく、特に表面が燃えるのである。実際、蒸気は、それ自身のうちに燃素を包み込むために、最大の表面と最小の抵抗をもつであろうから、最小のきっかけで得た波動を容易に広げうるばかりでなく、他の可燃物質にその量にかかわりなく同じ〔火の〕強さでその波動を徐々に伝えることもできるであろうことは明白である。一見したところ、この現象は結果はつねに原因に等しいという機械論の根本規則に対立しているように見えるであろうが、それでも、もし精査してみるならば、〔この現象が示しているのは〕つまりは、炎を生じさせるための最小の火花の最初の誘発とは、可燃的な蒸気の最小の粒子をその火の元素の波動へと駆り立てること以外の何もしないのだということが分かるであろう。この元素は軽く閉じ込めると大きな力で自らを解放して振動を生み出し、〔自分の周りを〕取り巻く質量を全体にわたって等しく煽り立てることによって運動の激しさを伝えるだろう。小さな原因の結果がこのように殊の外大きくなることも驚くべきではない[33]。なぜなら、閉じ込められたエーテルの弾性は引力の阻止からこのように解放されると結果を凌ぐであろうからであり、最初にあった炎の誘発だけでは引き起こされないほどの結果を示すであろうから。というのも、諸結果は特に油の引力に依存し、油の閉じ込められた物質のごく微細な分割が大きな力で自身を自由にするきっかけを与えたからである。さらに、蒸気は流体であり、すなわち、他の燃素と比べると、もはや閉じ込められていない弾性的エーテルのより自由な振動のおかげで波動に対してより効力をもつ〔に至った〕流体であり、このようにして、噴出した燃素のおかげで物質を熱し、かつ光を放つのに、より適した流体なのである。

結　論

実際辛うじて着手しただけの小論を、私はここで閉じることにする。私は、私自身を寛大にして慈悲深いきわめて尊敬に価する哲学部にゆだねて、本小品がどれほどのものであれ、他に重要な仕事を抱えている人たちをこれ以上本小品に引き留めはしない。

C 388

地震原因論

松山壽一訳

Von den
Ursachen der Erderschütterungen
bei Gelegenheit des Unglücks,
welches
die westliche Länder von Europa
gegen das Ende des vorigen Jahres
betroffen hat.
(1756)

昨年末頃にヨーロッパの西方諸国を襲った
非運を機縁として
地震の原因について論ず.

A版	第1巻	417-427頁
B版		100-107頁
C版	第1巻	427-437頁
V版	第7巻第2冊	277-288頁
Z版		33-42頁

万人の運命に襲いかかる大事件は、当然、称賛に価する好奇心を呼び起こす。こうした好奇心は常軌を逸したあらゆることに遭遇して目覚め、大事件の原因について問いかけるのが常である。そのような場合、自然探究者は観察や研究から知りうることを公衆に対して説明しなければならない。私はこの義務をその全範囲にわたって果たすという栄誉を断念し、将来、大地の内奥を精密に見通したと自慢できる人が現れた時、そのような人にこの栄誉をゆだねる。これに対し、私の考察は一つの草稿にすぎないであろう。この草稿は、率直に言うと、今日までこの問題について蓋然的に語りうるほぼすべての事柄を含むであろう。もっとも、すべてを数学的確実性という試金石でテストする厳密な判定を満足させるには不十分であろうが。(1)さて、われわれは安んじて地上に住んでいるが、その屋台骨はしばしば地震に見舞われる。また、われわれは呑気にドーム上にものを建てているが、その弓なり状態は時折揺れ、いつ陥没するかもしれない。運命というものはいつ襲いかかるともかぎらない。それを気にとめずに、われわれは足下に隠れている破滅が近隣に引き起こす荒廃を目にすると、恐れるのではなく同情するだけである。いくら思い煩ったところで阻止しようのない運命の恐ろしさに悩まされずにすむこと、また、起こりうることが分かっている事柄を前にしても恐怖心によってわれわれの実際の苦しみが増大しないことは、疑いなく摂理の賜である。

A 419
B 100
C 429
V 279
Z 33

われわれの注目する第一の事柄は、われわれのいる大地が中空でそのドームがほぼ一つながりになって周辺に広く伸び、海底の下にさえ続いているということである。ここでは私は歴史から例を挙げない。私の意図は地震の歴*

A 420
C 430
V 280
Z 34

史を述べることではない。〔われわれの注目するところでは〕多くの地震の折には、まるで地下で暴風が荒れ狂うような、あるいは荷車が敷石の上を通る時のような恐るべき轟音が聞こえたし、遠隔地で同時に地震の影響が及んだ。アイスランドとリスボンで、両地が三五〇ドイツマイル(2)以上も海を隔てて離れているというのに、一日で運動が伝わったことがその動かぬ証拠である。これらあらゆる現象はいずれも一致してこの地下ドームのつながりを確証している。

地球形成の際に、このドーム・洞穴(3)のもととなった原因についてなにがしか納得のゆくことを語ろうとすれば、私は渾沌状態にあった頃の地球の歴史(4)に立ち帰らねばならないであろうが、そのような説明は信憑性ある根拠にことごとく基づいて地球の歴史を叙述できない場合には、虚構という外観を呈すること甚だしい。原因が何であれ、この洞穴の方向が山脈に対して、また当然〔山脈と〕つながりのある大河に対して平行であることは確実である。というのも、大河は平行して走る山脈によって両方から挟まれる長い谷の最下部を占めているからである。まさに同じ方向が地震の特に拡張する方向でもある。イタリアの大部分に広がった地震にあっては、教会のシャンデリアの揺れによって北からほぼ真南への運動が認められた。この間の地震(5)は西から東へという方向に起こったが、この方向はヨーロッパの最高部を走っている山脈の主要方向でもある。

このような恐るべき出来事に際していくらか自衛することが人間に許されているならば、またこのような災厄に対して理性が差し出すいくつかの予防措置を講ずることが無鉄砲で無駄な努力と見なされないならば、リスボンの不運な廃墟は、地震が通常生じざるをえない方向と同方向に流れる河に沿って都市を建設することに懸念を抱かせはしないであろうか。ルジャンティ(6)(原注)が示すところによれば、都市が街並の延びる方向に沿ってそれと同方向の地震によって揺さぶられると、全家屋が倒壊するのに対して、街並を横切る方向に生じる場合は、わずかな家屋だけが倒壊するということである。原因は明らかである。地面の揺れは建物を垂直の位置からずらせる。ところで、東西に連なる一連の建物が東西方向に揺さぶられると、おのおのの建物は自分自身の重さを支えねばならないばかりでなく、同時に西の建物は東の建物にのしかかり、それによって間違いなく東の建物を倒壊させる。これとは異なって、街並がそれを横切る方向に動かされる場合、おのおのの建物は自分の重さを支えるだけでよいのだから、その他の条件が同じなら、先の場合よりわずかな被害ですむにちがいない。とどのつまり、リスボンの不運はタホ河[7]の岸沿いにあったというその位置のせいで増大したように思われる。このような理由のために、地震がたびたび感じられ、地震の方向を経験から会得できるような土地では、どんな都市も地震の方向と平行に建設されてはならないであろう。しかしながらこのような場合でも、大半の人々は全く見解を異にする。恐怖心は人々から考える力を奪うから、人々はこのような広範に及ぶ災厄に際して、当然人々が自衛して然るべき災害とは全く別の種類の災害に遭遇しているものと思い込み、運命の苛酷さを神の興不興にひたすら身をゆだね、盲目的に服従することで和らげようなどと考えている。

（原注）ルジャンティの世界旅行、ビュフォンの引用[8]に依る。ビュフォンもまた地震の生ずる方向がほぼ常に大河の方向と平行であることを確証している。

地震の伝播する主な方向は山脈の尾根方向に続いており、それゆえ山脈に近い地域が主として地震に見舞われる。特に二つの尾根に挟まれている場合はなおさらである。そのような場合、両側からの揺れが合わさるからである。山脈とつながっていない平地では地震は稀で弱い。それゆえ、ペルーとチリは世界のほぼ全域のうち最も頻繁に地震に見舞われてきた地域である。当地では家を二階建てで建てる場合、石組みにするのは一階だけで、二階は下敷きになって死なないようにアシや軽い木材で造るという用心が見られる。イタリアや部分的には寒帯に位置する島アイスランドでさえ、またその他のヨーロッパの高地もこうした地震と山脈との合致を示している。昨年の一二月に西から東へ、フランス、スイス、シュヴァーベン、チロル、バイエルンに伝播した地震は、とりわけヨーロッパ大陸の最高の連峰〔アルプス〕をなぞるものであった。ところで山脈のあらゆる主脈はそれに直交する支脈をいくつも張り出していることも知られている。これらの支脈へと地下の発火も次々と広がってゆき、その結果、地震はスイス山脈の高地地帯あたりにまで達したあとで、ラインの流れに平行して低地ドイツにまで続いている洞穴をも走り抜けたのである。自然が地震を特に高地地帯に結び付けるこの法則の原因はいったい何であろうか。地下の発火がこのような地震を引き起こすことが分かるとすれば、容易に次のように見なすことができる。すなわち、山岳地帯の洞穴は平地のそれより広大だから、可燃性蒸気の噴出もそこでは平地より広がりやすく、つねに発火に不可欠な地下の地域に閉じ込められた空気の供給も平地より妨害にあうことが少ない。これに加えて、人間の認識が及ぶ限りでの話だが、大地の内的な自然性状に関する認識は次のことを教えている。すなわち山岳地帯の地層は平地地帯の地層より薄いのだから、地震に対する抵抗も平地より山地のほうが少ないということをである。こういうわけで、わが国〔プロイセン〕にも前記〔リスボン〕のような災厄を恐れる原因があるかと問われるとすれば、私は次のように答えるであろう。礼節の善導を説くのが私の天職なのであれば、災厄はどこでも起こりうるのだし、地震の場合もこれを否認できないのだから、私としては災厄に対する人々の恐怖心をそのままにしておくほかなかろう、と。ただし、敬神の念を呼び起こす動因のうちで地震によるそれは最も薄弱な動因であり、本稿での私の意図は地震の

A 422
C 432

B 103
V 283
Z 37

自然的根拠を推測によって挙げることなので、いま挙げた諸点から容易に次のことを察知できるであろう。すなわち、プロイセンは山のない国であるばかりでなく、ほぼ至るところ平地が続いていると見なせるはずなのだから、われわれは摂理という備えについて安んじて反対の希望を抱いてよい比較的大きな動機を有している、と。[9]

地震の原因についてなにがしか大切なことを挙げるべき時がきた。地震現象をなぞることは自然探究者にとっては容易なことである。二五ポンド[10]の鉄屑と同量の硫黄を取り、これをふつうの水と混ぜ、この生地を一フィートもしくは一フィート半の深さの地中に埋め、その上にしっかりと土をかぶせる。二、三時間経つと濃い蒸気が立ち昇り、土が揺さぶられ、地中から突然炎が吹き出すのが見られる。[11] 鉄と硫黄という二つの物質が地中にしばしば見出されること、また、隙間や岩の割れ目を通ってにじみ出る水がこの二つの物質を沸き立たせることは疑えない。他の実験でも、冷たい物質を混ぜ合わせると自然発火が起こって可燃性蒸気が得られる。二クヴェント[12]の硫酸と八クヴェントのふつうの水とを混ぜ、これを二クヴェントの鉄屑に注ぐと、激しい沸騰と蒸気が発生し、この蒸気が自然発火する。硫酸と鉄片とが十分な量、地中に含まれていることを誰が疑えるだろうか。さてそれに水が加わり、それらの相互作用を引き起こせば、それらから蒸気が発生し、その蒸気は広がろうとして地面を揺さぶり、活火山の火口で炎となって突然噴出する。

とっくの昔に気づかれたことだが、活火山が近隣で噴火したような土地では、閉じ込められた空気が出口を獲得しうるために、激震を免れるものであり、よく知られているように、ベスヴィオス山[13]が長らく静かであった場合ほど、ナポリ周辺では地震が頻繁で恐ろしいものとなる。このようにして、われわれにショックを与えるものがしばしば恩恵ともなるのであり、〔今後〕ポルトガルの山脈でもし活火山が火口を開くようなことがあれば、それは災厄がしだいに遠退いてゆく前兆となりうるであろう。

あの不運な万聖節(14)に多くの海岸で感じられた大洪水(15)は、今回の出来事のなかでも、世にも不思議な驚嘆と探求の対象である。地震が海底にまで広がっていること、また船が振動する固い大地につながれているかのように激しく揺さぶられることは、ふつうの経験である。*しかしながら、高波が生じた諸地域においてはわずかな地震の痕跡すら感じられなかったのであり、少なくとも海岸からある程度離れたところではまったく感じられなかった。にもかかわらず、このような洪水は例に事欠かない。一六九二年に相当広範囲に及んだ地震があったが、その際にもオランダ、イングランド、ドイツの海岸で同じようなことが認められた。聞くところによれば、海洋のこのような高波の起源をポルトガル海岸の海水が地震の直接的衝撃を受けて継続的に振動することに求めようとする人が多く、またそれも理由のないことではない。このような説明は初めのうちは困難さにさらされているように思われる。私の理解するところでは、圧力が加えられる毎に流体の全体でその圧力を受けざるをえないのだが、どのようにしてポルトガル海の海水の圧力が二、三百マイル広がった後に、グリュックシュタット(16)やフーズム(17)近辺の水をなお二、三マイルも高く持ち上げることができるのであろうか。ほとんど目につかないほどの波をドイツで起こすためだけでも、ポルトガルでは天にも届かんばかりに高い山のような洪水が発生する必要があったとは思われないであろうか。このような問いに対する私の答えは以下のとおりである。流体がある場所で作用する原因によってその全体にわたって動かされうる仕方には二通りあり、それは上昇下降する振動運動によって、すなわち波の形をとって動かされるか、あるいは、突発的に生ずる圧力が水をその内部で揺さぶり、まるで固体のようにつき動かして、水が上下に波立って衝撃を弛めたり、運動を徐々に広げていったりするいとまを与えないかのどちらかである。前者は疑いなく当の出来事を説明するのに十分ではありえないが、後者に関して言えば、水が突発的な圧力に対しては固体のように抵抗し、この圧力の作用を隣接する水に水平より高まる時間を与えないほどの激しさでわきに伝えると考えるならば、あるいは、たとえばカレ氏[18]が『自然論』*第二部(〔パリ王立〕科学アカデミー紀要五四九ページ)で、二ツォルの〔厚さの〕板でできた箱に水を満たし弾丸を射ち込んだところ、その打撃によって水が圧縮されたので箱は完全に破裂したという実験について報告しているが、このような実験を考察するならば、水を動かすことができるこのような方法についていくぶん理解できるであろう。聖ヴィンセント岬[19]からフィニステル岬[20]まで約一〇〇ドイツマイルにわたってポルトガルとスペインの西海岸全体が地震に見舞われたこと、また、この地震が西方の沖にもそれと同距離広がったと想定するならば、海底の一万ドイツ平方マイルが突発的振動によって盛り上がったのであり、その速度を、上に載った物体を一五フィートの高さに投げ上げ、したがって(力学法則により)秒速三〇フィートで物体を押し進めることのできる地雷の運動に等しいと見なしても高く見積もりすぎているわけではない。この突発的な揺れに上方にある水が抵抗したので、緩慢な運動の場合に生ずるように水が勢いを減じ、波となって上下したのではなく、全圧力を受けて周囲の水をあのようにきわめて激しくわきに追いやったのだった。このように急激に圧迫される場合の水は固体と見なすことができるほどで、この物体の向こう側の端はこちら側の端が押しやられるのと全く同じ速度でつき動かされるのである。したがって(このような表現を用いてよければ)液体状の梁においては、たとえこの梁が二〇〇もしくは三〇〇マイルの長さであっても、向こう側の端とこちら側の端とで開口部の幅が等しい管の中に閉じ込められていると考えるなら、運動の減少はまったく起こらない。しかしながら、向こう側の開口部の方が広い場合には、開口部を通過する運動はちょうど反比例して減少するであろう。だが洪水の伝播は自分のまわりに輪のように広がってゆくと考えざるをえないが、その広がりは中心から離れるにつれて減少する、つまりはその限界において水の流れがそれだけいっそう減少する。それゆえ、その流れは震源と想定されている地点から三〇〇ドイツマイル離れているホルシュタイン海岸で、前提によれば震源からおよそ五〇マイル離れているポルトガル海岸より六分の一の大きさであろう。それでも、ホルシュタイン海岸とデンマーク海岸[21]における運動は一秒間に五フィート進むに足るほどであろうが、これは大河の急流の威力に匹敵する。このような推定に対して異論を出そうと思えば出せるかもしれない。北海の水域に水圧が伝播するにはカレーの海峡[22]を通らなくてはならないが、その揺れは〔海峡通過ののち〕広い海に広がったとき殊のほか弱まらざるをえないであろう、と。しかしながら、海峡に達する前に、フランス海岸とイングランド海岸との間で水圧が両岸に挟まれ、押し縮められて、その後の拡張による減少に見合うだけ増大せざるをえないことを考量するならば、ホルシュタイン海岸での揺れの大きさは先ほど考えたのと大差ないであろう。

このような水圧現象のとても奇妙な点は、水圧が海と目に見えるつながりのまったくない陸地の湖、たとえばテンプリン[23]近郊の湖やノルウェーの湖でさえ感じられたことである。この点は陸中の水域と海との地下での結びつきを証明するためにかつて持ち出されたあらゆる証拠のなかでほぼ最も有力なものであるように思われる。だとすると逆に、〔湖水が保っている〕均衡という点から生じうる困難を免れるために、湖水が現に海とつながっている地下水路を通って不断に下方に流れ去っていると考えざるをえないであろう。だがこの地下水路は狭く、それを通って失われる水は流れ込む小川や大河によって十分に補われるのだから、このような流出はそのために目立ちはしないであろう。

にもかかわらず、そのような稀有な出来事においては、安易に性急な判断を下すべきではない。というのも、内陸の湖の荒れは他の理由で生じたかもしれないからである。すなわち、地下の空気が、猛火の突発によって動かされると、こうした暴力的な突発とともに、空気のあらゆる通路をふさいでいる地層の裂け目を通ってつき進むことがあるかもしれないからである。自然というものは徐々に発見されるほかないものである。われわれはせっかちに自然がわれわれの目から隠しているものを虚構によって察知しようとすべきでなく、自然がその秘密を諸々の明瞭な結果において明々白々に打ち明けるまで待つべきなのである。

地震の原因は大気圏にまでその影響を広げているように思われる。大地が地震に見舞われる二、三時間前にしばしば空が赤くなったり、大気の様子が変わるという他の兆候が認められた。動物は地震の直前に恐怖を覚えている。鳥は巣箱に逃げ帰り、ドブネズミやハツカネズミは穴から這い出てくる。この瞬間に間違いなく熱せられて発火点に達した蒸気が大地の上層のドームを突き破るのである。この蒸気からどんな影響を人々が予想したか、私はあえて確定するつもりはない。少なくとも、それらの影響は自然探求者にとっては好ましいものではない。というのも、次のような疑問が生じるからである。すなわち、地下の大気が地上の大気と混じって作用する場合に大気圏の変化が交互に生ずる法則をかぎつける、どんな望みが自然探究者にありうるのであろうか、そしてまた、このような地下からの空気噴出がしばしば生ずるはずがないと、はたして疑えるのであろうか。言うまでもなく、もしそれを疑うなら、天候の原因は一つには恒常的、一つには周期的なものであるのに、天候の交替に決して繰り返しが見られないのはどうしてかということが理解できないであろうからである。

注記　前号[24]に記したアイスランドの地震の日付は、『ハンブルク通信』第一九九号の報告に従って、一一月一日ではなく九月一一日と訂正しなければならない。

本考察は、最近生じた考察に価する自然の出来事に関するささやかな予備練習のつもりである。今回の地震は重要で、かつさまざまな面で独特なものであるから、私はその仔細を、つまりそのヨーロッパ諸国への伝播、その際に現れた珍しい諸現象、それを機縁としうる諸考察を詳細な論文[25]で公衆に伝えたいと思う。この論文は数日後に王立王宮学術印刷所で出版されるであろう。

地震の歴史と博物誌

松山壽一訳

Geschichte und Naturbeschreibung der merkwürdigsten Vorfälle des Erdbebens, welches an dem Ende des 1755 ften Jahres einen großen Theil der Erde erschüttert hat, von M. Immanuel Kant.

(1756)

1755年末に大地の大部分を見舞った地震による数々の珍事に関するイマヌエル・カント修士による歴史と博物誌

A版	第1巻	429-461頁
B版		108-136頁
C版	第1巻	439-473頁
V版	第7巻第2冊	289-327頁
Z版		43-79頁

〔目　次〕

〔まえがき〕

自然が数々の珍事を至るところで繰り広げたことは、観察と賛嘆のためには無駄ではなかった。大地の家政を任せられている人間がそれを知る能力と意欲とをもっており、その洞察力によって創造者を誉め讃えるからである。陸地の揺れ、海底運動による海の荒れ、活火山というような人類に災厄をもたらす恐るべき道具立てさえ、人類に観察を促すものであり、かつ不変諸法則からの正当な帰結として神によって自然に植えつけられているものなのである。災厄をもたらすものとして慣れ親しまれている別の諸原因の場合とても同じものなのだが、にもかかわらず別の諸原因のほうがより自然だと思われてしまうのは、ただそのほうが馴染みが深いというだけの理由による。

このような恐るべき災厄の観察は啓発的であり、人間をへりくだらせる。人間は神が命じた自然法則から好都合な結果だけを期待するという権利をもたないからであり、あるいは少なくともそれを失ったということを自覚させられるからである。このようにして人間はまた悟るに至るかもしれない。人間の欲望が渦巻くこのたまり場が、自分の目指す目的をたとえ含んでいないとしても致し方ない、ということを。

〔一〕　予備的考察、大地内部の性状について

われわれは地表のことを、広大さに関してなら、かなりよく知っている。しかしながら、われわれの足下にもう

A 431
B 108
C 441
V 291
Z 43

一つの世界があり、それについてはわれわれは目下のところほんのわずかしか知らない。測深用のおもりに対して測り知れない裂け目を開いている山岳の亀裂、われわれが山岳内部に出会う洞穴、われわれが数世紀にわたって鉱山内に拡張している最深の立坑といった程度では、われわれが居住している巨塊の内部構造について明瞭な認識を得るにはほど遠い状態である。

人類が陸地の最表面から降り立った最深の地点というのは未だ五〇〇尋(ひろ)(1)すなわち地球の中心までの距離の六〇〇〇分の一にも達しないが、にもかかわらず、このような地下堂はなお山岳のうちにもあって、全陸地さえ一つの山岳のようなもので、ただ海底と同じ深さに達するためだけでも、少なくともそれより三倍も深く下降しなければならないであろう。

さて、自然は、われわれの眼やわれわれの直接の探求に対して隠しているものを、その作用によって自ら打ち明ける。地震はわれわれに次のことを開示した。地表がドームや洞穴(2)をいっぱいかかえていること、またわれわれの足下には隠れた坑道が多様な迷路を伴って至るところで続いていることを。地震の歴史が示す経過を見れば、このことに疑念を抱く余地はなかろう。これらの洞穴をわれわれは大洋に海棚をしつらえたのと同じ原因に帰さねばならない。けだし、以下のことは(3)確実だからである。すなわち、大洋が以前全陸地を覆っていたことによって残した遺物、山岳の内部にさえ見出される膨大な貝の堆積、最深の立坑から掘り出される化石化した海生動物、私に言わせれば、これらすべての事柄についてある程度知らされていさえすれば、以下のことは容易に見て取れるであろうからである。すなわち、最初、大洋がかつて長期間にわたって全陸地を覆っていたこと、この覆った状態が長く続いたのであり、それはノアの洪水より昔のことであること、また最後に水が引いたのが、水底が時に地下堂に陥没し、水が流れ込む深い貯水池をしつらえたからであり、その岸に囲まれて今なお水がたたえられていること、また一方でこのように陥没した周囲に残った高地が陸地となったのであり、そして陸地内部には至るところで洞穴がうがたれるとともに、陸地は急な頂きを具えており、山脈と呼ばれるところでは、陸地の最高地で陸地がかなりの長さ延びているのと同じ方向に沿って走っていることをである。

このような洞穴はみな燃え上がる火あるいは少なくとも可燃物を擁しており、それは、わずかな刺激で洞穴中を激しく荒れ狂い、洞穴を覆う地面を揺さぶり、引き裂きさえするためである。

われわれはこの地下の火の領域について、それが広がっている全範囲において考量すると、火の作用を時折感じないような陸地は地上には少ないことを認めざるをえないであろう。極北ではアイスランド島が火の極度の激発に見舞われており、しかもそれが稀ではない。イングランドやスウェーデンでさえ若干の微震があった。にもかかわらず地震は南方の陸地、つまり赤道に近い陸地のほうが北方より頻繁で強い。イタリアや赤道に近い全大洋の島々、とりわけインド洋の島々は地面の動揺にしばしば悩まされている。インド洋の島々のうちにはなお今もしばしば火を噴いているか、かつては噴火活動があったであろう山岳をもたない島など一つもなく、島々は〔噴火と〕同じように頻繁に地震に見舞われている。この点でヒュープナー(4)の報告を信じてよいとすれば、オランダ人たちがバンダとアンボイナ(5)という二つの島だけで栽培するのを許可しているナツメグと丁子からできる高価な香辛料を、二つの島のうちの一つがたとえば地震によって壊滅する運命に見舞われるというようなことがあった場合に、絶滅の危険にさらさないために、彼らが行使する巧みな用心深さというのは、それらの島からはるかに離れた別の島でつねに両植物の苗を栽培しておくということである。赤道に近いペルーとチリは、世界のどこよりもこの非運によって頻繁に不安にさせられた。ペルーでは、数度の軽震を感じないですむ日など一日たりとてない。このことを北方よりはるかに大きな太陽熱がこれらの国々の土壌に作用する結果と見なしうるなどと想像してはならない。四〇フィートの深さもない地下室でも、夏と冬の温度差はほとんど感じられないからである。同じように、太陽熱は発火物質を誘発し運動させるほどには土壌深くまで浸透できないのである。むしろ地震は地下堂の性状によるのであり、太初に最表面の地殻の陥没をかつて生じさせた法則によっている。また、陥没は赤道に近ければ近いほど深く多様な湾曲を形成したが、それによって地震のきっかけとなる火種を擁しているこれらの坑道もより広くなり、それによって火種の発火もより容易になった。

地下道のこのような待機状態は、大きな陸地への地震の広範な拡張、地震が続く地域、地震が一番荒れ狂っている場所、地震が最初に始まる場所について、以下に述べることを理解する上で、少なからず重要である。

いまから私自ら最近の地震における事の次第について話し始めよう。私が事の次第ということで理解していることは、人々がそれによって被った災厄の話、荒廃した諸都市、瓦礫の下に埋もれた住民たちの記録ではない。［そのような話、記録を綴るには］想像力が恐怖として想い描くすべての事柄が総合されなければならないが、私の話は人々が陥る驚愕状態について自らにある程度まで予備教育を施すためである。ところで、人々がそのような状態に陥るのは、次のような場合である。すなわち、足下の大地が動かされる場合や、自分をとりまくすべてのものが崩壊する場合や、海底が揺り動かされたために水が氾濫によって非運に拍車をかける場合、さらには死の恐怖、あらゆる財をそっくり失うことから生ずる絶望の念、ついには他人の不幸を目にすることがどんな毅然たる勇気も挫いてしまう場合である。このような説明がなされれば、それは感動的であろうし、心を打つだけに人心を改善する

V 295
Z 47
B 111
A 434
C 444

という影響すら及ぼしうるかもしれないであろう。しかしながら、このような話をするのは私などより巧者の手にゆだねる。[6] 私はここでは自然の営みと災厄を伴った不思議な自然的事態とその原因を綴ることにする。

〔二〕 最近の地震の前兆

結果としてかくも驚愕すべきものとなった地下の発火の前触れを、私はスイスのロカルノ[7]で昨年一〇月一四日朝八時に認められた大気現象のうちに想定している。ストーブから発する蒸気よりも温かい蒸気が広がり、それも二時間後には赤い霧に変わり、夕方頃にはそれから真紅の雨となって、それが溜められてみると、九分の一もの赤い膠(にかわ)状の沈殿物を落下させていた。また同時に高さ六インチも積った雪が赤く色づいた。この真紅の雨は四〇時間でおよそ二〇ドイツマイル[8]四方まで及んで、シュヴァーベン[9]でさえ認められた。このような大気現象に不自然な土砂降りが続き、三日間で高さ二三ツォル[10]もの水位になったが、これは中程度の湿度の一地方の一年間の降水量を超えている。このような雨が、いつも同じ激しさではないにせよ、一四日間以上も続いたのである。スイス山地を水源とするロンバルディア[11]の諸々の河川やローヌ河[12]も水が溢れて氾濫した。この時期から恐るべき暴風雨が大気中に広がって、至るところで残忍にも猛威をふるった。一一月半ばでもウルム[13]でまだ同じ真紅の雨が降ったし、イタリアのつむじ風のような大気の攪乱や極度に雨がちな天候が続いた。

このような現象の原因と結果を理解しようとするならば、そのような現象が生じた場所の地面の性状に注目しなければならない。スイスの山岳地帯は総じて広範な亀裂を擁しているが、これらの亀裂は疑いなく最深の地下道と関係している。ショイヒツァー[14]は特定の時期になると風を吹き出すおよそ二〇の口を開けた深淵を数え上げている。さて、このような洞穴の内部に隠された沸騰している流体状の鉱物が混じり合って、それによって内部で沸き立ち、これは火種をその発火のために準備し、数日内にすっかり発火、爆発することになると仮定すると、またたとえば、硝酸に含まれておりかつ自然界に必ずやしつらえられている酸が、水の流入によるか、他の原因によって動かされて鉄鉱石にぶつかり、それを腐食するというように想定してみると、この物質はその混合の際に発火し、温かい赤い蒸気を山岳地帯の裂け目から噴き出したであろう。これに沸騰の激しさで赤い鉄鉱石の粒子が同時に混ざり、その状態が続いたであろう。こうしたことが先に述べた膠状の真紅の雨の誘因となったのである。このような蒸気の本性が大気の拡張力を弱め、まさにこのことによって大気中に垂れ下がるように漂っている水蒸気を寄せ集めて流動化するに至る。また同様に、気圧が低下した地方に向かって自然に傾く気圧の谷によって大気圏周辺に漂っている湿ったあらゆる雲を引き寄せることで、いま挙げた地方で認められたやむことのない激しいにわか雨を降らせるに至る。

C 446

このような仕方で、地下の沸騰は隠所で密かに準備した非運を、噴き出した蒸気によって前もって予告したのである。(原注)それに続いて運命はゆっくりと完成へと歩を進めたのであった。沸騰はすぐさま発火するに至るのではない。沸騰し熱せられた物質は、発火するには、可燃油、硫黄、天然アスファルトあるいはそれに類したものに出会わなければならない。熱は長い間かけて折々に地下道に広がり、溶解した可燃物質が他の物質と混合して発火点に達するまで加熱された瞬間に、大地のドームは揺さぶられたのであり、凶運は完結したのである。

A 436
V 297
Z 49

(原注)　地震の八日前、カディス[15]近辺の大地は地中から這い出した多数の虫で覆われた。これらの虫は以上に述べた原因が出

現させたものにほかならなかった。若干の他の地震の際には、大気中の激しい稲妻と動物に認めれられるおびえが前兆であった。

〔三〕　一七五五年一一月一日の地震と洪水[16]

このような非運が生じた瞬間は、リスボンでは、きわめて正確に午前九時五〇分と特定されているようである。この時間はマドリッドで認められた時間、すなわち両都市の距離の差を時間の差に変換した一〇時一七分から一八分と正確に合致している。同じ時間に水域が驚くほど広範囲にわたって揺さぶられたのであり、それは大洋と眼に見えるつながりをもつ水域ばかりでなく、隠れた仕方で大洋とつながっていそうな水域にまで及んでいる。フィンランドのアボ[17]から西インド諸島のアルキペラグス[18]に至るまで、揺れを免れた海岸はほとんどなかったか、あるいは全くなかった。揺れが同時にほぼ一五〇〇マイルにわたって襲ったのである。エルベ河畔のグリュックシュタット[19]で揺れが感じられた時間が公式のニュース報道どおりに一一時三〇分きっかりだと信じてよいとすれば、洪水〔津波〕がリスボンからホルシュタイン海岸[20]に至るまで一五分かかったと推論できるであろう。揺れは同時に地中海のあるゆる海岸でも感じられた。揺れの及んだ範囲が全部でどれくらいかは、未だ見当もつかない。

陸地で海とのつながりが絶ち切られているように見える諸々の水域や泉や湖水が、遠く離れた多くの陸地で同時に法外に揺り動かされた。スイスのたいていの湖、マルクのテンプリン[21]近郊の湖水、ノルウェーやスウェーデンの若干の湖水は波立って、嵐の場合よりはるかに激しく乱れたが、その折、大気は静かだった。ヌーシャテル[22]近郊の湖水は、報告を信頼してよいとすれば、隠れた割れ目へ吸い込まれ、マイニンゲン[23]近郊の湖水は同時期にほぼ同じ状態になったが、やがて再び元に戻った。また、ほんの数分後にベーメン[24]のテプリッツの鉱泉が突然止まり、真紅色になって再び出て来た。水はその流れる勢いでおのが水路を広げ、それでますます強く流れ込んだ。この町の住人は嬉々として「神なる汝をわれら誉め讃える te Deum laudamus」[25]を歌ったのだったが、かたやリスボンの住人は全く別の歌を歌った。人類を襲う予期せぬ出来事・運命とはこんなものなのだ。ある人の喜びと他の人の不幸とはしばしば同じ原因によっている。アフリカのフェース王国[26]では、地下の猛威が山を裂き、深紅の流れを深淵から注ぎ出した。フランスのアングレーム[27]近郊では、地下の轟音が聞こえ、深い地下堂の空洞が地上に口を開けて、測り知れない水をたたえるに至った。プロヴァンスのジェムノでは、泉が突然濁り、次いで赤くなってあふれ出した。周辺地域でも泉での同じ変化が報告された。これらすべてのことが、地震がポルトガルの海岸を荒廃させたのと同じ数分間に起こった。遠く離れた陸地で何回も地震が起こり、それが同じ短時間に繰り返し認められた。とはいうものの、地震のほとんどが海岸近くで集中して起こった。アイルランドのコーク[28]、同じくグリュックシュタット、そして海岸に位置するいくつかの場所で微震があった。ミラノは海岸からきわめて遠いのに同じ日に地震の起こった場所かもしれない。同日午前八時にナポリ近郊のベスヴィオス山[29]が猛威をふるい、地震がポルトガルで起こった頃に静まった。

〔四〕　このような洪水の原因に関する考察

あらゆる水域と陸地の大部分をあのように広範に広がり、かつわずか数分間であれ同時に感じられた地震は、歴史上ほかに例を見ない。それゆえ、このたった一つの出来事から地震の原因を取り出すには慎重を要する。とはいえ、前記のような自然の出来事を産み出すことができたであろう〔と思われる〕以下のような原因について特筆できる。まずその一つは海の揺れはどこであれその場所の直下での海底の揺れによるというものであろう。だとすると、このような揺れを産み出した火脈が海底の下にだけ延びていて、海と密接につながっていてしばしばその水系を中断している陸地の下に広がっていないのはどうしてなのか、その理由を挙げなければならないであろう。〔つまり〕北海海岸のグリュックシュタットからバルト海のメクレンブルク湾岸のリュベックにまで広がった陸地の揺れがどうしてホルシュタインでは感じられなかったかという疑問に当惑することになるであろう。けだし、ホルシュタインは北海とバルト海との中間に位置しており、そこではその水域の沿岸のすぐ近くで微震が感じられたというのに、内陸部では感じられなかったからである。だが最も明瞭な反証は、テンプリン近郊の湖水やスイスその他の湖水のような海から遠く離れたところの水が波立ったという事実である。容易に考えうることだが、水が湖底の揺れによってあのように激しく波立つにはその揺れは確かにかなりのものでなければならない。それにしても、すべての周辺の陸地がこのような激しい衝撃をなぜ感じなかったのであろうか。その下を火脈が当然走っていたに違いないのに。容易に分かることは、真理のあるゆる指標がこのような見解に反しているということである。火薬庫が吹き飛ぶ場合にある程度離れた大地が揺れるのと同じように、ある場所で生じた激しい打撃によって密な大地そのものに辺り一面揺れが伝播するという考えは、上のような場合に当てはめると、すでに挙げた原因に基づくとともに恐るべき範囲の広さのために全く蓋然性を失う。その範囲はそれを陸地の全範囲と比較するとそのかなりの部分をなすので、その揺れは必然的に全地球の揺れを引き起こさねばならなかったであろう。しかるにビュフォン[31]から教示されうるところによると、長さ一七〇〇マイル幅四〇マイルもあるであろう山脈を高さ一マイルも投げ上げることができるであろう地下の火の爆発でも、地球本体をほんのわずかもその位置から移動させることはできない。

したがって〔第二に〕われわれはこの洪水の広がりを広範囲な揺れを伝えるのにより適したある中間物質に求めなければならないであろう。ここに中間物質とは海水域そのもののことであり、それは海底の直接の揺れによって急激に揺り動かされた海水域とつながっている。

私は『ケーニヒスベルク週報[32]』において、海が海底から生じた揺れの打撃によって全範囲にわたって揺さぶられ続けた強さを測ろうとした。その際、私は海底の揺さぶられた場所を、一辺が聖ヴィンセンテ岬とフィニステル岬[33]との間の距離すなわちポルトガルとスペインの西海岸の長さからなる四角四方に匹敵すると仮定し、突然揺り動かす海底の強さを、飛び散る際に覆っている物体を高さ一五インチも投げ上げることができる地雷の強さと同じと見なし、流体中で運動が続けられる場合の規則に従って、ホルシュタイン沿岸での強さを最も速く激突する流れより強いと見なした。そこでここでは、このような原因に基づいて発揮した威力をなお他の観点から考察しよう。マルシグリ伯[34]は地中海の最深部を測深用のおもりによって八〇〇〇フィート以上と見なした。陸地から相応に離れた大洋がもっと深いことは確実ではあるが、われわれはここでは、それをたったの六〇〇〇フィートすなわち一〇〇〇尋（ひろ）深いと仮定したい。このように高い柱のような海水を海底へ押しつける荷重が気圧をほぼ二〇〇倍も上回っているに違いないということ、またこの荷重が、弾丸をボンバード砲[35]の大筒から発砲時に一〇〇尋（ひろ）の距離飛ばす発火の威力をはるかに上回っているということをわれわれは知っている。このような驚くべき荷重は地下の火が海底をすばやく高みへ押し上げる威力を抑制できなかった、つまりこの運動の威力はより大きかったのである。だとすると、突然側方へ押しやられるには水はどれほどの圧力によって押されたのであろうか。それも数分のうちにフィンランドと西インド諸島で同時にそれが見られたとは、不思議なことではなかろうか。直接揺れる底面がもともとどれぐらい大きかったであろうかは全く知る由もなく、その底面はわれわれが仮定したよりはるかに大きいかもしれない。しかし洪水が何ら地震なしに感じられた海域のうちでは、すなわちオランダ、イングランド、ノルウェー沿岸およびバルト海においては、確かに海底には揺れは見られなかった。というのも、もし海底が揺れたとしたら陸地もまた内陸部に至るまで一緒に揺れたことであろうが、そのような事実は全然観測されなかったからである。

私は大洋の互いにつながりのある全部分の激しい揺れを一定領域の海底が被った一撃に帰するが、だからといってほぼ全ヨーロッパの陸地の下に地下の火が実際に広がっていることを否定したつもりはない。両者は十中八九同時に生じ、生じた現象双方ともに関与したのであり、ただ、いずれか一方だけが、特におのおのの現象が、総じてあらゆる現象の唯一の原因と見なされてはならないということである。突然の衝撃が感じられた北海の水の揺れは海底で荒れ狂う地震の影響ではなかった。地震がそのような結果を産み出すにはたいそう激しくなければならなかったであろうし、陸地では顕著に感じられねばならなかったことであろう。だからといって、あらゆる陸地でさえ、その地下で燃え上がる蒸気もしくは他の原因の弱い力によって軽く揺さぶられたことを私は否認しない。このことは同日全倒壊の危険に脅かされたミラノ近辺でも認められる。このようなわけで、われわれは陸地が微震によってかすかに動かされたと仮定したい。この運動は一〇〇ラインルーテ[36]にわたって地面を一ツォルほどあちこち交互に揺さぶる程度の大きさだった。この運動は高さ四ルーテの建物が半グラーン[37]ほど、すなわちナイフの刃の半分ほども垂直の位置からその運動によってずらされず、最高の塔上でさえほとんど気づかれないほど目立たないものであろう。これとは反対に、湖や海の場合だと、このような感じられない運動も、感じられざるをえないであろう。たとえばある湖が長さたった二ドイツマイルだけだとしても、その水はこのようなわずかな湖底の揺れによるだけでも必ずや相当強く波立たされるであろう。というのも、その場合、水は一万四〇〇〇ツォルで約一ツォルの落差とパリのセーヌ川の排水装置がわれわれに教えうるような実に早い流れの進行速度よりおよそ半分小さいくらいの進行速度をもっているからである。これは時折生じる幾度かの揺れの後におそらく並外れた揺れを引き起こしえたのである。とはいうものの、われわれは陸地運動を、前に述べたくらいの大きさともう一度仮定しても当然さしつかえなかろうが、それは陸地上では当然感じられなかったであろう。だからこそ内陸湖の運動がますます眼を惹くことになる。

それだから、スイス、スウェーデン、ノルウェー、ドイツの内陸にあるすべての湖が、陸地の揺れを感じなくともあのように荒れて波立っているのが発見されたとしても、もはや驚くにはあたらない。それよりもっと異常と思われるのは、ある種の湖がこのような攪乱状態のために干上がったことである。ヌーシャテル、コモ(38)、マイニンゲンの湖がそれであるが、これらのうちのいくつかはすぐにまた水で満たされた。だがこうした出来事は類例のないことではない。地上には、実に整然と一定時間は隠れた運河を通って水が引き、特定の時間になると再び現れる湖が若干ある。クライン公国のツィルクニッツ湖(39)はこの恰好の例である。この湖にはその底にいくつか穴があるが、それなのに湖は流失しないで、聖ヤコブ祭〔七月二五日〕頃になるとあらゆる魚もろとも突然消え、三カ月間その地面をよき放牧地や耕地として乾燥させて後、一一月頃突然再びもとの湖に戻る。この自然の出来事は水圧装置付ディアベット[40]〔二重杯〕と比較することでごく当然のことと説明される。しかしながら、われわれの論じている事例に関して容易に見て取れることは次のことである。多くの湖がその底にある泉脈によって水を引き入れているから、周りの小丘に源泉がある泉脈は、保水装置たる洞穴中での地下の加熱と蒸発噴出で空気がからになることによって、洞穴に引き込まれねばならなかったのであり、湖を引き込む強力な吸引装置の役目を果たさねばならなかったのである。そして空気の平衡が回復すると、湖は再び本来の出口を見出して地上に湧き出てきた。公式のニュース報道がマイニンゲンの湖について説明しようとしたとおり、陸地の湖が小川からの外的流入がないがゆえに、海と地下で連なっていることによって維持されるということは、それに抗(あらが)う平衡の法則のためにも海水の塩っぽさのためにも、明白すぎる不合理にさらされている。

地震には水源を攪乱する性質があると見なすことがすでに常識そのものとなっている。ここで私は他の地震の歴史記述から、いったん塞がりながら他の場所で突然湧き出した水源や実に高く地中から噴き出した噴水などについての完全な記録を挙げることができるであろうが、私の主題に留まることにする。フランスでは、ある水源が塞がったのに他の水源が過剰に多量の水を放出した若干の場所について報告されている。あわれなテプリッツの人々を不安がらせたことには、そこの鉱泉が涸れて、最初はぬかるみになって、次いで真紅色になり、ついには元どおりに、そして以前にもまして強烈になった。フェース王国やフランスでさえ認められたこのように多くの地方での水の変色は、私の考えでは源泉が通っている地層を通過する水と硫黄や鉄片とが混じり合って沸き立った蒸気によるものと見なすことができる。この蒸気は、泉源を擁している地中の天水だめの内部にまで吹き込むと、泉の水を相当強い力で吹き出すか、その水を他の通り道へ押しやって、水の流出口を変える。

以上が、一一月一日の出来事ならびに稀有な洪水に関することさら奇妙な諸点である。私が特に思うに、アイルランドのコーク、グリュックシュタット、時折はスペインの海辺近くで、あるいは海とつながった水域の近くで生じた陸地の揺れの大半は、まさしく押し出された海水の圧力によるものと見なしうるし、その強さも、海水が激突する激しさがそれの遭遇する陸地の面積によって倍加される場合には驚くほど大きいに違いない。また私の考えでは、リスボンの不運は、ヨーロッパの西海岸のたいていの諸都市の不運と同じく、大洋の活動する領域に対してリスボンの占めていた位置に原因があると見なすことができる。けだし、海水の全威力はタホ河口[41]では湾の狭さで強められてなおいっそう陸地を異常に揺さぶらざるをえなかったからである。もし水の圧力が陸地の揺れに関与しなかったとすれば、内陸部では感じられなかった陸地の揺れが海岸に位置する諸都市でのみはっきり感じられるというようなことがありえたであろうかどうか、おのずと判断できるであろう。

この大事件の最後の現象はなお注目に価する。けだし、地震後かなりの時間すなわち約一時間から一時間半経って大洋の水かさの恐るべき増加とタホ河の増水が認められたからである。タホ河の増水は交互に変化して、満潮時の最高水位より六フィートも高く上昇したかと思うと、やがてそれに次いで干潮時の最低水位よりはるかに低く下降したのだった。地震が起き、最初に恐るべき水圧がかかった後かなり時間が経って生じた、海のこのような運動〔津波〕はまた、都市セトゥバル[42]の滅亡を決定的なものにした。海水〔津波〕がその都市の瓦礫上を襲い、地震の被害を免れていたものを全滅させたためである。動く海底によって突き上げられる海水の激しさについて正しく理解したなら、海水がありとあらゆる地域に押し寄せた後、たちまち元へ帰らざるをえないということは容易に想像できるであろう。海水の引いてゆく時間は、海水があたり一面に作用した範囲、そして高波がとりわけ沿岸において、

その程度からいってあのように恐るべきであったに違いない範囲の広範さによる。(原注)

(原注)　フーズム[43]の港ではこの水の高波は一二時と一時の間、つまり北海における水域の最初の衝撃より一時間遅れて認められた。

〔五〕　一一月一八日の地震

この月の一七日から一八日の間に、公式のニュース報道はポルトガル、スペインの海岸およびアフリカにおいて、相当大きな地震があったことを報告した。一七日の昼には地震が地中海の海峡たるジブラルタルで、夕方頃にはイングランドはヨークシャーのホワイトヘーヴン[44]で感じられた。それは一七日から一八日にかけてアメリカのイギリス植民地諸都市ではや認められたし、一八日にはまたイタリアのアクアペンデンテ地方とデラグロッタ地方でも強く感じられた。(原注)

(原注)　ハートフォード州のグローソンでも同様であった。そこでは大轟音を伴って水を深くたたえた深淵を開いた。

〔六〕　一二月九日の地震

公式のニュース報道によれば、リスボンが一一月一日以来被った地震のうちで、一二月九日のものほど強烈なものはなかった。これはスペインの南海岸、フランスの南海岸、それにスイス山脈、シュヴァーベン、チロルを経て

C 454
V 306
Z 58

バイエルンでも感じられた。それは南西から北東にかけておよそ三〇〇ドイツマイルにも及び、ヨーロッパの陸地の最高の尾根を直線に走りぬける山脈の連なる方向に働いたので、側方には広がらなかった。几帳面な地球博物誌家たるヴァーレン、[45]ビュフォン、ルロフ[46]は以下のように指摘している。横幅より縦長に延びているすべての陸地が一つの主要山脈によってその縦長方向に続いているのと同じように、ヨーロッパの山脈の主たる広がりは、主峰すなわちアルプスから西方向にフランスの南部地方を通り、スペインの真ん中を走り、ヨーロッパの最西岸にまで広がっているが、この山脈は途中で堂々たる分枝を広げ、東方向ではチロル山脈やそれより小規模の他のいくつかの山脈を通って、ついにはカルパチア山脈に突き当たる、と。

このような方向を地震は同日〔一二月九日〕に走り抜けた。各地の揺れの時刻が正確に示されるならば、〔伝播〕速度がある程度まで測れるであろうし、最初の発火の地域〔震源地〕もたぶん特定できるであろうが、ニュースの報道内容は一致しておらず、それに関しては信頼できるものは何もない。

私はすでに別のところで次のように指摘した。[47]地震の伝播は一般に最高の山脈に沿って起こり、しかも、山は海岸に近づけば近づくほど低くなるが、にもかかわらず地震はその山脈の広がり全域にわたって起こる、と。平行して走る山脈の間つまり長い谷の最下部を川が流れているように、長い河川の方向は山脈の方向を示している。このような地震の伝播の法則は思弁や独断に属する事柄ではなく、多くの地震の観察によって周知となったものである。このようなわけで、レイ、[48]ビュフォン、ルジャンティ[49]等の証言が尊重されなければならない。しかるに、この法則は、難なく人の同意を引き出さずにはおかないほどの内的な蓋然性を有している。地下の火の出口になる開口部分は山頂以外の場所にはないこと、また平野にはどこにも火口が認められないこと、また地震が強くて頻繁な陸地ではほとんどの山が広い口を擁していて、火の噴出に役立つこと、またわれらがヨーロッパの山脈に関して言えば、いくつもの広い洞穴が発見されるのはきまって山脈においてであり、そしてそれらの洞穴は疑いなく一つにつながっていることを考慮するならば、加えてさらになお上述したようにあらゆる地下のドームの産出について考えてみれば、いかにして特にヨーロッパを縦走する山脈の地下で生じた発火が広くひらけた地下道に出て、他の地方に及ぶより速くその地下道の中を伝播しうるのかということを考えることは困難ではなかろう。

一一月一八日の地震が広い海底をヨーロッパからアメリカへ伝播したことさえ、山脈の連鎖という関連のうちに求められる。ただし山脈といっても、伝播の途上にあるそれは低くて海中に没しているのだが、それでもなおそこでさえ山脈であることにかわりはない。というのも、われわれは大洋の海底上にも陸上と同じく山脈が見られることを知っているからであり、かくしてポルトガルと北アメリカの中間にあるアゾレス諸島[50]もこういう山脈の一部と考えなければならない。

〔七〕　一二月二六日の地震

鉱物が熱を帯びると、それは、ヨーロッパの最高峰の主脈すなわちアルプスを貫通して後、南から北へ垂直に走る山脈下の比較的狭い地下道をも開き、一般にあらゆる河川がそうであるように、二つの山脈に挟まれた長い谷を占めているライン川の方向に伝播して、スイスから北海にまで達した。これによって地震に見舞われた地域は以下のとおりである。ライン西岸では、エルザス[51]、ロートリンゲン[52]、ケルン選帝侯国、ブラーバント[53]、ピカルディ[54]であ

A445　B121 V308 Z60　C456

り、東岸では、クレーヴェ[55]、ウェストファリア[56]の一部、それにおそらく同じライン東岸に位置する諸国であるが、これら諸国については手元にある諸々のニュースは名を挙げていなかった。地震はこの大河の方向と平行線を保って生じ、両岸からあまり遠くへは伝播しなかった。

地震がこれといった山脈のないオランダにまで達したことは、上記の事柄とどう調和しうるのかという疑問が生ずる。しかしながら、地下の発火がこの種の低地にまで伝播するためには、陸地が山脈の何らかの系列と直接つながっており、山脈の延長と見なされるだけで十分である。というのも、その場合、一連の洞穴がそれら低地の下にまで広がっているであろうことは、すでに取り上げたとおり、それが大洋の海底にまで続いていることと同じように確実だからである。

V 309
Z 61

〔八〕 幾度も繰り返す地震の間隔について

A 446
B 122

次々に起こった地震の結果を注意深く観察してみると、あえて推測を加えてみるならば、発火状態が一定の間おさまって後、新たに燃え立つ周期を見て取ることができるであろう。われわれは一一月一日の後では、九日にポルトガルでなお非常に激しい地震を目撃し、さらに同様の地震を一八日に目撃するが、これはイングランド、イタリア、アフリカそうしてアメリカにまで伝播した。また二七日には強い地震がスペインの南海岸とりわけマラガ[57]であった。さらに全長にしてポルトガルからバイエルンまで、南西から北東にかけて地震に見舞われたが、これには先の二七日から一二月九日までの一三日間を要した。またこの日より一八日経過して後すなわち一二月二七日には、

C 457

ヨーロッパ中を南から北にかけて地震が駆け巡った。(原注) このように、われらが陸地の山脈の最内奥にまで達し、一二月九日にはアルプスとそれに連なる全地域を動かすために地震が要した時間を除外して考えるならば、発火が再発する間、総じて九日間かあるいは九日間の二倍というかなり正確な時間経過を要している。私がこのことを引き合いに出すのは、これに関する諸々のニュースがほとんど当てにならないので、いま指摘した時間経過から何らかの結論を引き出すためではなく、同様の出来事が生じた場合に、もっと十分な観察と熟考のきっかけとしてもらうためである。

V310
Z62

(原注) 地震は二一日リスボンで非常に激しく、二三日はルション山脈(58)でもそうで、そこでは二七日まで続いた。このことから見て取れることは、地震が再び南西部から始まって伝播するのにかなり長時間を要したということである。地震の全経過から明らかなように、発火場所〔震源〕をポルトガル西方の大洋のうちに想定するならば、その地震の開始期は上に述べた周期とほぼ一致する。

V309
Z61

私はここではただ一般的に、弱まっては再発する地震について少々述べようと思う。パリ王立科学アカデミー会員の一人でペルーに派遣されたことのあるブゲ氏(59)は、活火山が近くにあるこの地に滞在する心地悪さを味わった。轟音がとどろいて彼を悩ませたからである。彼がこの地で行った観察は、それとは裏腹に彼にはいくぶん満足しうるものであった。山はいつも同じ合間静かになり、その猛威が規則的に静止期を交互にはさみながら続いたことを指摘したためである。石灰炉を手掛かりとして、マリオットのなした指摘(60)によれば、炉は熱せられると、まもなく空気が開いた窓から噴き出して、またまもなく再び元へ戻ってきたが、これはある点で動物の呼吸に似ていた。このようなマリオットの指摘はブゲの観察した現象ときわめてよく似ており、どちらの現象も以下のような原因に基

V310
Z62

A447

C458

づいている。地下の火は発火するとき、洞穴内の空気をことごとく周囲に向かって噴き出す。火の粉が充満したこの空気が開口部を見出すところ、たとえば活火山の火口では、空気が噴出し、山が火を噴く。しかしながら、空気が発火の発生地の周囲から追い払われるや、発火は弱まる。というのも、空気の供給がなければ火は消えるからである。すると空気を追い出していた原因がやむわけだから、追い払われた空気は、再び元の場所〔洞穴内〕に戻り、消えた火をおこす。このようにして活火山の噴火は一定の間隔をおいて規則正しく繰り返し出現する。地下の発火の仕組みはこのようなものであって、それは膨張する空気が山の裂け目による出口を確保できない場合でもそうである。というのも、発火は、大地の洞穴中のある場所で発生するとき、空気をその洞穴とつながった地下のドームの全範囲へと激しく追い出すからである。この瞬間に、火そのものは空気のないことで、その息の根をとめる。そして、まさにこのせいで、空気の膨張力が弱まるや、あらゆる洞穴に広がった空気は大変な勢いで戻ってきて、消えた火をおこし新たな地震を発生させる。注目すべきことには、大地の内部の沸騰が始まると、ただちに火口をほとばしり出る空気の噴出によって動かされ、火を噴き出したベスヴィオス山は、リスボンで地震が起こった時、短時間に突然弱まった。というのも、その時、これらの地下堂といくらかつながりのあるあらゆる空気、ベスヴィオスの山上をただよう空気でさえ、あらゆる経路を通って発火場所〔リスボン〕へ推し進んだからであり、その発火場所では、空気の拡張力が減少すると〔ベスヴィオス山からの〕空気の流入を招くからである。なんと驚くべきことであろうか。二〇〇マイルも離れた空気口が一つながりになっている暖炉を想像するなどということは。

全く同じ原因で、大地の地下堂で地下の暴風も生じるにちがいない。この暴風の威力は、諸々の洞穴の位置とそれらのつながり具合によって、われわれが地表で感じる一切の暴風をはるかに上回ることになろう。地震の出現の際に足下に感じられた轟音はおそらくこれ以外の原因に帰すことはできないであろう。

だからわれわれはおそらくこう推測できるであろう。必ずしもすべての地震が揺れる地面の直下で発生する発火に起因するわけではなく、この地下の暴風の猛威が暴風を覆っているドームを動かすせいかもしれない。このことは地上の空気よりはるかに凋密な空気が、地上の空気よりはるかに突発的な原因によって動かされ、空気の膨張を阻む地下道にはさまれるうちに強化されて、途方もない威力を発揮しうることを考慮するならば、それだけますます疑いようがなくなるであろう。それだから大いにありうることは、一一月一日地中で発生した激しい発火の際にヨーロッパの大部分の陸地で微震があったが、これは、このように強力な仕方で動く地下の空気以外のなにものにも由来しないかもしれないということである。激しい暴風となったこの空気がそれが広がるのに抵抗した地面を弱く揺さぶったのである。

〔九〕 地下の発火の発生地および最も頻繁かつ最も危険な地震に見舞われた場所について

〔異変の起きた〕時間を比較すると、一一月一日の地震の際の発火場所〔震源〕は海底にあったことが分かる。地震前にはやタホ河の水位の上昇したこと、船員たちが地震のあった海底から測深用のおもりで硫黄を採取したこと、彼らが船上で激しい衝撃を感じたことがこの洞察を確証している。かつての地震の歴史から、最も恐るべき地震はつねに海底で生じ、海岸およびその近辺がそれに次ぐことも明瞭に理解できる。前者の例証として私は、地下の発火がしばしば新しい島を海底から隆起させた時のすさまじい猛威を挙げる。たとえば一七二〇年にはアゾレス諸島の一つ聖ミヒャエル島付近で六〇尋(ひろ)の深さからの物質の噴出によって海底から一つの島が隆起したが、この島は全長一マイルで海上から数尋もの高さになった。今世紀、大勢の人々が見ている前で海上から隆起した地中海のサントリノ島付近の島や、[61]詳しくなりすぎるために私が省略する他の多くの実例は、このことに関する拒否しようのない例証である。

船員たちが海の地震に見舞われないことは頻繁にあることであろうか。いくつかの地域、特に特定の島付近の海は大洋の海底に発生した火の噴出による軽石などで十分いっぱいになっている。海底で頻発する地震に関する所見は当然次のような問いと関係する。「陸地のあらゆる場所のうち海岸付近ほどに激しくて頻繁に地震に見舞われる場所がないのはどういう理由なのか」という問いである。〔海岸付近の地震に関する〕この命題は疑いなく正しい。地震の歴史を通覧してみよう。そうすればわれわれは海岸に近い諸都市、諸国が地震によって被った無限に多くの災厄を見出すであろう。それに対し陸地の真ん中で認められた地震はごくわずかで些細なものにすぎない。古い歴史はわれわれにすでに、この災厄が小アジアやアフリカの海岸でもたらした恐るべき荒廃を報告している。だがわれわれは古い歴史のうちにも比較的新しい歴史のうちにも大きな陸地の真ん中での大規模な地震を目にしない。半島たるイタリア、地球上の海のほとんどの島々、ペルー沿岸部はこの災厄の最大の非運を被っている。そうして今日なおポルトガルとスペインの西海岸と南海岸の全部が内陸部よりもはるかに多く地震に見舞われた。私は〔本節で主題とする〕二つの問題について以下のような解決を与える。

地表のすぐ下をつらぬいているあらゆる洞穴のうち海底の下を通っている洞穴が疑いなく最も狭いに違いない。

B 125　V 313 Z 65　A 449 C 460

なぜなら、海底では陸地から続く地面は最大の深みへと沈下しており、内陸部に位置する場所よりはるかに低く、地面の最下層に位置するに違いないからである。ところで狭い洞穴では、発火して燃え広がる物質は楽に広がれる場所よりも激しくまわりに向かって燃え広がるに違いないことは周知のとおりである。さらに当然考えられることは、以下のことである。すなわち、地下の発熱では疑いなく(ちょうど活火山からしばしば溢れ出た硫黄流、溶岩がそれを立証しうるように)沸き立った鉱物性の発火物質が頻繁に流動状になり、それゆえこれら地下堂を擁している地面がなす自然の斜面のために海底の最下の洞穴の方へつねに流れ落ちてたまったことであろう。したがって、発火物質のたび重なる蓄積のためにここで比較的頻繁で強力な地震が起こらざるをえないのである。

海底にいくつも亀裂が生じて隙間から海水が入り込み、もともと熱を帯びる傾向のある鉱物がこの上なく激しく沸き立つに違いないとブゲ氏が推測するのももっともである。というのも、水の流入にもまして熱せられた鉱物の火を恐ろしいほどに激しく燃え立たせることができるものはないことをわれわれは知っているからである。水は、あらゆる方向に広がる勢いで地中の物質を噴出させ開口部を塞ぐことで火のさらなる進行を阻むまでは、火の猛威を助長するのである。

私の見解によれば、海岸にある土地が揺さぶられる格別の激しさの原因の一つは、全く自然な仕方で海水がその土地に隣接する海底に荷す重さにある。というのも、地下の火が恐るべき荷重がかかっている海底下のドームを持ち上げようとする威力は当然抑えられざるをえず、ここには火が広がる空間がないために、火の全威力はその海底に最も近い陸地の地面に向かわざるをえないということを、誰もが容易に洞察するからである。

B 126　A 450　V 314　Z 66　C 461

〔一〇〕　地面が地震によって揺さぶられる方向について

地震が遠くの陸地に広がる方向と地面が地震の威力で揺さぶられる方向とは別である。発火物質が広がる隠れた地下堂の最上層の覆いが水平であるとすれば、地面は垂直方向に上昇と下降を繰り返さざるをえない。なぜなら他面の動きをいずれかの側に傾かせるような原因は何もないからである。地下にドームを擁している大地がいずれかの側に傾いているとすれば、地下の火の揺さぶる力もまたドームを水平に対して斜め方向に高く持ち上げようとするし、したがって下に火の貯蔵所のある地層が傾いている方向がいったん確実に知られているとすれば、地面の揺れがつねにどの方向に生じざるをえないかが推定できる。揺れている地面の最上層の傾きはドームがその厚さ全体にわたって有している傾斜の確実な指標ではない。というのも、表面の大地は多様な褶曲や隆起を形成しうるが、最下層の地盤はその方向に決して向いていないからである。ビュフォンの考えによれば、地上で認められるあらゆる多様な地層は一つの普遍的岩盤を基礎にもっており、その岩盤は閉じられた深いあらゆる洞穴を上から覆っている。岩盤の若干部分は概して比較的高い山頂上に風雨によってもろいものが完全に洗い落とされて露出している。このような考えは地震が示す事柄に鑑みて蓋然性が大いにある。けだし、地震を引き起こすほどの猛威ならば、岩とは別のものでできたドームを、頻繁に繰り返す発作的激発によって打ち砕き消尽させることがとっくにあったであろうからである。

このドームの傾斜は海岸では疑いなく海側に傾いている、すなわち海が陸地に対して位置する方向に傾斜してい

B 127　A 451　C 462 V 315 Z 67

る。大河の岸辺ではドームは川の流れに沿って河口へ急傾斜せざるをえない。というのも、河川が水たまりや湖を途中で形成しないで陸地を流れる非常に長い、しばしば数百マイルを超える距離を観察するとすれば、このような一様な傾斜はおそらく、多様に湾曲することなく一様に海底に傾いて河川が流れ下るための傾斜面をなす、すこぶる堅固な地盤によってのみ説明できるからである。それゆえ大河畔にあって地震にあった都市の地面の揺れが、タホ河で夕刻と朝生じたように、その河の方向に、ただし海岸にある都市であれば地面が海に傾いている方向に生ずるであろうことが推測できる。(原注) 私は別の箇所(62)で、どのような陸地の状態が地面の傾斜と同一方向に町並みがつらなる都市を地震が起こった際完全に破壊するのに寄与しうるかを取り上げた。この指摘はたんなる推定上の思いつきではない。経験上の事柄である。非常に多くの地震について的確な知識を入手する機会をえたルジャンティは以下のことを多くの実例によって確証された観察として報告している。すなわち、地面の揺れる方向が都市の建設された方向と一致している場合には、都市は全壊するが、前者が後者を垂直に横切っている場合にはそれよりも損害は少ない、と。

(原注)　河川が海に傾斜しているのと同じように、河岸の土地は河床へ傾斜している。後者の事柄がそのまま全地層に関して妥当し、全地層がその最深においてまさにそのような傾斜を有するとすれば、地震の方向もまたこの傾斜によって規定されるであろう。

パリの王立アカデミーの報告(63)によれば、地中海の東海岸にあるスミルナ(64)は一六八八年に地震にあった折、東西方向にあった壁は倒壊したが、南北方向に建てられた壁はそのままであった。

すなわち、揺れた地面の引き起こす振動は、その地面の上に揺れと同方向に建設されたすべてのものを最も強く動かす。動きやすいあらゆる物体たとえば教会のシャンデリアは、地震の際には振動が生ずる方向を示すのが常であり、したがって都市が建設されねばならない位置を推定するためには、すでに挙げたいささかおぼつかない特徴よりはるかに確実な指標である。

〔一一〕　地震と季節との関連について

すでに何度も引き合いに出したフランスの学者ブゲ氏は『ペルー旅行記』(65)のなかで、地震はこの地ではあらゆる季節に頻繁に起こるにせよ、最も恐ろしく最もたび重なる地震は秋から年末にかけて感じられると述べている。このような観察が多数の証拠を見出すのはアメリカ〔大陸〕ばかりではない。一〇年前のリマ市の没落や前世紀の同じように人口の多い他の都市の埋没のほかにも非常に多くの実例が見られたばかりでなく、われらが大陸〔ヨーロッパ〕でも、最近の地震はさておき、地震や活火山の噴火の歴史のうちでさえ、他の季節よりは秋季に起こった、なお多くの実例にわれわれは出会う。共通の原因がこのような一致を招いていると言ってはならないであろうか、またペルーでは、大山脈〔アンデス〕に挟まれた長い谷で九月から四月まで続き、われらが地域〔ヨーロッパ〕では秋頃に最もよく降る雨にもまして、考えうるぴったりの原因があるであろうか。地下の火災を引き起こすためには、大地の洞穴の鉱物を沸騰させればよいということをわれわれは知っている。ところで、この役目を果たすのは、水であり、雨水が山脈の裂け目を通って浸透し、深い地下道に達する場合の水である。雨が沸騰をまず誘発したのであり、この沸騰が一〇月半ばにはあのように多くの異様な蒸気を大地の内奥から押し出したのである。しかしながら、まさにこの蒸気が大気圏にますます湿気を流入させたために、水が岩の割れ目を通って最深の地下堂に注ぎ込んで、発火させ、ついには地震を引き起こしたのである。

〔一二〕 地震の大気圏への影響について

われわれは上で、地震が大気に対して有する作用の一例を見た。地下の熱を帯びた蒸気の噴出がふつう想像される以上に多くの自然現象を引き起こしていることは信じるに足る。未知の原因が時折われわれの大気のうちに入り込んで、大気の規則正しい変化を攪乱することがなかったとすれば、天候のうちにそのような不規則さ、そのような大きな不調和が見出されるなどということはほとんどありえないであろう。太陽と月の運行がつねに自己同一的法則に従っており、水と大地も全体として見ればつねに一定を保っているというのに、なぜ天候の経過だけが多年にわたるデータのほんの一部を見てもほぼ毎年違った様相を呈するのかという疑問に対して、もっともらしい理由をはたして思いつくことができるであろうか。あの不幸な地震以来またその地震の直前にもヨーロッパ全域にわたって異常気象〔暖冬〕が発生しており、それがあまりに並外れたものなので、そのために地震が起こったと少々推測しても許されるであろう。確かにかつて、ただの一度も地震が起こることなく、暖冬だったことがあったのは本当だが、沸騰のために地球内部で頻繁に蒸気が岩の裂け目、地層の割れ目を通って、また地層の中のもろい物体を通り抜けてさえ、大気中に顕著な変化を引き起こすことがありえなかったと、はたして確言できるであろうか。ミュッセンブルック(66)は、今世紀〔一八世紀〕にだけ、しかも一七一六年以来、かなり明るいオーロラがヨーロッパで南の国々に至るまで見られたことを指摘して後、以下のことを大気圏におけるこのような変化の最も蓋然性の高い原因と見なしている。その数年前しばしば猛威を振るっていた活火山と地震が発火性で揮発性の蒸気を噴出し、最上層の大気が北方へ自然に流出するにつれて、この蒸気も北方に移動してたまり、以後何度も空中の発火現象を引き起こしたたし、この蒸気はおそらくしだいに勢いを失わざるをえないが、やがて新たな発散が生じ、この欠損を再び埋め合わせるのである。

このような原理に従って、われわれが経験した天候のような異常気象がかの天災の結果たりうるということが自然に適合しないかどうか探求してみよう。澄み切った冬の天候とそれに伴う寒さはこの季節に太陽がわれわれの天頂からいつもより大きく離れたことによるばかりではない。というのも、にもかかわらず大気が非常に温暖でありうることがしばしば感じられるからである。冬の寒さというのはむしろ、北方からの大気の流れが時として東風になって、寒帯からヨーロッパの水域を氷で覆い、われわれに北極の冬の一部を感じさせる冷気をもたらすことによる。このような大気の北から南への流れは秋季や冬季では、他からの作用がその流れを中断しないかぎり自然なので、あらゆる陸地から十分離れた大洋では、この北風ないし北東の風はその時期ずっと中断されずに吹き続ける。このような風が生じるのは当然ながら太陽の作用による。すなわち、これによって南半球上の大気が薄くなり、北半球へ引き寄せられるのである。このことは安定した法則と見なされねばならず、陸地の性状によってある程度まで変化しはするが、破棄されえないものである。ところで、地下の沸騰のために熱を帯びた蒸気が南方にある国々のどこかで噴出するとき、この蒸気は拡張力が弱まり、にわか雨、ハリケーンなどを引き起こすことによって、最初はそれが立ち昇る地域における大気圏の高度を下げる〔低気圧にする〕であろう。しかしながら、その次に、大気

V320　B130　C466
Z72

のこの部分はこのように多くの蒸気を担っているので、隣接した大気をその重みによって動かし、南から北への大気の流れの原因となるであろう。さて、北から南への大気圏の動向はわれらが地域ではこの季節には自然であるので、この互いにぶつかりあう二つの空気の運動はやみ、まず凝集した蒸気のために曇った雨模様の大気をもたらすが、しかもその際気圧計は高水準(原注)となるであろう。けだし、二つの風の抗争によって押しやられた大気は高い気柱を形成するからである。かくして、気圧計が高水準なのに雨天であるならば、われわれは気圧計の見かけの不正確さに慣れるであろう。というのも、その場合、まさにその大気の湿気は二つの争い合う大気の流れの結果であり、この流れが蒸気を凝集するとともに大気をかなり濃密にし、より重くさせうるからである。

(原注)　ここ最近、湿った冬の気候においてこうした気圧の高さがほぼつねに観測された。

私は、万聖節〔一一月一日〕の恐るべき日にアウグスブルク(67)で磁石がものを引き寄せなくなり、磁針の指す方向が出鱈目になったということを黙ってやりすごすことができない。ボイル(68)はすでに、ナポリ地震の後に突然まさしく同じことが起こったことを報告している。*だがわれわれは、このような現象について理由を述べうるには、磁石の隠された本性を知らなさすぎる。

〔一三〕　地震の効用について

人間に対するこのような恐ろしい懲罰のむちが有用性という側面から推奨されたのを見るのは驚きであろう。有用性と結びついている恐怖と脅威を免れるためとあらば、人は有用性などすすんで放棄するであろうと私は確信する。われわれ人間とはこういうものなのだ。われわれは生活の快適さを不当に要求するのに慣れてしまった結果、犠牲を払ってまで利点を得ようとはしない。われわれは、大地がその上で永遠に住むことを望みうるようなものであるべきことを要求する。われわれはさらに、もし神の摂理がわれわれの声を聞きとどけてくれたなら、われわれは一切を自分たちの利点のためにもっとよく意のままに利用するであろうのに、と想像する。たとえば、われわれは雨が意のままになってくれることを望む。そうなれば、われわれは快適に生活できるように雨を一年通じて均等に配分できるであろうし、陰欝な日々の間には必ず快晴の日々を享受できることであろう。だがわれわれは、自分たちにとって欠かせない水源がこんなふうにしては決して維持されないであろうことを忘れている。同じようにわれわれは、地震で自分たちを仰天させる諸原因が与えてくれるかもしれない効用というものを知らないのに、効用をそっちのけにして地震の諸原因を知ろうとしがちであった。

人間というのは死ぬために生まれてきたというのに、われわれは何人もの人々が地震で死んだことに耐えきれない。人間はこの地では異邦人であり、財を所有していないというのに、われわれは財が失くなったことに絶望する。財というのはいずれ遠からず自然のあまねき成り行きによっておのずと打ち捨てられるであろうに。

発火可能な物質のつまった大地の上に建設する以上、建物をどんなに豪華に造ろうとも、遅かれ早かれそれはそっくり地震によって倒壊するであろうと容易に察しがつく。〔地震の被害にあったからといって〕摂理の筋道にいらだつ必要などはたしてあろうか。むしろこう判断したほうがよくはなかろうか。地震が時折地上で起こることは致し方なかったが、われわれが地上に豪華な住み処を建てるにはおよばなかったのだ、と。ペルーの住民はわずかに高く石の壁を積み、他は芦で作った家に住んでいる。人間は自然に順応することを学ばねばならないのに、自然が人間に順応してくれるように望んでいる。

〔1〕地震の原因は、一方で人間にいったん損害と思わせたりするにせよ、他方でそのことを人間のために容易に利益で埋め合わせることができる。温浴は時間をかければ、かなりの人に健康促進に役立ちうるかもしれないが、温泉に鉱物の性質と熱があるのは、大地の内部で帯熱し、大地を動かすのとまさに同じ原因によっていることをわれわれは知っている。

〔2〕とっくに推察されているところによれば、山脈で鉱物が層をなすのは地熱のゆっくりした作用によるのであり、この地熱が金属を漸次的作用によって熟成するが、それは地熱が金属を浸透する蒸気によって岩石の真ん中に形成し、煮え立たせるからである。

〔3〕地球をとりまく大気圏は自身の内蔵する粗くて死せる物質のほかに、この物質を活性化させるある種の素因をも必要とする。この素因とは揮発塩および統合されて植物になるはずの成分である。つねにその素因の大部分を消費する自然形成と全物質が分解と合成によって最終的に被る変化とは、折々に新たな供給がなければ、このきわめて活性的な諸粒子をいずれ完全に使い尽くしてしまうであろうとは思えないであろうか。少なくとも、土壌は、栄養をたっぷり必要とする植物を養うと、絶えず肥沃でなくなってゆくが、休耕と降雨が土壌を再び常態に戻す。とはいうものの結局のところ、栄養豊富な物質はどこからやって来るのであろうか。この物質は別の起源から供給されなければ補充を欠いて使われてしまうのである。この起源はおそらく、地下堂がきわめて活性的できわめて揮発性の高い物質中に保持している蓄えであり、地下堂はこの物質から折々に一部を地上に送り出すのである。ヘールズ(69)が、牢獄ならびに一般に空気が動物臭気で汚染されるあるゆる場所を、硫黄でいぶすことで無臭化するのに幸

運にも成功したことを私は注記しておく。活火山は硫黄を含んだ測り知れないほど大量の蒸気を大気圏中に噴出する。大気圏が負わされている動物臭気は、もし活火山がそれに抗する強力な毒消しを放出しなかったなら、時とともに有害になっていかないと誰が保障できるであろうか。

〔4〕最後に、大地内部の熱が地下堂で生ずる帯熱の作用と大きな効用に関する強力な証明を提供しているように私には思われる。日々の経験で確かめられていることだが、人類が山岳内部でのみ到達するような大きな、いや最大の深所のなかに、太陽の作用に帰しようのない持続的な熱がある。ボイルは多数の証拠を挙げているが、そこから次のことが明らかになる。あらゆる最深の立坑のなかでは、まず最初に上部が、夏期であれば、外気よりはるかに冷たいけれども、深く下れば下るほど地中は熱くなる。このようにして最深の所では鉱夫は採掘の際には作業着を脱がねばならないほどである。太陽熱は深所にはごくわずか達するだけなので、最下の地下堂ではどんなわずかな作用ももはや及ぼすことができないことは誰しも難なく分かっている。またさらに、そこにある熱が最深所でのみ支配している原因に依存していることは、夏期でさえ下方から高所へ昇れば昇るほど熱が減少することから見て取ることができる。ボイルはいま述べた経験を慎重に比較検討した後、われわれの到達できない最も下の洞穴のうちでは持続的な帯熱とそれによって維持され消えることがない火が存在しているにちがいなく、この火が地表に熱を伝えているのだと推論しているが、これはとても理にかなっている。

認めうるように、事態が以上のとおりだとすれば、われわれは地下の火がきわめて好都合な効果をもたらすと期待してはいけないであろうか。地下の火は、太陽がわれわれから太陽熱を取り去る時に、大地のためにつねに穏やかな熱を維持してくれ、植物の成育と自然界の有機体制[70]を促進してくれる。見たところこんなに多くの効用があるというのに、これら効用があれこれ発現する過程で人類には不都合が生ずる。だが〔このように都合が悪いからといって〕われわれはこれら効用のあらゆる備えをなす神の摂理に対して負うべき感謝の念を不遜にも忘れることができるであろうか。

感謝しやすくなるように私の挙げた理由は、むろん最大級の確信を抱かせる類のものではなく、推測でしかない。しかしながらたとえそうであれ、推測は受け入れるに価する。懲らしめをなす場合ですら、尊敬すべく愛すべき最高存在者に対して感謝しようとする気を人間に起こさせることが大切だとすれば。

注　解

地震の際、硫黄蒸気が大地のドームを通って吹き出ることを私は上に挙げておいた。ザクセン山脈の空洞に関する最近のニュース報道はこのことについての例証になる。現在、その空洞は硫黄蒸気で充満しているため、鉱夫たちはそこから退去していなければならないほどである。アイルランドのトゥアムで起こった出来事も同じことについての新しい確証である。そこでは発光した大気が三角旗やふうつの旗の形をして海上に現れたが、その大気は色をしだいに変え、最後には明るい光を発散し、それに続いて地震の激しい衝撃が起きたからである。最も暗い青から赤くなって、後には明白色に輝くという色の変化は〔海底から〕湧き出た蒸気が初めは非常に希薄であったのが、しだいにますます多くの蒸気が頻繁に流れ込んで勢いを増したためと見なすことができるが、この流れ込む蒸気は自然科学上周知のとおり、青色から赤色、最後には白光へと光の度合い・段階を経てゆくにちがいない。こうした大気の色の段階的変化が衝撃の前触れであった。このことはまた、実際地震さえ海岸で主として感じられたこととともに、海底に発火するかまど〔震源となる発火点〕があったことの証拠であった。

頻発するきわめて激しい地震が昔から感じられた地球の諸地域に関して注記をさらに補うならば、西海岸のほうが東海岸よりもいつも地震の急襲に見舞われたと、なお付け加えることができる。イタリア、ポルトガル、いやそれどころか最近ではアイルランドにおいても、経験が一致してこれを確証している。新世界の西海岸に位置するペルーではほぼ毎日地震が起きているというのに、東側に大洋があるブラジルでは地震は何も感じられない。このような奇妙な一致の原因をいくつか推測しようとすると、おそらく画家ゴーチエ[71]のような人の発言を容赦できるであろう。彼は地震の原因を彼の色と芸術の源泉たる陽光に求め、この陽光が地球を、西海岸をより強く押すことによって、西から東へと回していると想像している。そのせいで西海岸はこんなに多くの地震に悩ませられているというのである。しかしながら、健全な自然科学にあっては、このような思いつきはほとんど論駁にも価しない。〔西海岸のほうが東海岸より地震が多いという〕この法則の根拠は、目下のところまだ十分に説明してこなかった他の法則と結びついているように私には思われる。その法則とはすなわち、ほぼあらゆる諸国の西海岸と南海岸は東海岸と北海岸より急傾斜に切り立っているということであり、このことは地図を見ることによるばかりか、広く海を旅し、ほぼ至るところで海岸を観察したダンピエ[72]の報告によって確証される。陸地の湾曲は陥没に由来すると見なすならば、この上なく切り立った地域には地表がゆるやかになっているところよりも深くて多くの洞穴が見出されるにちがいない。だがこのことは、上で見たとおり、もちろん地震とつながりがある。

C 471　A 459　B 134　V 325　Z 77

むすび

このたびの天災がわれらが同胞のうちに作り出した、かくも多くの不幸な人々を目のあたりにすると、〔A〕人間愛が生き生きと目覚めてくるはずだし、彼らがかくも非情にも遭遇した不運の一部だけでもわがことのように感じられるはずだ。〔B〕このような運命をいつも、壊滅的打撃を受けた都市が悪事のために受ける、当然の天罰と見なしたり、このような不運を正義ゆえに怒りをぶちまける神の復讐の目的と見なしたりするならば、人間愛に抵触することになる。この種の判断は神的決定の意図を見通し、それによって解釈する身の程知らずの罰あたりな知ったかぶりである。

人間は自分が神の配在の唯一の目的だとうぬぼれている。それはあたかも、神の配在が世界統治において罰則を与えるにあたって、人間以外に注意を向けないかのようである。われわれは自然の全体が神の智恵と配在の尊い対象であることを知っている。われわれは自然の一部でありながら全体たらんとする。自然全体が完全だという規則は考慮するほどのものでなく、一切はひとえにわれわれ人間との適切な関係のもとで準備されるはずだと人は言う。世界の中で安らぎと喜びになるものは、思うに、まさにわれわれのためにこそあり、自然が人間にとって何らかの災厄の原因となるような変化をきたすとしたら、それは、人間を懲らしめたり、恐れさせたりするため、あるいは人間に復讐するためにほかならないというのだ。

だがわれわれの見るところでは、限りなく多くの悪人が安眠をむさぼっており、地震はある国々で昔から住民の

A 460
B 135
C 472

V 326
Z 78

新旧にかかわりなく起こっていて、キリスト教国になったペルーは異教の国だった頃と同じように地震に見舞われ、それらの国々にまさって無罪だとは僭称できない多くの都市が端から地震による荒廃を免れたままである。

人間は、神が世界統治においてもくろんでいる意図を察知しようとしたところで、暗中模索するほかないが、摂理のこうした道筋をその目的に合わせて用いるべきように然るべく用いるならば、不確実性に悩まされることはない。人間ははかないこの世の舞台上に永遠の庵を結ぶようには生まれついていない。人間の全生涯ははるかにもっと高貴な目的をもっているのだから、この世の無常がわれわれには最大で最重要に思われるもののうちにすら垣間見させる破滅はみな、みごとにこの目的に合致してはいないであろうか。このような合致は、浄福を望むわれわれの欲求を地上の富が決して満たしてくれないことをわれわれに想い起こさせるためのものである。

だからといって私は、人間ならではの長所におかまいなく、あたかも人間が自然法則の不変の定めにゆだねられているかのようだと示唆しているわけではない。〔一方で〕神は改善の必要がないほどの正しさを自然の経過に授ける、まさしく最高の智恵を有しているが、この智恵は、より低次の目的をより高次の目的に服させ、自然の手段をはるかに超えた無限に高次の諸目的に達するために、まさしくそのような意図に基づいて、しばしば自然の一般的規則にきわめて重要な例外を設けてきた。〔他方で〕人類も世界そのものを統治する際、指導的地位にあるが、人類のこの地位もまた、神のかの智恵が有する意図に沿うべく、自然の経過に法則を指示するであろう。神的摂理が自分たちや近隣の者たちを驚愕に陥れる災厄を一都市や一国が目のあたりにする場合、人々を脅かす滅亡を防止するためには、〔前記のA（人間愛の側）かB（反人間愛の側）の〕どちら側に味方すべきかということは、なおいったい疑わしいことであろうか、また、摂理の道筋がこぞって人間をその実現に誘い駆り立てる意図を解明するしるしは、なおやはり曖昧であろうか。

人類のこのような苦境を見るにつけ、高貴な心情に駆られてあらゆる面から苛酷な災厄によって脅かされている人民をせめて戦争の悲惨から救おうとする指導者は、神の思いやりの御手にある慈善の道具であり、神が地上の諸民族につかわした、彼らがその価値がいかに大きいものであるか決して測ることのできない贈り物である。

地震再考

松山壽一訳

M. Immanuel Kants fortgesetzte Betrachtung der seit einiger Zeit wahrgenommenen Erderschütterungen.
(1756)

近年認められた地震に関するイマヌエル・カント修士の再考

A版	第1巻	463-472頁
B版		137-143頁
C版	第1巻	475-484頁
V版	第7巻第2冊	329-339頁
Z版		81-89頁

地下堂(1)の火はまだ静まっていない。地震はなお続発し、この種の災害をこれまで知らなかった国々を脅かした。大気の異常〔暖冬〕は全世界の半分の地域で季節を変えた。この上なく無知なやからが異常気象の原因をつきとめたつもりでいる。地球は狂ったのだ、太陽に近づいたのだと彼らが無分別に語るのを耳にするが、地球が太陽に近づいたと言われても、どの程度のことやら私などにはさっぱり分からない。このような風説は、キンダーマン(2)*が再登場したと仮定して言えば、狂った頭が生み出す夢を観察と称して売り歩く彼ならではの判断であろう。ホイストン(3)その人が哲学者たちに彗星を恐れるようにという教えを垂れていた後を承けて、彗星を再び俎上にのぼせる人々も同類である。災害の起源を身近に発見できるというのに、それを数千マイルも離れたところから引き出すのは粗雑なゆきすぎである。かくしてトルコ人たちはペストに関してそのようにしており、われわれもかつてはイナゴ、家畜の伝染病、また何であれその他の災害に関してそうしたのである。身近にものが見られることは恥とされる。はるかかなたに原因を発見することこそ、炯眼な知性たることを証するにはうってつけというわけである。

公式のニュース報道ではアルトーナのプローフェ教授(4)によるとされる考えは、正しい自然科学の規則から大きくはずれる場合に、吟味のすべを知らない人々が安易に受け入れがちな推測のうちに数えられる。なるほど地上の大事件を見る際、天上の惑星に嫌疑をかけなくなってすでに久しい。われわれの愛すべき祖先、占星術師たちがこのような星に加えた激しい弾劾の記録は、〔今や〕もっともらしい妖精物語、ディグビィ(5)やヴァルモン(6)の神秘的作用による奇跡、ブロッケン山の夜の出来事とともに、時代遅れの幻想の保管所に収められている。だが自然科学がこの

A465
B137
C477
V331
Z81

A466　V332
C478　Z82

種の気まぐれから浄化されてからというもの、ニュートンなる人が、はるかかなたの惑星でさえ互いに作用し合い、また地球に対しても作用を及ぼす、現実の力を発見し、経験によって確証した。(7) しかしながら、この不思議な性質をゆきすぎた域にまで適用しようとする人々には、不運なことに、この力の度合いとその作用の仕方は明瞭であり、しかも幾何学の助けを借りた経験的観察によってそうである。力が明瞭に姿を現すことに対してわれわれは幾何学に感謝しなければならない。(8) 力の諸作用に関しては、そうしようにも、もはや誤認しようがない。けだし、われわれは特定の原因に対する諸作用を測ることができる秤を手にしているからである。

月が地球の海水を引き、それによって潮の干満と呼ばれる大洋の膨張と沈下を引き起こすこと、同様にあらゆる惑星が同じ引力を賦与され、それらが地球と太陽との間に引かれる直線の近くにある場合には、それらの引力が月の引力と合一すること〔合〕を聞きかじった人、いわば事柄をなるだけ厳密に吟味することを職務としないような人が、一つに合成されたこの力が地球の海水を、われわれが一一月一日〔リスボン大地震の日〕に目にしたように、激しい運動を引き起こすばかりでなく、また地下の空気にまで影響を及ぼして、隠れていた火口を刺激し地震を発生させうると推測したとて、そのような人にこれ以上のことを要求してもはじまらない。だが、自然科学者(9) ならこれ以上のことを期待できる。結果と似たところのある原因を言い当てるだけでは十分ではなく、この原因を量的にも比例式に表さなければならない。一例を挙げよう。他の点では優れたロンドンの協会会員リスター博士(10) は、海水晶という名の海草が強力な芳香発散作用をそなえていることに気づいたのだったが、その海草が熱帯の海岸によくあると指摘した。強い芳香発散作用は容易に空気をなにがしか動かすことができるので、彼は次のように推論した。すなわち、この海域でいつも吹き、陸から一〇〇〇マイル以上にも及ぶ東風はこの発散作用によるのであり、とりわけこの植物が太陽のほうへ〔東から西へと〕向きを変えるからだ、と。この考えがおかしいのは原因と結果とが何の関係もないせいである。惑星の力に関しても、その力をこの同じ力に由来する結果に比定するならば、すなわちこの惑星の力が海を波立たせ、地震を引き起こすと見なすならば、事情は同じである。いったいわれわれは天体が地球に及ぼしうる力の大きさを知っているのだろうかと言われるかもしれないが、これについてはあとで答えよう。

フランスの有名なアカデミー会員ブゲ氏(11)が説明するには、彼がペルーに滞在した折に、リマ大学で数学教授になろうとしたある学者が『地震の天文時計』という表題の本を書いたが、彼はそのなかで月の軌道運動から地震を予知しようとした。ペルーでは予言者は楽に地震を予言できると容易に察しがつく。なぜなら、そこでは地震がほぼ毎日起こっており、強さが違うだけなのだから。ブゲ氏は、地球の近日点と遠日点、惑星の合(ごう)と衝(こう)とを見さかいなく持ち出すような人はあとになってみれば確証されることを時として偶然言い当てうるだけだ、と付言し、またこのような人の予言が必ずしもはずれるわけでもない、と認めている。彼自身が推測するところでは、大洋の海水をあのように強く動かす月が地震に対して幾分か影響を及ぼしうるということは全くありえないことではない。それは、月が海水を異常に引き上げて、ふだんならありえないほどに地面の裂け目へ流入させ、これが深い洞穴のなかでの荒々しい運動を引き起こすことによるか、あるいは何らかの他の種類の連関によってである。

天体の引力が物質の内部にまで作用すること、それゆえ地中の奥深く隠れた地下道に閉じ込められた空気を動かすこともありうるということを考慮に入れるならば、月の地震への影響を一切否定し去ることは難しい。だが、この力が作用するとしても、それはせいぜい地中にある発火しやすい物質を刺激することくらいであろう。これ以上の事柄、地震や洪水(12)はもっぱら発火物質の作用なのであろう。

仮に月よりもさらに遠い諸惑星の天界へとわれわれが昇ってゆくと想定してみると、それらの距離が増すにつれてしだいにそれらの地球に対する影響の可能性はなくなってゆくし、それら全惑星の力を一つに合わせたとしても、それが発揮する威力は、われわれの近くにあるたった一つの月の力と比較してさえ、それより無限に小さいものでしかない。

ニュートンは素晴らしい引力法則を発見した。この法則は、人類の知性が自然の認識においてこれまで成し遂げてきた最も幸運などんな試みにも増して幸運な試みと見なさざるをえない。ニュートンは周囲に月を持つ諸惑星の引力を算定するすべを教えており、全惑星中最大の惑星、木星の場合、その引力の大きさは太陽の引力の一〇〇〇分の一よりやや小さいと規定している[13]。この力によってわれらが地球に対して変化を引き起こす能力は地球からの距離の三乗に反比例して減少し[14]、したがって木星の場合、地球からの距離は地球と太陽との距離の五倍以上あるから、木星の引力と太陽の引力との比を求めるならば、木星の地球に対する引力の強さは太陽の引力が単独で地球に対して及ぼしうる強さより一三万倍小さいことになる[15]。ところで計算と合致した経験が教示したとおり、太陽の引力は大洋の水を約二フィート高揚できる。したがって木星の引力は、太陽のそれと合成されても一デシマルスクルーペルの六五分の一[16]、先の二フィートに付け加わるにすぎないが、これは毛髪の約三〇分の一に相当するであろう。火星と金星とが木星と比べものにならないくらい小さい天体であり、引力がそれら天体の塊〔質量〕に比例することを考慮に入れるならば、火星と金星とを合わせた両者が引力によってわれわれの地球に及ぼす能力を木星の二倍と考えると、過大に見積りすぎることになる。なぜなら両惑星は木星より約三倍地球に近いのだが、木星より何百倍も少ない物体内容〔密度〕、したがって引力しか持っていないからである。仮に思いきってその力を一〇倍大きくしてみるとしても、火星と金星とは、その力を合わせて毛髪の太さの三分の一も海水を膨張させえないであろう。残りの惑星、水星と土星とをそこに付け加えて、仮にそれら諸惑星がみな合をなしている場合を考えてみても、明らかにそれらはなおとうてい毛髪の太さの半分ほども、月と太陽とが共同して引き起こす水の膨張を増大させえないであろう。月や太陽の引力について、それらが水を持ち上げる高さが心配の種となる増分として毛髪の太さの半分増えたからといって、危険を心配するには及ばないのだから、恐ろしい洪水を引き起こしはしまいかと心配することは笑うべきことではなかろうか。他のあらゆる事情も〔惑星の影響という〕いま述べた原因を完全に反駁している。月が太陽と地球との間に引かれる直線に最も接近する瞬間ばかりでなく、二、三日前後でも満ち潮が最高になるのと同様に、合の状態にある諸惑星は、仮に洪水と地震とに関与したとすれば、何日間にもわたってまたその間何時間も洪水と地震とを引き起こしたはずであろう。

天球というはるかかなたにまで連れ出し引き回したことを読者にお詫びしなくてはならない。これひとえに、われらが地球上で生じた出来事について正しく判断できんがためである。誤謬の出処をふさぐために払う努力はわれわれに浄化された認識をも与えてくれる。以下では、自然の大事件として刮目すべき諸現象を考察しよう。これらは私が特別な論文[17]で説明しようと努力した諸現象以降に生じたものである。

惑星は理性の法廷に引き出されて、地震の際にわれわれにふりかかる荒廃の原因にいくらか関与したと告訴されることを免れている。それゆえ、今後は何人も惑星にさらに嫌疑をかけるべきではない。かつていくつかの惑星が合の状態になりはしたが、地震は感じられなかった。ガッサンディ[18]の証言によれば、ペイレスク[19]は八〇〇年に一度生ずる珍しい上層の三惑星〔火星、木星、土星〕の合を一六〇四年に観察したが、地球は動じなかった。月にだけはまだいくらか蓋然性が推測されなくもないが、もし月が地震に関与するとすれば、すこぶる弱い外的影響であってしも変化を引き起こせるほどに十分な補助原因が存在しなければならないであろう。というのも、月は最大の作用を地上に及ぼす位置にしばしば至るが、そんなに頻繁に地震を誘発させないからである。一一月一日の地震〔リスボン大地震〕は月の最後の弦*ののち間もなく生じたが、月の影響は、ニュートンの理論と経験が証示しているように、きわめて微弱である。そこで、もっぱらわれらが居所そのものの上に立って、原因について問うことにしよう。地震の原因はわれわれの足下にあるのだ。

以前にすでに挙げた地震以降で、二月一八日の地震ほど広範な諸国に広がった地震はなかった。この地震はフランス、イングランド、ドイツ、オランダで感じられた。それはウェストファリアから、またハノーファー、マグデブルク辺りから報告されたように、きわめて多くの場所で炎上物質による衝撃よりはむしろ地下の暴風によって動かされた土壌の微震に比されるべきものであった。揺れは建物の最上階だけで感じられ、下の地上ではほとんど気づかれなかった。一八日に先立ってはや一三日と一四日にオランダと近隣地域で地震が感じられ、数日後、特に一六日から一八日にかけて暴風が広範に荒れ狂い、ドイツ、ポーランド、イングランドに広がり、それには雷光と雷雨が伴った。手短に言えば、大気が一種の沸騰状態になったのである。このことはわれわれがすでに別の機会[20]に注記したこと、すなわち地震あるいはその原因たる地下の発火が異質な蒸気を地上の大気中に噴出させて、地上の大気を変化させることの確証に役立てうる。

あちこちで土壌の沈下が生じた。山脈の岩塊が剝ぎ取られ、恐るべき威力で谷へ転がり落ちた。このような出来事は地震が前もって起きていなくてもしばしば生じる。長雨のために水槽には水がいっぱいたまってしばしば地盤を浸食し、水が土壌を洗い流し、特に霜と湿気の作用が一緒になると、岩塊を山の頂きから剝ぎ取るのである。スイスや他の場所であちこち口を開けたり、大部分は再び塞がれたりしている大きな裂け目、地割れは、地下で広範に働いている威力の比較的明瞭な証拠であり、この威力によって密度のいくぶん小さい地層にはひびが入っている。地面のこのような脆さや、いたるところで発火物質、石炭層、樹脂、硫黄をつねに燃え上がらせておけるかもしれない（ちょうど石炭鉱山がおのずと空気に触れて発火した場合、しばしば数世紀にわたって赤々と燃え広がるようなな）地下の灼熱の蓄えを考慮するならば、つまりは、地下の洞穴のこのような組成を考慮するならば、われわれの足下のドームを大量の燃える硫黄のなかに沈めるには、また溶岩が降り注いで、人々がエトナ[21]の裾野に呑気に定住した土地を荒廃させたように、われらが居所を燃える物質の流れで荒廃させるには、こうした組成にあってはほんのちょっとした刺激で十分だとは思われないであろうか。ポル博士[22]が地震に関する小論のなかで、地下でつねに微光を発する灼熱を膨張した水蒸気によって燃えたたせ、大地を揺るがすには水さえあれば十分だと述べていることは正当である。しかしながら彼がレムリの実験[23]に対して（これは硫黄と鉄屑と混ぜたものに水を加えて地震を解明したものである）、地中には純鉄はなく鉄分を含んだ土壌が見出されるだけなので、それではこの実験において望む結果は得られないと言うことによって、その実験の有効性を否定しようとするならば、〔それに対して〕私は以下のような疑義を申し立てる。まず一つには、加熱の多様な原因たとえば硫化鉱の風化や、ピエトラマーラ[24]の絶え間なく燃える土地に雨が降るのと同様に、溢れ出た溶岩に雨が降ったあとに感じられるような加水による沸騰が、深所にある鉄分を含んだ土壌を融解して粒状の鉄にするが、このような加熱の多様な原因は、前記の実験の行使に全体として十分な物質を提供できないであろうか。あるいはいま一つには、純鉄の本性にきわめて近く、疑いなく地中に深く至るところに豊かに見出される磁石も、前記の実験の行使に全体として十分な物質を提供できないであろうか。スイスから報告された非常に稀な観察によれば、磁石は地震の間その垂直方向から、それがつり下げられている糸もろともいくらか逸れたということだが、こうした観察は地震の際に磁気を帯びた諸物質がともに作用していることを確証するように思われる。

誰も彼もが独力で探求の新しい道を開こうとして口々に唱え、寄せては返す波のように次々に現れる仮説をすべて取り上げ吟味するとすれば、それは遠大な作業となろう。自然科学にあってはある正しいセンスというものもあり、それは新しがりの勝手なゆきすぎを経験と理性的信憑性の証言するところを味方とする確実で慎重な判断から区別することを心得ている。ビネ神父[25]、またごく最近ではクリューガー教授[26]が地震の現象を電気の現象と同じ原因によるものと見なす見解を持ち上げている。もっと奇抜なものと言えば、ホルマン教授[27]が提案しているもので、彼は発火物質によって脅かされる土壌がそなえる空気口の有用性を、活火山がなければナポリ王国もシチリア王国ももはや存在しないであろうという活火山の例によって立証してから、地表の最上層を燃焼している最深の深淵にまで掘り下げ、それによって火を逃す出口を造るべきだというのである。だがこのような提案は美しい夢にすぎない。内部の地層の固さともどもその恐るべき厚さがなければ、あのように残酷に地震が襲ってきて、あのような国をとっくに粉々にしてしまったであろうが、このような内部の地層の固さと厚さ、またあらゆる掘削をすぐさまさえぎる地下水、そして結局のところ人間の無能は、前記の提案を美しい夢にしてしまう。近代のプロメテウスたる雷の威力をやわらげようとしたフランクリン氏[28]から火山神ウルカヌスの作業場の火を消そうとする人〔ホルマン教授〕まで、こうしたすべての努力は、人間の大胆さ、それと裏腹に小さすぎる能力と結びついた大胆さの証明であり、そ

A472　V339　C484　B143
Z89

うしてこの努力は、人間を、結局のところ人間が人間以上の者であることなど金輪際ないという謙虚な自戒へと導く。このような自戒から人間は事を始めて然るべきであろう。

訳注・校訂注

活力測定考

献辞、緒言

訳注

(1) ボーリウス Johann Christoph Bohlius, 1703-85　医学博士、プロイセン王室侍医。献辞の記載にあるとおり、一七四一年以降ケーニヒスベルク大学教授。カントが彼を後見人と呼び、本書を献呈している詳しい理由については不明である。

(2) 本書の執筆時期と刊行時期が異なる点の理由は不明。

(3) もっとも肝要なのは…… Nihil magis praestandum est, quam ne pecorum ritu sequamur antecedentium gregem, pergentes, non qua eundum est, sed qua itur.　セネカ(Lucius Annaeus Seneca, BC 55頃-AD 40頃)はローマの著述家、哲学者。引用されている章句は、*De vita beata*, Cap. I による。

(4) ニュートン Sir Isaac Newton, 1642-1727　この時期のカントが主たる典拠としているのは『光学』*Opticks*, 1704、および『プリンキピア』*Philosophiae naturalis principia mathematica*, 1686, (2)1713 である。カントとニュートンの学説との関係については、解説「若きカントと一八世紀自然思想」を参照。

(5) ライプニッツ Gottfried Wilhelm Leibniz, 1646-1716　ライプニッツの活力に関する学説に関しては本書の解説を参照。

(6) ヴォルフ Christian Wolff, 1679-1754　ヴォルフの力学に関しては解説を参照。

(7) ヘルマン Jacob Hermann, 1678-1733　数学者、物理学者。ヤーコブ・ベルヌーイの門下。一七〇七年よりパドヴァ大学数学教授、その後フランクフルト大学、ペテルブルク大学などで教え、後にバーゼル大学道徳哲学教授。一七〇〇年頃から多数の論文を発表。

(8) ベルヌーイ Bernoulli　何代にもわたり学者を輩出した著名な家系。同名の者も多く、カントの記述にも誤っている箇所があるが，本書で実際に引用されているのは次の二人。

ヨーハン(ジャン)・ベルヌーイ(Johann Bernoulli (I), 1667-1748)　医学博士，パリ・アカデミー特別会員。フロニンヘン大学教授から，後にバーゼル大学教授。一六九〇年代から数学，力学などに関する多くの論文を発表。一七四二年には一八九本の論文を収載した四巻本の全集がローザンヌで出版されている。

ダニエル・ベルヌーイ Daniel Bernoulli (I), 1700-82/83)　上述のヨーハン(I)の第二子。医学博士，ペテルブルク・アカデミー会員。イタリアで教授後，バーゼル大学解剖学，植物学教授，一七五〇年より同大学自然学，思弁哲学教授。一七二〇年代から自然学の論文を発表。ペテルブルク・アカデミー紀要には四七の論文が掲載されている。

(9)　ビュルフィンガー Georg Bernhard Bülfinger または Bilfinger, 1693-1750　ヴォルフ派の哲学者。ベルリン・アカデミー特別会員。テューービンゲンの宮廷付き牧師から，一七二一年テュービンゲン大学哲学教授，二四年同大学倫理学，数学正教授，二五—三一年ペテルブルク大学倫理学，形而上学，論理学教授，三一年よりテュービンゲン大学神学教授。

(10)　ティモレオン Timoleon, BC 410 頃-337　シラクサの指導者。僭主制から民主制への政治改革や都市復興に大きな功績があった。

(11)　シラクサ Syrakus　現在の南イタリア，シチリア島南東部の町。古代ギリシアの都市国家。紀元前七三五年頃コリント人により建設され，シチリアで最も重要なギリシアの植民地であった。ティモレオンの時代より数十年前には，プラトンも滞在したことがある。

(12)　パルナッソス山の麓に住む者　パルナッソス山(Parnassos)はギリシア中部のカルスト山地で，最高点二四五七メートル。古代にはアポロンやミューズなどの神々が住むとされ，学問芸術の聖地とされていた。ここでは，そうした学問などに携わる資格を持たない者たちの意。

(13)　デカルトおよびデカルト学派による力と運動の理論のこと。解説を参照。

(14)　ベルヌーイ親子　前注(8)にあるように，ヨーハン(I)とその子ダニエル(I)を指す。

(15)　デカルト René Descartes, 1596-1650　彼の運動理論に関しては解説を参照。

(16)　ポレニ Giovanni Poleni, 1683-1761　イタリアの科学者，数学者。ヴェネツィアに生まれ，一七〇九年パドヴァ大学天文学教授、一五年同大学哲学教授、一九年同大学数学教授。ヴェネツィアの水道建設の責任者も務めた。一七〇五年頃から科学論文を発表した。

(17)　スフラーフェザンデ Wilhelm Jacob van s'Gravesande（または Storm van s'Gravesande), 1688-1742　法学博士。オランダの科学者、数学者、天文学者。赤道儀の発明者ともされる。ハーグで学んだ後、一七一七年ライデン大学天文学教授、三四年同大学数学教授。公共建造物の建造責任者も務め、*Journal Littéraire* の編者の一人でもあった。

(18)　ミュッセンブルック Petrus (Pieter) van Musschenbroek, 1692-1761　哲学博士、医学博士。ロイヤル・ソサエティ、パリ・アカデミー会員。一七一九年デュイスブルク大学数学、自然学教授、二三年ユトレヒト大学数学、自然学教授、三九年以降ライデン大学哲学、自然学教授。滞英時にニュートンと交わり、オランダへのニュートン理論の紹介者となる。その著 *Elementa physices*, 1729/34 は各国語に翻訳され、マシューによるフランス語訳は一七三九年、ゴットシェットによるドイツ語訳はライプツィヒで一七四七年に出版された。

校訂注（各注冒頭の漢数字は本文の頁数を、アラビア数字は行数を表わす）

訳出にあたっては、他の巻と同様、アカデミー版（以下A版と略記）を底本とし、カッシーラー（C版）、フォアレンダー（哲学文庫）（V版）、ヴァイシェーデル（W版）の各版を適宜参照した。ただし本書について特に注意しておきたいのは、底本としたA版と、現在日本でもっとも容易に入手できるW版との間に、数百カ所以上の相異が見られることである。A版はカントの原版をハルテンシュタインが校訂したものに基づいており、W版はよりカントの原版に近いものとなっているが、後者には文意の通らない箇所がきわめて多く、また明らかに校正上のミスと思われる誤植なども多く含まれており、校訂注もごく一部にとどまっているために、その判別は不可能であった。したがって、それらの異同の指摘はここでは行うことを断念せざるをえない。ドイツ語原文と対照される読者には、この翻訳はあくまでA版を訳出したものであり、W版のものではないことを特にお断りしておく。また、以下の校訂注も、各版の異同はあまりに膨大なものとなるため、A版に従って読んでいく際に、特に問題となる箇所のみに限定してある。

二24　以上の三行は、一七四九年刊行の原版のみに記載されている。

第一章

訳注

(1)　エンテレケイア Entelechie　アリストテレスにおいては、実体が可能態の状態から自分に内在する力、あるいは作用によって完全に自己を実現した状態ないし形相を指す。ライプニッツではそうした内的自己実現への作用、傾向性、力がエンテレケイアと呼ばれている。実体に内在するこうした力という考え方は中世においても、「隠された質」ないしインペトゥス理論などにしばしば見られるものであり、カントのここでの見解には無理がある。ライプニッツは、その形而上学の中心となるモナドの特性を記述するのに「能動的力」「根源的活動」「原始的(作用)力」などさまざまな表現を用いており、アリストテレスに倣った「第一エンテレケイア」というのもそのひとつであった。一六九五年、『アクタ・エルディトールム』(後出)に収載された、ライプニッツの著名な「力学試論」Specimen Dynamicum, *Acta Erud.*, 1695、第一部および、*Systeme nouveau de la nature et de la communication des substances, aussi bien que de l'union qu'il y a entre l'ame et le corps*, 1695 参照。

(2)　延長以外に……存在する Est aliquid praeter extensionem imo extensione prius.　前述の Specimen Dynamicum, p. 145 の言葉を指す。

(3)　作用力 die wirkende Kraft(ないし vis activa)　ライプニッツの論文 De primae philosophiae emendatione et de notione substantiae, *Acta Erud.*, 1694, p. 111 中の用法による。

(4)　運動力 die bewegende Kraft(ないし vis motrix)　カントはこれ以降、作用と運動との相違を強調するが、これはヴォルフの『宇宙論』*Cosmologia Generalis*, 1739 における両者の同一視に対する批判であると同時に、ヴォルフによる運動の二区分を踏まえての、カント自身の第一五節での運動の二つの区分の根拠ともなっている。解説を参照。

(5)　カントは、運動や冷暖の実体化一般を批判しているように見えるが、彼自身は弾性媒質としての「燃素(火物質)」「熱素(熱物質)」などをも認めているので、ここではむしろ、力の特殊な性格に関しての批判と考えられる。本巻所収『火について』本文およびその解説を参照。

(6) ある鋭敏な著述家　前節での、物理的影響による心身問題の解決とは、ライプニッツの予定調和説をニュートンらの物理的作用説で代替するものであり、カントの師として彼に強い影響を与えたクヌッツェンがこの立場にあったことから、ここでの「著述家」は一般にクヌッツェンを指すと考えられている。ただしカントはこの問題を、形而上学における心身問題と表象理論として捉えている。クヌッツェン(Martin Knutzen, 1713-51)は一七三三年ケーニヒスベルク大学私講師、翌三四年同大学論理学、形而上学員外教授。ヴォルフ派でありながら、ニュートンらの理論にも詳しく、在学中のカントに、ニュートンの『プリンキピア』を貸与したとされる。一七三〇―四〇年代に、数学や天文学関係の論文を発表。ここでの物理的影響についての論としては、Commentatio philosophica de commercio mentis et corporis per influxum physicum explicando, 1735がある。

(7) 『弁神論』第三部三五一節。カントは具体的にそれと名指ししてはいないが、『活力測定考』の記述の仕方、節区分、章句の引用などには、総体的に『弁神論』との類似性が見られる。『弁神論』は一七一〇年にフランス語で刊行されたが、カントはおそらく一七二〇年のリヒター訳ドイツ語版を参照していると考えられる。

(8) ある種の概念　ヴォルフの『力学原理』などにおける「運動力」概念のことを指すと考えられる。訳注(4)、第二章訳注(52)および解説を参照。

(9) ハンベルガー Georg Erhard Hamberger, 1697-1755　医学博士、レオポルド・アカデミー会員。一七二六年イエナ大学医学員外教授、三一年同正教授、三七年同大学自然学教授、四四年同大学植物学、解剖学教授。その著 *Elementa physices methodo mathematica in usum auditori*, Jena 1727, (5)1761 は版を重ねた数学的物理学の著名な本であり、その第三六節以降で、物体の内在力として、あらゆる方向に等しく運動しようとする力があげられている。

(10) 本文には記されていないが、第1図からすれば物体Bのことである。

(11) 慣性力 vis inertiae　本書全般にわたって、カントには慣性および慣性力についての正しい理解が欠けており、これが『活力測定考』を今日失敗作とする最大の原因となっている。その意味では古典力学上の「慣性力」より、理想社版カント全集の亀井裕訳に従って、「惰力」と訳す可能性も考えられる。本巻の解説を参照。

(12)　カントの数字表記は、アラビア数字、アルファベットによるものが混在しているが、翻訳に際して表記の仕方を整理した。

(13)　ヴォルフによる運動の二区分については、訳注(4)を参照。

校訂注

三五2　第二　原版やC、V、Wの各版は「第一」としているが、A版では「第二」と校訂されており、内容的にもA版が妥当と思われる。

三五10　第一　A版による校訂。前注と同様、A版以外では「第二」となっている。

第二章

訳注

(1)　ビュルフィンガーの論文　De viribus corpori moto insitis et illarum mensura, 1725, Sect. II, § 16, *Commentari Acad. Petropolitanae*, 1726/28, Tom. I, p. 87.

(2)　連続律 das Gesetz der Kontinuität　関数の微小区間の値がその極限値に等しいという数学上の連続性を、ライプニッツが、モナドという形而上学的実体、モナドの表象としての現実世界と物理世界、さらにモナドとモナドとの関係という超越論的部分のどの次元にまで考えていたかについては必ずしも明確ではない。カントはここでは衝突などの現実運動に連続律を適用しようとしているが、他方で、数学上のみの帰結を引き出すためにも用いており、その理解には混乱も見られる。この箇所でカントが挙げているのは、デカルトが『哲学原理』*Principia philosophiae*, II, § 45-52 に示した物体の衝突法則に対する、ライプニッツの反論である。

(3)　*Acta Erud.*, 1686, p. 161.

(4)　J. Hermann, De mensura virium corporum, 1725, *Commentari Acad. Petropolitanae*, 1726/28, Tom. I, p. 1-42.

(5) ここで言われる「長方形AF」とは、第3図の長方形ABFC、また「長方形AE」とは長方形ADECを指す。

(6) シャトレ侯爵夫人 Marquise du Gabriele Émilie Le Tonnelier de Breteuil Chastelet または Châtelet, 1706–49　フランス啓蒙期の文人学者。物理論文がパリ・アカデミーから授賞されるなど、多方面にわたり才女として知られた。この方面の著作としては、*Institutions de physique*, Paris 1740 が有名。ニュートンの『プリンキピア』の仏訳者(一七五六年)でもある。

(7) メーラン Jean Jacques d'Ortous de Mairan (または Maran), 1678–1771　フランスのデカルト学派の自然学者、パリ・アカデミー会員。一七一〇年代より物理学、数学、天文学などに多数の著書、論文があり、運動と力に関しては一七二〇年代から活発に発表。後にはオイラーに関するものも多い。ここで取り上げているのは、Lettre à Madame du Chastelet sur la question des forces vives, 1741 だが、他にも Dissertation sur l'estimation et la mesure des forces motrices des corps, 1728 などがある。

(8) メーランの前記一七四一年論文に対するシャトレ夫人の回答、Réponse à la lettre de Mr. Mairan sur la question de forces vives, 1741 による。

(9) リヒトシャイ Ferdinand Helfreich Lichtscheid, 1661–1707　神学博士、ベルリン・アカデミー会員。ベルリンのペテロ教会の牧師であった。ここで取り上げられている箇所は、Considerationes quaedam circa altitudines et velocitates pendulorum in diversis circlis, *Acta Erud.*, 1691, p. 494.

(10) 『アクタ・エルディトールム』*Acta Eruditorum Lipsiensium*　すなわち『ライプツィッヒ学術報告』のこと。ライプニッツらの協力により、メンケを編集主幹として一六八二年に発刊された学術誌。本書で扱われる力学に関しては、ライプニッツがいわゆる「短証明」「力学試論」などの論文や多数の書評、短評などを発表してデカルトに反対し、またその後も、同誌上で多くのライプニッツ派の学者が活力の弁明を試みたため、カントは本書の主たる典拠をこれに拠っている。同誌に関しては以下の資料文献を参照。A. H. Laeven, *De "Acta Eruditorum" onder redactie van Otto Mencke (1644–1707)*, Amsterdam 1986. また、ケーニヒスベルクからの距離ではベルリンとほぼ同程度のペテルブルクにライプニッツが起案者となって設立された、ペテルブルク・アカデミーの『紀要』にも同様の多くの論文があり、カントはしばしば同誌も参照している。こうした総合学術誌には、物理科学のみならず、地理歴史、人類学、博物学から芸術論にまで至る、当時の最先端の知識が掲載されており、カントの該博な知識の源泉であったと考えられる。

(11) レン Christopher Wren, 1632–1723　ロイヤル・ソサエティ会員、一六八〇―八二年同会長。一六六〇年ロンドン・グレシャム・カレッジ天文学教授、六三―七〇年オックスフォード大学数学教授。またロンドンの公共建造物建造責任者を長く務めて、六〇以上の建造物を建設した他、国会議員も務めた。ロイヤル・ソサエティの紀要 *Philosophical Transactions* に The law of nature in the collision of bodies, 1669 など、多くの論文を発表している。ここでの衝突理論に関しては、*Philos. Transact.*, 1669 (17. Dec. 1668).

(12) ウォリス John Wallis, 1616–1703　神学博士、チャールズ二世の司祭でもあった。ロイヤル・ソサエティ会員。一六四九年よりオックスフォード大学幾何学教授。ホッブズやライプニッツとの関係で知られるが、大量の科学論文を発表し、一六九五年には三巻の数学論文集が刊行されている。ここでの衝突理論に関しては、*Philos. Transact.*, 1669 (26. Nov. 1668).

(13) ホイヘンス Christian Huygens, 1629–95　オランダの数学者、物理学者。パリ・アカデミー、ロイヤル・ソサエティ会員。私人であったが大量の業績を残した。後述のパパンの世話をし、共同実験も行っている。特に光学と衝突理論で名高く、前者の「ホイヘンスの原理」は有名。後者では、Sur le mouvement, qui est produit par la rencontre des corps, 1669 など。ここでの衝突理論に関しては、*Philos. Transact.*, 1669 (4. Feb. 1669)、活力の保存との関係については、De motu corporum ex percussione, 1703 (1728).

(14) 氏(ヴォルフ)の力学　Elementa matheseos universae II, *Elementa mechanicae*, 1733/48.

(15) ヘルマン氏の論文　『ペテルブルク・アカデミー紀要』に掲載された以下の論文、De mensura virium corporum, 1725, *Commentarii Acad. Petropolitanae*, 1728, I, p. 1–42.

(16) ジュリン James Jurin, 1684–1750　医学博士。種痘の奨励者として知られる。ロンドンで臨床医の傍ら、論文を発表。ロイヤル・ソサエティ会員。ここでの異論は、Dissertationes Physico-mathematicae, 1732, *Acta Erud.*, 1735, p. 205 ff.

(17) シャトレ夫人の自然論　*Institutions de physique*, 1740. 訳注(6)参照。

(18) ここで述べられるベルヌーイとは、ヨーハン・ベルヌーイ(I)のこと。緒言訳注(8)参照。「ばねの圧縮に関する理論」

については、*Discours sur les lois de la communication du mouvement*, 1724(1727/42)に述べられている。

(19)　第三二節参照。

(20)　運動論 Phoronomie　この語およびカントの力学区分に関しては、『自然科学の形而上学的原理』(本全集第12巻所収)を参照。

(21)　Elementa physices methodo mathematica in usum auditorii, p. 71.

(22)　球Bは2となる　衝突後の速度が2となる、の意。

(23)　隠された質 qualitas occulta　本書の解説また、M. Jammer, *Concepts of Force*, 1957、村上陽一郎『西欧近代科学』(一九七一年)、大橋容一郎「力について」(一九九二年)などを参照。

(24)　ベルヌーイ　訳注(18)を参照。

(25)　De viribus corpori moto insitis et illarum mensura, 1725, *Commentarii Acad. Petropolitanae*, 1726/28, Tom. I.

(26)　その運動　側面運動ではなく、対角線上の運動。

(27)　第12図によれば、「物体a」が正しい。

(28)　第七三節でのビュルフィンガーの見解。

(29)　入射角のサイン sinus angulorum incidentiae　ただし入射角とは、今日とは異なり、斜線と水平面とがなす角度のこと。

(30)　完全サイン sinus totus　かつての三角関数表である八線表で、今日のサイン90度すなわち値としては1を表す。アラビア数学の影響下で発達した一六世紀後半以降の三角関数では、今日のサイン sinus(sinus rectus)の他に、後述の正矢 sinus versus、そして sinus totus などが用いられた。以下の文献を参照。D. J. Struik(ed.), *A Source Book in Mathematics 1200–1800*, Cambridge 1969; H. G. Zeuthen, *Geschichte der Mathematik im 16. und 17. Jahrhundert*, 1903, New York/Stuttgart(rep.) 1966.

(31)　無限小の比とは、ここでは ∞(無限大):1のことである。

(32)　対抗サイン sinus versus　サイン(正弦)に対して正矢とも呼ばれる。角度 α に対して、1から余弦を引いたもの、すなわち1－cos α を表す。かつての八線表で用いられた。訳注(30)参照。

(33) Elementa matheseos universae II, *Elementa mechanicae*, 1733/48, p. 77 f.

(34) ベルヌーイの事例　訳注(18)を参照。

(35) この角度(入射角)も第七九節と同様に，水平面に対する角度である。斜線で表された速度を2とすると，そのサイン30度は1となる。

(36) Lettre à Madame du Chastelet sur la question des forces vives, 1741.

(37) *Institutions de physique*, 1740.

(38) De mensura virium corporum, 1725, *Commentarii Acad. Petroplitanae*, 1728, Tom. I, p. 1-42.

(39) De viribus corpori moto insitis et illarum mensura, 1725, Sect. II, § 16, *Commentarii Acad. Petropolitanae*, 1726/28, Tom. I, p. 87.

(40) カントが述べているとおり，一六九〇年，『アクタ・エルディトールム』誌に掲載されたライプニッツの論文 De causa gravitatis, et defensio sententiae suae de veris natura legibus contra Cartesianos, *Acta Erud.*, 1690, p. 228-239 を指す。

(41) カタラン師 Abbé de Catelan(生没年不明)　熱烈なデカルト派の学者。ライプニッツのデカルト批判に対して，いち早く反論したほか，ホイヘンスやヨーハン・ベルヌーイとの振り子(単振動)に関する論争も知られている。以下の文献を参照。J. E. Meyer, *Einleitung zur mathematischen Bucherkentnis*, Bd. 1, 1772, (2) 1781.

(42) 活力論争の発端となったライプニッツの「短証明」論文 Brevis demonstratio erroris memorabilis Cartesii et aliorum circa legem naturae, *Acta Erud.*, 1686 におけるデカルト批判に対して，同年，*Nouvelles de la rèpublique des lettres*, 1686, p. 999-1003 に示されたカタランの反論を指す。

(43) ヘクトール Hektor　トロヤ王プリアモスの長子。トロヤ戦争でトロヤ側の指揮官であったが，アキレウスによって殺されたとされる。

(44) ペルガモンを……右手でも守れたであろうに Si Pergama dextra defendi possent, etiam hac defensa fuissent.　この章句はライプニッツの『弁神論』第三附論に引用されているものと同じであるが，訳者が参照した内外のいくつかの翻訳ではニュアンスの相違が大きかった。そのため今回の訳出にあたっては上智大学教授荻野弘之氏の助力を得た。ウェルギリウス(Publius Vergilius Maro, BC 70–BC 19)はローマの詩人。歴史に題材をとった叙事詩『アエネーイス』*Aeneis* は、紀元前三〇年頃から執筆された。Verg., *Aen.*, II, 291 f.

(45) カントが述べているとおり、一六九一年、アクタ・エルディトールム誌に掲載されたライプニッツの論文 De Legibus naturae et vera aestimatione virium motricium contra Cartesianos, Responsio ad rationes a Dn. P. mense Januarii Proximo in Actis hisce p. 6 propositas, *Acta Erud.*, 1691, p. 442 による。

(46) 助けが必要なほどの……介入させてはならない Nec Deus intersit, nisi dignus vindice nodus inciderit…　ホラティウス(Quintus Horatius Flaccus, BC 65–BC 27)はローマの詩人。風刺的な詩や、その約二〇の手紙をもとにした『詩論』で知られる。Horaz, *De arte poetica*, 191 f.

(47) パパン Denis Papin, 1647–1714　医学博士、ロイヤル・ソサエティ会員。ホイヘンス、ボイルなどと関わり、パリ、ロンドン、ヴェネツィアなどで研究後、ヘッセン方伯の助力で、一六六八年マールブルクで数学、自然学教授になったが、その後の詳細は不明。*Philos. Transact.* や *Acta Erud.* に多くの論文がある。

(48) カントが述べているとおり、一六九一年、アクタ・エルディトールム誌に掲載されたパパンの論文 Mechanicorum de viribus motricibus sententia a D. Papino adversus Cl. G. G. L. objectiones, *Acta Erud.*, 1691, p. 6–13 による。なお題目中の G. G. L. は、同誌にライプニッツが寄稿する際に使用していた署名である。

(49) 前注(48)を参照。

(50) 彼は力まかせに……倒れるようだった vires in ventum effudit, et ultro ipse gravis graviterque ad terram pondere vasto concidit: ut quondam cava concidit aut Erymantho aut Ida in magna radicibus eruta pinus. Verg., *Aen.*, V, 446 ff.

(51) 旧約聖書、列王紀上、第五章一三節による(新共同訳)。レバノン山脈のスギの巨木の森林は、古代から有名なものであり、年を経た巨大なものを指し、他方で石垣のヒソップは雑草のように小さなものを指す。レバノンスギは、レバノンの国旗のモチーフにもなっているが、現在ではほとんど消滅している。

(52)　Principia dynamica, 1726, *Commentarii Acad. Petropolitanae*, Tom I, 1728, p. 217-238.

(53)　訳注(48)を参照。

(54)　無欠の作用結果 unschädliche Wirkungen (effectus innocuos 無負荷の結果)　Principia dynamica, 1726, *Commentarii Acad. Petropolitanae*, Tom I. 1728, p. 217-238. ヴォルフによるこの語に関しては、解説「若きカントと一八世紀自然思想」を参照。

(55)　ヴォルフの原文では、「二つの等しい運動物体が等しくない距離を移動する際に、作用結果はその距離に比例する」。前掲書 p. 224.

(56)　前掲書 p. 228.

(57)　ここでは、作用 Action と作用結果 Wirkung が使い分けられている。

(58)　動力学 Dynamik　本巻の解説を参照。カントの力学区分に関しては、『自然科学の形而上学的原理』(本全集第12巻所収)を参照。

(59)　ゴットシェット Johann Christoph Gottsched, 1700-66　一七三〇年以降ライプツィヒ大学哲学教授。多くの哲学、文献学、政治学論文があり、ライプニッツの学説に関して論争的な自然学の論文を多く著している。

(60)　ミュッセンブルックの自然科学の基礎理論　緒言訳注(18)参照。ゴットシェットによる *Elementa physices*, (2) 1734 のドイツ語訳の表題は以下の通り。Hrn. Peters von Muschenbroek, M. D. der Weltw. und Mathem. ordentlichen Lehrers zu Leyden, Grundlehren der Naturwissenschaft. Nach der zweyten lateinischen Ausgabe, nebst einigen neuen Zusätzen des Verfassers, ins Deutsche übersetzt. Mit einer Vorrede ans Licht gestellt von Johann Christoph Gottscheden, ordentlichen Lehrern der Weltweisheit zu Leipzig, Leipzig 1747.

(61)　a. a. O., S. 94-99. なお、カントが示している第16―19図は、ミュッセンブルックの原図にいくつかの記号を付加したものである。

(62)　カヴァレリウス Cavalerius (本名カヴァリエーリ Francesco Bonaventura Cavalieri), 1598-1647　イエズス会士であり、ガリレイ門下の数学者でもあった。一六二九年からボローニャ大学数学教授。球面求積法などの積分論で知られる。ここで言及されているのは、*Geometria indivisibilibus continuorum nova quadam ratione promota*, 1635/53 である。P. Frisi, *Vitari B. Cavalieri*, Mirano 1776 など、いくつかの伝記が刊行されている。

(63) どれほど手傷を負っても……その首は強かった　Vulneribus foecunda suis erat ille: nec ullum de centum numero caput est impune recisum, quin gemino cervix haerede valentior esset.　オウィディウス(Publius Ovidius Naso, BC 20–AD 17/18)はローマの詩人。Ovid, *Metam.*, IX, 70 ff.

(64) ジュリンの事例　Dissertationes Physico-mathematicae, 1732, *Acta Erud.*, 1735, p. 205 ff.

(65) (ライプニッツの)力学の小論文　「力学試論」Specimen Dynamicum, *Acta Erud.*, 1695, p. 155.

(66) リヒター Georg Friedrich Richter, 1691–1742　レオポルド・アカデミー会員。一七二六年よりライプツィヒ大学数学員外教授、三五年同大学道徳学、政治学教授。一七一〇年代より物理学論文を発表。運動論などに論争的論文を多く残した。De demonstratione Jurini, virium mensurae Leibnitianae opposita, 1735.

(67) カントが述べているとおり、『アクタ・エルディトールム』誌に掲載された論文、G. F. R. Responsio ad viri Cl. Jac. Jurini, Demonstrationes de mensura virum corporearum, *Acta Erud.*, 1735, p. 511 による。

(68) それだから、トウシン草に節を探すものではない　Desine igitur quaerere nodum in scirpo.　むだな詮索をするな、の意。カントが述べているとおり、『アクタ・エルディトールム』誌に掲載されたヨーハン・ベルヌーイ(I)の論文による。De vera notione virium vivarum, *Acta Erud.*, 1735, p. 210–230. ローマの喜劇作家であるテレンティウス(Publius Terentius Afer, BC 195/185–159)に基づくこの警句は、同論文の二二八頁にある。

(69) 笑いながら真理を伝える　ridendo〔ridentem〕dicere verum　Horaz., *Sat.*, I, 1, 24.

(70) De vera notione virium vivarum, *Acta Erud.*, 1735, p. 210–230.　アカデミー版編者のラスヴィッツによれば、第四五—四七節を執筆した際に、カントはベルヌーイの議論をシャトレ夫人の著書から知っていたのみだが、それ以降になってベルヌーイの論文自体を参照したとされる。

(71) おまえが傷つけられるのはアナクサルコスの外皮だけだ　アナクサルコス(Anaxarchos, BC 380頃–320頃)はソフィスト。デモクリトスの徒。懐疑主義者フィロンの師とされる。アレクサンダー大王の東征に従ったとも言われている。僭主ニコクレオンの命によって臼引きの刑に処せられる際に発した言葉。

校訂注

八九7　カントの原版では、「弾性物体」。

一〇五3　第13a図はカントの原版の通りだが、第13図はA版での編者ラスヴィッツによる改訂であり、円の接線とそれに平行な線分を直線に訂正し、第13a図で欠けている記号fを補っている。本文次節の参照図も同様である。A版ではこの他にも一部の図形の記号などを改訂してある(第9、13、14、16図)が、両者を併記しているのは、第13図のみである。なお、図形の異同の詳細については、ラスヴィッツによるA版の補注を参照。また原版の図形は、W版の末尾に掲載されている。

一〇七9　前注参照。

一五五12　A版をはじめとして他の版は、ハルテンシュタインの校訂に従い、LlCと記しているが、W版のみはLECとしている。その他にもばねの名称には混乱が見られるが、ここではA版本文に従って訳出した。

一六〇8　原版には対応する図の指示がなく、A版での付記であるが、内容的に見ると、ローゼンクランツの校訂のように、第23図とするのが正しいと思われる。

一六〇9　原版には対応する図の指示がなく、A版での付記であるが、内容的に見ると、ローゼンクランツの校訂のように、第24図とするのが正しいと思われる。

第三章

訳注

(1)　内容的には、第二章の補遺の前にある第一〇六節に続く。

(2)　内張性Intension　亀井裕訳(理想社版全集)では「内張力」と訳されている。物体に内包されており、しかも外的な作用の実現のように積極的な内的駆動性を示す努力、能力ないし傾向性としてカントが考えたもの。

(3) 生気化 Lebendigwerdung、活性化 Vivification　亀井裕訳では前者が「活力化」、後者は「活性化」と訳されている。

(4) ベルヌーイの論文　De vera notione virium vivarum, *Acta Erud.*, 1735, p. 210–230.

(5) この引用の前半部分はベルヌーイの原文とほぼ同じものだが、「……」以降の後半部分はカントがまとめたもので、原文にはない。

(6) 『弁神論』第一部三四、四六、五二節など。また第三部二八八節には、「智恵は自由の魂、自発性と偶然性は自由の身体、基盤」という言葉も見られる。

(7) ペテルブルク・アカデミー紀要に掲載された、ダニエル・ベルヌーイの論文 Examen principiorum mechanicae, et demonstrationes geometricae de compositione et resolutione virium, *Commentarii Acad. Petropolitanae*, I, p. 130–134による。

(8) De mensura virium corporum, 1725, *Commentarii Acad. Petropolitanae*, 1726/28, Tom. I, p. 1-42による。ただし本節の引用はヘルマンの原文通りではなく、カントによる不正確なまとめにすぎない。

(9) ツォル Zoll　インチに相当する古い長さの単位。親指の幅から来ており、二・二から三センチメートル程度。ただしイギリスでは二・五四センチメートル。

(10) ニュートンの『プリンキピア』冒頭の慣性を示したいわゆる運動の第一法則であるが、このパラグラフに見られるように、カントはこれに速度の限定を加えて、部分的にしか承認しない。

(11) 抽象力学 die abstrakte Mechanik　今日でいえば実験物理に対する理論物理学にあたる。

(12) Dissertationes Physico-mathematicae, 1732, *Acta Erud.*, 1735, p. 209.

(13) マリオット Edme Mariotte, 1620頃-84　一六六六年のパリ・アカデミー創立以来の会員。多くの物理論文を残した。一七一七年にライデンで二巻本の全集が編まれている。Traité du mouvement des eaux et des autres fluids, 1686.

(14) G. F. R. Responsio ad viri Cl. Jac. Jurini, Demonstrationes de mensura virum corporearum, *Acta Erud.*, 1735, p. 513 f.

(15)　ミュッセンブルックの証明　ゴットシェットによる *Elementa physices*, (2)1734 のドイツ語訳，*Grundlehren der Naturwissenschaft*, Leipzig 1747, S. 101. 第二章訳注(60)参照。

(16)　リチオールス Ricciolus(本名リッチョーリ Giovanni Battista Riccioli), 1598-1671　イエズス会士。パルマとボローニャで哲学，神学を教え，後ボローニャで天文学も教えた。天文学に関する著作が多い。ここで述べられている実験については，その主著 *Almagestum novum, astronomiam veterem novamque complectens, observationibus aliorum et propriis, novisque theorematibus problematibus et tabulis promotam*, 2 vols., 1651, Lib. 9, Sect. 4, cap. 16, p. 381 f. による。

(17)　スフラーフェザンデ　緒言訳注(17)を参照。ここで述べられている実験については，Essai d'une nouvelle théorie sur le choc des corps, *Journal Littéraire*, Tom. XII, p. 1ff. および，*Physices elementa mathematica*, (3)1742, Tom. I, lib. II, cap. 3, p. 229 f. による。

(18)　ポレニ　緒言訳注(16)を参照。De castellis, per quae derivantur fluviorum aquae, 1718.

校訂注

一七九8　原版ではニコラウス・ベルヌーイとなっているものを，A版でダニエル・ベルヌーイと訂正している。同時期のベルヌーイ家には三名のニコラウス・ベルヌーイが知られているが，いずれも本書のこの部分には該当しないので，カントの誤記と考えられる。なおダニエル・ベルヌーイも二名いるが，ここでは前出と同様に，ヨーハン(I)の第二子であるダニエル(I)を指す。緒言訳注(8)を参照。

一八〇8　原版では gMdt と記されていたものを，A版の編者ラスヴィッツが訂正したもの。ただしここでヘルマンの言葉とされるものは不正確な引用であり，訂正された gMudt はこの節の中ではつじつまが合うものの，ヘルマンの見解とは異なる。

二〇三4　カントの原版にに図がないが，A版にはミュッセンブルックの掲げた図を，第26図として掲載している

地球自転論

訳注

(1) この課題は、ベルリン・アカデミーの数学部門における一七五四年度の課題として、一七五二年六月一日に公示された。その後、一七五四年六月六日になって懸賞論文の受領は一七五六年まで延期され、同年六月三日に、フリージが受賞している。フリージ(Paolo Frisi, 1728-84)はイタリアの数学者、科学者。バルナバ会士。ピサ大学で哲学、ミラノで数学を教えた。ベルリンのほかにも、パリ・アカデミーから一七五八、六〇年の二度にわたり、賞を授与されている。

(2) ニュートン(Sir Isaac Newton, 1642-1727)の『プリンキピア』*Philosophiae naturalis principia mathematica*, 1686, Book II, Sec. 6 による。

(3) トワーズ(toise)はフランスの古い長さの単位であり、一七六六年以前は一・九四九メートルを指していた。ルーテ(Rute)も、国によりRod, Roedenなどとも呼ばれる古い長さの単位。時代や地方によって異なり、通常は一〇フィートから二〇フィートの間、三メートルから五メートル強ほどである。ただしここではカント自身がことわっているように、六フィートのルーテで、一・九メートル強を指しており、一〇〇トワーズは二〇〇メートル弱となる。

(4) この値に関しては、アカデミー版の編者であるラーツが考証を加えて、カントの方法に従えば、地球が自転を停止するまでには、二〇〇万年ではなく二億年を要するはずだとする修正値を示すとともに、ニュートンの『プリンキピア』との方法の類似を指摘している(アカデミー版第一巻五四一頁以下〔以下AA I, 541 f. と略記〕)。

(5) 西から東へ　地球の自転と反対の向きとすれば、二一九頁にあるように「東から西へ」でなければならず、誤記であると思われる。

(6) 『天界の一般自然史と理論』(一七五五年)などを指す。

地球老化論

訳注

(1) レバノンスギは、聖書やレバノンの国旗にも描かれており、四〇メートルを超える巨木となる。オークも七〇〇年以上の樹齢を持つものがある。しかし、ボダイジュにも一〇〇〇年以上の樹齢を持つものもあり、その点ではカントの記述は不正確なものである。

(2) フォントネル Bernard Le Bovier de Fontenelle, 1657-1757　パリ・アカデミー会員で同会の常任書記、一六九一年の改制後からはアカデミー・フランセーズ会員。科学者、詩人哲学者として、エレガントな文体で自然科学に関する啓蒙的著作を著した。本論に関しては、Digression sur les Anciens et les Modernes, *Oueures complètes* 2, S. 353, Paris 1818 などがある。庭師に関する引用は *Entretiens sur la pluralité des mondes*, 1686, 1719 によるが、同書はゴットシェットによって独訳され、一七二七年にライプツィッヒで刊行された。一七五八年にはパリで一一巻の全集が刊行されている。

(3) 動植物界の有機制　原語 Ökonomie は、松山壽一氏の指摘に倣って、後出するヘールズの『植物計量学』での用法に従い、「有機制」と訳した。

(4) ビスラ(ヴィスワ)川 die Weichsel　現在のポーランドを南北に縦断する大河。チェコとスロバキアとの国境付近を水源とし、ワルシャワを通り、さらに北上してグダニスク付近でバルト海に注ぐ。河口付近の数十キロは広大な河州の低湿地となり、何本もの支流に分かれている。

(5) ヘロドトス Halikarnassos Herodotos, BC 490 頃-425 頃　キケロにより歴史家の父と呼ばれた、古代ギリシアの著述家。紀元前四六二―四五六年にかけて、アジア、アフリカ、ヨーロッパを旅行し、各地の博物誌を著述した九巻の有名な *Histories Apodexis* には、エジプトや後出する紅海の自然地理などの記述が含まれている。Herodot, *Historien* II, 13, 1.

(6) ツォル Zoll　インチに相当する古い長さの単位で、親指の幅を指し、二・二―三センチメートル程度。イギリスでは二・五四センチメートル。

（7）尋（ひろ） Schuh　深さの単位で、六フィート、約二メートルを指す。『地球自転論』にもあるように、カントは海洋の平均深度を一〇〇トワーズ（約二〇〇メートル）と考えていた。

（8）ワレリー Johan Gottskalk Wallerii, 1709-85　スウェーデンの自然学者。ストックホルム科学アカデミー会員。一七五〇—六七年、ウプサラ大学の化学、植物学、薬学教授。それらの専門分野に関して多くの業績を著した。著書 *Mineralogia eller Mineral-Riket*, Stockholm 1747 (*Systema mineralogicum*, 1770) は英独仏語に翻訳され、*Chemie physica*, Stockholm 1759-68 もヴァイゲルによって一七七二年に独訳が出版されている。カントが使用した底本は、*Observationis mineralogicae ad plagam occidentalem sinus Bottnici*, Stockholm 1752 である。

（9）ボスニア湾 Bottnische Meerbusen　バルト海の北東、現在のスウェーデンとフィンランドの間を隔てている海域を指す。

（10）マンフレッド Eustachio Manfredi, 1674-1739　法学博士。一六九九年よりボローニャ大学教授、一七〇四年には同地の水道局長、一一年からはボローニャ協会会員。パリ・アカデミー特別会員、ロイヤル・ソサエティ会員。水域の構造や移動、天文学的問題などについて、一七二〇年代から活発に著作活動をおこない、ボローニャ協会の紀要 *De Bononiensi scientiarum et artium instituto atque academia commentari* にもしばしば寄稿した。カントが使用したこの『紀要』に掲載された論文は、De aucta maris altitudine, *De Bononiensi scientiarum et artium instituto atque academia commentari*, 2, 2, Bologna 1746 である。

（11）『一般自然雑誌』 *Allgemeines Magazin der Natur, Kunst und Wissenschaften*, 1753, Teil 1, S. 246-272.

（12）ボノニア Bononien　ボローニャの古称。

（13）ハルトゼッカー Nicolaus Hartsoeker, 1656-1725　オランダの自然学者。一七〇四年よりプファルツ選帝侯の宮廷数学者。ハイデルベルク大学名誉教授。パリ・アカデミー、ベルリン・アカデミー特別会員。一六九〇年代から自然学関係の著書や論文を発表。ニュートン理論の解説書などを著し、ライプニッツとも文通している。カントの引用箇所は、上述のマンフレッドの論文中にある。前掲書 S. 270.

(14)　カントはここで、ヴェネツィアの浸水が基本的に海面の上昇によるという説をとっているが、今日ではむしろ、都市の脆弱な基礎構造や地下水の汲み上げによる地盤沈下が主たる原因とされている。

(15)　「海洋はいかなる死物をも好まない」とは、生物などが生きている間は浜辺に打ち上げられず自由に海中にいるのに対し、その死骸や無機物などが波によって浜辺の陸地に運ばれてくることから言われる箴言。

(16)　海神ネプチューンの領地、すなわち海のこと。

(17)　本論は一七五五年一一月のいわゆるリスボン大地震の一年前に公表されたものだが、カントは『地震原因論』(第一論文)で再度この点に言及している。

(18)　プロイセンの二つの砂州　今日のビスラ(ウィスワ)湖およびクル湖を形成している二つの砂州のことである。

(19)　ブールハーフェ Herrmann Boerhaave, 1668-1738　オランダの自然学者、化学者。一七〇九年よりライデン大学医学、植物学教授、一七一八年以降は同大学化学教授も担当。*Elementa chemiae*, 1732 などの著書がある。カントが底本としたのは、一七三三／三六年に、ロイヤル・ソサエティの紀要 *Philosophical Transactions* に掲載された De mercurio experimenta の独訳であり、これは *Hamburgischen Magazin der gesammelten Schriften zum Unterricht und Vergnügen*, 4. Bd. 4 Stück, 1753 に掲載された。

(20)　ヘールズ Stephen Hales, 1677-1761　イギリスの実験科学者。神学博士。一七〇九年よりテディントン(現ロンドン)の聖職者。一七一七／一八年よりロイヤル・ソサエティ会員。一七五一／五三年にはパリ・アカデミー特別会員。一七二〇年代より、空気、水、海水の塩分、植物、温度などに関する実験化学的な業績を多く発表した。カントが本論を書くにあたって重要な底本のひとつだったと思われる、いわゆる『植物計量学』の原本は、*Vegetable staticks or An account of some statical experiments on the sap in vegetables*, London 1727 であるが、これはビュフォンによって一七三五年に仏訳され、カントはもっぱらそれに依拠したとされてきた。しかしカントは、同書の独訳 *Statik der Gewächse oder angestellte Versuche mit dem Saft in Pflanzen*, Halle 1748 を所持しており、こちらに依拠していると考えられる。水や空気のような弾性物体が氷や固体窒素ではなく常温でその弾性を失って固体化するというのは、今日から見れば奇妙な見解だが、当時の計量分析ではそれを退けるほどの精度は期待できなかった。

(21) パリ・アカデミーの会員でもあった、イタリアの天文学者マラルディ(Giacomo Fillippo Maraldi, 1655/65–1729)の、同協会の「報告」に掲載された、イタリアの地震に関する記事(Observation d'un nouveau phénomène, faite à Rome, le 2 Mars 1702 etc., Mem, Par., 1702)による。なお、シュタインヴェール(Wolf Balthasar Adolph Steinwehr, 1704–71)は、ゲッティンゲン大学およびオーデル河畔のフランクフルト(Frankfurt a. d. Oder)大学教授。引用されている独訳は、*Der Königliche Akademie der Wissenschaften in Paris physikalischen Abhandlungen*, 13 Bde., 1748–49. シュタインヴェールはこの他に、パリ・アカデミーの化学、天文学論文の独訳も行った。

(22) ここで言われる「プロイセンの高地」とは、ワルシャワとそのほぼ真北に位置するケーニヒスベルク(現カリーニングラード)との中間にある、現在のポーランドの北東国境地帯の湖沼地方を指す。

(23) ドラウゼン湖 Drausensee(ポーランド語では Jezioro Druzno)　ケーニヒスベルクの南西、ビスラ(ウィスワ)湖の西端に近いエルフロング市の南に広がる湖。面積は一四・五ないし一八平方キロメートル、深さは二・五ないし三メートル。

(24) プロイセン・ホラント市 die Stadt Preußisch-Holland(ポーランド語では Pasłek)　ドラウゼン湖の東一〇キロメートルほどに位置する町。標高四〇メートル。一二九七年オランダからの移住者により作られたためにこの名がある。第二次世界大戦前には四万人の人口を数えたが、戦後は一万二〇〇〇人まで減少した。

(25) ここでの「マイル」は、ドイツ・マイルないし地理マイル(七五三二メートル)を指す。

(26) 自然の三界　植物界、動物界、鉱物界の三界を指す。カントは『自然地理学講義要綱』においても、この区分によって自然地理、自然史を考えていた。

(27) プロテウス(Proteus)は本来、ギリシアの神話において海神ネプチューンの眷属ないし息子ともされる海の老人。変幻自在の姿形をとり、予知能力を持つとされる。

(28) 指導精気 Spiritus Rector　「自然のプロテウス」と同じ意味で、一般には四元素からなる物質の能動原理とみなされた自然の第五の本質であるエーテルを指している。この点については本巻所収『火について』を参照。

火について

訳　注

(1)　導きの糸　　自然という迷宮(ラビリント)から抜け出す導きの糸(アリアドネの糸)を、カントはここで実験と幾何学(数学)に求めているが、これらは自然探求が実証的になるための不可欠の両輪である。これらを掲げる時、カントはおそらく、ニュートンが『プリンキピア』「総注」(一七一三、二六年)に掲げた実証主義テーゼ(*Principia*, Scholium generale: Ed. by A. Koyré & I. B. Cohen, Cambridge 1972, 764)を念頭に置いていたものと思われる。なお、カントは本論文に続く地震論においてさえ、数学的確実性の決定的な重要性を強く意識している。この点、『地震原因論』訳注(1)参照。

(2)　物質の凝集　　固形物体もしくは本来的に固い物体の構成要素が寄り集まる強度のこと。言い換えると、これら諸物体が分離したり、分裂したり、砕けたりしないようにする抵抗のこと(Gehler (Hg.), *Physikalisches Wörterbuch*, 10 Bde., Leipzig 1825–44, II, 113)(以下、Gehler と略記。ローマ数字は巻数)。

(3)　ここでカントが物質の部分への分解をデカルトの見解と見なしているのは、ベックの指摘にあるとおり、誤りである(Lewis White Beck, *Kant's Latin Writings, Translations, Commentaries and Notes*, New York/Berne/FfM 1986, 44, n. 1. 以下、Beck と略記)。デカルトは運動を流体の全部分に帰している。『哲学原理』第二部五四節参照(René Descaretes, *Principia philosophiae*, in: *Oevres*. Publ., par Ch. Adam & P. Tannery, tome VIII-1, Paris 1982, 70–71)。

(4)　静力学　　この学〔力学＝諸物体の平衡と運動に関する学説〕の第一部門もしくは平衡論が「静力学」(Statick)と呼ばれ、この学の第二部門、運動論が「動力学」(Dynamick)と呼ばれる(Gehler VI, 1487)。

(5)　第二章以降、特にⅦ以降。

(6)　平行六面体 parallelepipeda　　これはユークリッド『原論』第Ⅺ巻第24—34節で論じられたもの(*Versuch-Redender Euklides*..., in Teutscher Sprach eingerichtet und bewiesen durch A. E. B. V. P., Lübeck und Frankfurt 1699, 307–

319)。なお、カントが後に(『自然モナド論』一七五六年)援用するキールが著した『真の自然学への序論』(一七〇一、一七〇五、一七一五年等々)第二講のなかでparallelepipedaについて、出典とともに議論の要点が紹介されている(John Keill, *Introductio ad veram physicam*, Oxoniae 1715, 10–11)。

(7)　弾性的諸物体が諸力に比例した諸空間中に圧縮される法則　　フックの法則。

(8)　弾性物体 elastrum　　アーディケス(Erich Adickes, *Kant als Naturforscher*, Bd. II, Berlin 1925, 25)はこれを「バネ」(Feder)と解しうる可能性を示唆している(以下、Adickesと略記。ローマ数字は巻数)。

(9)　ライール Gabriel Philippe de la Hire, 1677–1719(カントはドライール de la Hire と記している)　　コレージュ・ロワイヤール・ド・フランスの建築学教授 Philippe de la Hire の第一子でパリ・アカデミー会員。Sur la condensation et dilatation de l'air, in : *Mémoires de l'Académie Royale des Sciences*, Paris 1705, 144–146.

(10)　燃素　　訳注(12)参照。

(11)　ニュートン『光学』「疑問5」「光は物体を熱し、その諸要素に熱の本性たる振動運動をさせることによって物体に作用するのではなかろうか」(Newton, *Optice*. Latine reddidit Samuel Clarke, S. T. P. Editio Novissima, Lausannae & Genevae 1740, 271 : Newton, *Optieks*, in : *Isaaci Newtoni Opera omnia*, comment. illustr. S. Horsley, tom. IV, Londini 1782, 216)(以下、Newtonと略記し、クラーク訳ラテン語版とホースリ編全集のページ数を併記する)。

(12)　熱素　　Gehler X, 55に「アリストテレスや古代の哲学者たちによれば、熱現象の自然的原因は火(元素的火(燃素)、熱素 Elementar feuer ; (Ignis elementaris), materia calorifica ; Feu elementaire)であった」とあるように、古来、火も熱も実体的に物質的元素と考えられてきた。カントが火と熱とをいずれも「燃素」(materia ignis)、「熱素」(materia caloris)と呼んでいるのは、古代以来の伝統的な用語法、考え方に従っていると言えるが、これらは近代においても踏襲された。

(13)　エーテル　　この語 aether は、一般的には全天を満たしている微細な弾性的媒体を意味する(たとえば Gehler I, 271 参照)。以下の証明で直ちにニュートンの名が挙げられているように、ここではまずエーテル説としてはニュートンの『光学』「疑問」のそれが念頭に置かれている。なお、ここでカントはエーテルを光素と同一視しているが、この点では彼はニュートン(光の媒質)とも(彼に次いで名を挙げる)オイラー(エーテルと光とは区別される)とも異なっている。両者を同一視するのはクルージウスである(Adickes, *Zur Lehre von der Wärme von Fr. Bacon bis Kant*, *Kant-Studien*, XXVII(1922), 336-340)。

(14)　十億の一万倍　原語は decies millies bimillies。これを独訳(J. H. von Kirchmann(Hg.), *Immanuel Kant's kleine Schriften zur Naturphilosophie*, Zweite Abteilung, Berlin 1873, 281 ; O. Bueck(Hg.), *Immanuel Kant's kleinere Schriften zur Naturphilosophie*, Zweite Abteilung(*SW*, hg. v. K. Vorländer, VII-2), Leipzig 1907, 264)も英訳(Beck, 33)も(文字どおり)zehntausend billionen, ten thousand billion「十億の一万倍」と解している。

(15)　ニュートンやその他の人々　ニュートン『光学』第二編第三章命題X参照(Newton, 209 : IV, 171)。なお、「その他の人々」とは、ブールハーフェやクルージウスであろう。H. Boerhaave, *Elementa chemiae*, T. I(1732), 169-173 ; Chr. Aug. Crusius, Anleitung über natürliche Begehenheiten…, T. II(1749), 701.

(16)　オイラー Leonhard Euler, 1707-1783　ペテルブルク・アカデミーの自然学教授(一七二七—四一年)、その後ベルリン・アカデミーの数学教授(一七四一—六六年)、晩年は他界するまで再びペテルブルク。彼は八〇〇に及ぶ論文(うち二〇は大きなモノグラフ)を著した。カントはここでオイラーの光の波動説(*Nova theoria lucis et colorum*, 1746)に注目しているが、この箇所に先立つ自身の議論がニュートンの光学説に依拠したものであったこととの矛盾に気づいていないのではなかろうか。けだし、ニュートンは光を粒子として捉えていたからである。両者はのち長らく(二〇世紀におけるボーアの相補性原理が出現するまで)学界を二分することになった対立説にほかならない。

(17)　アモンタン Guillaume Amontons, 1663-1705　幾何学者で建築家。カントが記すように、パリ・アカデミー会員。Le thermomètre reduit à une mesure fixe et certaine etc., in : *Mémoires de l'Académie Royale des Sciences*, Paris 1703, 64-72.

(18)　ブールハーフェ Hermann Boerhaave, 1668-1738　ライデン大学の医学と植物学の教授(一七〇九年以降)、のち化学教授も勤める(一七一八年以降)。*Elementa chemiae*, Leiden 1732, I, 172-173.『地球老化論』訳注(19)参照。

(19)　ファーレンハイト Gabriel Daniel Fahrenheit, 1686-1736　ダンツィヒ(ポーランドのグダニスク)の商人の息子。アムステルダムに出て自然学に興味を持ち、大半をガラス細工師としてオランダとイギリスで過ごした。Experiments concerning the Degrees of Heat of Boiling Liquors, in : *Philosophical Transactions of the Royal Society*, 1724, 1-2.

(20) ルモニエ Pierre Charle Le Monnier, 1715–1799　コレージュ・ド・フランスの自然学教授 Pierre Le Monnier の息子で、天文学者。パリ・アカデミー会員。ラプランドの測定に参加。Observations d'histoire naturelles faites dans les provinces meridionales de France pendant l'anné1739, in: *Suites des Mémoires de l'Académie Royale des Science*, Paris 1740, 111–235.

(21) スゴンダ Jean Baptiste Baron de Seconda de Montesquie, 1716–1796　ギュイエンヌ議会の議員でボルドー・アカデミー会員。*Observations de Physique et d'histoire naturelles sur les eaux minerales* ..., Paris 1750, 75–112.

(22) アカデミア・チメント　フィレンツェのアカデミア・デル・チメントのこと。Saggi di naturali experienza (1666), Experienze intorno alla compressione dell' aqua, CCIV et seq.

(23) ニュートン『光学』「疑問31」参照。ニュートンはそこで特に「斥力」という語を用いている(Newton, 320 ff.: IV, 256 ff.)。なおニュートンの引力-斥力説について詳しくは松山壽一『ニュートンとカント』晃洋書房、一九九七年、八〇—九四頁参照。

(24) カントによるニュートンの引力-斥力説の受容の一形態がここに認められる。『天界の一般自然史と理論』(一七五五年)では渦動形成のために用いられたこの説は、ここでは泡形成のために、さらには『自然モナド論』(一七五六年)では物質の構成のために用いられる。

(25) ヘールズ Stephen Hales, 1677–1761　ミドルセックスのテディントンの教区牧師。一七一七年よりロイヤル・ソサエティ会員。『植物計量学』(*Vegetable Staticks*, London 1727)は、この初版以降何度も版を重ねたばかりでなく数カ国語に翻訳された。カントはそれらのうち独訳 *Statik der Gewächse oder angestellte Versuche mit dem Saft in Pflanzen*, Halle 1748 を所蔵していた。カントがここで依拠しているのは同書の第六章「空気の分析」中の所説。

(26) カントはここで『植物計量学』第六章中の実験 LI(独訳、101)から実験 LXXVII(同、110 f.)までの範囲から、それぞれ彼の挙げる空気の重さの割合を羅列している。LI.: 101; LV.: 102; LXXIII.: 107; LXXII.: 107; LXXVII.: 110 参照。

(27) 命題Ⅷ。

(28) 『植物計量学』第六章中の LXXVI.: 109–110; LXXXVII.: 120; XCIX.: 130。

(29)　マリオット Edme Mariotte, 1620–1684　ディジョンのボーヌのサンマルタン修道院長で、同地での一六六六年のアカデミー創立以来、同会員。

(30)　マラルディ Giacomo Fillippo Maraldi, 1665–1729　天文学教授でもあり、パリ・アカデミー会長(一六七七—一六七二)でもあったG・D・カッシーニの甥。彼によってパリに呼ばれ、一七〇二年以降アカデミー会員。

(31)　カッシーニ Jaques Cassini, 1677–1756　前注に記したG・D・カッシーニの息子で、一六九四年以降パリ・アカデミー会員。カッシーニはマラルディとの協力を報告しており、それによってマリオットの法則からの逸れを発見した。Sur les règles de la condansation de l'air, in: *Mémoires de l'Académie Royale des Sciences*, Paris 1705, 61-74.

(32)　ニュートン『光学』「疑問10」「炎は赤熱した、すなわち光るほどに熱せられた蒸気、煙霧、発散気ではなかろうか」(Newton, 173: IV, 218)。

(33)　小さな炎がどうして大きな火になりうるかという問題はパリ・アカデミーの一七三八年度の懸賞問題であった。この時、賞を獲得したのがオイラーであった。ここでカントはこの懸賞問題を意識している。また彼が他の箇所(命題Ⅷ証明)でオイラーの名を挙げたのも、これと無縁ではなかろう。訳注(16)参照。

校訂注

二六一4　A版・C版の transmittendae を transmittendo と読む。

二六五8　A版・C版の admotum(近づける)を、Erich Adickes, *Kant als Naturforscher*, Bd. II, Berlin 1925, 48 の指摘に従って amotum(遠ざける)の誤記と見なし、amotum として訳出する。

*　人名・地名がA版ではゲシュペルト、C版では大文字もしくは別字体で組まれているが、それには傍点を付さなかった。外来語を片仮名表記する日本語の表記法がすでにそれと同等の役割を果たしていると考えたためである。

地震原因論〔第一論文〕

訳注

(1) カントは地震論においてさえ、科学論文に必須の数学的確実性を強く意識しており、第三論文では、地震に関してニュートン『プリンピキア』第三編の重力論に依拠しつつ数学的議論を試みることになる。地震論三編を著してまもなく試みた最初の自然地理学講義(『自然地理学講義要綱』)で、彼は「地球観察」の種類として「数学的観察」「政治的観察」「自然地理学」による観察の三種を挙げているが(Kants Akademie Ausgabe, Berlin 1902 ff.〔アカデミー版全集。以下 AA と略記〕, II, 3)、本第一論文に続く第二論文は最後の種類の観察に基づいている。なお、第二論文訳注(3)をも参照。

(2) ドイツマイル deutsche Meile　長さの単位。一ドイツマイルは七五三二メートル。

(3) ドーム・洞穴 Höhlen　本文前出の Gewölbe と同じものを指示しているため、「ドーム」と「洞穴」を併記した。カントは地下の空洞を① Gewölbe もしくは Wölbung(en) と② Höhlen と③ Grüfte という三種の語によって指示しており、これらは同じものの三様の表現である。第一のものを「ドーム」、第二のものを「洞穴」、第三のものを「地下堂」と訳した。特に最後のものは天井がアーチ状の地下の墳墓、墓所のことであり、第二のものとの語呂合わせからしても「墓穴」という訳語が適当かもしれないが、文章のなかにこの語が入ると異様な印象を与えるため、「地下堂」という訳語を案出した。なお「地下道」という訳語も頻出するが(特に第二論文)、これは(地下の)通路を指示していると考えられる Gänge の訳語である。

(4) この頃の地球の歴史については、カントは地震論に続く『自然地理学講義要綱』第七節で少々述べることになる(AA II, 7-8)。

(5) 一七五五年一一月一日のリスボン大地震。この地震についてはカントは特に第二論文で詳論することになる。

(6) ルジャンティ Guilleume Joseph Hyacinthe Jean Baptiste de Le Gentil, 1725-1792(カントは Gentil とのみ記す)フランスの天文学者で旅行家。

(7)　タホ河 Tagus　スペイン、ポルトガルを流れるイベリア半島最長の河川。全長一〇〇八キロメートル(うちポルトガルは二九一キロメートル)。リスボンはこの河の河口に位置する。なおカントはこの河の名をTagusとラテン語で表記している。現代ドイツ語表記はTayo。

(8)　ビュフォンの引用　Buffon, *Histoire naturelle*, Paris 1749, I, p. 521 f. ルジャンティの旅行記のタイトル、該当箇所などは以下のとおり。Le Gentil, *Nouveau voyage autour du monde*, Paris 1728, I, pp. 172 ff. なお、ビュフォン(Georges-Louis Leclerc Graf de Buffon, 1707–1788)はフランス、パリの王立植物園長で博物学者。パリ・アカデミー会員。

(9)　カントはここでは特にプロイセンという自国の民の不安に即して神学(ひいては弁神論)に関連する議論を行っているが、第二論文の最後の節と「むすび」では一般論として後の『オプティミズム試論』(一七五九年)に通ずる議論を行うことになる。

(10)　ポンド Pfund　ドイツポンド。一ドイツポンドは五〇〇グラム。

(11)　カントはここでレムリ説に従っている。これは(一六九九年にビニョン神父によって刷新された)パリ・アカデミー紀要(*Mémoires de l'Académie Royale des Sciences*, Paris 1700)に掲載された論文 Éxplication Physique et Chimique des Feux souterrains, des Tremblements de Terre, des Ouragans, des Éclairs et du Tonnerre の独訳 Physische und Chemische Erklärung der unterirdischen Feur, der Erdbeben, Stürme, des Blitzes und Donners. Von Herrn Lémery, in: *Abhandlungen der Königlichen Akademie der Wissenschaften zu Paris*. Aus dem Französischen Übersetzung von W. B. Ad. Steiwehr, 1692–1702, 1. Theil, Breslau 1749, 417–427 によってドイツに流布したものである。なお、レムリ(Nicolas Lémery, 1645–1715)はパリの薬剤師で化学の私教師。一七六五年にパリで刊行された『化学教程』(*Cours de Chymie*)は幾度も版を重ねたばかりか、各国語に訳された。

(12)　クヴェント Quent　ドイツの昔の重量単位。一クヴェントは三・六五グラム。

(13)　ベスヴィオス山 der Besuv　この山の噴火は有名で、何度も繰り返されている。たとえばバークリもナポリから一七一七年の噴火を報告している(W. Dreidert, *George Berkeley 1685–1753*, Basel/Boston/Berlin 1989, 153–157)。

(14)　不運な万聖節　リスボン大地震が起きた一一月一日は万聖節に当たっており、しかも午前一〇時前であったので、キリスト教徒たち(カトリック)は教会で礼拝中であった。このため倒壊した教会(約三〇)の下敷きとなって彼らは多数死亡した。

これがますます神学(弁神論)問題を加熱させることになった。

(15) 大洪水 die heftige Wasserbewegung　カントは地震に伴う海上や海岸、また河川や湖沼での水にかかわる異変をすべて一括して Wasserbewegung と表記しており、訳語としては「洪水」を当てる。ただし、特に「津波」のことが念頭に置かれていると思われる場合はこの語を補う。カントが用いるこれに相当する語は「高波」(Aufwallung)である。どうやら「津波」(Flutwelle)という語——今日では Tsunami という語さえ用いられる——は一八世紀にはまだ用いられていなかったようである。この語の初出は Grimm によれば、Brandes, *Vorlesungen über Astoronomie* 1, 232 である。訳者の調査ではこの書に遭遇できず、もしこれが Heinrich Wilhelm Brandes, *Die vornehmste Lehren der Astoronomie*, 2Bde. のことであれば、その出版年は一八一二年である。

(16) グリュックシュタット Glückstadt　シュレースヴィッヒ・ホルシュタインの港町。ハンブルク同様エルベ河口に位置するが、より北海に近い。

(17) フーズム Husum　グリュックシュタット同様、シュレースヴィッヒ・ホルシュタインの港町で、北海沿岸に位置する。

(18) カレ Lois Carré, 1663-1711　フランスの自然学者。カントが言及している論文のフルタイトルと掲載誌は以下のとおり。Expériences physiques sur la réfraction des balles de mousquet dans l'eau, in: *Mémoires de l'Académie Royale des Sciences*, 1705, 11 ff.

(19) 聖ヴィンセント岬 Capo St. Vincent　イベリア半島南西端の岬。

(20) フィニステル岬 Capo Finis terrae　イベリア半島北西端の岬。カントはこの Capo(岬)を Finis terrae とラテン語で表記しており、文字通りの意味は「地の果て」(岬)。

(21) ホルシュタイン海岸とデンマーク海岸 holsteinische und dänische Küste　固有名ではなく、シュレースヴィッヒ・ホルシュタインの西方海岸およびデンマークの西方海岸すなわちユトランド半島の北海海岸線を、カントはこう称している。なおユトランド半島の基部がシュレースヴィッヒ・ホルシュタイン(西側エルベ河口内港がハンブルク、東側メクレンブルク湾岸港がリュベック)であり、同半島のその先がデンマークである。

(22) カレーの海峡 Canal bei Calais　カレーは北フランスの港町で、対岸がイングランドのドーヴァー。したがってカントの記す「カレーの海峡」はわれわれに馴染みの呼称ではドーヴァー海峡に当たる。

(23) テンプリン Templin　ノイブランデンブルク郡の郡庁所在地で、ベルリン北方の湖沼地帯の一角に位置する。

(24) 前号　『ケーニヒスベルク週報』第四号(一七五六年一月一四日)。本第一論文はこの号に続き第五号(同年同月二一日)と二回に分けて掲載された。なおカントは『ケーニヒスベルク週報』をここでは『ハンブルク通信』として指示している。

(25) 詳細な論文　第二論文のこと。カントはこれを「論文」(Abhandlung)と称しているが、一冊の著書として刊行している(ハルトゥンク社、ケーニヒスベルク、一七五六年二月)。

校訂注

二七五12　訳出には影響を及ぼさないが、A版の demjenige は誤りでC版の dasjenige が正しい。

二八〇4　A版・C版の gemein を、B版(二一六頁注12)の示唆に従って、今日的な独特の含意によってではなく、当時の用法として今日の allgemein と同等の意味に取る。

二八一2　A版・C版の waagrecht を、B版(一〇五頁)に従って waagrecht もしくは waagerecht すなわち「水平」と解する。

地震の歴史と博物誌〔第二論文〕

訳注

(1) 尋(ひろ) Klafter　長さの単位。両手を広げた長さが一尋。プロイセンでは七二ツォル(三・七六六メートル)に相当。

(2) ドームや洞穴 Wölbungen und Hohlen　第一論文訳注(3)参照。

(3) カントは本論を含め三編の地震論を著してまもなく、すなわち一七五六年の夏学期に、以後終生続けることになる自然地理学の講義を開始する。ここで「以下のこと」として列記される事柄の大半は、自然地理学の最初の講義でも繰り返されるばかりでなく(『自然地理学講義要綱』第七節 AA II, 7-8)、後には詳論される(『自然地理学』第一部第四編 AA IX, 296-305)。

(4) ヒュープナー Johan Hübner, ?-1758　法学修士、ハンブルクの弁護士。*Vollständige Geographie* (Hamburg 1730-1732), Berlin 1745, 2. Teil, 566-567.

(5) バンダとアンボイナ Banda und Amboina　モルッカ諸島の小火山島。

(6) リスボン大地震後、おびただしい数のルポルタージュや詩が『ベルリン報告』や『ハレ新聞』などに掲載された。W. Breidert (Hg.), *Die Erschütterung der vollkommenen Welt. Die Wirkung des Erdbebens von Lissabon im Spiegel europäischer Zeitgenossen*, Darmstadt 1994, 225-226 が掲げるそれらのリスト参照。

(7) ロカルノ Locarno　スイス、テシン州の中心都市。

(8) ドイツマイル deutsche Meile　長さの単位。一ドイツマイルは七五三二メートル。

(9) シュヴァーベン Schwaben　ボーデン湖西一帯。上ドナウ、上ネッカーを含む。

(10) ツォル Zoll　長さの単位で親指の幅。一ツォルは一二分の一もしくは一〇分の一フース(フィート)。一フースはプロイセンの場合、〇・三一四メートル。

(11) ロンバルディア Lombardei　コモ、ミラノ、ベルガモ、パヴィア、クレモナなどを含む北イタリア一帯。中心地はミラノ。

(12) ローヌ河 die Rohne　スイス、フランスを流れる河で、フランスで二番目に長い河(全長八一二キロメートル、うち約二六〇キロメートルはスイス)。

(13) ウルム Ulm　バーデンヴュルテンベルクの地方都市。アルプス前方地とシュヴァーベンアルプスの境界に位置する。ブラウ川のドナウ河への合流地。

(14) ショイヒツァー Joahim Jacob Scheuchzer, 1672-1733　スイス、チューリヒの医師、司教座聖堂参事会員で、同地のギムナジウムの数学、自然学教授。*Natur-Historie des Schweizerlandes*, 2. Aufl. Türich 1752, Teil I, 117 ff. カントはこの書を所蔵していた。

(15) カディス Cadix　スペイン南西部の港町。カディス湾岸、グアダレーテ河口に位置する。

(16) 洪水 Wasserbewegung　第一論文訳注(15)参照。
(17) アボ Abo(スウェーデン語ではオーブー)　フィンランドのベルネポリの首都トゥルク(Turku)のこと。
(18) アルキペラグス Archipelagus　エジプト海の諸島。歴史は古く古代ギリシア時代にまで遡る、中世では東ローマ治下、一五、六世紀はオスマントルコ治下(一八三〇年以降、ギリシア)。
(19) グリュックシュタット　第一論文訳注(16)参照。
(20) ホルシュタイン海岸　第一論文訳注(21)参照。
(21) テンプリン　第一論文訳注(23)参照。
(22) ヌーシャテル Neuchatel　スイス、ヌーシャテル州の中心都市。ヌーシャテル湖北西岸に位置する。
(23) マイニンゲン Meiningen　ズール郡の都市。上ヴェラ河畔に位置する。ザクセンマイニンゲン公国の王宮やバロック様式の城エリザベーテンブルクなどがある。
(24) ベーメン Böhmen　チェコ西部。西はベーメンの森、北はエルツ山脈、東はズデーテン、南はメーリッシェン高地に囲まれた一帯。
(25) 「神なる汝をわれら誉め讃える」　アンブロニウス(Ambronius)(四世紀、ミラノの司教)の頌歌。
(26) フェース王国 Königreich Fez　モロッコの王国。サルタンの二大首都の一つフェースには最盛期で七八五ものモスレムがあり、そのうちの一つカルビン(ケルビムのアラビア語表記)は北アフリカ最大で、それには高等教育機関それにアラビア語写本を大量に所蔵する図書館が付属していた。なおカントはFezと記しているが、この語は元々アラビア語Fasに由来する。現在の表記はFes。
(27) アングレーム Angoulême　南西フランス、シャラントの首都。五世紀から一七世紀にかけて栄えた古都市。サンピエール聖堂(一二世紀創建)などがある。
(28) コーク Cork　アイルランド西岸の自由都市。ダブリンに次ぐ第二の都市。
(29) ベスヴィオス山 der Besuvius　第一論文訳注(13)参照。
(30) 北海海岸のグリュックシュタットからバルト海のメクレンブルク湾岸のリュベックにまで von Glückstadt an der Nord-

see bis zu Lübeck an der Ostsee　第一論文訳注(21)参照。

(31)　Buffon, *Histoire naturelle générale et particulière*, Paris 1749, t. I, 523 f.　なお、ビュフォンについては第一論文訳注(8)参照。

(32)　『ケーニヒスベルク週報』　第一論文訳注(24)参照。

(33)　聖ヴィンセント岬とフィニステル岬。第一論文訳注(19)および(20)参照。

(34)　マルシグリ伯 Luigi Ferdinando Comte de Marsigli, 1658-1730　地理学者で博物誌家。*Histoire physique de la mer*, Amsterdam 1725, 11.

(35)　ボンバード砲 Karthaune　一五世紀から一七世紀に用いられた重砲。カントが用いている語 Karthaune はイタリア語 cartana(=kurze Kanone)に由来する。

(36)　ラインルーテ rheinl. Ruthe　長さの単位。一ルーテは二・八七―四・六七メートル。長さは時代、地方によって異なり、ここでは一八世紀のライン地方のルーテで、三・七六六メートル。

(37)　グラーン Gran　薬剤用の重量単位。一グラーンは約六五ミリグラム。

(38)　コモ Como　北イタリア、ロンバルディア(訳注(11)参照)にある湖。面積二〇六七平方キロメートル。

(39)　ツィルクニッツ湖 der Zirknitzer See　古来有名なスロヴェニア地方最大の湖(二八平方キロメートル)。

(40)　ディアベット Diabet　二重の壁で仕切られた魔法の杯。サイフォン状になっているため、一方が一杯になると他方が空になる。

(41)　タホ河　第一論文訳注(7)参照。

(42)　セトゥバル Setubal　イベリア半島南岸のポルトガルの都市。大西洋に注ぐサド河口に位置する。

(43)　フーズム　第一論文訳注(17)参照。

(44)　ホワイトヘーヴン Whitehaven　アイルランド海岸の港町。

(45)　ヴァーレン Bernardus Varenius(Waren), 1622-1650　ドイツ出身でアムステルダムで活動した医師。同地で一六五〇年に出版した *Geographia generalis* は版を重ね、ニュートンもケンブリッジでその数版を編集した。

(46)　ルロフ Jan(Johann)Lulof, 1711-1768　オランダの天文学者で神学者、ライデン大学の数学、天文学、哲学教授。主著 *Introductio ad cogitionem atque usum utrisque globi*, Lugduni Batavorum 1743. これにはケストナー(A. G. Köstner)による独訳 *Einleitung zu der mathematischen und der physikalischen Kenntnis der Erdkugel*, Göttingen und Leipzig 1755 がある。またミュッセンブルック(P. v. Musschenbroek 訳注(66)参照)の *Introducito ad philosophiam naturalem*, Lugduni Batavorum 1762 を彼の没後に編集している。なお、本文に列記された三者——ヴァーレン(＝ワレニウス)、ビュフォン、ルロフ——の名は『自然地理学講義要綱』でも同様に並べられて、彼らの著作が「自然地理学の一般的基礎」となるべきものとされている(AA II, 4)。

(47)　第一論文(本巻二七七—二七八頁)。

(48)　レイ John Ray(Wray, Rajus), 1627-1705　イギリスの地理学者。カントが念頭に置いているのはおそらく独訳 *Der Welt Anfang*, Veränderung und Untergang, 1698 かビュフォンによる言及(*Histoire naturelle*, Article XVI)であろう。

(49)　ルジャンティ　第一論文訳注(6)参照。

(50)　アゾレス諸島 die azorischen Inseln　ポルトガルに属する火山島群。南ポルトガル海岸一五〇〇キロメートル西方の大西洋にある。

(51)　エルザス Elsaß　東フランスの一地方。中心地ストラスブール。

(52)　ロートリンゲン Lothringen　東北フランスの一地方(仏名ロレーヌ)。中心地ナンシー。

(53)　ブラーバント Brabant　ベルギーの一地方。中心地ブリュッセル。

(54)　ピカルディ Picardie　北フランスの一地方。中心地アミアン。

(55)　クレーヴェ Cleve　低ライン、ウェストファリア東北部の公国。中心地ミュンスター。

(56)　ウェストファリア Westphalen　ザクセン西部の王国。

(57)　マラガ Malaga　西スペイン、アンダルシアの港町。地中海に注ぐグアデルメディナ河口に位置する。地中海で最も重要で最古の港町。

(58)　ルション山脈 Gebirge von Roussillon　南フランスの山脈。ピレネーの東部。

(59) ブゲ Pierre Bouguer, 1698–1758　水路学教授、アカデミー会員。コンダマン(M. de la Condamine)らとともに一七三五年のペルーでの天体観測を目的とする調査隊の一員であった。コンダマンとの共著がある。*La figure de la terre*, Paris 1749.

(60) マリオットの指摘　Mariotte, Traité du movement des eaux et des autres corps fluides, in: *Oevres*, Leiden 1717, 346. なお、マリオットについては『火について』訳注(29)参照。

(61) サントリノ Santorino　カルデラから成立した、地中海の環状諸島の主島。

(62) 第一論文(本巻二七六―二七七頁)。

(63) パリ王立アカデミーの報告　*Histoire de l'Académie des Sciences*, Paris, I, 57. なお、第一論文訳注(11)で指摘したように、パリ・アカデミーは一六九九年にビニョン神父によって刷新されたが、その際、紀要が二種類に分けられ、論文は *Mémoires* に、報告等は *Histoires* に掲載されることになった(J. R. Partington, *A History of Chemistry*, Vol. III, London 1962, 10)。

(64) スミルナ Smyrna　エーゲ海のスミルナ湾岸の町。ドイツ名 Izmir。

(65) 『ペルー旅行記』　Bouguer, Kurze Beschreibung der Reise nach Peru, in: *Sammulung neuer und merkwürdiger Reisen zu Wasser und zu Lande*, 3. Teil, Göttingen 1751, 1–155. なお、ブゲについては訳注(59)参照。

(66) ミュッセンブルック Petrus (Pieter) van Musschenbroek, 1692–1761　デュイスブルク、ユトレヒト、ライデンの数学、自然学教授。一七四五年ライデン瓶を発明。著書としては、彼の没後一年後にルロフによって編集された書がある(訳注(46)参照)。カントはミュッセンブルックの *Elementa physicae*, Leiden 1729 のゴットシェット(J. Chr. Gottsched)による独訳 *Grundlehren der Naturwissenschaft*, Leipzig 1747 を所蔵していた。カントは処女作『活力測定考』(一七四九年刊)においてすでにミュッセンブルックの所説に注目していた(AA I, 118 ff. 172 ff.)。さらに本全集第2巻所収『自然モナド論』訳注(10)(12)(20)をも参照。なお、彼がドイツでのニュートン受容において果たした役割については、本巻の解説「若きカントと一八世紀自然思想」参照。

(67) アウグスブルク Augsburg　シュヴァーベン、バイエルンの一地方(ミュンヘンの西方)。ドナウ河支流のレッヒ川が流れる。四世紀以来、司教区。

(68)　ボイル Robert Boyle, 1627–1691　イギリスの有名な化学者。近代原子論の先駆者。カントが何を念頭に置いていたか不明だが、彼はボイルの *Opera varia* . . . , Köln 1677 を所蔵していた。

(69)　ヘールズ　St. Hales, Nachricht von der guten Wirkung der Luftbeweger in den Gefängnissen Newgate und Savoy durch Dr. Hales, in: *Hamburgisches Magazin*, Bd. 4, 1753, 4. Stück, 97. なお、ヘールズについては『火について』訳注(25)参照。

(70)　自然界の有機体制 die Ökonomie der Naturreiche　Ökonomie を「有機体制」と訳す。今日通常の語としてはこの語 Ökonomie は「経済」を意味するが、一八世紀の自然哲学とりわけヘールズの『植物計量学』で多用されるものとしては、この語によって「有機体」が意味され、カントもこの用法に従っている。本論文に先立つ『地球老化論』での用例(全二カ所) an der Ökonomie des Pflanzen- und Thierreichs(AA I, 198) および bei allen Zeugungen und der Ökonomie aller drei Naturreiche(AA I, 211)も、また『天界の一般自然史と理論』での用例(全一カ所) zu den Richtungen der animalischen Ökonomie(AA I, 358)もそうであることを示している。

(71)　ゴーチエ Jaque Gautier d'Agoty, 1710–1785　フランスの画家、彫刻家、解剖家。彼のニュートン批判書 *Neuveau système de l'univers*, Paris 1750 は、カントの一つの情報入手誌であった *Hamburger Freyen Urtheilen und Nachrichten*, 1756, 79–80 でも書評された。

(72)　ダンピエ William Dampier, 1652–1715　イギリスの旅行家。彼の *New Voyage round the World*, London 1697 は刊行後まもなくドイツ語に訳されている。*Neue Reise um die Welt*, Leipzig 1702.

校訂注

三一一5　A版 AA I, 449. 37–450. 1: wie . . . es bezeugen können「ちょうど……立証しうるように」を、C版に従って括弧にくくる。このほうが読みやすいからである。

三一一6　C版の指示に従って、A版 AA 450. 3-4 : . . . abgeflossen sein, wegen des häufigen Vorraths . . . の sein, wegen の間に und also「したがって」を補う。これによってはじめて文意が通じるためである。

三一七10　A版・C版の einsmals を、B版(二一七頁注40)の示唆に従って、当時の用法として今日の plötzlich と同等の意味に取る。

＊　第一論文、第三論文とも共通してすべての地震論のテクストにおいて、人名・地名の大半がゲシュペルトで印刷されており、また引用文もしくはこれに類するもの(テーゼ等)も同じくゲシュペルトで印刷されている。これらはともに一八世紀当時の書物(たとえばヴォルフの教科書)の印刷の仕方(大文字で印刷)を踏襲したものであって、強調のためのものではないので、それらには一切傍点を付さず、引用文もしくはテーゼの場合は引用符(カギ括弧)を付した。

地震再考〔第三論文〕

訳注

(1)　地下堂 Grüfte　第一論文訳注(3)参照。

(2)　キンダーマン Eberhard Christain Kindermann　生没年、経歴など不詳だが、W. Breidert (Hg.) : *Die Erschütterung der vollkommenen Welt*, Darmstadt 1994, 218 によれば、*Rede in Gedanken durch die eröffneten allgemeinen Himmels-Kugeln*, Rudolstadt 1739 : *Astronomische Betrachtung und Nachricht von den Cometen*, Dresden 1702 の著者である。ただし、アカデミー版(A版)もカッシーラー版(C版)もこれを固有名扱いせず、一般名詞と見なしている。

(3)　ホイストン William Whiston, 1667-1710　サフォークなどの牧師の後、ケンブリッジのルーカス教授のニュートンの後任者(1703-1710)。著書は *A New Theory of the Earth, etc.*, London 1696 他。なお、この書の内容についてたとえばキール(J. Keill)(本全集第2巻所収『自然モナド論』訳注(5)参照)も次の著書のなかで吟味している。*A Examination of Dr. Burnet's Theory of the Earth. Together with Some Remarks on Whiston's New Theory, etc.*, London 1698.

(4)　プローフェ Gottfried Profe, 1712-1770　アルトーナ(ハンブルク)のギムナジウムの数学、哲学教授。のち同校長。彼の考えが記載されている「公式報告」は *Schleswig-Horsteinische Anzeigen*, 1755, Nr. 47, 51, 52.

(5)　ディグビィ Sir Kenelm Digby, 1603-1655　アリストテレス主義とデカルト主義とを結合しようとしたイギリスの哲学者。彼の論文 A late discours... touching the cure of wounds by the powder of sympathy, 1658 は仏訳された(一六五九年)。

(6)　ヴァルモン Pierre Lorrin, Abbe de Vallemont, 1649-1721　オカルト的著書を著した。*La physique occulte*, Paris 1693; *Der heimliche und unerforschliche Natur-Kündiger*, Nürnberg 1694; *Merkwürdigkeiten der Natur und Kunst*, Breslau 1708.

(7)　ニュートン『プリンキピア』第一版(一六八七年)「序文」「われわれは……自然の力について書き記し、重さ、軽さ、弾力、流体の抵抗、引いたり突きはなしたりする力に関係する事柄をもっぱら取り扱う。……〔この著作の〕第三編では世界体系の解明のためにその実例が与えられる。すなわち、そこでは諸々の天体現象から先の二編で数学的に証明された諸命題の助けを借りて諸々の物体を太陽や各惑星に向かわせる諸々の重力が導き出され、次いでこれら諸々の重力から、これまた数学的な諸命題の助けを借りて、惑星や彗星や月や海の運動が導き出される」(*Principia*, Auctoris Praefatio: Ed. by A. Koyré & I. B. Cohen, Cambridge 1972, 16)。

(8)　ニュートン『プリンキピア』第一版(一六八七年)「序文」「幾何学の誇りとするところは……ごく少数の諸原理から、要求されたきわめて多くのことを成就することにある。幾何学は機械的実践に依存するものであって、測量術を精確に提示し証明する一般機械学の一分野にほかならない」(*Principia*, Auctoris Praefatio: Ib., 15)。

(9)　自然科学者 Naturkündiger　Naturkündiger を「自然科学者」と解する。この語の文字面のみから判断すれば「博物学者」と解することもでき、またカントが第二論文を「博物誌」と称して博物学の系譜に位置づけているだけにいっそうそう解したくなるところだが、この語が登場する前後のコンテクストから判断するならば、カントはこの語によって、ニュートンの精密科学を範とする(自身をもその一員に数えられたく望んでいる)科学者たちを指示しようとしているように思われる。

(10)　リスター博士 Doctor List(Martin Lister), 1638-1712　臨床医で動物学者。本文にあるようにロンドンのロイヤル・

ソサエティ会員。ここで念頭に置かれているのは次の論文。Observationes de natura et origineterrae motus et fulminis, *Acta Eruditorum*, 1685. なお前年には地震論もある。On the nature earthquakes, London 1684.

(11) ブゲ氏(Herr Bouguer)については第二論文訳注(59)参照。なおここでは彼の次のものが念頭に置かれている。*La figure de la terre*, Paris 1749, 72.

(12) 洪水 Wasserbewebung　第一論文訳注(15)参照。

(13) ニュートン『プリンキピア』第三編「命題8・定理8　系2」によれば、太陽を一としたそれに対する木星の重力の比率は一〇六七分の一である(*Principia*, Lib. III, Prop. VIII, Corol. 2: Ib., 581)。これはむろん両者の質量の比率(同「系1」Ib., 404-405)に等しく、そこから導き出されている。

(14) 周知のとおり、ニュートンの重力法則によれば、重力は距離の二乗に反比例して減少する。しかしながらカントは「距離の三乗」(der Würfel der Entfernungen)と記している。書き損じなのか、それともキールの斥力法則(本全集第2巻所収『自然モナド論』訳注(17)参照)と無意識にすりかわったのか、あるいはケプラーの第三法則と混同されたのか、判断に苦しむ。ただし次注に記すように、カントは太陽と木星との重力比を算定する際「距離の三乗」で計算しているから、書き損じでないことだけは確実である。

(15) 木星と地球との距離は五倍以上あるから、Rahts(AA I, 576)(Breidert, 218, n. 52もこれに同じ)の計算に従えば、距離に関しては一二五分の一となるが、Rahtsは両者の質量比をニュートンのように一〇六七分の一(訳注(13)参照)ではなく、一〇四三分の一として、$\frac{1}{125} \times \frac{1}{1043} = \frac{1}{130000}$ のように計算している。むろんこれは概算であるうえ、質量比の差も万単位に影響を及ぼすことのない範囲内に留まっている。ただしRahtsは(Breidertも)質量比を一〇四三分の一とした典拠を指示していない。

(16) デシマルスクルーペル Decimalscrupel　長さの単位。一デシマルスクルーペルは一デシマルの一〇分の一すなわち一フース(フィート)の一〇〇〇分の一、したがって約〇・三ミリメートル。

(17) 第二論文。

(18)　ガッサンディ Pierre Gassendi, 1592–1655　プロヴァンスのエクスで神学と哲学を教えたのち（一六四五年以降）パリのコレージュ・ロワイヤールの数学教授。古代原子論を近代において普及させ、ガリレオ、デカルト、ニュートンらに多大な影響を与えた。

(19)　ペイレスク Nicolaus-Claude Fabri de Peiresc, 1580–1637　ここではガッサンディが書いたペイレスクの生涯中の次の箇所が下敷きにされている。Pierre Gassendi, *Viri, illustris Nicolai Claudi Fabricii de Peiresc vita*, Hagae 1651, 106.

(20)　第一論文および第二論文（本巻二八三、三一五―三一七頁）。

(21)　エトナ Ätna　シチリア島の噴火活動で有名な火山。たとえばバークレーがイタリア旅行日記のなかでボレリの説（G. A. Borelli, Hiistorai et metorologia incendi Aetnei anni 1669, Regio Julio 1670）を紹介している（G. Berkly, *Works*, VII, 325 f.）。

(22)　ポル博士 D. Poll　詳細不詳。Poggendorff（*Biographisch-Literalisches Handwörterbuch zur Geschichte der exacten Wissenschaften*, gesammelt von J. C. Poggendorff, 2 Bde., Leipzig 1863）にも記載されておらず、地震論に関する最新の W. Breidert の編著（第二論文訳注（6）参照）にも注記なし。

(23)　レムリの実験　第一論文（本巻二七九頁）および同訳注（11）参照。

(24)　ピエトラマーラ Pietra Mala　イタリア、フィレンツェの山地で、地下から煙を出しているので有名。

(25)　ビネ神父 Vater Bina (Isidore Binet), 1693–1774　カプツィン会修道士。次の論稿を著した。Ragionamento sopra la Cagione de terremoti Perugia, 1751. 独訳が *Hamburgisches Magazin der gesammelten Schriften zum Unterricht und Vergnügen*, Bd. X, 292–299 に、書評が *Historisch kritisches Verzeichnis alter und neuer Schriftsteller von den Erdbeben*, 1756, 26 に掲載されている。

(26)　クリューガー教授 Johann Gottlob Krüger, 1715–1759　ヘルムシュテットの大学の医学、哲学の正教授。プロイセン科学アカデミー会員。ここでは *Gedanken von den Ursachen des Erdbebens, nebst einer moralischen Betrachtung*, Halle und Helmstedt 1756, 13 ff. が念頭に置かれている。なお書評がハンブルクの *Freye Urtheile und Nachrichten*, 1756, 476–479 に掲載されている。

(27)　ホルマン教授 Sammuel Christian Hollmann, 1696-1787　一七三四年の創立以来、ゲッティンゲン大学の哲学の正教授。一七五一年の創立以来、同地のアカデミー会員。ヴォルフ学派の自然学教科書 *Philosophiae naturalis primae lineae*, Göttingen 1742 を著している。カントがここで彼の提案として挙げているのは、*Göttingische Anzeigen von gelehrten Sachen*, 1756, 164.

(28)　フランクリン Benjamin Franklin, 1706-1779　アメリカの政治家、著述家、印刷業者。電気理論で有名。避雷針の発明者。

校訂注

三二九4　A版・C版ともに固有名扱いしない Kindermann を、B版の調査結果(二一八頁注44)に従って、固有名とする(訳注(2)参照)。

三三〇11　A版 sondern auch wohl auch の auch は一つ余分で、C版のように、sondern wohl auch が正しい。

三三四4　A版・V版の Viertheil もしくはC版の Vierteil は、B版(一四一頁)に従って Mond を補い、かつ Viertel と読む。すなわち Mondviertel「弦」と読む。

解説

松山壽一
大橋容一郎

若きカントと一八世紀自然思想——その一断面

若きカントは処女作以来、自然に関する多岐にわたるテーマに次々に取り組み、自然学的もしくは自然哲学的諸論考を著し続けた(一七四六—一七六八年)。だが、それらは、いずれ劣らず、今日、われわれが理解するに困難を伴うものばかりである。なぜか。その理由の一つは、彼が、一八世紀という、自然思想としては一九世紀後半の実証科学確立以前の未だ混沌たる発酵状態にあった時代に属していたこと、いま一つは、彼がそういう時代にあって、当時の種々さまざまな所説を折衷しながら、強烈に自身のオリジナリティーを追求した点にあったと思われる。若きカントの自然学的もしくは自然哲学的諸著作の内容を理解するためには、われわれは、何よりもまず、彼が生きた時代の自然思想の動向をつぶさに視野に収めなければならない。個々のトピック、個々の動向に関しては、各訳者の解説によって説き明かされるはずである。ここでは、それらの解説の序説、いわば誘い水として、まずは㈠それらの自然思想が産み出されてくる母胎、基盤がどのようなものであったか、その学的環境を紹介しつつ、若きカントを、その全体の中の部分、いわば全景の中の点景として描き、その上で㈡力学という一つのトピック、テーマに即して、同様の試みを行うとしよう。以下の解説は、カントの自然思想成立の時代背景を明らかにすべく、時代の一断面図を描く試みである。

一　大学 vs アカデミー

若きカントが学び、また自然学的もしくは自然哲学的著作活動を行った頃の学的環境を知る上で、何よりも重要なのは、大学(Universität)と学術アカデミー(Akademie der Wissenschaften)における活動の相違を正しく把握することである。今日では、学術アカデミーはもっぱら全集の編纂の仕事に携わっており(カントのアカデミー版全集の編纂もその一例である)、研究の中心は大学に移ってしまっている。だが、このような逆転現象は、ベルリン大学の創設(一八一〇年)を契機とした、その後の一連の大学改革の結果であり、一九世紀以降のことである。それまでは、大学はもっぱら教育に携わっていたのであり、とりわけ科学的な研究が公表される檜舞台はアカデミーの会合や紀要にあった。

周知のとおり、ヨーロッパにおける大学の沿革は中世に遡る。一二世紀から一四世紀にかけてヨーロッパの各地――ボローニャ(一一五〇―一二五〇年)、パリ(一二〇〇もしくは一二一五年)、オックスフォード(一一六七もしくは一二〇九年)、ケンブリッジ(一二六五もしくは一二六七年)、プラハ(一三四八もしくは一三六六年)、ウィーン(一三六五年)、クラカウ(一三六四―八四年)、ハイデルベルク(一三八六年)、ケルン(一三八八年)――に大学が創設されている。大学の学部構成は神学部を頂点として法学部そして医学部からなり、準備学部として哲学部(もしくは学芸学部)が置かれた。「哲学は神学の卑女(anchilla theologiae)」という、かの有名な哲学に対する貶称も、このような学部構成が影を落としていた。思想にかかわる教育内容に関しては、言うまでもなく、パリ大学におけるアリストテレス哲学の受容以降、それに基づく教育が中心となる。ちなみに、ニュートンがケンブリッジのトリニティ・カレッジに入学したのは、一六六一年であったが、その教育内容の中心はやはりアリストテレス哲学であって、当時もなお、四年間の学業を了えた学生たちは、春学期の全部をアリストテレスの三段論法に従って進められる公開討論を行わなければならないことになっていた(なんと一五七〇年に学則に定められた演習科目は一九世紀末まで存続していた)。ニュートンはガッサンディ、チャールトン、ボイル、デカルト、ガリレオ、ホッブズなどの新しい哲学を独学で学んだのであり、光学について彼が唱えた新説(An Hypothesis explaining the Properties of Light, 1675)は、イングランドにおける学術アカデミーに相当するロイヤル・ソサエティに送られ、そこで読み上げられたのだった(彼は晩年、その会長に就任することになる)。

アカデミーの起源はむろんプラトンが創設した学園アカデーメイアにあるが、ルネサンス期のイタリアに研究団体としてのアカデミーが続々と登場する。フィチーノによる錬金術文書のラテン語訳およびプラトンの対話篇のラテン語訳を出したフィレンツェのアカデミア・プラトニカ(一四四九年)、ダンテの校本を出した同じくフィレンツェのアカデミア・デラ・クルスカ(一五八四年)、自然科学研究を中心としたローマのアカデミア・デイ・リンチェイ(一六〇三年――ガリレオがこのアカデミーの有力会員であった)、それに、実験を中心にした、フィレンツェのアカデミア・デル・チメント(一六五〇―六七年)。ルネサンス期のイタリアでは、文字どおり、文芸復興、ユマニスム(古典研究)運動とともに登場したアカデミーの活動が、新しく勃興してきた科学を育成するためにも大きな役割を果たした。こうしたイタリアの状況に刺激されて、フランスにもアカデミーがいくつも創設される。それらのうち最も華々しく活躍したのが、パリのアカデミー・ロワイヤル(一六六六年)であった。若きカントが彼の最初期の自然学的諸論文で引用し、参照するうちには、当アカデミーの紀要(*Mémoires de l'Académie Royale des Sci-*

ences)に掲載された諸論文や、その会員たちの仕事が多く含まれていた。ちなみに、本巻所収の論文『火について』に挙げられている会員たちの氏名を列挙すれば、ライール、アモンタン、ルモニエ、マラルディ、カッシーニとなる(『火について』各訳注参照)。また、アカデミー紀要に掲載された諸論文のうち主要な論文は独訳されて、折々に論集として出版されてもいた。ちなみに、カントが一連の地震論の基礎に据えた理論はレムリのもの(Explication physique et chimique des feux souterrains, in: *Mémoires*, Paris 1700)なのだが、それは後に、一六九二年から一七〇二年までの諸論文を集めた論集第一部(*Abhandlungen der Königlichen Akademie der Wissenschaften zu Paris*, 1. Theil, Breslau 1749)に収められており、カントはこれを使用している(『地震原因論』訳注(11)参照)。

アカデミー創設の動きはむろん、イタリア、フランスのみに留まることなく、イングランドさらにはドイツやロシアにも及ぶことになる。ロイヤル・ソサエティ(ロンドン、一六六〇年)、ベルリン・アカデミー(一七〇〇年)、ペテルブルク・アカデミー(一七二四年)などがそれである。ニュートンが登場して以来、ニュートン説の支持者たちの論文、実験報告などが次々とロイヤル・ソサエティ紀要(*Philosophical Transactions*)に掲載されるが、カントは、アカデミー・ロワイヤル紀要の場合に比して、これを利用することは少なかった。英語論文が多かったためであろう。フランスの啓蒙主義者たちを珍重したロシアの啓蒙君主にして女帝エカテリーナ二世の肝煎りでペテルブルクのアカデミーに二〇歳になったばかりの俊才オイラーが、スイスのバーゼルから招聘され(一七二七年)、そこで、同郷のヨーハン(ジャン)・ベルヌーイの息子たちニコラウス(二世)、ダニエルらとともに十数年活躍した後、さらに「哲人王」と呼ばれたドイツはプロイセンの啓蒙専制君主フリードリヒ大王によって刷新を目論まれていたベルリン・アカデミーに数学部門の部長として招聘されることになるのが、一七四一年。ちょうどカントがケーニヒスベルク大学に入学して一年後のことである。

ここで再び、大学に目を移すとしよう。宗教改革以後、各領邦国家に続々と大学が誕生している。プロテスタント系としては、マールブルク(一五二七年)、ケーニヒスベルク(一五四四年)、イェーナ(一五五八年)、ヘルムシュテット(一五七六年)などの各大学であり、カトリック系としては、ディリンゲン(一五四九年)、ヴュルツブルク(一五八二年)、パダボーン(一六一五年)、ザルツブルク(一六二三年)などの各大学であった。してみると、若きカントが学ぶことになるケーニヒスベルク大学は、宗教改革後に創立されたプロテスタント系の二番目に古い大学ということになるが、この大学が属するブランデンブルク選帝領にはすでに一五〇六年に創立されたフランクフルト大学(am Main ではなく an der Oder で、ラテン語名は Viadrina)があり、当初カトリックであったこの大学は一五三九年にはプロテスタントとなっていたため、ケーニヒスベルク大学は、実際には全体として三番目に古いプロテスタント系大学ということになり、またブランデンブルク領内では二番目に古い同系の大学ということになる。両者の相違は、フランクフルト大学がカルヴァン派であり、かつデカルト主義に立っていたのに対し、ケーニヒスベルク大学は、ルター派であり、一七世紀にはまだデカルト哲学のような新しい思想の反響はほとんどなく、アリストテレスの哲学に留まっていた点にあった(アリストテレス哲学の命脈は一八世紀においてもなお保たれる)。このような状況のなかで、ブランデンブルク－プロイセン(一六一八年にブランデンブルク選帝侯がプロイセンの公爵になっている)にもう一つの大学が創設される。デュイスブルク大学である。この大学は、一六一三年にすでにカルヴァン派の信仰を受け入れていた選帝侯が、この地にケーニヒスベルク大学にとって代わるべき新しい大学として創立したものであった。一六五五年、すなわちケーニヒスベルク大学創立約一世紀後、三十年戦争後のことであった。カントと関連して特筆すべきことは、彼が卒業論文『活力測定考』(一七四六年)に対して増補し、かつ「緒言」において(一七四七年筆、一七四九年刊)、特別に重要な人物として名を挙げているオランダ人のミュッセンブルックが一時期(一七一九—二三年)、この大学で数学、自然学教授、さらには医学教授をしており、その折の教授活動が、ドイツにおけるニュートン受容のためのパイオニア的な役割を果たした点である。もっとも、彼は後にはユトレヒト大学(一七二三—四〇年)、さらには彼の母校であるライデン大学(一七四〇—六一年)へと移ることになる。ちなみに、デュイスブルク大学は財政基盤が弱く、当初期待されたような大学とはなりえず、ために多くの教授がミュッセンブルックのようにライデン(一五七五年創立)やユトレヒト(一六三四年創立)などのオランダの大学に移っている。

一八世紀、とりわけその第2四半期には、ドイツのプロテスタント系の大学はヴォルフ学派によって席巻されており、カントがケーニヒスベルク大学で学んだ頃はまさにその真只中であった。決まって特筆されるクヌッツェン——カントに対して、ニュートン自然学など、新しい自然学の世界へ導いたとされる、かのクヌッツェンにしてからが、ヴォルフ学派の第二世代(三〇年代世代)に属していた。ちなみに、クヌッツェンは一七三四年夏学期から一七四五—四六年冬学期まで、ヴォルフの合理哲学を講義していたのであり、うち一七四〇年から一七四六年はカントの在学期間に当たっている。周知のとおり、当時、ヴォルフ学派の中心、牙城は、御大クリスティアン・ヴォルフが数学、自然学教授(一七〇七年以降)、哲学教授(一七〇九年以降)をしていたハレ大学であった。一七世紀の末(一六九四年)に創立されたこの大学は、とりわけドイツにおける最初の近代的な大学として際立っていた。そこで初めて、ドイツ語で講義がなされたばかりか、教授たちは「思考する自由」(Libertas philosophandi)さえも許されていたからである(一時(一七二四―四〇年)、ヴォルフは無神論のかどで大学を追われることになりはしたが、復帰後(一七四五年)、学長に就任している)。なお、ゲッティンゲン大学(一七三三年)とエアランゲン大学(一七四三年)がこのようなハレ大学を模範として創立されている。

以上のような大学とは異なって、特に、数学、自然学の分野で目覚ましく活躍していた一群の学者たちがおり、すでに指摘したとおり、彼らの活躍の舞台となったのが、学術アカデミーと呼ばれる研究団体であった。これらのうち、ヴォルフやカントと特に関係の深かったのは、ブランデンブルク‐プロイセンのベルリン・アカデミーである。創立は一七〇〇年、しかも初代の院長はライプニッツ。だが、このアカデミーはフリードリヒ大王の時代に刷新され、その柱として、レオンハルト・オイラーがペテルブルク(一七二七―四一年)から招聘される。その四年後にモーペルテュイがパリから院長として招聘されるが、それでも数学部門の部長であったオイラーが「実質上の院長」(de-facto-Präsident)と目されていた。このことのみならず、ヴォルフ学派との関連から見ても、非常に興味深いエピソードが残されている。ヴォルフがハレに呼び戻されて間もない一七四五年に、二年先の哲学部門の懸賞課題がモナド説の可否を問うものに決定されたが、これに対し、院長のモーペルテュイに宛てて、ヴォルフが書面で抗議している。数学部門部長のオイラーの影響が歴然としている、と。というのも、実は、オイラーは先の懸賞課題決定後の一七四六年に、匿名でモナド説を痛烈に批判した小著『物体の諸要素に関する考察』(*Gedanken von den Elementen der Cörper*, Berlin 1746)を刊行しており、誰の眼にも、その著者がオイラーであることは明白であったからである。にもかかわらず、一七四七年の懸賞課題はそのまま予定どおり出され、その結果、オイラー説

アカデミー懸賞課題とカント初期著作対照表

アカデミー	懸賞課題	カント初期著作
パリ・アカデミー	「火」について(1739)	火について(1755)
ベルリン・アカデミー(哲学部門)	モナド論(1747)*	自然モナド論(1756)
ベルリン・アカデミー(哲学部門)	自由・決定論(1749)	新解明(1755)
ベルリン・アカデミー(数学部門)	地球の老化(1749)	地球老化論(1754)
	地球の自転の遅れ(1754)(1756まで延長)	応答論文：地球自転論(1754)
ベルリン・アカデミー(哲学部門)	ポープのオプティミズム(1755)	オプティミズム試論(1759)
ライデン・アカデミー	神の存在のアポステリオリな証明(1755)	
ベルリン・アカデミー(哲学部門)	力学原理は偶然か必然か(1756)	証明根拠論(1763)
ライデン・アカデミー	神の存在のアプリオリな証明(1759)	
ベルリン・アカデミー(哲学部門)	形而上学および数学の明証性(1763)	入賞論文：判明性論文(1764)*

出典：I. I. Polonoff, *Force, Cosmos, Monads and the Other Themes of Kant's Early Thoughts*, Bonn 1973, p. 123.　(* 年数記載を変更した。)

の支持者ユスティが受賞している。一七五六年にケーニヒスベルク大学に提出されたカントの就職論文の一つ『自然モナド論』は、いわく因縁つきのこの課題に、彼なりに挑戦した労作にほかならなかった。

くだんのベルリン・アカデミーは、自然学、数学、哲学、文学の四部門から構成され、それぞれに部長と事務局長を配置し、会員は正会員(Ordentliches Mitglied)と準会員(Auswärtiges Mitglied)との二種類に分けられ、それらは折々の院内の会議によって選抜された。また、アカデミーでは、紀要(*Neuveaux Mémoires de l'Académie Royale des Sciences et Belles-Lettres*)が刊行されたほか(使用言語はラテン語、フランス語、ドイツ語)、刷新なった一七四四年以降、毎年、懸賞課題が出され、これに受賞したもののうち、特に優れたものは印刷、出版された。興味深いことに、カントの最初期の自然哲学的諸論文は、ことごとくアカデミー、特にベルリン・アカデミーの動向と関連していた(上掲の対照表参照)。処女作『活力測定考(活力の真の測定に関する考察)』(一七四六―四九年)はベルリン・アカデミーではなく、ペテルブルク・アカデミー紀要の第一巻(一七二八年)でしきりに議論された目立ったトピックを機縁として書かれた論文であった。二つ目の論文『地球自転論』(一七五四年)は、冒頭でその旨指摘されているとおり、ベルリン・アカデミーの数学部門の懸賞課題と同じ問題に取り組んだものであったし(一七五四―五六年――この年代の幅については、『地球自転論』解説参照)、続く三つ目の論文『地球老化論』(一七五四年)も同アカデミーの数学部門の懸賞課題と同じ問題に取り組んでいる。いずれも懸賞に応じるのではなく、地元の『ケーニヒスベルク週報』に掲載されている(この点も、『地球自転論』および『地球老化論』解説参照)。続く著作は『天界の一般自然史と理論』であるが、これは出版元の破産によって日の目を見ることはなく、カントはそのためその要約を『証明根拠論(神の存在の唯一可能な証明根拠)』(一七六三年)に収めるが、この労作もまた、アカデミーの懸賞課題と関係していた(ライデン・アカデミー一七五五年、ベルリン・アカデミー一七五六年、ライデン・アカデミー一七五九年)。時期が前後してしまったが、四つ目の論文『火について』(一七五五年)はパリ・アカデミーがかつて(一七三九年)懸賞課題として出し、オイラーが受賞したテーマと関連していた(カントはこの論文のなかで初めてオイラーの名を挙げる。この点、『火について』解説参照)。これに続く地震論三編は、リスボン大地震を機縁とした時事的な諸論文であって(この点についても、地震論解説参照)、これを別とすれば、ほぼ同時期に書かれた二つの就職論文でさえ、アカデミーの懸賞課題と無縁ではなかった。その一つ『新解明(形而上学的認識の第一原理の新解明)』(一七五五年)は、ベルリン・アカデミーの哲学部門の一七四九年の懸賞課題、いま一つ『自然モナド論』(一七五六年)は同じアカデミーの同じ部門の一七四七年の懸賞課題と同種の問題を追究していた(モナド論の可否をめぐるこの懸賞課題にまつわる興味深いエピソードについてはすでに紹介した)。

以上、見られるとおり、世に出なかった『天界の一般自然史と理論』および時事的な地震論三編を別にすると、一七四六―四九年の処女作から始まって、一七五五、五六年の就職論文に至るまで、一〇年間にカントは全部で六本の諸論文を執筆したことになるが、処女作のみは間接的だとしても、そのことごとくがアカデミー、特にベルリン・アカデミーの懸賞課題と関連し、それに沿ってテーマ設定がなされている。臆してなのかどうなのか、この間カントは実際には一度も懸賞に応募しはしなかったが、彼の関心(あるいは野心と言っていいかもしれない)がどこにあったか、如実に物語る事実である。

この観点から時期区分を試みるとすれば、われわれは一七五六年の就職論文『自然モナド論』をもって、アカデミーとの関連における第一段階が終了したと見なしてよかろう(もっとも、内容的には別の時期区分が必要で、五五年、五六年の就職論文が転換点をなす)。これ以降は件の懸賞課題とのかかわりに余裕というか、相当すき間ができるからであり(彼がケーニヒスベルク大学の私講師となったという事情の反映であろう)、翌年から一七六八年までの諸著作のうち、懸賞課題に関係するものは三編のみとなる。『オプティミズム試論』(一七五九年)、『証明根拠論』(一七六三年)、『判明性論文(自然神学と道徳の原則の判明性)』(一七六四年)である。『証明根拠論』についてはすでに言及した。『オプティミズム試論』はベルリン・アカデミーの哲学部門の一七五五年の懸賞課題、『判明性論文』は同アカデミー同部門の一七六三年の懸賞課題と関係しているが、形而上学と数学との判明性をめぐる問題については、自信があったのであろう、カントは一七六三年のこの懸賞には応募し、次点ながら入賞している(刊行は一七六四年)。もっとも、これによって直ちにベルリン・アカデミーの会員に選ばれたわけではなく、彼がそうなるのは(ただし準会員)、ようやく一七八六年の末、すなわち『純粋理性批判』(一七八一年)や『自然科学の形而上学的原理』(一七八六年)刊行後のことであった。ちなみに、処女作におけるカントを「彼は活力を測定しながら、自分の力だけは測定しない」と酷評したレッシングは一七六〇年に準会員に、また、銀河系が星雲状態にあることを一七四九年に発見していた旨、私信でカントに伝えたことのあるランベルトは一七六五年にすでに正会員に選ばれている。

＊ 大学全般、アカデミー全般および特にベルリン・アカデミーについては、次のものを参照した。H.-W. Prahl/I. Schmid-Harzbach, *Die Universität. Eine Kultur- und Sozialgeschichte*, München und Luzern 1981; C. Grau, *Die Preußische Akademie der Wissenschaften zu Berlin. Eine deutsche Gelehrtengesellschaft in drei Jahrhunderten*, Heidelberg/Berlin/Oxford 1993.

二　ヴォルフ力学 vs ニュートン力学

全体的な時代背景のもとにカントを位置づける。いわば点景として。このような解説の、いま一つの試みとして、次いで、力学という一つの領域に定位して、これを行ってみよう。カントの生きた時代の背景を全般的に描くとなれば、当然一八世紀における啓蒙思想の動向を描き出す作業となろうし、またその際には、フランスにおける『百科全書』や『博物誌』(ビュフォン)の刊行の意義をも特筆しなければならないであろう。だが、これらについては定評ある好著がすでにいくつもある。ここでその梗概を記す必要もなかろう。ここで特筆すべきはむしろ、大陸におけるニュートン主義の伝播もしくはニュートン受容のあり方、とりわけドイツにおけるニュートン受容のあり方であろう。不思議なことに、カント理解にとって必須のこの問題さえ、まともに取り上げられていないというのが現状である。そこで本解説では特にこの点に記述が収斂するよう心掛けつつ、当時のドイツにおける力学の学的状況を綴ることにしよう。なお、このことによって、以下の解説は、本巻所収の巻頭論文『活力測定考』に対する解説の補助的な解説ともなろう。

＊ 以下、引用の大半は一八世紀当時のオリジナル・テクストから行う(筆者はミュンヘンのドイツ博物館図書館、バイエルン州立図書館、ミュンヘン大学図書館所蔵のテクストを使用した)。角括弧内の出版年表記に続くアラビア数字がそのページ数を指示する。全集(*Op., GS, GW*)など巻数のあるものから引用する場合は、ローマ数字が巻数、それに続くアラビア数字がページ数を指示する。

周知のとおり、近代の力学、いわゆるニュートン力学の根本原理は慣性原理、慣性法則である。しかしながら、静止と等速直線運動とをともに数学的、力学的に等価の状態持続と見なし、力の概念を、運動そのものの原因ではなく、静止であれ等速直線運動であれ、こうした状態を変化、変異させる原因として位置づける慣性原理、慣性法則は、若きカントが自然哲学的著作活動を行っていた一八世紀の只中においては、オイラーのような俊敏な数学者を除いて、一般には容易に理解されなかった。彼が初めて慣性(「恒常性」(Standhaftigkeit)＝物体がその状態を持続しようとする性質)から力の概念を引き離して慣性概念を正しく捉え、物体に「慣性力」(die Kraft der Trägheit)を付与するところに力学上の大混乱の大元があることを看破したのだった(『自然論序説』一七四五—五〇年頃執筆、第三一節)。慣性原理に対する一般のこのような大混乱、無理解の責任の一端は、実はニュートン自身にもあった。ニュートンは学生時代に独学で学んだアトミズム(ガッサンディやチャールトンの著書を通じて)の思想を終生手放すことなく、彼が『プリンキピア』執筆期に到達した慣性原理を当の『プリンキピア』(London [1]1687, [2]1713, [3]1726)において、アトミズムの衣装を着せて描き上げたからであった。彼は、そこで慣性を、状態変化を引き起こす力としての「外力」(vis impressa)――これこそが運動原因としての「運動力」ではない、運動状態の変化、変異の原因としての「起動力」たる近代力学的な力の概念である――に対立する対抗力として位置づけ、それを「内在力」(vis insita)もしくは文字どおり「慣性力」(vis inertiae)と称したのであった(定義Ⅲ、Ⅳ、[1726] 40, 41)。

さて、アトミズム、原子論の思想は古代ギリシアにおいて成立したが、これが近代世界に伝えられたのは、ルネサンスにおけるルクレティウスの教訓詩『自然について』の写本の発見による(一四一七年)。これにガッサンディの努力も加わり、古代原子論は、ベーコンやデカルト、ボイルをはじめ、ガリレオ、ニュートン、ライプニッツなど、近代という時代を担う思想家たちによって研究され、そこからさまざまな思想が紡ぎ出されるに至る。原子論の基本の発想は次の二点にあった。㈠それ以上分割できない固い単純体を想定すること(充実性)――それゆえそれは ἄτομον(アトモン)すなわち「不可分割者」と呼ばれ、具体的には微小粒子と見なされ、これらの組み合わせの相違に応じてさまざまな物体が形成されると考えられた。㈡またこれらが運動できると想定すること(可動性)――このための条件として、アトムが運動を行う力を有すること、かつ空間が真空であることが前提された。真空の問題はとりあえずは措くとして、微小粒子が力をもつという、この原子論に固有の発想が、実は近代の力学思想、自然思想の根底に、その底流として脈々として流れていた。「神は太初、物質を、充実していて質量のある固い不可透入的で可動的な粒子に形作った」とは、ニュートンが『プリンキピア』第一版刊行(一六八七年)後、『光学』

の最終疑問(一七〇六、一七一七年)の冒頭に綴った一句である(*Op.* IV [1782] 260)。

ところで、ことごとくニュートンに対抗して論陣を張り続けるライプニッツが立てた、彼の中心説、モナド説もまた、その形成過程を追跡してみると、原子論的発想を改変したことによって成立したことが分かる。原子論的発想に絡んで、一つ厄介な問題がつきまとっていた。それは幾何学においては、延長は無限に分割可能であるということが証明済みであって、延長のこの性格と不可分割というアトム、原子の基本性格とは相容れないことが当時から知られていたからである。たとえば、ニュートンは『プリンキピア』ではこの両性格を、一方を幾何学的な立場、他方を自然学的な立場として併置し、両者を調停しようとしなかった(哲学する規則Ⅲ、一七一三、二六年、[1726] 387 ff.)。これに対して、この問題を難問と捉え、人間理性が迷い込む「例の二つのラビリント」(deux Labyrinthes fameux)の一つに数え上げていた(『弁神論』序文、一七一〇年、GS VI [1885] 29)ライプニッツは、厳密な単純体(単純実体)の概念を追究して、延長概念からどこまでいっても脱しきれない自然学の立場ではこれを不可能と見なし、延長概念を力の概念に置き換え、しかもそれを表象という精神原理と解することによってのみそれを可能と考え、これを「モナド」と名づけた(いわゆるモナドロジー第一―三節、*Acta Erud.*, Suppl. VIII, Sect. XI [1721] 500)。しかしながら、この説は表象の明暗というその度合いの相違のみによって、自然と精神を区別する、表象一元論の立場の表明となっており、当時から直ちに、それは獣と人間を同等に扱う、とんでもない説だと、フーシュ神父などによって厳しい批判が浴びせられた(Leibniz, GS IV [1880] 488)。神の似姿(imago Dei)として人間を特別視するキリスト教の伝統から見れば、ライプニッツのモナド説は人間ひいては神を冒瀆する説だというわけである。

通常、クリスティアン・ヴォルフはライプニッツの弟子で、単に師の説を一般に流布、通俗化した人物とのみ見なされがちであるが――その端的な表れが「ライプニッツ－ヴォルフ学派」なる呼称である――これは実は大変な誤解である。通説がもたらすこの誤解によって、両者の相違を見通す眼をわれわれは奪われる。そもそも両者の中心思想であるモナド説そのものにしてから、両者は決定的に異なっている。おそらくは神学的な理由からであろう、ヴォルフはライプニッツの表象一元論の立場を排して、物心二元論の立場に立ち、モナドも自然のモナドと精神のモナドに分け、前者を「物体の要素」もしくは「物質的事物の要素」と呼び、一方で「延長も形態も質量も有していない」と定義しながら、他方で、分割不可能な「物質原子」も認める(『一般宇宙論』第一八二、一八四、一八六節、GW II-4 [1737] 146 f.)。ヴォルフはここで、形而上学の立場と自然学の立場とを並立させたわけである。

ところで、ヴォルフのこのようなモナド説は強烈な批判にさらされることになる。レオンハルト・オイラーによる批判である。彼はモナド説批判書『物体の諸要素に関する考察』(ベルリン、一七四六年)――すでに言及した匿名の小著――において、まずモナド説の根本発想を確認する。それによれば、モナド説は物体の基本性質を延長と運動力という二つの性質と見なし(第一章第一節、Op. III-2 [1942] 349)、前者においては、物体が諸粒子から合成されることが理解され、後者においては、物体に運動力が付与されていることが想定され(第一章第三節、*ib.*)、そこで、力の本質は「物体の状態を変化させる能力にある」とされる(第一章第四節、*ib.*)。見られるとおり、モナド説といっても、ヴォルフのそれは概ね原子論の基本発想を引き継いでいるにすぎなかった。ともあれ、オイラーのヴォルフ・モナド説批判の矛先は、当然先の二つの性質の捉え方に向けられるが(ちなみに、彼はそもそもライプニッツのモナド説を認めない。延長なき単純体から物体は合成できないと考えられるから)、紙幅の都合上、力の概念にかかわる問題のみを見ておくと、それはヴォルフ説がニュートンの慣性原理を捉え損なっているというものであった。すなわち、静止の状態も一様な運動の状態も状態としては同等であり、無変化であるにもかかわらず、ヴォルフにあっては、一様な運動(等速直線運動)を含め、すべての運動が変化として捉えられ、したがって、静止と同等の状態持続でしかない一様運動に対してすら、「状態を変化させる能力」としての力を想定せざるをえなくなる(第二章第一〇節以下、*Op.* III-2 [1942] 353 ff.)。力学上のあらゆる相違がここに由来することは、今日のわれわれには火を見るよりも明らかであるが、われわれがこの点に対して妥当な判断を下すためには、すでに指摘した事実、すなわち、当時、慣性原理を的確に捉えていた者がごく少数の数学者を除いてわずかしかいなかったこと、そのなかにあって、例外的に明晰にそれを捉えていた稀な人物がオイラーであったことを知らなければならない。

一八世紀の第2四半期、ドイツのプロテスタント系の大学においては、ヴォルフ学派が支配的となり、当然、自然学に関する教育もヴォルフの自然学によってなされた(同世紀の第3四半期、カトリック系(イエズス会)の高等教育機関の自然学教科書となったのが、ボスコヴィッチの『自然哲学の理論』(*Theoria philosophia naturalis*, Venetiae [1]1758, [2]1763)であった)。ヴォルフの自然学教科書『自然の諸作用に関する理性的考察』(*Vernünftige Gedanken von den Würkungen der Natur*, Halle 1723――いわゆる「ドイツ語版自然学」(Deutsche Physik))は、デカルトのそれともニュートンのそれとも異なっていた。その基本構想は、まず、そこから物体が合成される「微小粒子」を想定し(第一―三節、［1723］1-11)、そうして、「運動によって、物体におけるあらゆる変化が生じる」と考え、その変化の原因として「力」すなわち「運動力」を仮定する(第一一節、［1723］27)、というものであった。このような構想に基づくヴォルフ自然学は、微小粒子の想定において、物体の本性を幾何学的な一様な延長と見なさないという点で(第四節、[1723] 12)、デカルトの自然学とも異なり、かつ、一般に物体の本性の一つと考えられる「重力」を、遠隔力とは見なさず、接触においてのみそれを認めるという点で(第八二節、[1723] 116)、ニュートンの自然学とも異なっていた。ライプニッツに倣って、ヴォルフも、ニュートンの重力を「スコラの隠れた性質にほかならない」(第八四節、[1723] 119)と批判している。確かに、ニュートンの重力概念は当時、さまざまな批判にさらされており、そのまますんなり認められなかったとしても、このために肝心のニュートンの力学原理が見過ごされることになってしまった。党派性ゆえと言うべきであろうか。ヴォルフの自然学においては、結局のところ、ニュートン力学とは全く異なった力学が展開される。そもそも根本原理が決定的に異なっているのであるから、当然のことである。

ドイツ語版自然学が出版されて五年後、「力学原理」(Principia Dynamica)と題されたヴォルフの論文がペテルブルク・アカデミー紀要の第一巻(*Commentarii Academiae Scientiarum Imperialis Petropolitanae*, Tomus I, Ad Anuum 1726, Petropoli 1728)に掲載される。そこで説かれている力学の量的な根本規定は、運動力がどれだけ作用したか、その結果は運動物体がどれだけ移動したか、その通過距離によって測定できる、ただし、限定条件があって、それは「衝突」(つまりは「抵抗」——定義7注解、[1728] 221)のない場合に限る、というものであった。

> 「〈運動力の衝突なき作用結果〉とは、運動物体の通過距離の移動である。」*Effectus vis motricis extra conflictum* est translatio mobilis per spatium. (定義6、[1728] 220)

ヴォルフ力学にあっては、このように作用結果と距離との間に単純な比例関係が成立している。そうして、その攪乱要因が抵抗だというわけである。そこで、抵抗のある場合の作用結果(「負荷のかかる作用結果・負荷結果 effectus nocuus」)と抵抗のない場合の作用結果(「負荷のかからない作用結果・無荷結果 effectus innocuus」)との相違が問題化されることになる。その相違とは、すなわち、前者においては運動力が捨て去られる(費消される)のに対して、後者においては全く捨て去られない(費消されない)、というものであった。

「〈負荷結果〉とは、運動力を捨て去るということであり、〈無荷結果〉とは、運動力をそっくり残すということである。」*Effectus nocuus est*, qui vim motricem absolbet : *innocuus*, qui eam intemeratam relinquit. (定義7、[1728] 221)

見られるとおり、これは全く、この限りでは、抵抗による力の消尽、運動の減衰から構想する運動論、力学、すなわち、アリストテレス自然学の場合と同様に、知覚的な日常経験に定位して成立する力学思想でしかない。

カントは処女作『活力測定考』(一七四六—四九年)中間部(第二章)において、ペテルブルク・アカデミー紀要論文で展開されたヴォルフの力学を批判している。カントは、ヴォルフの力学体系の構築基盤を、作用結果と距離との単純な比例関係を唱った定理(定理6、[1728] 224)にあると見なし、これを正しく(われわれが右に掲げた)定義7、さらには定義6に還元し、そこで定式化されている量的規定、単純な比例関係を批判し、修正した(第一〇四節)。いやそれのみならず、当処女作冒頭部(第一章)では、このような量規定の支柱たるヴォルフ力学の力の概念を、カントは「運動〔もしくは作用〕しようとする持続的努力」(第一二節)と定義し、さらにこれを「部分的にはおのずから消失し、駆動力がなくなればただちに突然おのずと消滅する」(第一六節)と規定して、結局のところ、死力もしくは「死圧」(同)と同定していた。処女作のカントの企ての中心はライプニッツ力学の活力概念の改作的活用にあったのだから(第一節)、この立場から、カントはヴォルフ力学における「運動力」(vis motrix)という述語の不適切さを突き(物体は静止状態でも作用を及ぼす)、ライプニッツ力学における「作用力」(vis activa)の術語を用いるべきことを強調する(第三節)。しかしながら、ヴォルフの「運動力」であれ、ライプニッツもしくはカントの「作用力」であれ、いずれにせよこれらの対極にオイラー説——慣性を力の概念から引き離し、慣性概念を正しく捉えたオイラー説——を置いてみれば、それらは畢竟、慣性法則を根本原理とするニュートン力学と決定的に異なっていたという点で、力学の理論的枠組においては大同小異のものでしかなかった。カントはむろんニュートン説を知らなかったわけではない。知らないどころか、近代力学の根幹をなすニュートンの慣性法則を「無規定的な意味」しかもたず、「自然の事物に適用することはできない」と批判し(第一三二節)、これを排除しさえしていた。上に述べたとおり、当時、慣性法則、慣性原理を的確に理解できた人は数少なかったにせよ、この根本原理を抜きにした力学的議論がどういうことになるか、その最たる実例がカントの処女作だと言っても過言ではない。カントはヴォルフのペテルブルク・アカデミー論文「力学原理」を批判して、体系においては主要定理の誤りは体系全体を台なしにする、と厳しく指弾しているが(第一〇五節)、この指弾はそのまま、彼の処女作全体にも当てはまる。しかも、この状態は処女作のみに留まらず、慣性法則に関して言えば、それに対する彼の無理解は終生変わることがなかったのであり、したがって当然のこと、ニュートン力学的な力の概念に到達することもなかったのであり、こと力学に関するかぎり、カントは独自の自分一人の織物を織り続けることになる。

今日のわれわれの眼から見れば、奇異に見えるほかないが、われわれは、いわゆるニュートン力学が、オイラーやダランベールやベルヌーイらを嚆矢として、その後、一八世紀末のラグランジュやラプラスなど、時の先端的な数学者たちの努力によってはじめて確立したものであったことを忘れてはならない。若きカントが自然学的自然哲学的著作活動を行っていた一八世紀半ばにおいては、実際のところなおデカルトの自然学とニュートンの自然学とヴォルフの自然学とは相並んで存在し、拮抗し合っていたのだった。以下に少々述べるように、ドイツにおけるニュートン受容は、一七二〇年代頃より始まっている。これはちょうどヴォルフ学派が台頭してくる時期とほぼ同じ時期であり、ドイツにおけるニュートン受容とヴォルフ学派の活動とは時代的に平行現象であった。時代のなせる業とでも言うべきであろうか。そのためにたとえば、生粋のヴォルフィアーナーのゴットシェットがニュートン自然学的教科書の代表作の一つ、ミュッセンブルックの『自然学原論』を独訳するというようなことも起こりえたのである。

ニュートンの主著『プリンキピア』は、当時の第一線の数学者たちにとってさえ、大変な難物で、出版当時、彼は「誰にも理解されない書物を書いた男」と揶揄されたほどであった。ニュートン説が受容されるに至るのは、この支持者たちによって著わされた教科書の出現による。当時の代表的な教科書は(G. Lind, *Physik im Lehrbuch 1700-1850*, Berlin 1992, S. 146 の指摘に従えば)以下のようなものであった。ジョン・キールの『真の自然学への序論』(*Introductio ad veram physicam*, Oxoniae ³1715)、デザグリエの『実験哲学講義』(*Lectures of Experimental Philosophy*, London ²1719)、スフラーフェザンデの『自然学数理原論――ニュートン哲学序論』二巻(*Physices elementa mathematica—sive Intoroductio ad philosophiam newtonianam*, Leiden 1720/21)、ミュッセンブルックの『自然学原論』(*Elementa physicae*, Leiden 1734)。

前の二つはいずれもイギリスのもので、ニュートン存命中の直接の弟子たちの手になるものであったのに対して、後の二つはいずれもオランダのもので、このことはニュートン説を大陸において逸早く受け容れたのがオランダであったことを物語っている。そうしてドイツにおけるニュートン受容は概ね後者に負っていた。以下、最後に、前記教科書の特徴にいくらか触れつつ、ドイツでのニュートン受容の最初の姿を紹介するとしよう。

最初期のニュートン派の自然学教科書であるキールの『序論』の序文などを見れば、いかにも彼ならではの、すなわち「党派的戦闘家」(F. Rosenberger の評言)ならではの論調で、デカルト自然学を徹底して批判し、これに対して、ニュートンの所説の正しさと彼の天才ぶりを喧伝するものである(序文、[1715] 2-5)。今日のわれわれにとっては、自然に読めてしまう文章だが、これはむしろ逆に、デカルト自然学の威力に対するニュートン自然学の非力、未だ一般には認められてはいない、新説のかまびすしい喧伝の文句として読まなければならない。前掲のほとんどの教科書が共通して真空の立証に大きなスペースをあてている点も(実験を満載したデザグリエの教科書は例外で、それは真空に触れないわけではないが、真空の立証にはさほどこだわっていない。Desaguliers [1719] 47-50, 127)、ニュートン説受容のための前提づくりに努力が払われていることが伺われる。「党派的戦闘家」キールとは異なって、たとえば、ミュッセンブルックの教科書の序文では、「真理以外のいかなる諸党派(Secte)にも従わない」として「党派性」(Parteylichkeit)が断固拒否され、デカルトの「優れた証明」とニュートンの「深淵な発見」との双方に対する支持が表明されているばかりか、速度の二乗を力の測度とするライプニッツの「卓越した洞察」をも支持することが強調されている(著者序文、[1747] non pag.)。今日のわれわれから見れば、ただの無節操な折衷のようにしか映らないであろうが、このようなあり方はむしろ、ニュートン説が未だ決定的な支持を得ていない、三説鼎立という当時の状況を忠実に反映している、と言って大過なかろう。カントもミュッセンブルッ

Hrn. Peters von Muschenbroek,
M. D.
der Weltw. und Mathem. ordentlichen Lehrers zu Leyden,
Grundlehren
der
Naturwissenschaft,
Nach der zweyten lateinischen Ausgabe,
nebst einigen neuen Zusätzen des Verfassers,
ins Deutsche übersetzt.
Mit einer Vorrede ans Licht gestellt
von
Johann Christoph Gottscheden,
ordentlichen Lehrern der Weltweisheit zu Leipzig, der Königlichen
Akademie der Wissenschaften in Berlin, wie auch der Königl.
Preuß. deutschen Gesellsch. zu Königsb.
Mitgliede.

Leipzig, 1747.
verlegts Gottfried Kiesewetter, Buchh. in Stockholm.

ミュッセンブルック『自然学原論』
独訳版(ライプツィヒ 1747 年)扉

クの無党派的態度には共感を寄せていた。処女作『活力測定考』(一七四七—四九年)のことである(第一〇七節)。カントはその「緒言」において、前掲の自然学教科書の最後の二つの著者の名、すなわちスフラーフェザンデとミュッセンブルックの名を挙げ、彼らを重要人物として特筆したばかりか(緒言XIII)、とりわけ後者の独訳に依拠したライプニッツ的な活力測定論を展開していた(第一〇七、一〇八、一五一—一五七節)。

オランダにおけるニュートン説受容を先導したのはブールハーフェであったが、それを本格化させたのは、かのスフラーフェザンデとミュッセンブルックであった。彼らのうちドイツにニュートン説を最初に直接導入することになったペートルス・ヴァン・ミュッセンブルック(ペータース・フォン・ムッシェンブレック[独])は、一六九二年にオランダのライデンで生まれ、長じて同地の大学にてブールハーフェのもとで医学を学び(一七一五年、医学博士)、さらには同大学において一七一七年よりニュートン説を講じたスフラーフェザンデのもとで自然学を学んでいる(一七一九年、哲学博士)。すでに指摘したとおり、一七一九年より一七二三年まで、数学、哲学教授、さらには医学教授として、ドイツはブランデンブルク＝プロイセンのデュイスブルク大学——約一世紀前に創立されていた同じ地域のケーニヒスベルク大学とは異なって、カルヴァン派で、かつデカルト主義の立場に立った大学——

で教鞭をとったが、この折の教授活動が、ドイツにおけるニュートン説の受容のパイオニア的役割を果たしたばかりか、さらには彼のラテン語教科書『自然学原論』(*Elementa physicae*, Leiden 1734)が生粋のヴォルフィアーナー、ゴットシェットによって、独訳され刊行された(Peters von Muschenbroek, *Grundlehren der Naturwissenschaft*, ins Deutsche übersetzt von J. Chr. Gottsched, Leipzig 1747)ことがそれに拍車をかけることになった。ゴットシェット自身は、これを実験自然学の教科書と見なして独訳を試みたのだった(編者〔ゴットシェット〕序文、[1747]non pag.)。当時の自然学教育は理論自然学と実験自然学の双方によってなされており、ヴォルフ自然学の場合、前者の教科書が前記の『自然の諸作用に関する理性的考察』(ハレ、一七二三年)であり、後者の教科書が『自然と人為の精密な認識に通ずる種々の有用な試み』三巻(*Aller Anhand nützliche Versuche* usw., Halle 1721 ff.)であった。ともあれ、ミュッセンブルックの『原論』の叙述の最初の部分は、彼の師スフラーフェザンデの場合同様(第1編第一―二部、[1720] 1-96)、哲学する規則(方法論)から始まって、物体の一般的本性を規定して後(第一―九二節、[1747] 1-69)、運動論に入る(第九三―一五二節、[1747] 69-87)。この運動論のなかで、運動の第一法則としての慣性法則について言及される。この点がミュッセンブルックの教科書のニュートン自然学教科書たるゆえんである。その言及の仕方はさまざまだが、その基本的な捉え方のみを見ておけば、それは、物体が静止状態(他の物体が及ぼす作用に対する「抵抗」)においてと同様に、運動状態(「等しい変化」つまり一様運動)においても「慣性」(die Trägheit)を有するとするものであり(第五八節、[1747] 47)、やはり「力」すなわち「慣性力」として捉えられているばかりか(第五九節、[1747] 48)、それが「ニュートンの第一法則」に相当することも指摘されている(第一二九節、[1747] 82)。してみると、カントの処女作は、ミュッセンブルックの『原論』のライプニッツ的部分のみに注目し、ニュートン的部分には眼が向かなかったか、あるいは向いたとしても、それを座視した、ということになろう。

（松山壽一）

活力測定考

カントは困難な仕事をくわだて
世間に教えを垂れる。
彼は活力を測定するが
自分の力だけは測定しない。
――レッシングによる警句

『活力測定考』は、二二歳のカントがケーニヒスベルク大学での六年間の学業を終えて、一七四六年に同大学に提出した大学卒業論文である。この論文は、翌四七年にボーリウスへの献辞やミュッセンブルックの著書に直接基づいた増補（第一〇七―一一三a節、第一五一―一五六節）などが付け加えられ、一七四九年にケーニヒスベルクで出版されたことで、公刊されたカントの処女作品ともなった。出版にあたっては叔父であるリヒターに費用の援助を頼っているが、これはカントが四六年に父を失っていることと無関係ではないだろう。一七五二年の『アクタ・エルディトールム（ライプツィヒ学術報告）』誌には、本書の短い梗概が掲載されている（*Nova Acta Eruditorum*, Leipzig 1752, S. 177–179）。しかしながら、大学を卒業したばかりの若い著者によるかなり大部の論争的な野心作という、注目されるにふさわしい形式を整えていたにもかかわらず、本書は特に学界の注目を集めることもなく、カントはこれ以降八年間にわたって、家庭教師によって身を立てる生活を余儀なくされることになった。その最大の理由はやはり、以下に述べるように、本書の内容が、率直に言って当時の動力学の学問的水準に達していなかったことにある。なおまた、この論考はいささか読みにくいものだということも付け加えておかねばならない。その主たる理由は、すべての力学計算が数式を使用せずに文字だけで行われているからであるが、今ひとつは、カントが述べているように、本書の主題は活力論争であるにもかかわらず、読者はその論争についてすでに知悉していることが前提となっていて、肝心の論争のいきさつについてはほとんど語られていないからである。しかしこうした点ばかりを見て本書を完全な失敗作と見なせば、その他の興味深い側面が見落とされてしまうことにもなるだろう。したがって以下の解説では、本論の力学理論の分析よりも、むしろ本書の全般的な特徴と、こうした論考が成立する背景となった事実の中で参考になりそうな事柄や関連の資料を示しておくことにしたい。

さて、カントがはじめて世に問うことになったこの『活力測定考』という論考には、いくつかの特徴が見られる。第一に、この論考はカントの初期自然学論文の始まりにあたるものである。カントが今日有名ないわゆる批判哲学的な著作を発表するのは、三〇年以上も後になってからのことであり、カントはその初期にはもっぱら力学、熱化学、気象論、地質学、天文学、地理学などについて語る自然学者だった(E. Adickes, *Kant als Naturforscher*, I, 1924; W. Ritzel, *Immanuel Kant, eine Biographie*, 1985)。この方面でカントは、当時まさに変動の渦中にあった自然科学の諸理論を積極的に摂取するばかりでなく、本巻所収の他の論文にも見られるように、各地の科学アカデミーの動向などに注目しながら、それらの理論のいずれにも自分の新しい知見を与えようと努力していた。そうした自然学的関心がもっとも直截なかたちで現れているのがこの『活力測定考』だと言えるだろう。第二に、この論考は後述するように、活力論争という、「今日ヨーロッパの幾何学者たちの中にある最大の分裂のひとつ」を調停しようという試みだった。活力論争は、一六八六年のライプニッツによるデカルト批判にはじまり、デカルト派とライプニッツ派との間で力と運動の測度とをめぐって闘われたものだが、一般にはすでに一七四三年、ダランベールの『動力学論』(*Traité de Dynamique*, 1758)での次のような見解によって決着が付いたものと見なされている。「この活力の問題が言葉の上での論争でしかないことは、簡単にわかる。活力に賛成と反対とのふたりの数学者に同じ力学の問題を与えれば、その解答はいつでも完全に一致するだろう。したがって活力の問題は、力学に関してはまったく無意味なものであり、なんら真の目的を持つものではない。」今日、古典力学として見ればデカルト派の運動の測度 mv は運動量を、ライプニッツ派の測度 mv^2 はおおむね運動エネルギーのような作用量を表しており、異なる性格の物理量を表す概念として、矛盾することなく両立するとされる。ここから『活力測定考』は、すでにその数年前に解決済みの問題を取り上げて、ふたたび概念の混乱を引き起こしたにすぎない失敗作であるという評価がなされることになる。第三に、この論考には当時ヨーロッパで知られたニュートン力学の影響がほとんど見られない。『活力測定考』は大部の論文だが、ニュートンの名はわずか四カ所にしか現れない。だがこれは、カントがニュートンの理論に対して無知であったことを示すものではなく、そのわずかな引用箇所ではカントはニュートンの定理や重要性を認めている。しかもカントが後年、大学でのただひとりの師と呼んだクヌッツェンは、ライプニッツ－ヴォルフ学派ではあったが、自然哲学にニュートンの諸説を積極的に取り入れようとしており、カント自身の校訂を受けたボロウスキーの伝記によれば、カントが大学在学中にクヌッツェンから『プリンキピア』を借りて読んでいたという逸話も残っている。カントもやがてニュートン自然学への傾斜を強めていくことになるが(R. Hahn, *Kant's Newtonian Revolution in Philosophy*, 1988；松山壽一『ニュートンとカント』晃洋書房、一九九七年)、本書の段階では、なおライプニッツ－ヴォルフの形而上学体系にとどまっているとの評価がなされるゆえんでもある。だがこうした本書の特徴をどう見るかについては、当時までの力と運動をめぐる考え方、さらに本書の中に見られるさまざまな側面を見直した上で、あらためて考えねばならないだろう。以下では活力に関連する問題を、ごく簡単にではあるが順次述べていくことにする。

デカルトとライプニッツの力学観

いわゆる活力論争の遠因となったのは、デカルトの運動論である。デカルトの運動の概念は、延長や場所のような概念を存在論的に理解するのではなく、数学的な量と見なし、実体をもっぱら延長量と見て解析化し数量化することから得られるものである。一六四四年の『哲学原理』によれば、運動とは物体の場所の連続的な移動であり、「形相への運動、熱への運動、量への運動」などは自然の中に想定されてはならない。運動とは場所の移動そのもののことであって、移動の原因のことではないのだから、そうした場所の移動の原因となる力や作用は、運動と呼ばれてはならない。運動はあくまで「物体のたんなる様態にすぎないものであり、自立的な何ものかではない」とされている。物体の様態でしかない運動という見方からは、運動の外的な作用性格は認められないことになり、運動物体の幾何学的状態だけから運動を定義しようとするものとなる。さらに、物体には固有量としてこの運動量が、創造の最初の瞬間から与えられており、それはその物体の持つ質量と速度という様態に表れているとされ、こうしてデカルトの運動は、同一の物体の場所の変化の連続的関数として、その物体の運動量でしか語りえないものになる。もちろんデカルトも、物体が他の物体に作用したり抵抗したりする力を働かせることを否定はしないのだが、そうした力は運動の第一法則(慣性法則)に従うという点にのみ存すると主張される。これは他の物体への外的な作用を、物体の慣性のみに還元し、やはり外的な作用力という見方を排除することを意味する。そこで運動という物体の様態を表そうとすれば、外的に作用する力ではなく、もっぱらその物体に内在する質量と速度との相乗 mv のみがその測度となることになる。

こうしたデカルトの運動論は、「場所的な運動のみを考え、運動を引き起こす力のことなどは問題にしない場合に、われわれは運動というものをもっともよく知るだろう」と言われるように、中世以来、物体に外部から与えられて自然に減衰消滅する運動力とされた「込められた力」や、同じく物体に与えられ、鉄の磁性のように抵抗がなければ不変不滅とされ、ビュリダンなどによって「インペトゥス」と呼ばれたような形而上学的な力の概念を、幾何学化不可能なものとして動力学から排除しようとする意図の産物であると言えるだろう。さらに「人間の精神とか天使の精神とかが、物体を動かす力を持っているかどうか、また、持っているとするならどのような力なのかという点は、ここでは取り上げず、人間論のためにとっておく」と述べるデカルトの見方は、物理的世界を前提としてそれを数学が記述するのではなく、むしろ数学的記述において成立しうる限りの世界だけを物理的世界として認める、という彼の厳密な幾何学的世界観をよく示している。一般に「自然の幾何学化」と呼ばれるこうした見方は、以下に示すライプニッツの世界観とは哲学的な性格において基本的に異なるものであり、ここからはいわゆる活力論争が、動力学や数学上のひとつの次元の問題で解決するようなものではなく、むしろはじめから科学的自然観、世界観の対立を含んだ問題だったということが知られるだろう。

以上のようなデカルトの運動論に対して、ライプニッツは次のように言う。「自然の中ではすべてのことが機械的に行われる。明らかに、(重力や弾性などの)個別的現象を厳密に説明するには、形と運動だけを用いればよい。

けれども力学の原理や運動法則自体は、思うに、より優越したものから生じるのである。すなわちそれらは、幾何学ではなく形而上学に依存するものであり、形象化によって見出されるのではなく、悟性によってよく理解されるようなものなのである。」「私は力を実体の構成要素と考える。力が、実体の特質である作用の原理だからである。ここから私は、物理作用の作用因が形而上学の領域に属すると考えるようになったのである。」さらにライプニッツは、デカルトと対照的に、「力」の概念にしばしば「精神」の語をあててもいる。悟性的理解は可能だが、形象的説明は不可能だというこの力の概念を説明することが、ライプニッツにとっての力学の仕事なのである。しかも彼は、目的因に従う精神の領域と動力因の法則である運動法則に従う物体の領域を区分しつつ、それらの間に予定調和を見て、「自然の多くの結果は二重に証明しうる」という確信を持っていた。ここから、モナドという形而上学的な実体すなわち「原始的力」「根源的活動」「原始的作用力」について、数学的方法によっても証明することができるはずだと考えていたのである。このようにライプニッツにとっての数学を使用した力学は、デカルトが忌避した「力」すなわちモナドを理解し、「実体の真の理解に役立つ」ためのものであり、運動論においても、同じ力学上の数学的論証という衣をまとってはいても、デカルトのそれとは正反対の方向を目指すものだった。

こうした観点からライプニッツは、力の概念を分析した一六九五年の「力学試論」(Specimen dynamicum)で「活力」と「死力」とを区分している。すなわち、「力 vis という語も二重の意味に理解される。一方は要素的なものであって、これは死んでいる mortua と言われる。なぜなら、この力にはまだ運動が存在せず、(中略) ただ運動に対する傾向だけが存在するからである。これに対して、もう一方の力は普通に見られる、運動と結びついた力であって、これは生きている viva と言われうる」。ここでは、静止時の力に結びつく無限小の運動傾向は、点のように場所を持たない要素的力であり、運動時の力に結びつくものは、そうした要素的力の無限の継続あるいは繰り返しによる連続的作用が積算されたものと見なされている。また、運動の測度を扱い、そもそも活力論争の発端となった一六八六年の「短証明」(Brevis demonstratio erroris memorabilis Cartesii et aliorum circa legem naturae, *Acta Erud.*, 1686)では、デカルト派の運動量の概念について、「運動力 vis motrix と運動量 quantitate motus とを同等のものだと誤解している」と批判し、「力は明らかに、それが生ぜしめる作用量 quantitas effectus によって測定されねばならない」と述べる。そして、同じ論文の補遺においては、先の死力と活力という形而上学的力学の概念区分が、運動量という数学的概念と重ね合わされる。そこでライプニッツは、力が質量と速度によって測定されることを認めた上で、運動の開始時と終了時にのみ認められ、速度をまだ持たず運動傾向しかない死力と、一定速度で運動している際の活力とは、「いわば点と線ないしは線と面との関係にある」とする。これからすれば、死力は力の時間についての微分量となり、活力はその微分量を実際の運動時間で積分したものとなるために、ライプニッツは、活力が質量と「速度ではなく、速度の二乗に比例する」と主張することになる。このように、死力が運動の開始時と終了時との静止状態を示すのに対して、活力は運動中の物体がその力で他の物体に与えうる作用力を示しているとされたのであり、あらゆる物体を内在力と見なすライプニッツの見方からすれば、活力こそがエンテレケイアとしての実体の作用性を真に表している測度となると考えられたのだった。この意味でライプニッツの形而上学的力学は、物理法則の中に形而上学的世界を見るものではなく、形而上学の中にいかに近代的な物理科学を定位させるかという試みと理解される。

『活力測定考』に見られるカントの方法

さて、『活力測定考』でカントは、上述のようにまったく異なった世界観に立つデカルト派とライプニッツ派との調停をめざしたわけだが、彼自身の力や運動の捉え方はどのようなものだったのか。カントは本論の各所で数学的証明の重要性を強調する。しかしその一方で、活力における力の概念を形而上学的なものとし、運動を「力の外的現象」と見るその視点は、基本的にライプニッツ派の立場に基づいたものだと言える。こうした立場に基づいて、カントは二種類の運動、すなわち、運動物体の内在力に基づいて永続する自由運動と、外力に基づいて、その作用がなくなるとただちに消滅する運動という区分を立て、前者の運動の力を活力、後者の運動の力を死力と呼んだ。内在力と外力による運動区分そのものは、近代においてもガリレイ以来の基本的な区分であったものを踏襲しているのだが、外力の作用がなくなると消滅する運動という考え方は、慣性に関する無理解から生じた無用な区分であり、ここに本論の混乱の基本的原因がある。カントはさらにこの内在力が運動力 vis motrix ではなく、作用力 vis activa とされるべきことを、ヴォルフを批判しつつ強調する。ヴォルフは『宇宙論』(*Cosmologia generalis*, 1739) の第二部第一章で、「延長および慣性力と作用力とによって、あらゆる物体の運動は説明されうる」とし、内在力としての慣性力を、「延長によっては規定されず、延長を持つものの基にあるもの」として、ライプニッツを継承するが、同時に、「明らかに場所的運動に付随することから、諸物体のかの作用力は運動力と呼ばれる」として、作用力と運動力とを同じものと見なしていた。しかし慣性力と区別された物体の力が一括して運動力とされれば、カントの区分では、内在力の外的作用としての運動なのか、外力による運動なのかという区分が不明なものになってしまう。運動を力の外的現象と定義したカントから見れば、内在力と外力の混乱を招くおそれのあるヴォルフの用語法は容認できないのである。活力の測度が速度の二乗に比例するという点では、カントは基本的にライプニッツの見解を踏襲するものだったが、他方で、このようなカントの、各瞬間に消滅ないし再生するような瞬間的で点的な死力が外力の作用に基づいて抵抗なしに消失し、持続的に作用を発揮して行く活力が内在力に基づいて無限に持続するという区分は、ライプニッツの、すべてが実体の内在力に基づくという見方とは微妙に異なるものとなる。ライプニッツでは現実運動は時間量にかかわらず内在力による自由運動だが、外力を認めるカントでは、現実運動の中に、自由運動とそうでない部分とを区別せねばならなくなり、自らの運動区分に基づいたこの点が、第二章におけるライプニッツ批判の骨子を形成して行くことになるのである。広く考えてみれば、ここには活力論争における、連続律と極限値をめぐる数学的力学と形而上学的力学との相克が示されているとも言える。

ライプニッツ派による数学的な活力の証明を批判したカントは、「ここではしたがって、活力という事柄自体を否定しているのではなく、もっぱらその認識仕方を否定しているのである」(第五〇節)と述べる。この言葉からは、後年にまで続く「認識批判」というカントの基本的方法が読み取れるが、その批判の対象は、ここではまだ『純粋理性批判』のように理性の概念や表象一般ではなく、もっぱら自然に対する形而上学的認識仕方と数学的認識仕方の可否に限られている。本論では、形而上学的認識仕方こそが徹底的で根拠のある認識とされながら、現在はまだ入り口にあって不確実だとされるのに対し、数学的認識仕方は、神の知恵でなく自然を考察対象とし、隠された質の原因を問わず、幾何学を手引きとして行われる、疑いえない確実性を持っているとされる。こうした数学的考察の確実性に対するカントの全面的信頼からすれば、物体の内在力やそれに基づく自由運動という概念はまさに「隠された質」(第六二節)であり、他方で物体の運動に関する数学的考察は「速度、質量、あとは必要ならばせいぜい時間以外のものは何も考慮しない」(第二八節)のだから、ライプニッツ派の見方は、数学に誤って形而上学的前提を導入しているものとなるのである。

だが、カントはまったくデカルト的な幾何学的認識仕方しか認めないわけではない。彼はデカルトの測定仕方を「自然の意図に反している」と指弾し、「自然の真の力の測度を規定しようとするなら、形而上学の諸法則を数学の諸規則と結合させなければならない」(第九八節)と言う。速度、質量、時間の関数である限りの数学的世界は、カントにとって世界の全体ではない。「物体の性質や物体の力などの数学的概念は、自然の中に見られる諸概念とはまったく異なっている」(第九八節)ものなのである。ライプニッツ派は数学的世界の地平に形而上学的概念を持ち込もうとしたために誤ったのだが、ライプニッツ派が提出した活力という概念は、そもそも数学の範囲よりはるかに広い形而上学の地平に属し、こうして測定した力は事実として現に存在しているが、少なくとも数学的考察の範囲外にあるとされる。そこで、「自然の真の力の測度として活力の新たな測定を提示する」と題された本論の第三章で、カントは内張性(Intension)という概念を導入するとともに、力の生気化、活性化、およびニュートン力学には反することになるが、速度によって活力を制限するなどの主張を行い、これをもって新しい動力学の基礎とすると宣言したのだった。

このように、『活力測定考』は、カントにとってはたんなる動力学上の論争の調停にとどまらず、上述したような世界観とそれに関わる方法論上のジレンマをなんとか統合するという作業を余儀なくされるものだった。この点から見る限り、カントは自分でそれと意識しているかどうかは別にして、本論では次のような段階を踏んで考察を進めることになった。一、活力論争という題材によって、自然学(動力学)における数学的方法と形而上学的方法という認識仕方の差異に、問題を定位させる。二、形而上学一般を重視すべきことを主張しつつも、数学的力学に比して現状での形而上学的認識が持つ不確実性を批判する(ライプニッツ派批判)。三、数学的認識を認め、その確実な認識の範囲を設定すると同時に、その認識の地平を局限化し(デカルト派批判)、形而上学的認識との統合の方向と、そのための原理(内張性)を指示する。四、この統合の方向に沿って、新しい形而上学的な認識方法と、それによる新しい学(動力学)を指示する。こうしてみると、後年『形而上学の進歩に関する懸賞論文』などで述べられたカントの批判的方法の骨子は、本論の道程とまったく同種のものであることがわかる。ただ、本論での記述の中心は第二の批判的部分がほとんどを占めており、新しい原理やそれに基づく学を提示するとは言っても、本論第三章でのその提唱はきわめて不完全なものにとどまった。そこで示された新しい原理である「内張性」という概念は、数学と形而上学との両方の身分を持っているようだが、それにふさわしい存在証明は与えられないために、従来の「込められた力」や「インペトゥス」などとの相違も明確でなくなってしまう。また、内張性による死力の活力化がどのような連続律理解に基づいているのか、速度による活力の制限はどんな妥当性を持つのか。こうしたことにも適切な説明はなされていないのであり、そのために本論におけるカントの議論は論争的部分だけが際立って、ライプニッツ派の見解にいくらかの技術的制限を加えて旧来の形而上学的動力学を多少拡張しようとする、不徹底なものと見なされるほかはなかったのだと言えるだろう。本論はこうして不徹底な思惟のために途中で打ち切られた議論という色彩が強いのだが、長文の緒言を付し、当時の著名な自然学者の理論を多数、大胆に評価して引用し、血縁の援助を頼ってまで出版にこぎ着けた本論は、さまざまな意味でカントにとって野心作だった。形而上学的世界観と数学的世界観の統合の試みが実現していれば、活力論争の調停という科学領域の事柄以上に彼の重要な業績となっていただろう。しかし、認識仕方についての哲学的議論は、本論以降しばらくの間、カントの思想の表舞台からは姿を消すことになってしまうのである。

本論の訳出にあたっては、できるだけ平易な訳文を心がけた。また、本全集の基本方針に基づいて、カントの原版を校訂したハルテンシュタイン版全集をラスヴィッツが再校訂したアカデミー版を底本とし、カッシーラー版(一九一二年初版)、フォアレンダー版(哲学文庫版)、ヴァイシェーデル版(ズールカンプ社版)の各版を適宜参照している。とりわけ、よりカントの原版に近いと見なされるヴァイシェーデル版との間には、校訂注の冒頭に示したように数百カ所を上回る相違点があるが、同版では意味の通らない箇所などが多く、今回の翻訳は一部の図版表記などを除いて、あくまで上述の校訂を経たアカデミー版に準拠したものであることをお断りしておく。本論の初訳で理想社版カント全集第一巻に収められている亀井裕訳および同書巻末の解説は、いくらかの誤記を除けば念入りで良質の記述であり、本論訳出後の参照で示唆を受けるとともに、いくつかの訳語を統一させていただいた。また、注や解説などの作成にあたっては、本巻の他の論考と同様、哲学分野だけではなく、自然哲学ないし科学史分野の読者をも広く対象に含めて考え、そうした点に配慮した資料ともなるように心がけたので、分野によってはいささか煩わしいと感じられるかもしれない。訳者はかつて活力をめぐる問題を扱ったが(大橋容一郎「活力と死力」、カント研究会編『自然哲学とその射程』晃洋書房、一九九二年)、本論に記されている数多い当時の自然学者の著作や理論などに関して日本国内にはほとんど資料が存在せず、原典資料の照合などに困難を極めていた。幸い一九九九年にミュンヘンでの在外研究の機会を得て、本巻の共同翻訳者である松山壽一氏が客員研究員となっているミュンヘンのドイツ博物館科学史技術史研究所を利用することができた。同博物館の付属図書館およびバイエルン州立図書館、ミュンヘン哲学大学図書館などでポッゲンドルフ、ミュッセンブルック、また『アクタ・エルディトールム』などをはじめとする貴重な資料に直接あたり、表記や解説の内容についても同地でしばしば松山氏と協議することができたのは、訳者にとって大変に幸いであった。こうした機会が与えられたことについて、訳者が勤務する上智大学哲学科の同僚および関係者、ミュンヘンの関係者、またとりわけ松山壽一氏にはあらためて感謝申し上げたい。

(大橋容一郎)

地球自転論

『地球自転論』、すなわち、「地球は、昼夜の交代を引き起こすその自転において、地球の創成初期以来いくらかの変化を受けてきたか、ならびにそれはどこから確証されうるかという問題の研究」という長い表題を持つこの短い論述は、一七五四年六月八日と一五日、『ケーニヒスベルク週報』(*Wöchentliche Königsbergische Frag- und Anzeigungs-Nachrichten*, 1754, Nr. 23 u. 24)上に、二回に分けて連載されたもので、その後は、カントの生前に出版されるようなことはなかった。

論文の表題についてカントが冒頭で述べているように、本論はベルリン・アカデミーの数学部門から一七五二年六月一日付で出された懸賞課題にかかわる論述である。カント自身は懸賞論文としての応募はしなかったわけだが、いよいよ審査結果が公表される間近になって、そのことを紹介しつつも自説を展開することで、むしろ世間の注目を先取りしてしまうような、微妙なスタンスにあるものだと言えるだろう。こうした内容の論述が掲載されたことについて、アカデミーの課題について報告してほしいという依頼があったのか、あるいはカント自身が登龍門となる機会をねらって、ずっとアカデミーの動向に注目していたことによるのかは、よくわかっていない。とは言うものの、訳注に示したようにこの課題の締切りは当初は五四年までだったが、カントがこの論を発表する直前の六月六日付で五六年まで延長されることになったために、五四年にアカデミーから結果が公表されることはなく、ようやく五六年六月三日にピサのフリージが受賞した。

さて周知のことだが、地球の自転周期は太陽方向で二四時間、恒星天方向に対しては二三時間五六分四秒であり、自転の速度は赤道付近で時速一六七〇キロメートルほどになる。また、いわゆる海流とは異なり、月や太陽の引力で生じる「潮流」は、海洋に潮汐(満ち潮、引き潮、大潮など)を生じさせる。カントが述べているような自転へのブレーキとしての潮汐力、すなわち今日で言うところの潮汐摩擦はたしかに存在しており、海底との摩擦によって、一日あたり約一〇〇億キロワットの自転エネルギーの損失が生じてしまう。さらにこうした遅れは潮汐摩擦だけによるものではなく、たとえば粘性流体である地球内部のマントル物質の存在によっても生じることが知られている。これらによって地球の自転は一万年の間に、一日あたり〇・二秒ほど遅れていくようになる。このように地球の自転の速度は徐々に遅くなっているので、自転の速度が速かった数億年前には、一年は四〇〇日程度あったとされている。こうした事実について今日ではまた、カントが指摘しているように、古生物学による裏付けも行われている。ただし潮汐摩擦による自転の遅れは、カントが言う二〇〇〇年間で一年に八時間半の変動などという大きな数値にはとうていならない。アカデミー版の編者であるラーツによれば、この数値はカントの計算違いであるとされており、カント自身の定式化によって計算し直すと一年間に五分強の遅れとなるが、それでもまだ数値が大きすぎ、今日の別の修正された計算によれば、二〇〇〇年間では一年間に一五秒弱の遅れになるともされている。

ところで、ベルリン・アカデミーがこうした懸賞課題を出した基盤には、当然のことながら、ニュートンの『プリンキピア』第三編における潮汐の理論化という背景がある。ただしニュートンでは、万有引力に基づいて潮汐の原因を考え、それが月の引力と、地球の公転による遠心力との差によって生じるとしたものである。月や太陽の引力によって生じるこうした潮汐力は、地球の自転に影響を与えるが、地球の自転が直接に潮汐力を引き起こすわけではない。アカデミーの課題もカントの議論も、もちろん潮汐そのものの原因ではなく、自転がこうむっている変化とその原因としての潮汐力にだけ向けられたものだった。こうした潮汐力が地球の自転に与えている影響は、カントの論述から一〇〇年後の一八六〇年代になって、新たな天文学上の測定に基づいて問題とされるようになった。また、カントは海水のような流動体の海洋潮汐と、地殻のような固体に対する地球潮汐とを区別していないが、地殻自体も潮汐力によって動くことが知られている。固体に対する引力の影響についてはしかしカントは無視しているわけではなく、ニュートンに拠りつつ、地殻変動や地震との関係を考察もしている(本巻の『地震再考』およびその解説を参照)。さらに、本論の終わりにカントが示した月と地球との関係については、一〇〇年以上後のジョージ・ダーウィンの潮汐進化論が有名であるが、これはカントとは逆に、潮汐力による月の公転速度の変化に基づいて、月が地球から分化したものだとする理論であった。しかし現在ではむしろカントのように、月は後になってから地球の引力圏に捉えられた天体だろうとする見方が多い。また月の自転と公転の周期が一致していることから、つねに同じ面を地球に向けているというカントの指摘も、当時としては先進的なものであり、やはり後にジョージ・ダーウィンによって確証されたとされている(G. H. Darwin, On the analytical expressions which give the history of a fluid planet of small viscosity, attended by a single satellite, *Proceedings of the Royal Soc. of London*, 1880)。

このようなさまざまな点を考慮してみるとき、「もっぱらその自然学的側面のみを考察してきた」という本論冒頭のカントの言葉とは裏腹に、本論には実証的な実験観察や、ニュートンやケプラーの定理に対する物理数学的考察があるわけでもなく、示された数値もきわめて不正確なものでしかない。ここで言われている「自然学的」という表現は、アカデミーの数学部門の課題であることを念頭において、むしろそれに対する「自然地理学的」な考察という点を主張したかったのではないかとも思われるほどである。そうしてみた場合には、たしかにカントの着想と見解は、今日でもおおむね間違いではなかったことになる。カントの初期自然学論文にしばしば見られるように、自然学や地理学上の問題について、若いカントは、数理的な計算や理論能力というよりもむしろ、地理学的な視点や着想、さらにとりわけ確定されない大きな問題に対しての先見的な資質にすぐれていたのだった。

さらに、カントは月に関する問題をこれ以降も忘れてしまったわけではなく、五六年から始められ、教授生活の最後まで続けられた自然地理学の講義の中でずっと扱っていたことが知られている。初期の自然学論文の中だけではなく、一七八五年には『月の火山』、九四年には『天候に及ぼす月の影響』など、いわゆる批判期以降に好んで月に関する問題を論じているのも、こうした事情による。カントと言えば三批判書や道徳論がもっぱら取り上げられるわけだが、批判的形而上学者としてばかりでなく、こうした自然哲学者としてのカント像ということも含めて考えていくことによって、後年の諸理論についてもより正しい理解が得られるようになるのではないだろうか。

本論および『地球老化論』の訳出にあたっては、平易な訳文を心がけるとともに、本全集の基本方針に基づいて、ラーツの校訂によるアカデミー版を底本とし、カッシーラー版(一九一二年初版)、ツェーベ編の哲学文庫版(本文テクストは一九〇七年ベック版のリプリントであり、フォアレンダー版全集第七巻三部に等しい)を適宜参照した。哲学文庫版の頁付けは、今日入手できるツェーベ版に従っている。翻訳の経過や参考資料などについては、『活力測定考』の解説末尾を参照されたい。

(大橋容一郎)

地球老化論

「自然学的に検討して、地球は老化しているかという問題」と名づけられたこの論述は、『地球自転論』に二カ月ほど遅れて、一七五四年八月一〇日から九月一四日まで、やはり同じ『ケーニヒスベルク週報』(*Wöchentliche Königsbergische Frag- und Anzeigungs-Nachrichten*, 1754, Nr. 32-37)上に、六回に分けて連載されたものである。その後は『自転論』と同様に、カントの生前に新たに公刊されることはなかった。

一七五四年は、大学卒業後の四七年から始まる、カントの近郊での家庭教師生活の最後の年にあたり、ヒュルゼン宛の手紙によれば、まさに本論が誌上に掲載されはじめた五四年の八月一〇日に、三〇歳のカントは家庭教師生活を終えて、マギスターの試験と論文の準備のためにケーニヒスベルクの町に戻っている。翌五五年には、『天界の一般自然史と理論』や『火について』『形而上学的認識の第一原理』などが書かれ、カントは大学の教員資格を得て、ケーニヒスベルク大学の私講師としての生活を始めることになる。こうしたことからカントは、学界の、とりわけ各アカデミーの動向につねに気を配りながら、自らもそこに学者として参加できるように努力を重ねていた。五四年のこの段階では、翌年の資格試験やそれに続く大学での教授生活について、カントは大学の関係者と連絡を取り、試験に必要な準備をしながら、数多く開講せねばならない授業の予定も立てていたはずである。『自転論』と『老化論』を、計八回にもわたって『ケーニヒスベルク週報』に掲載することができた当時の詳しい事情は明らかではないが、はじめてケーニヒスベルクの公衆の目に触れる業績が、どちらも当時の富裕市民の日常的な関心事だった気象天文や自然地理の問題を扱っている自然学分野の論述だということを考えると、この時期にカントがこの方面の研究を重視し、それを広く告知して学生を集めることをも含めて、身を立てるよすがにしようとしていたのではないかと推察される。

この『地球老化論』は比較的短い論述ながら、カントのそうした自然学に関する多方面の知見を数多く含んでいる。とりわけ、自然地理学的な関心に基づいたさまざまな資料が使われていることは注目に値するだろう。本巻所収の『火について』や地震論などに関わる記述もある。総じてこの論述は、翌年から開講されて彼の教授生活の最後まで続けられ、人気があって多くの学生を集めたという、自然地理学の講義と同じ方向の関心を示しているものだと言えるのであり、翌年に出版を予定しながら出版元の破産のために果たせなかった『天界の一般自然史と理論』の部分的紹介ともなっている。一方で、ここではまだ『自然モナド論』以降の厳密な実証主義や批判主義、あるいは自然地理学以降での「数学的方法」と「自然地理学的方法」との区分などは顔を現していない。また『地球自転論』と同様に、ここでもほとんどの主張は他の学者が報告した資料によるものであって、カント自身の実証的な研究や厳密な数理的分析の跡は見られない。

さて、本論に示されるさまざまな知見を眺めてみると、有機体が自然に衰退するという加齢現象論に基づいて、第一には、地球がどのように形成されたかという創造論と地殻変動や造山運動、地殻内部の様子、地表の形成、河川、流水、海洋、火山、地震などについての記述が大きな部分を占めている。こうした地質学、自然地理学的な問題についてカントが考察している内容は、一読して思われるほどには荒唐無稽なものではなく、むしろカントが当時の最新の資料に拠りつつ、あちこちで自分の独創を示そうという努力を払っていることがわかる。たとえば有機物の老化、すなわち加齢現象は、今日では細胞内の遺伝子レベルの話になってはいるが、その原因は今なお解明されてはいない問題(不老長寿の問題)である。一六六五年にフックによって細胞が発見された後も、当時に至るまで有機体の活動の基礎単位は組織と考えられていたのであり、カントが言うところの動植物の組織液による組織の自然老化は、この見方に沿ったものとしてはむしろ新機軸に属するものであった。

また、地殻内部ないしその下部に広大な空洞があって地殻変動の原因となっているという理論も、当時の地質学に流行した説で、カントもこれに従っている。ここでは今日のように、火山の下にマグマが上昇してできた地表近くのマグマだまりと、数キロメートルから数十キロメートルの厚みを持つ地殻の下にある上部マントルとは区別されていないが、現在でもわれわれが知りうるのは地殻の上部にほぼ限られていて、マグマが作られており、部分的に粘性流体ではないかとされる上部マントルの様子などは、まだ詳しくわかっていない。したがってカントの見方も当時の学問水準では決しておかしなものではなかった。その一方で、今日では活断層や火山噴火、マントル対流による広域地殻移動などが原因とされる地震を、地殻の空洞構造と直接に結びつけたカントの議論にはやはり想像に頼った部分が多く、かなりの無理があると言わざるをえない。さらにカントは、流水や海水による浸食や堆積、沈積作用によって地表が形成されるという、流水作用についても語っているが、堆積海岸と浸食海岸、堆積平野と安定大陸の浸食平野などは未区分のままであり、ここでも、ケーニヒスベルクからほど近いいくつかの地形への言及を別にすれば、訳注に掲げたような他の文献資料にのみ頼って、実証性を欠いているカントの議論の底の浅さが見えてしまう。

むしろこうした部門に関する発言でもっとも注目すべきなのは、本論末尾で、カントが、当時の流行だった占星術的な彗星危機説を揶揄するとともに、むしろ火山、地震による地球危機説を持ち出していることだろう。なぜなら、本論から一年後の一七五五年一一月には、いわゆるリスボン大地震が発生し、大西洋から地中海沿岸の諸都市に壊滅的な被害を与えているからである(地震論の解説を参照)。この地震後ただちに三編の地震論が著されるわけだが、本論の結論に記した厄災が実際に生じてしまったということには、カント自身も何らかの感慨を持ったにちがいない。いずれにせよ、この点では本論の主張に先見の明があったということになる。『活力測定考』での多次元幾何学、『地球自転論』の潮汐摩擦や月の理論、またカント－ラプラスの星雲説などと同様に、ここでもカントのこうした問題に対する勘のよさ、先見性が見られると言うことができるだろう。

こうした地質学や自然地理学的な考察とともに、本論でカントが最後に持ち出してくるのは、加齢現象とは別に、ヘールズの『植物計量学』に基づくと見られる有機体論である。そこでカントは、植物のもっとも重要な要素として「油精」ないし「天成の揮発酸」をあげている。これについてもカントの見解は今日でもさほど的外れなものではなく、ステアリン酸やリノール酸に代表されるような天然脂肪酸の油脂または脂肪油が、動植物の生体構成物質であることは広く知られている。また、それらが水と空気から作られるという考えも、窒素、リン酸、カリなどという諸元素が知られていなかった当時としては、植物の生長のための養分は水と空気なのであり、やむをえないものと見なせるだろう。ただ、この有機体論と結びついて主張されている物質の構成元素論では、塩分の駆動体説などに典型的なように、塩、硫黄などといった錬金術以来の古い化学の元素論が用いられている。また、塩分の常温での蒸発や、水や空気の常温での固体化などという考え方は、今日では認められないものである。

本論のこうした分野で注目すべきはむしろ次の点だろう。カントは、「指導精気」ないし「自然のプロテウス」などの名前で、それと名指すことをしないで、一般にはエーテルやフロギストンとも見られる「第五の本質」「微細な物質」を想定している。一八世紀初頭以来のフロギストン説が排されたのは、一七七六年のラボアジェの水銀加熱実験による。したがってカントの説自体は不思議なものではない。しかし『火について』で、微細な弾性物質としての「熱素(熱物質)」や「燃素(火物質)」が示されていること(『火について』の解説を参照)を合わせて考えると、カントが当時、ややもすると宇宙霊ないし宇宙霊魂として精神的原理とも考えられていた従来のエーテルやフロギストン説とは別の仕方で、すなわち微粒子としての弾性媒介物質という、クヌッツェン譲りの物理的媒介作用の立場に立って、新しい仕方で物質間の相互作用の究極的な原理を定義しようとしていたのだと考えられる。このことはカントがこうした媒介作用の原理を、有機体、火、引力と斥力、電気などのすべてにわたって認め、しかも物質に内在し、その能動的な駆動性で他の物質との結合や分離の媒介となり、物質の変成の作用力となるものを、同じ「自然のプロテウス」という変幻自在を表す名を用いて、同一の「どこででも効力を発揮する微細な物質」と考えていることからも認められるだろう。ただここでも、そうした理論はカント自身の実験観察によったものではまったくないのであり、やがて実証性と形而上学性という見方の分離がカント自身の中で進んでいけばいくほど、語りえないものとなるような性格を持っていたのである。

（大橋容一郎）

火について

いわゆる前批判期のカントの自然学的もしくは自然哲学的諸著作のなかで、本論文『火について』は特異な注目を集めている。それはつとにアーディケスの研究およびわが国では坂部氏の研究の出現によっている。両者が本論文を重視するのは、共通してカント晩年の遺稿『オプス・ポストムム』に見られるエーテルもしくは熱素を根本概念としつつ燃素、光素などが体系的に位置づけられる物質論との連関という観点のゆえである。だがこれらの諸概念、諸問題は両者も認めるとおり、底流として伏在しつつも、批判期においてさえ（『純粋理性批判』一七八一、一七八七年、『自然科学の形而上学的原理』一七八六年）主題化されなかったものである（Erich Adickes, *Kant als Naturforscher*, Bd. II, Berlin 1925, 1 ff.; 坂部恵『理性の不安——カント哲学の生成と構造』勁草書房、一九七六年、二二八頁以下）。ちなみにテーマ的にも時期的にも『火について』（一七五五年）に連なるラテン語自然哲学論文『自然モナド論』（一七五六年）においてすでにこれらの諸概念は完全に背景に退いて、末尾でただ一度だけ言及されるに留まっている。なぜか。それはおそらくカントに根強い科学主義——ニュートンによって定式化され、ニュートンの弟子たち、追従者たち(キール、デザグリエ、スフラーフェザンデ、ミュッセンブルックら)によって喧伝された実証科学の方法、すなわち実験と数学を駆使することによってはじめて科学は科学たりうるという科学観へのカントの依存、憧憬——のためではなかろうか。訳注(1)に記したように、彼の科学主義(実験と数学の重視)は本論文ばかりでなく、これに続いて著わされた地震論でさえ明瞭に認められる。

周知のとおり、若きカントは自然論として多岐にわたるテーマに取り組んでいた。そのテーマ設定の(良く言えば)多様さ、(悪く言えば)まとまりのなさの根拠を探ってみると、われわれはある憶測に辿りつく。若きカントの研究意欲が当時のアカデミー、とりわけベルリン・アカデミーに認められたいという点に集中していたのではないかという憶測である。実際のところ、前批判期の諸著作、諸論文のテーマ設定の多くが当アカデミーの懸賞問題に沿ってなされていたのである(本巻所収の解説「若きカントと一八世紀自然思想」中の対照表を参照されたい)。ちなみにいま言及した二つの論文についてだけ見れば、『火について』は(これは例外でベルリンではなく)パリのアカデミーの一七三九年の懸賞問題(「火の本性と伝播」)にかかわっており(カントがこれを意識しつつ綴ったと思われる条を訳注(33)によってマークしておいた)、『自然モナド論』はベルリン・アカデミーの一七四七年のモナド論の評価をめぐる懸賞問題にかかわっている。

テーマ設定という問題に関して、カントの野心という観点からのみ判断するというのは、むろん姑息の誹りを免れぬであろう。だが、『オプス・ポストムム』という最晩年の「ほぼ五〇年も後」(Adickes II, 1)のものを持ち出さなければ評価できないというのは、いったいどのような論考なのか。われわれは一方で一八世紀自然学、科学の思想諸潮流に軸足を置き、他方で若きカントの自然学的諸著作内部の発展にもう一つの軸足を置いた内容評価を試みなければならない。前者については前記解説「若きカントと一八世紀自然思想」を参照願うことにして、ここでは後者すなわちテーマの連続性という観点からコメントしておこう。まず指摘しなければならないことは、本論文『火について』(一七五五年)における火や熱の主題化は、それに先立つ前年の『地球老化論』および同年の『天界の一般自然史と理論』における火に対する注目を前提し、それを受けているということである。前者では「自然のプロテウス」「たえまない創造」に火の作用が結びつけられており(Kants Akademie Ausgabe, Berlin 1902 ff.〔以下AAと略記〕I, 212)、後者でもまた同様に「決して止むことのない」「創造」(AA I, 314)の担い手、「自然のフェニックス」(AA I, 321)をフェニックスたらしめるものとして火の作用が位置づけられている。太陽系宇宙の中心天体が太陽であり、それは「光と熱の作用」を他の天体に及ぼし、「物質を活性状態に保つ」もの、「動物有機体(die animalische Ökonomie)の機能を促進する」もの、つまりは「光と生命の源泉」にほかならないからである(AA I, 362, 358 et passim. なお、この点の解明としてはシャッファーの論文(Simon Schaffer, The Phoenix of Nature: Fire and Evolutionary Cosmology in Wright and Kant, in: *Journal of the History of Astronomy*, 9(1978), 180-200)が優れている)。次いで、その後の展開のほうを見れば、偶発的なものだが、一七五五年一一月一日に起きたリスボン大地震の衝撃から、翌年一月から四月にかけて矢継ぎ早に地震に関して三編の論考(うち一つは著書)が刊行されるが、そこでも火の作用が中心に据えられる。それは地震の自然的原因をカントが地球内部の地下の洞穴、ドームにおける火の作用に求めることになるからである。一七五四年から一七五六年にかけてのこのような集中的で熱気を帯びた火や熱に関する注目にもかかわらず、一気にそれをほとんどかき消してしまった論文が先に挙げた一七五六年の『自然モナド論』である。以降、他の主題のための例示として言及されることはあるにせよ(『神の存在の唯一可能な証明根拠』(一七六三年)(AA II, 113)や『負量概念の哲学への導入』(同年)(AA II, 184 ff.))、火や熱の問題が主題として論じられることはない。その理由に関する解説者の解釈は先に述べたとおりである。

さて、本論文そのものの内容について少々述べる。内容全体の梗概や個々の内容について逐一解説を加える必要はなかろう。ここでは当時の自然学、科学との関連から本論文の根本特徴のみを指摘することにする。本論文でカントが追求しようとした根本課題は、全体のタイトルおよび第二章のタイトルとに端的に示されているとおり、火の本性と性質の解明である。その根本特徴は、彼が火の本性を実体的に「燃素」(materia ignis)と捉え、かつその性質、熱をも「熱素」(materia caloris)と捉えた点にある。このような捉え方は、訳注(12)で指摘したとおり、古代ギリシア哲学以来のものであり、近代においても多くの自然哲学者、科学者たち(ベーコン、デカルト、ニュートン、さらにブールハーフェ、ノレ、オイラー、クリスティアン・ヴォルフ、ミュッセンブルックら)に受け継がれたものにほかならず(Gehler (Hg.), *Physikalisches Wörterbuch*, 10 Bde., Leipzig 1825-1844, X, 55 ff.)、カントもこのような当時の思潮に棹さしているが、彼の理論(ただしその「輪郭」(primae lineae)のみが提示されると称されるのだが)の骨格において依拠されているのは、もっぱらニュートンの『光学』「疑問」である(最終形態は英語第二版一七一七年、これには一七四〇年に仏訳が出ている。引用は仏訳および前者に基づく全集から行う)。カントは第一章(「物体の固体性と流動性について」)における論述の成果をその末尾の「総系」において総括し、そこで物体の成立を固体的諸粒子の凝集によって説き、それらを「合一する絆のようなある弾性物質」の存在を想定する。これが彼における「燃素」にほかならない(第二章命題Ⅶ)。燃素を固体的諸粒子の凝集を担う媒質と見なすこの論は、彼自身これに先立って(命題Ⅵ)、火の存在を物体の凝集の弱化、接合の緩和などから説明している説明様式と矛盾するものだが、この点はともかくとして、彼がここで立てようとしている根本テーゼは〈火とは固体的諸粒子の間隙に介在する弾性媒質である〉とでも定式化できるものである。ここでその出処を探るとすれば、それは、たとえば『光学』「疑問30」における「諸物体はそれらの活性の多くをそれらの合成に加わる光の諸粒子から受け取るのではなかろうか」(Newton, *Optice*. Latine reddidit Samuel Clarke, S. T. P. Editio Novissima, Lausannae & Genevae 1740, 302: *Opticks*, in: *Isaaci Newtoni Opera omnia*, comment. illustr. S. Horsley, tom. IV, Londini 1782, 241)というようなニュートンの発言に求めることができるであろうし、あるいは本考察の後に言及されるヘールズの「空気の本性」に関する一テーゼ〈空気は固体的諸粒子の間隙に介在する弾性媒質である〉との類比に求めることができるであろう。ともあれ燃素を規定する同じ命題(命題Ⅶ)において、彼はこのような燃素・弾性物質の基本性質である熱を「その波動運動もしくは振動運動」と規定するが、ここで彼はニュートンの『光学』「疑問5」の見解に従っている(訳注(11)参照)。彼はさらに熱をも火同様、実体的に「熱素」と捉え、これを今度は「エーテル(すなわち光素)」と同一視する(命題Ⅷ)。その仕方は、ニュートンの『光学』「疑問21」(Newton, 281 f.: IV, 224 f.)に依拠して、「密な諸物体は光を巨大な強さで引く。この比類なき人物の計算によれば、近接における引力は十億の一万倍重力の誘導にまさる」ことを論拠とし、エーテル＝光素も熱素同様「弾性的」であることを媒辞とするものである。以上に見られるカントの議論の根本特徴は、火と熱と光とを同質の弾性物質と見なして、これらを同一視する点(このために第一章では弾性物質の特性が論じられた)およびエーテルを光素と同一視する点にある。

ところで、周知のとおり、ニュートンにあっては、光そのものと光の作用を伝える媒質(彼にあってはこれがエーテルである)とは区別されており、光は実体的に粒子として捉えられていた。このように捉えなければ、光の直進性が説明できないと考えられたからである。カントはこの点をどれだけ意識していたか。彼は、熱素とエーテル=光素との同一を説いた同じ命題(命題Ⅷ)の証明のなかで、ニュートンの光粒子説にまっこうから対立するオイラーの波動説(*Nova theoria lucis et colorum*, 1746)を肯定的に引き合いに出している。ここには当時のさまざまな所説を折衷的に取り入れつつ、折々の議論を進めて行くというカントの議論の仕方の危うさが露呈しているように思われる。彼はオイラー説を引き合いに出す直前まで名指しで明確にニュートン説に依存しつつ論を進めていたからである(訳注(16)参照)。ベックはこれを両説を調停する試みと解釈しようとしているが(Lewis White Beck, *Kant's Latin Writings, Translations, Commentaries and Notes*, New York/Berne/FfM 1986, 45, n. 9)、これはよくある贔屓の引き倒しでしかなかろう。

いま一例を見たように、カントの論文は折衷的で危うさを抱えている。科学論文としては、上の例に認められる難点はその価値を著しく減じるどころか、場合によっては、科学論文としての適格ささえ疑われかねない底のものである。カントはこの論文をマギスター論文としてケーニヒスベルク大学の哲学部に提出している(一七五五年四月一七日)。提出時における哲学部の評価がどのようなものであったか、今日もはや知る由もないが、この論文がその提出後に辿った経過がある程度までそれを語り出してくれるであろう。当時マギスター論文は公刊を義務づけられておらず、そのためもあってか、カントの論文は印刷されず、人目に触れることのないまま、長らくその存在すら忘れ去られていた。ただ大学には論文のタイトルだけは他の諸論文とともに記録として残されており、一世紀近くも後、一八三八年になってようやくシューバートがこれを発見し、ローゼンクランツとともに編集した五巻本のカント全集(*Immanuel Kant's sämtliche Werke*, hg. v. K. Rosenkranz u. Fr. W. Schubert, Leipzig 1838/39)中の最後の巻(Fünfter Theil: *Immanuel Kant's Schriften zur Philosophie der Natur*, Leipzig 1839)に、これを収めたのであった。次いでのちにハルテンシュタインもカント全集(八巻本)(*Immanuel Kants sämtliche Werke*, hg. v. Hartenstein, Leipzig 1867/68)を刊行し、同じくこれを収めており、アカデミー版のテクストはこのハルテンシュタイン版を元にして編まれている(同書 XII-XIII および J. H. von Kirchmann (Hg.), *Erläuterungen zu Kant's Schriften zur Naturphilosophie*, Leipzig 1877, 144 参照)。

話は前後するが、最後にもう一点、内容に関してコメントしておこう。本論文で試みたカントの考察のうち、中心課題であった火や熱に関する考察と関連した主題のなかで特に目立つのが「空気の本性」に関する考察である。カントはこれを、中心課題に取り組んで後、命題XIにおいて考察しているが、これは分量的には全一二の命題からなる本論文中最も長いものとなっており、中心課題を論じた命題VIIと命題VIIIとを合わせた分量にほぼ匹敵している。このように長大な紙幅を費やして扱われた主題「空気の本性」は、すでにスティーブン・ヘールズが『植物計量学』(*Vegetable Staticks*)において主題とし、解明していたものにほかならず、カントがそれに関して立てたテーゼ〈空気は固体的諸粒子の間隙に介在する弾性媒質である〉——これは火の本性として自ら立てたテーゼ〈火は固体的諸粒子の間隙に介在する弾性媒質である〉を空気へと類推的に拡張したものである——を例証するものとして、ヘールズ説を引き合いに出し、その際カントとしては珍しく、著作のタイトル *Statica plantarum* まで本文(命題XI

証明)に掲げている。ヘールズの『植物計量学』は一七二七年に初版が刊行されて以来幾度も版を重ねたばかりでなく、オランダ語、フランス語、ドイツ語、イタリア語に翻訳された。カントはこのうちの独訳 *Statik der Gewächse oder angestellte Versuche mit dem Saft in Pflanzen*, Halle 1748 を所蔵していた(訳注(25)参照。以下、引用はこの独訳から)。興味深いことに、この独訳にはクリスティアン・ヴォルフが「序文」を寄せているほか、仏訳に付されたビュフォンによる長大な「序論」の独訳まで収められていた。ともあれ、ヘールズがとりわけ空気に注目した理由は、この弾性流体が「生命の維持および動物と植物の成長のために絶対必要である」(Hales, 94)点にあり、彼の研究は、この弾性流体の「より立ち入った個別研究」にほかならず、この研究において彼は「化学を媒介とし」「計量による」膨大な実験(Hales, 95)——英語オリジナル版では「化学計量的実験」——を行っている(松山壽一『ニュートンとカント』晃洋書房、一九九七年、一二七—一三一頁参照)。訳注(26)と(28)に、カントが依拠したその実験ナンバーと独訳の該当ページ数を指示しておいた。総じて初期のカントの自然学的もしくは自然哲学的研究においてヘールズの影響は大きく、一時期を画している(一七五四—五六年)。すなわち、本論文に先立つところでは『地球老化論』および『天界の一般自然史と理論』(先にその中の「動物有機体」という語を原語 die animalische Ökonomie とともに引用しておいたが、この語はヘールズに由来する)、また本論文の後では、『形而上学的認識の第一原理の新解明』『地震の歴史と博物誌』(松山前掲書、一八一—一八二頁参照)。ちなみにニュートンの弟子デザグリエの『実験哲学教程』(*A Course of Experimental Philosophy*, London 1725——ただしカントは英語を読まなかったから仏訳(John Theophilus Desaguliers, *Cours de Physique Experimentale*. Trad. de l'Anglois par le R. P. Pezenas. Tome Premier. Paris 1751)より引用)の「序文」によれば、「スティーブン・ヘールズ博士の卓越した書『植物計量学』のなかで、ニュートンの〔『光学』の〕「多くの諸疑問と諸命題」が疑う余地なく実験によって基礎づけられている」(Desaguliers, vi)とされている。カントが本論文『火について』において、火と熱の本性をもっぱらニュートンの『光学』「疑問」に基づいて考察し、さらに空気の本性をヘールズの『植物計量学』に基づいて考察している、この思考の筋道は、ニュートンの弟子が指し示したニュートン『光学』「疑問」のその後の発展過程の定式化とみごとに合致している。

翻訳は本全集全体の方針に従って、アカデミー版(A版)を底本とし、カッシーラー版(C版)との比較照合に基づいてテクスト校訂を行った。フォアレンダー版(V版)は以下に掲げる独訳のみを収めているだけだし、ツェーベ版(Z版)ならびにヴァイシェーデル版(W版)は独訳すら収めていないからである。なお、使用したラテン語テクストにはラテン語表記上の相違が多々存在するが、その大半は、邦訳上では相違として現れないものばかりであった。また翻訳に際しては、独訳(J. H. von Kirchmann (Hg.), *Immanuel Kant's kleinere Schriften zur Naturphilosophie*, Zweite Abteilung, Berlin 1873, 269–294 ; O. Bueck (Hg.), *Immanuel Kant's kleinere Schriften zur Naturphilosophie*, Zweite Abteilung (SW, hg. v. K. Vorländer, VII-2), Leipzig 1907, 253–276. V版)と英訳(L. W. Beck, *Kant's Latin Writings, Translations, Commentaries and Notes*, New York/Bern/FfM 1986)とを参照したが(独訳は相当おおまかな翻訳)、ラテン語の原文に忠実な邦訳を試みた。全文訳了後、既存の邦訳(田中豊助他訳、古典化学シリーズ12『(ファント・ホッフ)立体化学・(カント)火について』内田老鶴圃、一九八五年)と照合し、二、三訳語を改めた。なお、訳者が本訳業を完成できたのは、ひとえに平尾昌宏氏(立命館大学他非常勤講師)

の御助力のおかげである。氏は訳者がラテン語本文に関して抱いた疑問点に懇切丁寧に答えて下さった。記して感謝申し上げる。また訳注の作成にあたっては英訳(Beck)の注釈に助けられはしたが、相当数独自の注を付した。特にニュートンの大半およびキールがそうであり、一部ヘールズに関してもそうである。人名については Poggendorff (*Biographisch-Literalisches Handwörterbuch zur Geschichte der exacten Wissenschaften*, gesammelt von J. C. Poggendorff, 2 Bde., Leipzig 1863) の諸項目から、また当時の自然学的術語の意味に関しては Gehler (*Physikalisches Wörterbuch*, 10 Bde., Leipzig 1825-1844) の諸項目からの引用、要約をもって注記とした。訳注は訳者が客員研究員をしているドイツ博物館科学史技術史研究所(ミュンヘン)にて可能なかぎり一次文献を調査しつつ作成した。研究所の秘書はじめドイツ博物館図書館のスタッフの方々の助力に対しても御礼申し上げる。

(松山壽一)

《地震論三編について》

「地震、雷、火事、親父」――最後に掲げられたものの権威が失墜し、その怖さも昔の語り草にすぎなくなりつつあり、このリストからの退場を余儀なくされているように思われる。これに対し、その筆頭に掲げられている地震は、とりわけ火山列島、地震列島に住むわれわれ日本人にとっては、恐ろしさの最たるものであることに変わりはない。その恐ろしさは、その破壊力のすさまじさ、またそのすさまじい破壊の後を追って、それに拍車をかけ、時に決定的なものにする二次災害(われわれに身近なところで顕著なものを挙げるとすれば、たとえばチリ地震による三陸海岸の大津波、阪神・淡路大震災での大火災など）によって、他に較ぶべくもないほどである。いやそれに優るとも劣らないのは、それが予測不可能で、たいていは突然襲ってくるためである。科学技術がこれほど進歩してもなお地震の予知はなされていないし、なされそうにない。われわれにできることと言えば、せいぜい被害を最小にくいとめることのできる都市建設と耐震性の高い建造物を造ることくらいである。しかしこれらすらままならないのが現状である。どんなに圧倒的な自然の猛威を前にしても、不思議と挫けることのないのが人間の欲得と悪徳だからである。時代が違うと言ってしまえばそれまでだが、また環境が違うと言ってしまえばそれまでだが、かの阪神・淡路大震災の後、わが国では、キリスト教徒であれ、仏教徒であれ、あるいはその他何であれ、彼らによる根幹からなされる宗教的議論のトーンが高まることはなかったように思われる。

時代は遡って、一八世紀の半ば、一七五五年一一月一日、ポルトガルのリスボンで大地震が起きた。リスボンという都市は、ポルトガルの首都で、かつ一四世紀末以来の大司教座の所在地という大都会、政教の中心地であったばかりでなく、スペイン語の格言で「リスボンを見なかった者は何も〔良いものを〕見たことがない」(qui non ha visto Lisboa, non ha visto cosa boa.)と言われるほどに、この上なく美しい都でもあった。この都が地震によってまたたくうちに灰燼に帰し、かつ津波がその被害をさらに決定的なものにした。リスボンがタホ河の河口に位置していたためである。ある書には、「この上なく富裕な王たちが何世紀にもわたって建設してきた都市がたった七分で荒れ果てた」(クリューガー)とある。むろん、このような大地震がこの地のみ、またこの日のみでおさまるわけもなかった。この年の内に、地震はイベリア半島対岸の北アフリカはモロッコの古都フェースを、あるいはイベリア半島とは地続きの南西フランスの古都アングレームをも襲った。また津波もドーヴァー海峡を経てホルシュタイン海岸とデンマーク海岸にまで及んでいる。リスボン大地震というのは、最初の発生地がリスボンであり、かつリスボンの知名度によって、これがこの折の全体の災厄を象徴しているけれども、ヨーロッパ大的な災厄であった。この災厄がヨーロッパの知的世界をも根底から揺るがすことになったのも無理からぬことであった。話をリスボンに戻せば、地震の起きた一一月一日は万聖節の日に当たっており、人々は教会に集っていた。しかも地震は午前一〇時前に起き、このため、礼拝の真最中にキリスト教徒たち（カトリック）が大量に、倒壊した教会堂（その数三〇とも数えられている）の下敷になって落命することになった。なんと皮肉なことであったろうか。いったい神様はわれわれに何をなさるのか。この問いが喫緊のものとしてわき起こるのも当然であった。

リスボン大地震後、夥しい量のルポルタージュ、詩が新聞紙上を賑わしている。またむろん著書なども数々現れる。先にその一節を引用したクリューガーの『地震の原因ならびに道徳的考察に関する諸見解』もその一つである。これは、リスボンの惨状を「それがわれわれに神の恐るべき威力を告知しているに相違ない」と解釈して、人々に彼らの日頃の行状に対して警鐘を鳴らし、あらゆる地上の災厄が「聖書が告知するこの世の没落の序曲」にほかならないことを強調している（J. G. Krüger, *Gedanken von den Ursachen des Erdbebens, nebst einer moralischen Betrachtung*, Halle und Helmstedt 1756, in: W. Breidert (Hg.), *Die Erschütterung der vollkommenen Welt. Die Wirkung des Erdbebens von Lissabon im Spiegel europäischer Zeitgenossen*, Darmstadt 1994, 32, 41）（以下Breidertと略記）。かたやヴォルテールの『リスボンの災厄に関する詩――もしくは「すべては善なり」という金言の吟味』は、そのサブタイトルにあるとおり、ライプニッツのオプティミズム、またそれ（ただしシャフツベリー経由のそれ）を詩によって世に広めたポープのオプティミズムを、リスボンやフェース王国の惨状をテコにして、根本から批判しようとしている。「〔災厄、不幸を目にしながら〕哲学者たちは「すべては善なり」と叫んで韜晦している」(Voltaire, *Poème sur le désastre de Lisbonne ou Examen de cet axiome »Tout est bien«*, Paris 1756, in: Breidert, 61)。カントの地震論はこれらの一つとして世に現れた(クリューガーはカントの最後の論文で言及されており、視野に入ってくるが、ヴォルテールは時期的にまだ視野に入ってこない)。

カントはリスボンの地震およびこれに連続して起こった一七五五年末の地震について、三編の論文を著し、公刊している。第一論文は「昨年末頃にヨーロッパの西方諸国を襲った非運を機縁として地震の原因について論ず」と題されて、『ケーニヒスベルク週報』(*Königsbergische Frag- und Anzeigungs-Nachrichten*)の一七五六年の第四号(一月二四日)および第五号(一月三一日)に二回に分けて掲載された。第二論文は、一応「論文」として指示するが、これは実は雑誌論文ではなく、単独の著書としてケーニヒスベルクのハルトゥンク社から、先の論文刊行後間もなく(同年二月)出版されたもので、「一七五五年末に大地の大部分を見舞った地震による数々の珍事に関するイマヌエル・カント修士による歴史と博物誌」と題されている。第三論文は、これらのいわば続編で、第一論文と同じ掲載誌(同年)の第一五号(四月一〇日)と第一六号(四月一七日)に分載されたもので、題名は「近年認められた地震に関するイマヌエル・カント修士の再考」である。

地震原因論〔第一論文〕

第一論文をカントは「草稿」もしくは「予備練習」と位置づけている。たしかに第一論文を第二論文(著書)と比較するならば、後者における量の増大ぶり（前者の四倍以上）、そうしてそれに応じた話題の広範さはむろんのこと、叙述の充実度にも差がはっきりと認められる。にもかかわらず、中心に据えられた論題（特に地震および津波の原因）に関する基本の考え方はすでに第一論文に明瞭に出ている。

カントは地震の原因を地下における可燃物質の発火とそれによる地下の洞穴（あるいはドームもしくは地下堂）の揺さぶりに求め、その伝播を海底にまで及ぶ地下道の存在によって説明しようとしている。むろんこれらはすべてカントのオリジナルではなく、当時の地震原因に関する知見を寄せ集めたものにほかならない。たとえば、地下における可燃物質の発火に関して、カントは具体的に、「二五ポンドの鉄屑と同量の硫黄を取り、これをふつうの水と混ぜ、この生地を一フィートもしくは一フィート半の深さの地中に埋め、その上にしっかりと土をかぶせる」という実験によって、濃い蒸気の立ち昇り、土の揺れ、地中からの炎の噴出が確証できると述べているが、これはレムリの見解に従っている（訳注（11）参照）。当時、レムリのパリ・アカデミー紀要論文（一七〇〇年）の独訳（一七四九年）が出回っていたのであり（同注参照）、クリューガーも独訳による恩恵に対して謝辞を述べており（Krüger, a. a. O., in: Breidert, 204-205）、またJ・Fr・ヤコービもこれに従って地震について論じている（Sammlung einiger Erfahrungen und Mutmaßungen von Erdbeben, in: *Nützliche Sammlungen*, Hannover 1756, in: Breidert, 160 ff.）。カントによるレムリ説への注目は、このように当時一般的であったから、さほど特筆すべき事柄ではないかもしれないが、この時期におけるカントの自然学論というコンテクストから見れば、無視できない。『火について』の解説で強調したとおり、一七五四年以来、彼は自然の活性の根源を火の作用に求めており、地震論は彼が火についてはじめて独立の論文（『火について』）を書いた、その後の最初の目立った仕事だからである。彼はここ地震論でさらに火の問題に踏み込むことになり、しかも今度は人間の運命、生きざまに直結する問題としてそうすることになった。この面については、彼は第一論文ではその冒頭でごく簡単に触れるだけで、特に第二論文で詳論しているので、これについては次の解説に譲ることにして、他の面に触れておくと、たとえばカントはルジャンティの見解を受けて、地震の被害の大小を地震の伝わる方向とそれによる揺れの作用の相違によって理由づけている。これなどは今日の知見に基づいて言えば、方向の問題ではなく、周知のとおり、縦揺れと横揺れとの相違の問題であり、(直下型地震の場合であれば)活断層の位置の問題ということになろう。この一例のみから見ても、今日、地震の原因を知ろうとして(あるいは地震に対する予防措置をとろうとして)カントの地震論を繙く者などいないであろう。これはカントのそれに限らず、日進月歩によって絶えず更新される自然科学論文が背負わざるを得ない宿命というべきものである。ただし、津波に関しては、昔も今も、地震の衝撃による海水の振動、波立ちと捉えられており、このようなケースもないわけではない。しかるに、この点に関して、カントはカレの実験に依拠しつつ、次のような異説を唱えている。すなわち津波を発生させる海水は液体と見なすべきでなく、固体同然と見なすべきであって、津波はこの固体同然の物体の圧力の伝播にほかならない、と。なお、ここではわれわれに親しい「津波」という語を断りなく用いたが、ドイツ語としてはこの語 Flutwelle は(訳者の推定が正しければ)おそらくは一九世紀に入って用いられ始めたようである。カントは多くの場合 Wasserbewegung(「洪水」と訳した)という一般的な語を用い、時に波立ちの状態に対して Aufwallung(「高波」と訳した)という語を用いている(訳注(15)参照)。

地震の歴史と博物誌〔第二論文〕

先の解説で指摘したとおり、第二論文は単独の著書というだけあって、叙述の充実度は第一論文と比較する時、歴然としている。だが、これもまたすでに指摘したとおり、地震の原因および津波の原因という最も基本的な論題に関して、その考え方に変化はない。これに関して目立つ点は、後者に関する考察に異様な労力が払われているということであろう。これは、前者が通説に従っているのに対して、後者は通説に異を唱えており、ことによるとここにカントは彼の地震論のオリジナリティーを求めようとしたためかもしれない。これに関して、ここでは第一論文での前説を確認するとともに、論点を湖における波立ち、波浪の発生の問題にまで広げて、通説を批判している（第三節および第四節）。またさらに、本論では、大気現象との関連にまで論が及んでおり、それによると、毎年認められる天候の不規則、不安定さが地表の割れ目からの可燃蒸気の噴出によるとされ、さらに、これが暖冬という異常気象を引き起こすとされ（第一二節）、これがまた、秋の長雨もそれに加勢して（第一一節）さまざまな大気現象の異常をも引き起こし、これらが地震の発生する前兆となっていることが説かれている（第二節）。誰しも周期ということが気になるが、カントはここでは短いスパンで頻繁に繰り返される地震の周期を九日間もしくはその二倍と見積ろうとしている（第八節）。また第二論文では他に、先の解説で今日では時代遅れの見解と指摘した、それに地震の被害の大小が依存すると考えられた地震の揺れの方向の問題も再論される（第一〇節）。

第二論文におけるもう一つの大きな特徴は、最後の節（第一三節）で、「地震の効用」について論じ、さらに「むすび」で、神学問題に説き及んでいることである。後者の論旨を予想させるかのように、前者では、地震を一方的に災厄視またひいては懲罰視する考え方に対して、地震を引き起こす同じ原因がわれわれに与える効用を四つ(温泉の効用、地熱による鉱石層の形成、植物への栄養の供給、地熱による植物の成育と自然界の有機体制の促進)挙げつつ、これらを対置し、人間の都合という観点からのみすべてを判断してしまう手前勝手な利己主義を論難している。「人間は自然に順応することを学ばねばならないのに、自然が人間に順応してくれるように望んでいる」と。地震による犠牲を嘆くこと、この世に財を積むこと、足下に火種をかかえる地上に豪華な建物を建てることなど、すべて了見違いだというのである。次いで「むすび」では、カントはまず、地震による犠牲者の不幸というものがわれわれに人間愛を目覚めさせるのであって、われわれの悪事に対する天罰、神の復讐などではないことを強調する。「限りなく多くの悪人が安眠をむさぼっており、……キリスト教国になったペルーは異教の国だった頃と同じように地震に見舞われ、それらの国々にまさって無罪だとは僭称できない多くの都市が端(はな)から地震による荒廃を免れたままである」からである。興味深いことに、この観点はヴォルテールが例の詩で、地震による災厄が堕落や罪に対する神の復讐だとするオプティミズムの擁護者たちの主張を、リスボンが他の都市より罪深かったわけではないことを理由にして退けている、その退け方と一致している。「リスボンはそんなに多く悪徳を重ねたろうか……リスボンが痛められた折、パリでは踊りに興じている(Voltaire, op. cit., in : Breidert, 62)。ともあれ、「むすび」でのカントのもうひとつの議論で、かつ最後の議論は、「自然の手段をはるかに超えた無限に高次の諸目的」の達成をわれわれが目指すならば、われわれの営みは神の摂理と合致することになるという、われわれに対するいわば叡知的努力の要請である。この要請は、自分を「神の配在の唯一の目的」と考える人間のうぬぼれを助長するためのものではなく、人間を「自然法則の不変の定め」にゆだねてしまわないためのものと考えられている。以上の議論は、カントの思想の発展史から見れば、のちの『オプティミズム試論』(一七五九年)や批判期における要請論(とりわけ魂の不死の要請)との関連が問題となろう。

地震再考〔第三論文〕

カントは本論を含め三編の地震論を著して後まもなく、すなわち一七五六年の夏学期に、以後終生続けることになる自然地理学講義を開始することになる。その講義要綱によれば、その冒頭で彼は「地球の観察」の仕方を三つに分類し、それらをそれぞれ「数学的観察」「政治的観察」「自然地理学的観察」と特徴づけている。そうして最後のそれを「地球とその上にあるものとの自然の性質だけを考察する」(AA II, 3)と規定している。この分類に従えば、地震論の第一論文と第二論文は「自然地理学的観察」に近いものと見なしてよかろう。訳注で少々触れておいたが(第一論文訳注(1)と(4)また第二論文訳注(3)と(46))、地震論と自然地理学とは、個々のトピックや依拠する文献など、共通するところの多いものである。しかしながら、彼は他面で、それによって科学論文が科学論文となるべき数学的確実性に大層こだわりを見せており(その理由は『火について』の解説で挙げておいた)、たとえば、それは地震論のような論文にさえ認められる。第一論文冒頭で、カントは彼の地震論が「草稿」にすぎないことを断りつつ、なおかつそれが「すべてを数学的確実性という試金石でテストする厳密な判定を満足させるには不十分であろう」と弁解にこれ努めている。第三論文は、このような彼の数学的確実性へのこだわりを、地震論において解消しようとしたものである。いやそれどころか、その叙述には自信が溢れており、すでに地震に関して著書を著した余裕からか、はたまた数学的確実性という錦の御旗を手にした立場の優位のためか、大物（たとえば冒頭部に挙げられるホイストンや、アルトーナのプローフェ教授、末尾で挙げられるクリューガー教授やホルマン教授、そしてフランクリン）また小物（キンダーマンなど「この上なく無知なやから」）に揶揄の言葉が浴びせられさえしている。

第二論文（第一一―一二節）では大気現象、気象と地震との関連が問題にされたが、第三論文ではそこでの指摘をいくつか確認しつつ、ニュートンの『プリンキピア』第三編における重力論（潮汐論）に基づいた、他の天体の地球に対する影響の問題が論の中心に据えられる。この問題は一般的には、古来、占星術が主題としたものであり、カントが本論で批判的に言及するように、その変種とも覚しきものが当時なお数々登場しており（たとえばホイストン（ニュートンのルーカス講座の後任者）でさえ、彗星の危険を鳴らす有様であった）、そのため彼は、それらに言及してはそれらを精密科学（ここでは特にニュートンの引力法則）の立場から逐一扱き下ろしている。ともあれ、ここでのカントの議論の中心は、潮汐・潮の干満に認められる月の引力の地球に対する影響が、地震をも引き起こす何らかの因となりうるかどうか、という問題に関して、この面での影響なしとは否定しきれないにせよ、それはあってもごく微弱で取るに足りない程度のものでしかない、と結論づけるものである。彼はこの結論を引き出すために、木星の引力と太陽の引力の比を求めて、「木星の地球に対する引力の強さは太陽の引力が単独で地球に対して及ぼしうる強さより一三万倍小さい」という彼の計算結果を傍証として持ち出している。他の天体が地球に及ぼす引力による影響はこれほどに小さいというわけである。この計算は、訳注（13）に記したように、『プリンキピア』

第三編「命題8・定理8　系2」にある木星と太陽との重力比一〇六七分の一をもとにしており(Newton, *Principia*, 31726, 405 : Ed. by A. Koyré & I. B. Cohen, Cambridge 1972, 581)、かつ木星と地球間の距離を地球と太陽間の距離の五倍以上ととって、重力の強さが(カント自身の言葉を用いて言えば)「距離の三乗に反比例して減少する」(なぜか、二乗ではなく三乗――訳注(14)参照)という引力法則に基づいて計算された概算である。すなわち訳者の計算によれば、$\frac{1}{125}\times\frac{1}{1067}\fallingdotseq\frac{1}{130000}$である(訳注(15)に記したように、Rahts(AA I, 576)もBreidert(218, n. 52)も同じ重力比を一〇四三分の一としているが、その典拠は示されていない。ただし、千の位を四捨五入すれば、一三万分の一というカントの概算結果に変わりはない)。カントによる具体的な計算の当否はともかくとして、いま見たようなところが、おおむね、彼におけるニュートンの引力法則を範とした精密科学の手法であった。

カントは第三論文で、実際にニュートンの引力法則を活用するだけでなく、ニュートンが『プリンキピア』で主張した「実験哲学」――今日の言葉で言えば実証科学――の諸テーゼを相当強く意識しているように思われる。いわく「現実の力の発見」その「経験による確証」、いわく「幾何学の助けを借りた経験的観察」「幾何学への感謝」等々。訳注ではこれらのカントの発言の下敷となったと思われる『プリンキピア』の該当箇所を引用しておいた(訳注(7)と(8))。その要点は、地震論と同年の自然哲学論文『自然モナド論』(「まえおき」)でのテーゼを引き合いに出して言えば、「経験の支持や幾何学による解釈なしに何かを企てることは厳につつしむべきである」(AA I, 475)――これである。

翻訳は本全集の基本方針に基づいてアカデミー版(A版)を底本とし、他に哲学文庫版(ツェーベ編(Z版)——ただしテクストそのものはかつての哲学文庫のキルヒマン版(一八七三年)を踏襲したベック版(一九〇七年＝フォアレンダー版全集(V版)第七巻第二冊)をさらに踏襲したものにすぎない)、カッシーラー版(C版)、さらにブライダート版(B版、下記 W. Breidert の編著)を比較照合し、テクスト校訂を行った。第一論文のみ既存の邦訳(理想社版全集第一巻所収)があるが、それとは独立して訳出した。第二および第三論文は本邦初訳である。なお、第二論文には小見出しが付けられているが、目次も節番号もない。訳者による補足として、小見出しを節に見立て、それに番号を付し、かつ目次を冒頭に掲げた。訳注作成にあたってはアカデミー版(A版)第一巻巻末の J. Rathts による注釈、哲学文庫版(Z版)の J. Zehbe による注釈、および W. Breidert(B版)による注釈を参照したが、逐一、人名に関しては J. C. Poggendorff (*Biographisch-Literarisches Handwörterbuch zur Geschichte der exacten Wissenschaften*, gesammelt von J. C. Poggendorff, 2 Bde., Leipzig 1863) の諸項目、地名および事柄に関しては Meyers Lexikon の古い版(*Meyers Konversations-Lexikon*, 5 Aufl., 21 Bde., Leipzig und Wien 1897) の諸項目にあたって作成した。なおニュートンに関しては直接『プリンキピア』のテクストにあたり、訳者なりの見当をつけてみた。また先に言及したクリューガーやヴォルテールのテクストはカントのテクストとともに W. Breidert の編著(*Die Erschütterung der vollkommenen Welt*, Darmstadt 1994) に収められているものを利用した。訳注の大半は訳者が客員研究員をしているドイツ博物館科学史技術史研究所(ミュンヘン)での調査に基づいて作成した。同研究所の秘書をはじめ、ドイツ博物館図書館のスタッフの方々の助力に感謝申し上げる。また訳注の一部はドイツでの同僚たちからの直接の教示や助言によって作成されている。とりわけリスボン地震論集の編者であるW・ブライダート教授(カールスルーエ大学)はカントが地震原因の基礎理論として依拠したレムリのパリ・アカデミー紀要論文の独訳の書誌を確認下さったうえ、独訳のコピーを提供して下さり、また教授の注釈に関して訳者の抱いた種々細かな疑問点について質問した際にも長時間にわたって逐一丹念にお答え下さった。感謝に耐えない。こちらからも氏の訳注の不備を指摘しておいた。氏の編著再版刊行の折に手直しされるであろう。末筆ながら福井雅美女史(立命館大学非常勤講師)にも衷心より感謝申し上げる。福井女史は、訳者が訳出した訳文中の誤訳のチェックに留まらず、訳文全体をも丹念にチェックし、練り直して下さった。本訳業はこれにさらに手を入れて成ったものである。訳文決定の最終責任はむろん訳者にあるが、本訳業は実質的には福井女史との共訳であることを断っておきたい。

(松山壽一)

す

せ

そ

た

索　引

⇨によって他項目を，(→)によって関連項目・相互参照項目を，(↔)によって対立概念項目を指示した．

■岩波オンデマンドブックス■

カント全集 1　前批判期論集 I

2000年5月30日　第1刷発行
2017年9月12日　オンデマンド版発行

訳　者　大橋容一郎（おおはしよういちろう）　松山壽一（まつやまじゅいち）

発行者　岡本　厚

発行所　株式会社　岩波書店
〒101-8002　東京都千代田区一ツ橋2-5-5
電話案内　03-5210-4000
http://www.iwanami.co.jp/

印刷／製本・法令印刷

ISBN 978-4-00-730660-0　Printed in Japan